莫厘王氏人物傳

王鏊家族精英选

陆巷王鏊历史文化研究会
杨维忠　编著

图书在版编目(CIP)数据

莫厘王氏人物传：王鏊家族精英选/陆巷王鏊历史文化研究会,杨维忠编著.—苏州：苏州大学出版社，2016.8
ISBN 978-7-5672-1816-1

Ⅰ.①莫… Ⅱ.①陆… ②杨… Ⅲ.①王鏊(1450-1524)－传记②王鏊(1450-1524)－家族－史料 Ⅳ.①K827＝48

中国版本图书馆 CIP 数据核字(2016)第 202857 号

莫厘王氏人物传

王鏊家族精英选

陆巷王鏊历史文化研究会

杨维忠　编著

责任编辑　倪浩文

苏州大学出版社出版发行
(地址：苏州市十梓街1号　邮编：215006)
苏州市大元印务有限公司印装

开本 700 mm×1 000 mm　1/16　印张 26　字数 440 千
2016 年 8 月第 1 版　2016 年 8 月第 1 次印刷
ISBN 978-7-5672-1816-1　定价：50.00 元

苏州大学版图书若有印装错误，本社负责调换
苏州大学出版社营销部　电话：0512-65225020
苏州大学出版社网址　http://www.sudapress.com

前 言

杨维忠

南宋初年,北方金兵大举南侵,宋室南渡,流亡政府被迫迁都临安,使全国出现了自隋以后的第二次人口大迁移。太湖洞庭东西山地处江浙两省交界之地,临近杭州,又因湖岛风光秀丽,地势险要,是一处极为理想的栖居之地,南渡大军中,许多达官贵人和中上层将领都把家眷安置在了东西两山,然后去临安从政。当然也有人不愿为官,在东西山以耕读或经商终其一生。据史料统计,始祖自南宋护驾或随驾迁居东山的中原世族有吴氏、叶氏、郑氏、王氏、金氏、周氏、徐氏、翁氏、刘氏、万氏、葛氏、严氏、汤氏、俞氏、蒋氏等近二十个家族,迁居西山的有徐氏、秦氏、黄氏、凤氏、劳氏、韩氏、邓氏、罗氏、李氏、曹氏等十多个中原世家。

战乱使大家一无所有,这一大批移居东西山的中原望族,开始均在湖岛上以种橘、育桑、耕田为生,间或出湖从商。但他们毕竟来自中原,有深厚的文化基础及先进的农耕技术,良好的家学与广泛的社会关系,或者说有高贵的血统,经过数代人的努力与奋发,其家族又东山再起,成为江南或吴中的名门望族。他们大多走过了一条"农耕—经商—读书—从政—为文或经商"的"之"字形的家族发展之路。我国古代以科举取士、著书立说为尚。宋元明清四朝,洞庭山里科举考试被录取的进士、举人和从政的官员,以及绝大部分的文人,均是这些南渡氏族的后裔,是他们和东西山的劳动人民一起创造了灿烂的洞庭山文化。

在洞庭山众多的南迁氏族中,东山的莫厘王氏无疑是最具代表性的家族。这个氏族从南宋建炎初年千七将军护驾南渡迁居太湖东山起,至今已传三十世。始以种橘为务,百年后随钻天洞庭的商人集团出山从商,积累资金后办校兴学,成化十一年(1475)莫厘王氏十世孙王鏊探花及第,后入阁为相,从此这个家族科举辉煌约五百年,独领江南风骚。莫厘王氏在明清两代出进士十三名,举人三十四名,内有状元、探花和内阁大学士,近现代出教授、研究员等高级知识分子一百一十二名,其中有中科院院士、博导和清华、北大等学校的教授以及多名部局级干部。

应该说莫厘王氏家族的生息繁衍与重光以及其中所出名臣、名士、名商的记载，要比洞庭山所有其他南迁世族的脉络更清晰些，这主要源于该家族承前启后的修谱之风。从明弘治初年，王氏九世光化公王琬始修家谱，弘治九年（1496）王鏊完成刻印，至2014年其裔孙曾先后七次续修家谱。光化公所修弘治谱是王氏家谱的母本，当时因迁山年代久远，七世前列祖世系极为简略，王鏊在《弘治宗谱跋》中云："吾王氏十世而上，不可得而详矣。不可得而详，则不可得而谱矣。"这是因为其时家族迁山已历近三百年，始又为农商之家，缺少文字记载之故。在王氏弘治谱中，把百三、百八列为一世祖，其三世为万六、万七、万八三支，五世有福一至福十二与寿一、寿二共十四支。其中十三支传至延字辈而终，仅福十二一支（王鏊祖辈）有传。福十二生廷玉、廷宝二子，长子廷玉传五代，至祐字辈无后。廷宝生彦祥、彦祺二子，长子彦祥赘同村陆子敬家为婿，同妻陆素贞生五子，皆有作为，后还宗，称王氏老五房。

两百多年后的清乾隆年间，十八世晚壑公世钧首次续修家谱，这时王氏家族的支系发生了很大变化，又定孟方公支、公荣公支、以润公支、光化公支、友泽公支等新的五大支。王琮字孟方，是老五房中东宅惟道公王昇的独子。王璋字公荣，王瑊字以润，王琬字朝用（一字光化），三人都是北宅惟道公王逵的儿子。王琛字友泽，是南宅惟能公王谨的独子。原老五房中惟德公王礼和惟贞公王敏，其裔孙或数代传而止，或默于乡间，或散居他处，谱中不见记载。2004年起，二十五世孙王守青第七次续修家谱，查阅1937年季烈公续修的旧谱，发现北宅惟道公的裔孙为多，在清乾隆年间晚壑公世钧续修的家谱中，新五支中占了三支。在本书中我们又可以发现，以光化公王琬次子王鏊支最为兴旺，莫厘王氏的古代进士、举人和近现代教授中，王鏊的裔孙占六成以上。清末进士、军机处章京王颂蔚是王鏊十三世孙，为我国近现代著名的教育世家，这个家族祖孙三代出了六十八名正副教授，曾在近现代中国教育和科技史上创了七个第一。

名门望族的后裔，因良好的家风传承和严格家教而人才辈出，同样，农耕之家的子孙在当代也因得到了良好的教育而有出息。编著《莫厘王氏人物传》这本书，同已经出版的《王鏊传》《王鏊诗文选》形成一套莫厘王氏研究系列丛书，就是想告诉人们，良好的家风会对人的一生起到重要作用，莫厘王氏五百年来裔孙的兴旺就是最好的典范。"天生我材必有用"，希望读者能从小立大志，长大了事业有成，为生养自己的家族和祖国争光，这就是我编写本书的一点小小的愿望。

目　录

宋元时期

百三百八　莫厘王氏一世祖之谜 …… 001
千七将军　解甲归田，退隐东山 …… 004
王廷宝　慧眼识宝化龙池 …… 006
王彦祥　重振门庭的伯英公 …… 008
陆素贞　伯英公的贤内助 …… 011

明　代

王惟善　百姓称道的王佛子 …… 013
王惟贞　商海中的"江湖客师" …… 016
王　胜　旅京十年广家业的避庵公 …… 019
王惟道　重教重礼重情义 …… 021
叶妙贤　相夫教子，无怨无悔 …… 025
王　璋　口无二价称"板王" …… 027
王　瑮　陆巷乡邦耆老 …… 030
王　琬　"光化"山前救流民 …… 031
叶妙澄　撑起王家半边天 …… 035
王　铭　绝迹城市的安隐公 …… 037
王　鏊　鏊舟园与吴中雅集 …… 040
王　鏊　"山中宰相无双" …… 044
张　氏　身世迷离的张皇后之妹 …… 049
王　铨　输于伊人一着高 …… 051
王延喆　亦官亦商的宰相之子 …… 054
毛　氏　甘作阶梯的延喆发妻 …… 058

王延学	陆巷修建从适园	060
王延素	病榻训子其言善	062
王延陵	好友风雅的中书公	065
王有壬	承上启下拓家风	068
王禹声	敢斗"阉党"的知府	071
王永熙	入祀沧浪祠的名贤	075
王永思	重兴支硎山中峰寺	077
王　希	为明王朝殉葬的公晋公	079
王　瀚　王学伊	与金圣叹交善的名士	081
王　武	明末苏城的"怪诞"画家	084
王　炼　王　铎	襄阳金镶坪始祖	087
王德甫	王氏江宁始祖	089
王妙凤	莫厘王氏贞烈女	090

清　代

王　铨	被康熙帝召试的举人	091
王世绳	政绩卓著的道台	093
王世琛	紫禁城里的风雅状元	095
申　氏	严于律己的状元夫人	098
王志深　王志汲	兄弟知县	100
王申荀	修筑石坞山房	102
王奕经　王奕祖	兄弟义行载志书	104
王恺伯	携母远行的知府	105
王关伯	湖南直隶知州	108
王珠渊	全椒县教谕	111
王奕仁	孝心动天的贵州督学	112
王元位	为民请命的平阳县令	115
王伯熙	徐州王氏始迁祖	116
王世钧	颇多善举的县丞	118
王诵芬	历城修志举人	120
王世锦	勇于任事的嘉峪关巡检	121
王伯益	十年小吏,处处为民	123

王临伯	孝道为先,仁慈为怀	125
王世镒	忠诚勇敢的商南典史	127
王伯需	务实便民的哈密司巡检	129
王瑚伯	《吴门补乘》有传的孝子	131
王祚谦	医治伤寒的名家"王一帖"	132
王芑孙	嘉庆赞其"丙辰"诗	134
王鼎伯	一生孝义传美名	136
王 庚 王凤韶	父子举人与县令	138
王翼孙	吴中方志留芳名	139
王申伯	殉职河工的滁州知府	142
王仲湘	病卒官署的山西知州	144
王熊伯	云津堂义庄创始人	145
王仲澍	与清咸丰苏州府《示永禁事》碑石	147
王仲溎	一生治水的清代大禹	149
王 鎏	林则徐称颂的学者	152
王晋阶	小训导为民办实事	154
王仁照	双节妇坊中出的进士	155
王仲澜	子承父业治水患	157
王熙源	一生苦读成举业	158
王嘉禄	英年早逝的词人	161
王仲鉴	苏城好义名士	164
王朝忠	清代精书细字的奇人	165
王希廉	夫妇评点《红楼梦》	167
王蕴贞 王兰贞	工诗善画的姐妹才女	170
王叔钊 王叔锟	兄弟舍身救母	171
王仁福	河南祥符县"河神"	173
王泳春	"三官亭"中一清官	175
王鸿谟	敢为百姓办事的知府幕僚	177
王希鸿	沪地早期商人	179
叶 氏	深明大义,助夫创业	181
王仁宝	三品高官,一身清廉	183
王颂蔚	甲午海战中的主战派	185

王淑岱	王氏家族中的武进士	190
王谢长达	苏州女权运动的杰出战士	191
王叔蕃	传奇人生	195
王仁熊	接待李根源的王氏族长	197
王仁俊	著述宏富的学部图书局副局长	199
王熙桂	诚信待人振家业	202
王仁治	常熟实业家、名士	204
王宪臣	朝廷追封的花翎同知	206

近 现 代

王季烈	清末物理教育家与曲论家	208
王季同	天才数学家、机电学家、佛学家	214
王俊臣	撰写《玉润堂家训》	217
王季昭	献身振华女校的主任导师	220
王季点	京师大学堂提调	223
王季堃	东莱银行上海分行经理	226
王季钦	"德生堂"中药店创始人	228
王季绪	北洋工学院院长	230
王仁德	民国时上海实业家	233
王季山	助夫培养精英子女	235
王叔枋	王氏民国谱的采访人	238
王立鼎	荆山有幸埋忠骨	241
王守梧	民国少年诗人	243
王守鼎	不忘孝道,英年早逝	245

当 代

王季茝	"皮蛋博士"的海外生涯	247
王季玉	她把一生嫁给了"振华"	250
王季常	收藏家、苏州平江实验学校创始人	254
王学文	马克思主义经济学家、教育家	258
王季彦	革命家庭中的大姐与慈母	260
王淑贞	妇科专家"北林南王"中的"南王"	262

王叔和	敢同日本浪人较量	266
王守竞	中国机械工业的拓荒者	268
王守图	王氏家族中的"老黄牛"	271
王季凤	中共上海地下党"学委"的"干妈"	273
王明贞	清华大学第一名女教授的坎坷生涯	275
王本海	参加两万五千里长征的老红军	280
王己千	大手笔画家、鉴赏家、收藏家	282
王谷初	重光松江王氏柞椿支	285
王守泰	昆曲曲谱理论家	287
王守敬	王氏忠厚本色不变	289
王守璆	英国《曼彻斯特导报》助理编辑	291
王守恒	中国民族染料工业先驱者	293
王守承	参加香港起义	295
王守中	中科院副研究员	297
王 立	兵器工业部副部长	298
王守融	精密机械及仪器仪表专家	300
王义润	北京体育大学博士生导师	303
王守武	中国半导体科学之父	305
王守甲	随傅作义华北起义	310
王益生	上海漫画家	312
王义豪	社会学研究所副所长	314
王义根	哈尔滨船厂教授级高级工程师	316
王义强	上海水产大学硕士生导师	318
王晴华	杭州市科协副主席	320
王守成	上海电影制片厂资料室主任	322
王守觉	自学成才的中科院院士	323
王季卿	上海同济大学博士生导师	329
王义芳	上海外事协会秘书长	332
王义镛	北京轻工业设计院教授级高级工程师	334
王守辰	北京大学儿童青少年卫生研究所研究员	336
王叔馨	上海市物价研究所所长	337
王义端	北京轻工业学院院长	338

王守青	十年修谱,功在千秋	340
王义彬	王氏家族中的著名书法家	343
王义炤	美国国际纸业集团副总裁	345
王瑾玉	金狮自行车集团副董事长	346
王义翘	生物化学工程专家	349
王义行	吉林工业大学教授	351
王守华	浙江大学博士生导师	353
王民新	西北地区地质专家	356
王云龙	香港儿童基金会执行董事	358
王义胜	《王鏊诗集详注》作者	360
王季钢	苏州大学副教授	363
王守和	他让"蓝领"闪光	365
王东来	苏州市立医院副院长	367
王艟	中国民航快递公司副总经理	369

附录一	莫厘王氏世系表	371
附录二	莫厘王氏名彦一览表	374
附录三	莫厘王氏近现代高级知识分子一览表	388
附录四	莫厘王氏家族历代主要著述表	399

后　记		404

宋元时期

百 三 百 八

莫厘王氏一世祖之谜

南宋建炎年间,金兵侵入中原,高宗南渡,中原世族纷纷随之南迁,护驾途中,一大批朝官或中下级军官择地安置妻儿家小,自己则护驾继续流亡。其间落户于太湖中的东山的大族就有"翁席王严、金朱陆叶、周吴郑徐"等三十多户望族,莫厘王氏就是其中的一族。

莫厘峰是洞庭东山的主峰,相传因隋朝莫厘将军率兵在山上扎营而得名。明弘治九年(1496),东山王氏九世王琬(王鏊父亲)始修家谱时,定名《王氏家谱》,后世称《王氏弘治谱》。清代王氏裔孙曾进行过三次续修,先后更名为《太原王氏谱》《震泽王氏家谱》等,直到民国二十六年(1937),王氏二十四裔孙王季烈第六次重修家谱时,为与东山其他王姓有别,遂定名《莫厘王氏家谱》。

王琬首修家谱时,离南宋始祖千七将军迁居东山,时间已过去了三百多年,太原王氏在洞庭东山已传了十代。在这数百年的岁月中,也许王氏世代都以农商为务,少读书之人,氏族繁衍缺乏文字记载,只能根据祖辈代代口头相传,定百三、百八两公为莫厘王氏一世祖。

在《莫厘王氏家谱》中对百三、百八两位始祖的记载十分简单,仅名字而已,也不知百三、百八是名,还是字或号,给王氏子孙也给后人留下了许多谜团。王琬在《王氏家谱》序中云:"吾王姓之始远矣,相传有居于琅琊者、太原者、山阴者,而家于姑苏之洞庭,则自宋南渡时徙焉。"又说,"吾王氏自百三公以来,未闻有显者,而世以忠厚相承,山人指为忠厚王家。"而王鏊在《弘治宗谱跋》中亦云:"吾王氏

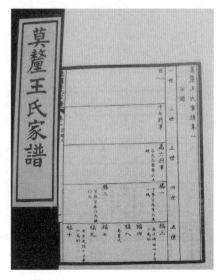

《莫厘王氏家谱》一世:百三、百八

十世而上,不可得而详矣。不可得而详,则不可得而谱矣。"王琬、王鏊父子始修《王氏家谱》就持严谨的态度,十世之上不再强探。百三、百八两人究竟是兄弟,还是父子?为何王琬在序中仅说百三公,而在宗谱世系图上却列百三、百八两公同时列为一世祖?据清乾隆三十八年(1773),王显蛟、王奕组纂修的《震泽王氏家谱》刻本载:"始迁祖实,行百八,南宋靖康间与子千七将军护驾南渡,移居吴县洞庭山。"显蛟字文起,莫厘王氏十六世;奕组字九锡,是显蛟的第三子。

东山莫厘王氏究竟源于何支王氏?近年来史学家或文史爱好者颇多研究,亦有多种说法。据《三槐王氏通谱》载:一世王言,太原祁县人,生于唐咸通十年(869)五月初五日。言九传至绘,行九三,袭授殿帅府太尉,光禄大夫特进上柱国。绘生献、崿二子,崿行伯十三,子千七将军。而王庸敬所著《王氏通谱》却是另一说:三槐王氏传至华,即王氏家谱中所说的百八公者,华有长子惇,即王氏家谱中所称的千七将军。华有兄王颜,无嗣,故将华之长子惇过嗣于颜。这样在《莫厘王氏家谱》中就出现了百三公、百八公二位始祖。而百三、百八可能为当时王氏大家族中的排行。

简言之,五百年前位居文渊阁大学士的王鏊也持"不可得而详"的严谨态度,而五百年后的今人要考证莫厘王氏的"娘家"也许就更难了。

陆巷山村

王氏家谱序

王 鏊

　　王于姓最蕃,而其出不同。自舜后封陈王齐,齐灭,世号王家。此吾王姓之始。其后迁于琅邪,望于太原,蔓于山阴。而家于震泽之洞庭山,则自宋南渡徙焉,亦莫详其所始。於戏!宗法废,天下无昭穆矣,其犹有谱牒焉。谱牒废,人忘其先矣。人忘其先,而天下无孝矣。今夫开先受姓,其来远矣。世之人有能知其所自者乎?今委巷之人,三世以前,希不懵焉耳。夫士也,十世以前,希不懵焉耳。夫为人之子孙,而不知其祖;为人之祖,而不知于其子孙,非大不幸耶?则谱之作,其可缓哉?夫谱,何为者也?物莫不有所始,有所分。自吾而溯之,为考,为祖,为曾,为高,以至于无穷,其始也。始者常患于湮而难稽。自吾为推之,为期,为缌,为祖免,为无服,其分也。分者常患于散而无统。君子由是而溯之。溯之而上,必有本也,故尊祖。尊祖,教民孝也,由是而推之。推之而远,必有分也,故合族。合族,教民睦也。谱其为是作乎?王自受姓,显者寔多,晋、宋尤盛。不书,纪信也。始八百,尊所出也。疏以五支,小宗之遗意也。於戏!王为巨姓,自百八以来,虽未闻有甚显焉者,而世以忠厚相承,山人指为忠厚王家,识者谓其后将大也。其果然乎?吾庶几见之。而忠厚一脉绵绵延延,则王氏相传之心法也,要不可泯焉。吾子孙其尚世守之!

《莫厘王氏家谱》卷一

千七将军

解甲归田，退隐东山

江南深秋，草木泛黄，大雁南飞。太湖水面上一叶风帆朝东而去，一位身材高大的汉子站立船头，眺望着不远处的洞庭东山，喃喃地说："到了，吾将以此山为家焉。"这位大汉名王惇，是南宋军队中的一名军官，称千七将军，后世称其为千七公，是东山莫厘王氏的二世祖，当然这只是根据史料的一种推理而已。

《莫厘王氏家谱》中，对千七将军的记载也极为简略。二世：千七将军，生万六将军、万七、万八三子。万六将军，字大志，娶蔡氏五娘，生胜一、胜二、寿一、寿二四子；万七传胜三、胜四二子；万八传胜五，胜五传福十二，字仲逵。万六、万七均传到第七代"延"字辈而止，现东山莫厘王氏已传三十世，都是福十二的裔孙，也就是万八的后代，当然也是百三、百八公的后裔。

有关千七公王惇的世系，专家学者们的考证见智见仁，杨巨源标点的《三槐王氏表》中云："王惇，曾任武德将军，南渡后随父王华定居于吴县东洞庭山。"又说："王素之孙王华曾任吏部尚书，他率家迁居山阴。王华长子王新建，谥号'文成'，著名学者，人称'阳明先生'。王华的后裔迁居地方较多，但定居于山阴者都是王华之子王惇的后代，其原居地是吴县东洞庭。王惇八传至王鏊。"按此说千七将军王惇应是王华的儿子，但与历史难以吻合。

东山陆巷寒谷渡

王华是明代浙江余姚人，曾读书于龙泉山中，人称龙山先生。成化年间的状元，任过南京吏部尚书，儿子王守仁是明代著名哲学家，称"阳明先生"，可他们与王鏊是同时代人，其中王守仁生卒皆在王鏊之后，同南宋的千七公相差数百年，显然误差较大，不是同一人。

东山陆巷寒谷山

而王庸敬所著《三槐王氏通谱》中说，三槐王氏起于北宋王祐，他曾亲植三槐于庭，预言后世子孙必为三公者。王祐次子王旦官北宋宰相，旦三子王素，素四子王巩，巩传时，时传华，王华之子即王惇。《王氏通谱》中所提到的王惇，同《莫厘王氏家谱》中的千七公较为相近。说三槐王氏传至华，即王氏家谱中所说的百八公者，华有长子惇，即王氏家谱中所称的千七将军。华有兄王颜，无嗣，故将华之长子惇过嗣于颜。这则史料言之凿凿，与历史较为吻合。《王氏通谱》中还有一种合理解释，王惇，即千七公护驾南渡，安顿好全家于洞庭东山后，又返回北方，欲将嗣父百三公之墓迁至东山，途中遭遇金兵而被杀，当然这仅是推理而已。《三槐王氏通谱》另一说是：九世王绘，生崿，崿子千七将军，字以愚，行千七，历官武德将军，葬洞庭山。子三：惠卿、万七、万八。

据宋代武官散阶记载，宋朝将军分从三品云麾将军、四品忠武将军直至从五品的游击将军等十个等级，而无千七将军之级别。千七究竟是王惇的字或号，还是军队中的武职官衔？一时还无从查证。从《莫厘王氏家谱》千七将军生三子：长子万六将军、次子万七、季子万八这三个儿子的名来分析，可能当年王惇护驾南渡，途经太湖东洞庭山，见地方不错，把家眷安置好后仍返回军队从军，后来他解甲归田，隐退东山，而长子万六却子承父业，在军队中待过一段时间，并官至将军。万七和万八两个儿子随父居于湖岛，以耕读终其一生。

王廷宝

慧眼识宝化龙池

王廷宝（约1330—？），福十二，字仲逵，约生活在元代天历到至正年间，以农耕与种橘为生，间亦商贾，家庭较为殷实。王氏家谱上有关廷宝的记载也极其简略：廷宝，行文四，娶杨湾杨氏，生彦祥、彦祺二子。这是因为王琬修家谱时，他的这位曾祖父过世已近百年，家族中又无文字记载，故此只能寥寥数字而已。而在陆巷民间有传，据说沙岭化龙池念珠坟系王廷宝购山地所筑，得此佳穴而王氏日后坐大，成为世之大族。

化龙池位于陆巷沙岭山麓，树木葱茏，飞瀑奔流，景色极为迷人，传为湖畔佳穴。据说元代至正某年，有一堪舆家行至化龙池畔，环顾四周，大呼此地风景独胜，风水更佳，要是先人得葬于其地，子孙非富即贵，位极人臣。村中王廷宝得此消息，倾其所有购买下了这座山坡。化龙池吉壤有数亩之广，可不知其正穴在何处，于是王廷宝临终立下遗嘱："凡吾王氏子孙，卒后皆墓葬此山，坟墓往高处依次而葬，必将能得佳穴。"百年后，到明代成化年间，化龙池王氏墓地上所葬坟墓一丘一丘相联如佛珠相贯联，村人称之为"念珠坟"。也许是某种巧合，成化十一年（1475），王氏十世孙王鏊以解元、会元、廷试第三入翰林院，后又入阁为相，官及一品，王氏始悟殆发祥有征矣。

《太湖备考》载：至清初，又有堪舆家相之曰："可惜凤皇旗不正，他年仅

化龙池念珠坟

王氏老宅

出探花郎。"（凤皇，即凤凰；凤皇旗乃对面之山）王氏问："其尚可挽回否？"曰："当于坟前作一飨亭以合正向，或冀有应。"王氏从其言筑一亭，而鳌八世孙世琛，果于康熙五十一年（1712）状元及第，此可谓奇事矣。

仲达生两子，长子廷玉又生彦中、彦和、彦瑛、彦琳、彦瑜五子；次子廷宝生彦祥、彦祺二子。彦祺传四世，至"延"字辈而无载，后莫厘王氏家谱所载裔孙都是仲逵次子王廷宝之裔。

王彦祥

重振门庭的伯英公

在莫厘王氏家族中,七世王彦祥是颇具传奇色彩的人物,他自强不息,重振门庭,为王氏家族的兴旺奠定了基础。

王彦祥(?—1415),字伯英,后世以伯英公称之。生于元至正某年,卒于明永乐十三年。正德四年(1509)因曾孙王鏊官阶,朝廷诰赠光禄大夫,柱国少傅兼太子太傅,户部尚书兼武英殿大学士。夫人陆素贞,陆子敬之女,生于元至正十二年(1352),卒于明正统元年(1436),诰赠一品夫人。

太原王氏从汴梁迁居太湖东山后,到王彦祥这一代,在东山已生息繁衍了七代,两百多年间都是在山中以农耕为生。六世廷宝公只传二子,而长子彦祥出赘陆家为婿,按山乡风俗长子将传承家族香火,除非家庭发生了重大变故,长子才有可能被他姓招为女婿。王琬所撰《伯英公墓表》云:"先大父讳彦祥,字伯英。曾祖讳兴宗,祖讳仲达,考讳廷宝。王氏世家吴县太湖东洞庭之王巷。王氏于元时皆不仕。元季比巷有陆子敬者游淮西,值兵乱,莫知所终。遗孤女慧而孝,因馆大父。以后子敬氏,陆富宗强,大父旅其间,和而有礼,上下宜也。"继而又说:"孺人(陆氏)之幼,独与其母王氏居,元末乱,山人辄相恐曰:'贼至矣!'则相与四散奔突,王独携孺人立宅之池旁不去。贼退,人问何为?曰:'急则吾母女同赴此水耳。'后孺人归大父……以正统元年十二月卒。"

王彦祥同陆素贞婚后生有惟善、惟德、惟贞、惟道、惟能五子,皆魁梧奇伟,端方沉鸷,长得一表人才。五兄弟根据各自的专长,或从政、或商贾、或行医、或农耕,勠力治生,家以日昌。长子惟善,简重寡言,诚心爱人,有经世之才,后至福建长乐县为官。次子惟德能化暴为良,乐于助人,被里中荐为万石长。三子惟贞自小历览江湖,深谙积著之术,承父业外出商贾。四子惟道宽宏方亮,无师自通,办学教导村中子弟。五

伯英公墓碑

子惟能最号有心计,治家有方,在家经管田园果林。四兄长皆综理于外,只有小弟惟能一人独理农果业,家业很快富裕起来。

后来伯英公还宗王姓还有一段曲折过程。明初,朱元璋得天下后,为巩固朱明王朝的统治,下诏广征天下贤士入仕为官,地方各级官吏都奉诏辟征贤良之士。王惟善在地方上有贤名,被推为孝廉从政。当时江南人均畏事自守,不愿应征为官,怕连累家族。惟善当然也不愿从政,万般无奈之下才应诏为官,到福建长乐县任主簿。陆氏家族中的长者,怕王惟善在官场上万一出事,将祸及陆家,意欲彦祥还宗姓王,但难于启齿。王琬《伯英公墓表》云:"时法网峻密,民稍秀者,选为郡县庠生,辄至通显,而亦旋罹于祸,或及宗族。陆氏长者,始欲大父还宗,而难于言。大父知其意,则幡然去之,曰:'吾既不容于外,复何以自归于内?'乃择隙地,得陆巷之口家焉。继而斩草莽,披瓦砾,与诸子勠力治生,数年而家业大昌,今王氏所居,则其地也。"

晚年王氏裔孙又大都衣锦还乡,在血地建造豪宅,光宗耀祖,王氏遂成东山大族。建起数座大宅,中筑紫石街。后五子又生十八子,五十一孙,并依靠祖上传下的治家之术昌繁数百年。

陆巷花翎巷

伯英公墓表

王朝用

先大父讳彦祥,字伯英。曾祖讳兴宗,祖讳仲达,考讳廷宝。王氏世家吴县太湖东洞庭之王巷。王氏于元时皆不仕。元季比巷有陆子敬者游淮西,值兵乱,莫知所终。遗孤女慧而孝,因馆大父。以后子敬氏,陆富宗强,大父旅其间,和而有礼,上下宜也。已而生先君兄弟五人,皆奇伟瑰硕。时法网峻密,民稍秀者,选为郡县庠生,辄至通显,而亦旋罹于祸,或及宗族。陆氏长者,始欲大父还宗,而难于言。大父知其意指,则幡然去之,曰:"吾既不容于外,复何以自归于内?"乃择隙地,得陆巷之口家焉。斩草莽,披瓦砾,与诸子勠力治生,数年而家业大昌,今王氏所居,则其地也。

　　大父生于至正某年,以永乐十三年四月九日卒,葬于山之蒋坞北隩。配陆孺人。孺人之幼也,独与其母王氏居,元末乱,山人辄相恐曰:"贼至矣!"则相与四散奔突,王独携孺人立宅之池旁不去。贼退,人问何为?曰:"急则吾母子同赴此水耳。"后孺人归大父,年八十五,以宣德十年十二月卒。生子五人,长升、字惟善,主长乐簿,娶嵩下卜氏,子一,曰琮。次礼、字惟德,娶白沙顾氏、继徐氏。子二,曰凡、曰术。次敏,字惟贞,馆于蒋湾之叶彦章氏,二子,曰高、曰远。先君逵另有志载。次谨,字惟能,娶陆巷叶氏,二子,琛、曰璨。於乎,先大父之造王氏,亦勤矣。朝用故表之,以示为子孙者。

《莫厘王氏家谱》卷十二

陆素贞

伯英公的贤内助

陆素贞,莫厘王氏七世王彦祥妻。生于元至正十二年(1352)十一月二十日,卒于明正统元年(1436)十二月二十日,享年八十四岁。正德元年(1506),曾孙王鏊入阁为相,官居一品,朝廷追赠其曾祖母陆素贞、祖母叶妙贤、母亲叶妙澄与鏊原配夫人吴氏、继室张氏为一品夫人。

陆氏为东山望族,始于太湖之中的厥山。厥山,又名陆厥山,位于三山与泽山之间,据传因南北朝时齐国孝子陆厥居岛而得名。史载:陆厥,少有风概,永明九年(491),州举秀才,父闲被诛,厥坐系尚方。寻有赦,厥恨救父不及,感动而卒,年二十八,有文集十卷。弟绛、完、襄,绛当闲临刑时,抱颈求代,不获,以身蔽刀,行刑者并害之。素贞之父子敬,世居陆巷,年轻时就赴淮上经商,妻子王氏与独生女素贞在家生活。

元末兵乱,陆巷村人争相逃入山中,独王氏和女儿素贞立于家中池旁不愿离去。族人经过催告曰:"贼将至矣,快躲入山里。"王氏却携女不为所动,直到乱兵退去。有村人问她,要是贼兵真的来了,你们母女可怎么办?王氏答曰:"急则吾母女同赴此水耳。"陆子敬在淮西经商,兵乱不得归,陆素贞在艰难中长大,聪慧而孝顺,后招邻村王巷王彦祥为婿。

按江南旧时风俗,彦祥入赘陆家后,改姓陆。婚后夫妻生有惟善、惟德、惟贞、惟道、惟能五子,个个长得高大白皙,一表人才。为养家糊口,王彦祥除了在山种果养蚕外,还经常外出经商,家中生活的重担全落到了陆素贞肩上。她曾对儿子们说:"吾陆、王两家,世为忠厚之家,汝等兄弟系手足相亲,须勤力治家,

陆氏老宅

陆巷一景

复振家业。"在父母的教诲下,五个儿子成人后均有作为,长子王昇征召福建长乐县主簿,次子王礼举为万石长,三子王敏经商致富,四子王逵在村中首办学校,五子王谨独理其内、治家有方。

明初太湖东山尚属未开化地方,山人大多为武人之后,"不肯禄仕,闻有为弟子员者,恐惧逃匿"。主要原因是怕从政为官后,"辄至通显,而亦旋罹祸,或及其宗"。惟善征召辟为从事,官长乐主簿,陆氏族长怕祸及宗族,意欲彦祥还宗王姓而难于言。陆素贞支持丈夫还宗王姓,"乃择隙地,得陆巷之口家焉"。全家齐心协力治生,不数年而家业大昌,开创了莫厘王氏六百年基业。

明 代

王惟善

百姓称道的王佛子

明代宣德四年（1429），一艘帆船从胥口驶入太湖，朝陆巷港驶来。寒谷渡埠头上，站满了迎候的人群，人群中不时有人发出低泣声。外出居官仅三年的王家长子王惟善，因辛劳过度而卒于长乐官邸。船只靠岸，家人原以为福建为富庶之地，俗语说"三年清知府，十万雪花银"，这次王公灵柩归来，总该有点奇珍异物归家，可族人上船一看，除了棺材以外，船中萧然无一物。正应了王昇赴闽时说的那句话，"一身正气去，两袖清风归"。

王惟善（1373—1429），讳昇，生于明洪武六年，明代福建长乐县主簿。莫厘王氏八世孙，王彦祥长子，亦称伯英公支老大房，在莫厘王氏家谱上称东宅，王琬明弘治九年（1496）修谱时五大支之一。莫厘王氏自南宋建炎年间迁居太湖东山后，世代为农为商，从王惟善起才开始有子孙涉足政坛。说来也使人难以置信，王惟善踏入官场不是自愿的，而是被地方府衙官员所逼，完全出于无奈。在元明两朝，王氏虽为耕读之家，但在陆巷村历代乐行善事，被村人称为忠厚王家。

明代初期的东山，尚属未教化的荒蛮之地。山中居民大多为宋室南迁时择居的武人之后。山人都以种果、经商为生，据说尤重犯法，不肯禄仕。当然所谓犯法，并不是真的触犯王法，而是指民风强悍，性野好斗。凡被村中长者举为孝廉，到府庠里去读书，大多恐惧逃匿，担心万一被当朝召去做官，会招来祸事，累及宗族。这主要是朱元璋晚年杀戮成性，常在朝廷之上无故诛杀朝臣，造成官员凡上朝，全家哭着送行，恐有去无回。

王惟善生而长大白皙，一表人才，又一脸憨厚，简重言笑，乡人均称其为长者，亦有正人君子之誉，是忠厚王家的代表人物，被举为万石长。惟善公名声在外，县衙的官员闻知后，欲招之，把他辟为从事。惟善听到这个消息，他也不愿去做官，以免引火烧身，而唯一的办法就是躲避。他悄悄躲藏了起来。县衙里的官员找不到王惟善，又急又恼，遂把他的弟弟王惟道，即王鏊的祖父抓了起来，关在县衙的监狱里，要代治他大哥的罪。百般无奈之下，王惟善只得应诏出山。在离开长兴山时，王惟善遇见了一个道士，知道他的

鸣和堂（王惟善裔孙故居）

窘况后，道士说，你不想当官，这有何难，便教他自毁了面容。因明朝从开国皇帝朱元璋开始，挑选官员就很讲究相貌，要是王惟善肯这样做，县衙一定会以其容不佳而弃之。王惟善听道士之言，又转回到长兴山里，煎了荷叶汤涂在自己的面孔上，又上高峰在烈日下暴晒，真的把自己的容貌毁坏了，变成了一脸麻子。县令不知情，把他的弟弟王惟道传到了县衙大堂上，对他说："吾闻尔兄名，肯一见我否？我且把你释之。"王惟善不忍心让弟弟代其受过，只得从长兴山里走了出来。以为自己面容已毁，只是到县里过过堂罢了，谁知县府征召不足，像征兵一样壮丁奇缺，脸面稍有点缺陷的小麻子也要，所以他一走进县衙就出不来了。家谱载："惟善出则署为兵曹掾，授福建长乐县主簿。"

明代的主簿在县丞之下，属九品，是最小的官职，以下就是未入流的典史了。这是东山莫厘王氏数百年来第一个出山为官的人，关系到忠厚王家的声誉，官衔虽低，但王惟善很看重，至长乐后，他清廉勤政，爱戴百姓；诚心待人，使之人吏不欺，被百姓称为王佛子。明宣德四年（1429）十一月，王惟善卒于官任，享年五十六岁。子王琮扶柩归，于是发生了文章开头的一幕。

在莫厘王氏弘治谱上，王惟善这一支称为老大房，亦称东宅。娶东山卜氏，生一子二女。子王琮，字孟方，后世称孟方公。长女嫁叶廷玉，次女嫁周尚恭。孙三：王钦、王鉴、王钊。王钦早卒，无嗣。

惟善公墓表

王朝用

　　公讳昇，字惟善。大父讳彦祥，昇为其长子，先君之伯兄。生而长大白皙，简重寡言笑，乡里归其长者，县大夫闻之，辟为从事。公闻，遁于浙之长兴。县求之急，先君以身代，不可。既而戴釜潜归山，日煎荷叶汤淋其面，上高峰日中暴之，以自毁也。县大夫谓先君曰："吾闻尔兄名，肯一见我？我且释之。"公不已，且以为信，遂出。出则署为兵曹掾，甚至委信之，久之授福州长乐主簿。诚心爱人，人吏不欺，至称为佛子。三年卒于官，子琮扶棺归，舟中萧然，无一闻物。公生于洪武癸丑，卒于宣德三年十一月，年五十有六。娶卜氏，子一，讳琮，字孟方，娶蒋湾严景中女。女二，长适叶廷玉，次适周尚恭。孙男三：钦、鉴、钊。

《莫厘王氏家谱》卷十二

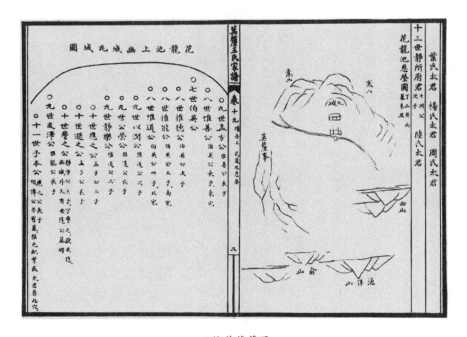

王惟善墓葬图

王惟贞

商海中的"江湖客师"

元末明初，洞庭山一批破产农民迫于生计，不得不离开家园，漂过茫茫太湖，以商贾为生。数年或数十年后，一些成功者衣锦还乡，成了腰缠万贯的大商人。明代正统年间被称为"江湖客师"的王惟贞就是这样一位大商贾，他被后世人誉为"钻天洞庭"的代表人物之一。

王惟贞（约1375—?），名敏，字惟贞，约生于明洪武七年到九年之间。莫厘王氏八世，王彦祥第三子，惟善的二弟，惟道的三哥，排辈分也是王鏊的伯祖父。就像他的父亲王彦祥早先赘于陆家一样，王惟贞年轻时曾馆于舅家叶氏为婿，后来经商发迹，事业有成，才归宗王姓。可惜这么一个在明代中期赫赫有名的大商人，伯英公老三房（惟贞公）这一支，谱载传四代，明代末期至祐字辈而无载。

王惟贞少年时就有志向，也善于精算，这为他成年后闯荡江湖、四海商贾打下了基础。王家族大人多，生活并不很富裕，加上旧时东山凡男子成家立业时，父母都要给儿子准备一些活产（土地），作为小家庭日后生活的基础。彦祥公和陆氏生有五个儿子，生活压力很大，所以每至冬春农闲，王彦祥总要同人合伙，到江淮一带去返运货物，有时还把家中所产柑橘用船运到青浦朱家角销售。第三子惟贞幼承父志，亦乐于商贾，常随父远行。一次，惟贞同友人谈及各自的志向，曾说："大丈夫当走万里，以图大志。"王惟贞还继

王惟贞阡表

承了外祖父陆家经商的传统,不畏艰险,四海为家,实现了父亲王彦祥想以经商振兴王氏家族的愿望。据《莫厘王氏家谱》记载:"父子俩曾出姑胥,入荆襄为贾,取酒黄鹤楼下,歌崔颢之诗,击大江望君山,扬然所得。"在跟随父亲经商过程中,惟贞不断总结前人的经商之术,又历览江湖,求得新的发展。把经商的过程从实践上升为理论,又用理论来指导实践。所以史称王惟贞深谙积著之术,被江湖豪侠尊为客师。到了明代中期,商海中还流传着"至今言善理财者,必曰惟贞公"。

"钻天洞庭"商人集团,形成于明朝嘉靖、万历年间,为中国历史上十大商帮之一,在我国明清商业史上占有重要位置,王惟贞无疑是钻天洞庭的早期代表人物。明代东山商人以经营粮食、棉布、木料、青靛、药材等货物为多,主要活动在荆襄、建业、闽粤之间。王惟贞当年在何地经商,经营何货物均无从考证,但他经商的理论经明代正统年间的状元施槃总结后,在为之所撰的《王惟贞阡表》中传之后世。施槃说,惟贞公经商之术是:"有所藉而致富,非善理财者也;无藉而财自阜,斯谓之善理财。"这句话听起来好像有点模糊,大体意思是经商有祖传基业,锦上添花不足为奇;钻天入地开辟新的地域,拓宽经商渠道,才能算成功的商人。施槃在阡表中又云:"东山王氏世以居积,致产不訾(无法计算),中乃稍微,至公复振其业,亦见其术有徵也。"

王惟贞的生意经还说:"智不足以变通,勇不足以决断,仁不能以取予,强不能以自守,谓之善理财,吾未之信也。"这是惟贞公总结一生商贾得失,晚年的经验之谈,被江湖客商视为取胜之法宝。施槃在《王惟贞阡表》结尾时说:"夫以公之术,施之于家则家裕,设用之于国,国有不裕者哉?使生于春秋、战国之时,吾知陶朱、倚顿之流不能专有其名矣!故持传其一节,俟后世修史者庶有采焉。是我朝之陶朱、计然也!"施槃在文中把王惟贞经商与理财之术大加赞赏,并把他称作春秋时的大商人陶朱公(范蠡)、精计算的晋国公子计倪,给予了高度评价。其文成为后人一份研究我国古代商业史、商业理论的珍贵资料。

惟贞公这一支称王氏老三房。子二:长志高,字希振,后世以希振公称之。次志远,无嗣。在王氏家谱上,王惟贞这一房至十二世"祐"字辈后无传。

惟贞公阡表

施槃

近世士夫,言及泉货之属,则以为鄙,若有不屑焉者,及观洪范八政,则以食货为先。子贡论政,则以足食为首。《周书》曰:"农不出则乏其食,工不出则乏其事,商不出则三宝绝,虞不至则财匮少。"后世惟太史公知此,故于货殖传。若白圭富国、计然强兵,鄙人倮寡妇清之属,无不具载,然后知泉币货殖,亦有国者之当务也。

王公惟贞,自小历览江湖,深谙积著之术,故江湖豪雄,尊为客师。至今言善理财者,必曰惟贞公。公之言曰:"有所藉而致富,非善理财者也;无藉而财自阜,斯谓之善理财。"故王氏世以居积致产不訾,中乃稍微,至公复振其业,亦见其术之有徵也。尝曰:"智不足以变通,勇不足以决断,仁不能以取予,强不能以有守,谓之善理财,吾未之信也。"夫以公之术,施之于家则家裕,设用之于国,国有不裕者哉。使生于春秋战国之时,吾知陶朱倚顿之流,不能专有其名矣,故特传其一节,俟后世修史者庶有采焉。是亦我朝之陶朱、计然也。公讳敏,字惟贞,曾为里中叶氏馆甥云。

《莫厘王氏家谱》卷十三

王 胜

旅京十年广家业的避庵公

王胜(1386—1452),又名胜祖,字景德,号避庵,生于明洪武十九年。莫厘王氏八世,明代永乐年间富商。曾行贾京师十年,家业从衰落后复振,是明初东山经商有术的又一位代表人物。

王胜是福八的孙子,与王鏊的曾祖父,重振莫厘王氏基业的王彦祥,既同祖又是同时代人。从王氏家谱世系来看,莫厘王氏始迁祖为百三(八),百三生千七将军,千七生万六,万六生胜一、胜二。这时已为南宋中期,南北议和后可能武将已无用武之地,所以王氏的第四代就隐居太湖东山,以农耕为生了。后胜一生福八,福八生子茂,茂生仲昇,昇生长子王胜,算起来已是太原王氏迁居东山的第八代了。莫厘王氏避庵公这一支,惜传至十一世延字辈而无载。

东山旧称包山(因湖岛四面皆水,被湖水所围),外出必涉水操舟。王胜世居包山,元季祖、父辈皆不仕,以耕读为务。家中有兄弟四人,其为长子,年轻时就帮父母挑起了家庭生活的重担。明初朝廷对江南税赋很重,而且不管农田是丰年还是歉年,年年按人头交税。王胜性颖悟,遇事有独特的见解。他刚满十六岁,见家中人多地少,官府赋税又重,父母已无力支撑这个家庭,慨然有外出经商之意,他对大弟景昭说:"山林,隐者所宜居也,若想有所为,必欲博见闻、广世业,舍家而闯荡也。盖惟京师人物礼乐甲天下,仕者宜适其朝,商者宜适其市。"意思是说,乡村山林只是无大志而贪图享乐的人所居之地,要想创一番事业,必定要出山到京师去闯荡一番。

时山人大多"畏事自重,不能与世家争短长"。王胜振臂毅然一往,在外商贾旅居京师十年。王胜在京师为商为贾,获得很大的成功,究竟经营何物,家谱没有记载,只是载:"未几业日益广,利日益滋,家业衰而复兴,园林宅第焕然一新。"

王胜虽富却对贫者充满同情心。据说有一次,王胜家中被盗,丢失了许多财物,村里人把盗贼捉住了,是邻村的一个小偷,族人欲把盗贼送官。那时朝廷严法酷刑,凡盗贼被捉住并送官,必施以大辟(杀头)。王胜对族人说:"不可,一定是他生活窘迫,没有办法才做贼偷物。"遂把小偷放了。事后,那人携子来到王家,立契约愿遣其子终生为佣以赎自己的不法之行。王

《吴门补乘》中关于王胜的记载

胜知道后,很生气,令儿子王文把契约烧了,言明只要那人改邪归正重新做人,表示既往不咎。对财富的追求,王胜深知要适可而止,不能贪得无厌。据《避庵公墓表》记载,他五十岁时,梦中身至一殿,金碧辉煌好像天庭。有神人告知他说,若自当今止食一味,必能姑贷若返,就是能返老为童。王胜从梦中惊醒,召儿子王文曰:"阃门以外,汝其治之。"遂把家业交给了儿子,自己绝五荤,居一小楼,如泥塑人一般。足不下榻十七年,临终交给儿子王氏宗支一图,乃他自画的在外旅贾助贫一景。并对王文曰:"吾王氏忠厚待人,后必有兴者,汝以待之。"

景泰三年(1452),王胜在小楼中安详去世。妻金坞叶氏,生文、政、批三子,皆能诗。王胜曾祖福八,莫厘王氏这一支传至十一世"延"字辈而家谱无载。葬王巷之祖坟,王鏊之弟王铨为之撰《避庵公墓表》。王胜三子后裔均无有影响的官宦与商人,而族弟王彦祥支,后世名宦、名商辈出,独领莫厘王氏五百年风骚。

王惟道

重教重礼重情义

明宣德四年（1429），以忠厚王家著称的莫厘王氏家族中发生了一起纠纷。起因是长房五十六岁的王昇客死福建长乐县主簿任上，灵柩运回东山，按传统风俗客死他乡者为野鬼，其尸体入室不利于生者。尤其是王昇的独子王琮（字孟方）主张灵柩不进家门，准备把父亲摆于室外。这时王昇的三弟，即王鏊祖父王惟道站出来说："这是我的兄长，壮年夭折，岂可让他的身躯曝之于外？今后如有什么凶兆，我来担当。"大哥王昇灵柩才得以入室，设灵堂，供祭祀。从此以后，东山的风俗得以改变，猝死他乡者亦可入家门。

王逵（1390—1453），字惟道，莫厘王氏八世。王彦祥第四子，又称伯英公支老四房，谱称北宅惟道公支。正德四年（1509），因孙王鏊之官，诰赠光禄大夫柱国少傅，太子太傅户部尚书兼武英殿大学士，是王氏家族中首位倡导重教重礼的有识之士，也是莫厘王氏家族日后五百年兴旺的奠基人之一。

惟道公生于明代洪武二十三年（1390），青少年时代在陆巷以农耕为务，王家因劳动力多，柑橘种得特别好，被称为橘园王家。每年秋天收获季节，红橘耀林，满屋生辉，不可胜计。当时因父亲彦祥入赘陆家，兄弟五人都姓陆，王惟道心中不悦，立志奋发，创出一番业绩，将来盼能还宗王姓。王惟道早年也随父兄外出经商，乃与三哥惟贞驾舟出胥口门入太湖，到松江一带收购棉花及棉布，然后沿运河南下进行返销，经商很有收获。后来二哥惟德不幸客死他乡，小弟惟能又中年亡故，山中家业无人照料。这时父母年事已高，所剩三兄弟中，大哥惟善在长乐为官，三哥惟贞在临清经商，他只得弃商回到东山，综理家业。王惟道一回家乡，就被村人荐为万石长。这万石长又名"粮长"，每年代朝廷按田亩征收皇粮，送入国家粮仓。如遇到农业歉收，须粮长自填银两，购粮补缺。当然官府下达的征粮数与实际向各农户收购数之间，有一定的余额，作为粮长的报酬。原粮长为陆氏族长，以势压人，且年事已高，但自雄其赀，不肯让位。王惟道被推荐为粮长后，按县衙须上缴的指标实收，减去了作为粮长报酬而收的粮食，办事公正，照顾贫困之家，得到村人的信任。家谱载贫者有朱氏、张氏者曰："我寒王君衣之，我饥王君食之，还有父母丧王君葬之。"村人都很拥戴他，陆氏只得退位让给了王氏。

东山在太湖中，其民大多为南宋武人之后，其民尤重犯法，不肯禄仁。

王惟道墓志铭（局部）

闻有子弟被官府辟召为县庠弟子员时（官校学生），都恐惧逃匿，避而不出。王惟道从大哥惟善被征召一事中感到，一个家族要振兴，没有文化，不循礼义，是难以达到目的的。他独好读书，其学亦无师授，完全靠自学成才。当他设法得到了一套朱子小学及"四书"时，便晨夕诵读，常忘了寝食。还利用自己任万石长的条件，在西湖（太湖之西）得月亭办私塾，教诲村中子弟。他还说服家人与族中长辈，劝他们把自己的孩子都送入学校。儿子王琬（王鏊之父）好读书，又把他送到县学去深造。浦江郑氏家法闻天下，王惟道又前往郑家，求得郑氏《精义续编》，即与族人商议仿其规，立王氏家规，以培养王家子孙学文化、遵孝道、懂礼义，长大后能做一番事业。对其亲创的家中礼法，惟道公还言传身教，使之光大。

惟道性情温顺，对父母极为孝顺，与兄弟十分友爱，与朋友很讲信用，乡民邻里，不论亲疏远近，都非常敬重他。从表面看，王惟道在王氏家族中谈不上有什么成就，但对莫厘王氏以教育起家，崛起于寒微，逐渐形成世族大家、士大夫望族奠定了坚实的基础。

景泰四年（1453）惟道公卒于家，享年六十三岁。妻叶妙贤，小惟道公一岁，卒于正统十一年（1446），年仅五十六岁，诰赠一品夫人。生有三子一女：长王璋、次王瑮、季王琬，女妙安。

王惟道墓碣铭

刘 昌

　　王君琬丧其先人惟道三月,以使来乞予文。予未有以复,既襄事,复以书来,累数千言,其略曰:吾家本名族,所居称王巷,自吾祖伯英为陆氏馆甥,乃居陆巷,陆氏之长曰子敬,元季客淮西,遭世乱不果还。时吾祖母甫四岁,与其母硕人王氏居,茕茕单寒。而王氏无变志,及馆吾祖,始葺门户,勤俭力作,逾年,诸废以兴。王氏曰:"幸哉,天之使予有此婿也。"吾闻有孝德者必有阴报,吾犹见其有子乎。既而生吾伯父惟善、惟德、惟贞,暨吾父与叔父惟能,竟爽不弱。王氏曰:"幸哉,天之使予见吾婿有此子也。"吾父性至孝,事吾祖与吾祖母甚谨,又尝命吾母曰,丈夫当走万里以图其大志,至于甘旨寒暖之节,则汝攸司。乃与惟贞出姑胥,入荆襄,取酒黄鹤楼下,歌崔颢之诗,击大江,望君山,扬然有得,曰:"今可以归矣。"时陆氏之宅长者,自雄其贵,不肯下,见吾父之声日起,乃退然让之。

　　惟能、惟德相继而殁,吾父益不出,家政之暇,则诵文公小学四书,与浦东郑氏《精义续编》,尝曰:"吾平生所好,珠犀不足贵,田宅不足富,惟读书便觉意思自别。"惟善为长乐簿之任,吾父告之曰:"家故饶于赀,宜不求,家故乐善,宜不忮,不忮不求,何用不臧,吾兄终身诵之,则吾王氏之福也。"惟善且欲吾父偕往,吾父曰:"富贵相乐,人孰不愿,患难相恤,则能者鲜耳。"惟善颐之,惟善之卒,吾从兄琮以其丧还自长乐,时且以客死者不可更入室。吾父毅然曰:"吾兄也,岂可使暴于外耶!"遂入其丧于室,卜吉而后葬。

　　晚年作得月亭于西湖之上,以燕以息,进吾曹子姓数人,训之以礼义,泽之以书史,勉之以成立,谓吾曰:"吾尝慕范希文所为,其精者吾不得而尽知,若义田之置,合族而同富贵,何其大也,何其公也!汝异时幸有仕禄,虽微亦必以分吾宗族,以共上赐,则吾志也。"又曰:"士以清白为本,汝异时必苦自刻砺,名节之成,非苦不能,吾常举于乡,一弗利,则若有不乐者。"吾父曰:"乌用是哉,策已以进,何往而不可至也。"吾欲作世谱,吾父曰:"崇韬诣拜子仪,狄青不附梁公,得失于人自有明辨,吾先世谱系遭于兵,皆散亡不可究,汝今宜断自可知始耳?"一日,吾父与客饮于得月亭,比间火,吾父赴之,途半疾且作,披归,遂至大故,呜呼!天胡夺吾父之速也。

　　吾父长万石于乡,乡之人曰,向之长是者,辄以势临我,今王君视我若等也,我何敢忘之?其贫乏有朱氏、张氏者曰:"我寒王君衣之,我饥王君食之,我父母之有丧王君举之,我何敢忘之?"吾父于宗族甚恩,惟能遗孤子女若干人,吾父皆为婚嫁。吾族之老者曰:"惟道若是,是率吾族以归礼也,我何敢忘之,人且不忘,况为之子若孙者哉。"所以示不忘者莫大于文,是以申言于执事,惟矜而异,使吾曹得因文而致孝,以成吾父之志,则所幸也。予未仕时,与琬同学舍,尝见惟道状甚伟,质直不喜饰,而中心坦夷多恕,盖长者也。今已矣,其可以终靳一言耶。惟道讳逵,吴县洞庭东山人,曾祖仲达,祖廷宝,父曰伯英,母所谓陆氏也。伯英生五子,惟道行四,配叶氏,继周氏,皆有贤德。男三人,曰璋、曰琪,次即琬,字朝用,今以字行,更字廷臣,为吴县学生,有才名。女一人,妙安,嫁张彝,皆叶氏出。孙男五人,曰铭、曰锺、曰鎣、曰鳌、曰铨,俱幼。孙女五人,曰妙清、曰福缘、曰善庆、曰妙隆、曰妙员,俱在室。洪武二十三年闰四月十日,其生之日;景泰四年二月二日,其卒之日。寿六十有四,其年十二月二十日,葬蒋坞之原。

《莫厘王氏家谱》卷十三

叶妙贤

相夫教子,无怨无悔

叶妙贤(1391—1446),莫厘王氏八世王惟道妻。生于洪武二十四年(1391)十月初八日,卒于正统十一年(1446)六月二十八日,享年五十五岁。正德元年(1506),因孙王鏊之官,被朝廷追赠一品夫人。

叶氏世为吴中大族,北宋刑部侍郎叶逵娶乌程(今浙江湖州)羊氏为妻,遂迁居湖州。时东洞庭山尚属浙之乌程县管辖,叶逵有事常至东山,"嘉其山水清丽,筑别业于洞庭"。叶逵生元颖、元辅、元参三子,后长子元颖还归处州;次子元辅居山之南,称"南叶";三子元参居山之北,称"北叶"。元末有北叶廿八公者,因仲兄庆十六之祸,远贾在外。久之,返山居前山叶巷,为叶巷派始祖。

叶妙贤为叶巷村人。按东山旧时之俗,女子出嫁后应去其姓名,改夫家之姓,应称王叶氏,妙贤可能是她晚年皈依佛教后的居士之名。王氏家谱载:"妙贤贞淑婉静,不妄言笑。父亲早亡,靠母亲抚养成人。遵母训不轻出家门,就女红尤勤。刚满十八岁就嫁于王家门,相夫教子,克尽妇道。"丈夫惟道有兄弟五人,其夫排行第四。遵父亲伯英公(名彦祥)的分工,长子王昇从政,官福建长乐县主簿;次子王礼管理乡事;三子王敏与四子王逵外出经商;幼子王谨在家独理家事。王惟道原也在临清一带经商,弟王谨年仅三十九岁病故后,惟道只得弃商

王氏化龙池残件

回到家务农及综理家事。时丈夫王逯就理于外,妻子妙贤治于内,家业日饶。

宣德初年,江南大旱,山中发生大饥疫。王家对因受灾而无法还其欠债者,一律减免债务。妙贤做出决定:凡永乐年间所欠者,全免之;若宣德以前所负者,减免一半,共订有八条,乡人均赞其德。对村中贫寒者,妙贤十分同情,乡有孤衰无依之寡者,妙贤均收养家中,并为她们送终。后来丈夫王逯掌万石,任乡之粮长,妙贤嘱咐丈夫要公正办事,千万不能征剥孱弱之户以利己。王逯从其言,任万石长多年,不谋一点私利。夫唱妻和,一心为乡人办事,里人赞之。

正统十一年,妙贤因操劳过度而得疾,自知病将不起,召诸子及儿媳至床前,曰:"吾命至此,天意也。汝辈要各自修饬,以持门户。"时三子王琬正在邑庠读书,她嘱咐可勉学致身,以期显达,勿遇难而废,言罢而逝,年仅五十五岁。正统十二年三月廿二日,葬王氏化龙池祖茔。临安县学训导张和撰行状,陈绍先撰墓志铭。子三:长璋,字公荣;次琭,字以润;次琬,字朝用。女一:妙安。

王 璋

口无二价称"板王"

　　王璋(1411—1479),字公荣,生于明代永乐九年。莫厘王氏九世,王氏老四房(北宅)惟道公长子,王琬明弘治九年修谱时称公荣公支,为谱载五大支之一。永乐、宣德年间有影响的商人。因他行商讲诚信,小家不蓄私财,在江湖上有"板王"之誉。

　　王惟道有三个儿子,也学他的父亲伯英公那样,根据各人的特长对他们都做了合理安排:长子王璋长身魁颜,长得一表人才,又精于计算,待人朴实无他肠,让他外出经商;次子王璵熟悉农活,安排在家管理橘林;三子王琬体弱多病,又喜静乐,送他入邑庠读书,以期在科举上考取功名,振兴王氏门庭。王璋是惟道公的长子,按辈分算起来应是王鏊的伯父。在王璋生活的那个年代,东山尚在太湖之中,只知种田、栽果、育桑,读书之人不多,尤其是王氏族中,几乎没有人读书。后来王璋的父亲惟道公首办私塾,倡导儿孙读书明理,弟弟王璵、王琬均入私塾学习,特别是小弟王琬,因读书刻苦,还成了一名县庠生。

王璋墓志铭

王璋为兄长,看到家中弟妹较多,父亲又年长了,为帮父母减轻家庭负担,他很早就外出经商,挣钱养家,亦为洞庭山"钻天洞庭"商人集团的早期代表人物之一。景泰年间,王氏家业一度衰落,王璋奋曰:"父祖业不可由我而废,货殖留亳,重振家业。"遂积十余年不顾家,身无择行,口无二价,奔波在荆楚间行贾。因他经商信誉至上,商品买卖原先说定的价格,从不随便变动,被江湖上称为"板王",即守信誉的人。一次,王璋在亳州一带经商,有友人托他到上海青浦朱家角进了一批布匹,原先已经定好了价格,可待他进货时行情涨了价,他运到亳州按原定的价格出售,不仅没有利润,反而亏了本。那人知道实情后心中过意不去,要补给王璋差价。王璋却说:做生意总有赚钱或亏本,定好的价钿随便变动,人的信誉到哪里去了?坚持不收补价,那人很是感动,曰:"王君,真'板王'也。"

王璋虽早年弃儒就贾,经商发迹,又远离家乡,终年在外奔忙,但对自己要求极严。一次,王璋住宿之淮上一旅舍,客房之女见他长得一表人才,又是当地江湖上一名商,遂在送茶入室时向他暗送秋波。此女长得颇具姿色,平时一般客商对其非礼,她均不予理睬,原以为她看上喜欢的客人一定会就范,谁知王璋曰:"吾已有家室之人,在外见花思异,同禽兽无异耶!"说得那女子低下了头,据说从此该女改良归正了。故家谱载其"公对不正之色,未尝留视"。王璋不蓄私财,在王氏家族中也传为佳话。他在外经商十多年,行商所得收入全部交给父母分配。家谱所载,他每年经商所获之利,哪怕是一尺布、一段线,都全部交给家中。有人劝导他说,这钱都是你辛苦挣来的,何必分文不留呢?可留些私藏,今后也好让妻小享用。王璋怒斥道,难道你要陷我行不义吗?吓得那人再也不敢说啥了。

王璋性喜饮酒,平时不善言,而酒即欢歌,老而弥壮。王鏊少时常至伯父家中,与堂兄弟们行酒于前,王璋在一群孩童中看出王鏊与众不同,指鏊曰:"是子当贵,他日若贵,其在翰林也。"后果被王璋言中,十多年后,王鏊科举显达,探花及第,成为一代名臣,其为后事。

成化十五年(1479),王璋在山病逝,享年六十八岁。妻叶氏,名妙净。柔婉贞静,吐言举止有大家之风。丈夫终年在外,独抚二子成人。有贤名,卒后陈琦为之撰《公荣公元配叶太君墓志铭》。子二:王锺、王鏊。王鏊字涤之,嗣于叔王琜为子。

公荣公墓志铭

王 鏊

王氏远有代绪,其家洞庭,则自宋南渡时,有千七将军者,自汴梁从焉。至我伯父府君,盖三百余年矣。洞庭俗尚纤,王氏独以宽仁为家法,缓于赴时,暗于射利,而慎于保身,人谓之木钝,终不变。世以为此法,家亦以此大。府君曾祖讳廷宝,祖讳伯英,当元伪吴时,王氏以故无显者。考讳惟道,尤号宽简,举息于人,听其自偿。贫者辄焚其券,曰:"以贻吾子孙。"是生府君及家君三人。府君长身魁颜,见者惊异。实淳朴无他肠,时仲父持家,家君游学,而府君操其赢赀,以游于外,虽不甚知书,而自持甚至严,不正之色,未尝留视。有劝及时为私藏者,府君对众诵言之曰:"某劝我为不义。"其人遂不敢言。一钱尺帛,不入私房。而吾伯父用心若此,可谓难能矣。

景泰间,王氏少衰,府君奋曰:"父祖业不可由我而废。"货殖留亳,积十余年,不顾家,身无择行,口无二价,亳人至今称为"板王"。性嗜酒,平居若不能言,至豪饮欢歌。老而弥壮,鏊为儿时,与群从行酒于前,指鏊曰:"是子当贵,若贵,其在翰林。"及府君病殆,鏊自翰林归视之,又明年卒,己亥正月二十一日也,年六十八。配叶氏,贤明,其子锺、鏊,以成化癸卯三月二十九日葬蒋坞先茔之原,鏊不得临穴,则南望垂涕,以不肖之词铭之石,以志其哀。

《莫厘王氏家谱》卷十三

王 瑮

陆巷乡邦耆老

王瑮(1417—1471),字以润,生于明永乐十五年。莫厘王氏九世,王氏老四房(北宅)惟道公次子,王琬明弘治九年(1496)修谱时称以润公支,为谱载五大支之一。王璋弟,王鏊二伯父。

据王铨所撰《以润公墓表》载:"伯父三府君,貌丰伟,心与貌同,性喜酒,至百觚不乱。治家丰能施,亦能守。"同大哥王璋一样,王瑮也长得高大貌美,性豪爽,也喜饮酒,并且酒量很好。觚是明代一种盛酒的器具,口部和底部均呈喇叭形,细腰、圈足,比一般的酒盅稍大些,他饮百杯也没有醉态,可见其酒量之大。王瑮早年也外出经过商,因无家累,财资颇丰,还善于守财。成化元年(1465),江南一带百日无雨,稻粱颗粒无收,山中殷实之家虽有所藏,然仍无法度日,而贫家更是饥寒交迫。王家族大人多,全靠王瑮之财购粮度过灾荒。他还散财赈灾,救济乡人,活者甚众。王瑮在村里有很高的威望,晚年被举为乡邦耆老,即万石长。凡乡邦之间有了曲直是非之事,都来找他解决,并听他的公断。内中有不服之人,把案子报到县衙,邑大夫也以王瑮的意见判决。

王瑮卒于成化七年(1471),享年五十五岁,娶杨湾居氏,继室叶氏,生四女,分别适叶滔、叶畎、叶璃与贺氏。王瑮无子,始有族人说之馆外甥为嗣,他曰:我怎么可说无后呢,吾兄有子在焉,虽非吾所生,然吾与兄始出一人也,其亲疏远迩,要馆甥何哉?后王瑮嗣兄王璋次子王鏊为后。

王 琬

"光化"山前救流民

王琬,成化中知光化县,剧贼刘千斤作乱,朝廷出师讨平之。民散山泽,虑生变,议驱出境。琬议招徕,既而遣都御史原杰来安抚。琬乃单骑入山,谕以威德,编为里社,缓其赋役,民遂帖然,后以中贵人往来需索,弃官归。

清康熙《苏州府志·名臣传》

明朝成化年间的一天,在湖广襄阳府境内的一座大山下,重兵压境,四周堆满了易燃的干柴。北风呼啸,树叶乱飞,只要有一点火星,整座大山及聚居在山上的数千流民将化为灰烬。这时,只听马蹄声响,一匹快马飞也似的赶到山下,拦住带兵的抚台大声说:"不可,刀火下留人,我愿上山说服流民,使其回归社会。"一场血腥烧杀就这样被阻止了。这位快马救人的来者名叫王琬,时任光化县令。

王琬(1419—1503),字朝用,号静乐,因他曾任过光化县令,后世又以光化公称之。莫厘王氏九世,属王氏老四房(北宅)惟道公季子,后世称光化公支,亦为谱载五大支之一。王鏊之父,贡授湖广襄阳府光化县知县,颇具政绩,本因升迁,拒贿而不得上意,待子王鏊登第入翰林,遂致仕归乡。因子王鏊官职,诰赠光禄大夫柱国少傅兼太子太傅、户部尚书、武英殿大学士。

王琬生于明永乐十七年,在家中三兄弟中,他排行最小,从小体弱多病,年少时随父亲惟道公读了不少书。至弱冠,父亲令他在堂铺中经商,可王琬站在柜台前专心诵读,以至购物的顾客常摇着头离去。父亲见他读书这样刻苦,遂把他送入了邑庠补读,这时王琬已二十一岁。与县学中的学子相比,王琬深感自己年龄偏大,读书更加刻苦认真,"感愤淬砺,终夜不寝"。

当时,浙江临安张文节所教授的"春秋学"很有名,王琬带着书籍前往求教,回家后整理了一间房子,终日紧闭大门,仅开了一扇窗户让家人送进饮食,在屋中苦读诗书。是年,有个名欧廉的御史来到吴县县学,想通过考试挑选一批学生,许多人均恐惧莫敢入,唯王琬毅然而往,应试为优等,一举成为国学生。可后来他却屡次应试不中,成化十年(1474),王琬以监资贡授湖光襄阳府光化知县。

荆襄府居湖南之奥,地广山深,自明初刘石之乱后,百姓流离失所,境内所聚居的流民成千上万。湖广抚台怕民聚生变,准备调集大军,并在大山主要出口堆放了燃料,焚烧山林,围剿诛杀流民,以绝后患。这时,县令王琬快马赶到,拦住抚台不可点火,于是出现了文章开头的一幕。王琬独自乘肩舆入山,谕以朝廷恩威,流民顿时归之如流水。接着他又把流民编为社,划给他们土地耕种,且缓其赋役,流民感恩备至。这批灾民大都没有文化,王琬乃选俊秀者为生员,定时加以考核,进行赏罚,大大提高了流民子弟读

静观楼(王琬故居)

书的积极性。他还选青壮年编成军队,以拒匪盗。在组织民壮练习射击时,他又别出心裁,用银钱作为练习射击的靶子,射中者可取之,使士子们奋于习武。

王琬在成化三年(1467),政绩卓著,本可升迁,吏部官员来光化考察时,大多向下级索贿,殆无虚日,临行见王知县无礼相送,面露不悦。当时王琬年近六旬,次子王鏊已高中探花,入翰林进阶文林郎,遂致仕乞归,在城西筑室定居,号静乐居士。王琬归里后,深居简出,不与地方官员交往。苏州府、县两级并举他为乡饮介宾,这是一种荣誉,都推选地方德高望重者,属千里挑一的人。王琬笑而却之,终日优游于故乡的山水间,并创作了许多在东山历史上有影响的诗歌。

身教重于言教,王琬的刻苦攻读精神,为官清廉及淡泊名利之举,对儿子王鏊影响很大。弘治十六年(1503),王琬卒于家中,享年八十四岁。讣闻至京,朝廷下令地方官营葬,复又遣官至东山家中谕祭。王琬的营葬极为隆重与风光,吴郡状元礼部尚书吴宽为其作墓志铭,大学士谢迁撰神道碑,礼

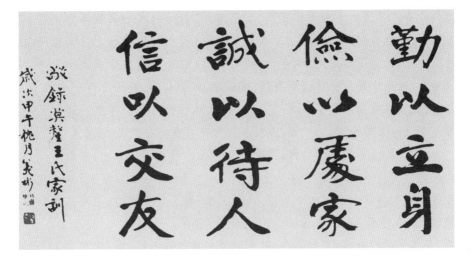

莫厘王氏家训

部主事杨循吉撰墓表，成化进士刘昌撰墓碣铭，歌功颂德，赞美之词溢满碑碣。明弘治《吴县志》把王琬列入"名臣传"；清康熙《苏州府志》录《湖北通志》，也载录了王琬的政绩。

妻叶妙澄，东山北叶人，卒于成化十四年（1478）十一月，享年五十九岁，正德四年诰赠一品夫人。子四：王铭、王鏊、王铨、王镠。

王朝用神道碑

谢　迁

维王氏世居吴之太湖东洞庭山，曾祖讳庭宝，祖讳伯英，考讳惟道，皆有隐德。公讳琬，字朝用，后以字行，以其子鏊贵，累封中宪大夫詹事府少詹事兼翰林院侍读学士。弘治癸亥二月初二日卒，讣闻，上以济之讲筵侍从之贯，推恤有加，既命有司营葬域，复遣官谕祭于家，盖异数也。公少时质甚至鲁，其学甚力，初为邑庠弟子员，屡应乡试不偶，进太学卒业复不偶，成化癸巳，以监资授官，知襄阳之光化县。

荆襄居湖南之奥，土广山深，四方流民聚所在以千万计，于时剧贼刘千斤者倡乱，朝廷命将出师剿平之，而流民散居山泽尚多，执事者虑复生变，议尽驱出境，至挚其孥，火其居。公在光化，独事招徕，与上官忤，既而朝廷遣都御史原公杰来抚安，公乃肩与入山，谕以威德，编为里社，缓其赋役，帖然，无异土著。又选其俊秀为弟子员,时躬考校,以示劝征。募壮勇为民兵,俾习射,用银钱为的,中辄与之,民益翕然思奋,而上官主驱逐之议者滋不悦,顾以为迂,又兵役之后,公私赤立,疲惫未醒,中贵唆使命往来太和山者,征求需索,殆无虚日。公曰:"剥穷民,媚嬖幸,以图苟容,吾不忍为也。"前沿弃官归,时岁在戊戌。于是济之已及第,入翰林为编修者三年矣。明年己亥,拜敕命进阶文林郎,弘治甲寅,进封奉直大夫右春坊右谕德,已未又进今封。

公自归吴,则筑室于城西,因号静乐居士。晚益高闲寡出,岁时乡饮,郡大夫请为宾亦不赴,优游泉石,怡然自得。公素赢,中年后渐充,寿风耄耋,步履饮爵如少壮,一日,体中小佳,洗浴更衣,寝至夜半而逝,享年八十有五。娶叶氏,累赠恭人,有贤行,先公二十有六年卒。子男四人,长曰铭。次即鏊、今为吏部右侍郎,文行器业,雅负时望。次曰铨,府学生,亦有文名,屡试未偶。次曰镠。女三人,皆适名族。孙男八,妇四,曾孙男,妇一。初恭人卒,卜葬山之西马坞。既而公命迁葬蒋茔之次。至是诸子奉柩合葬焉。公存心仁厚,笃于为民,仕竟不达,未究所蕴,济之克成其志。浸浸显庸,所至盖未可量者,昔宋王公直道不偶,而其子魏公以相相业显,三槐世泽,累世不泯,君子以为仁者有后之验,公岂其后也耶,何王氏之多贤也?迁与济之为同年,以道谊相友善者,三十年于兹,闻公行事颇详,兹济之以公神道碑见属,遂不辞而为之。

《莫厘王氏家谱》卷十三

叶妙澄

撑起王家半边天

叶妙澄(1419—1478),莫厘王氏九世王琬妻。生于永乐十七年(1419)五月二十八日,卒于成化十四年(1478)十一月二十七日,享年五十九岁。正德元年(1506),因次子王鏊之官,被朝廷追赠一品夫人。

妙澄之父叶广陵为北叶裔孙,祖上世代经商,家道殷富。至广陵家已稍微,他隐居乡里,信义著闻。女儿妙澄自幼承父训,对长辈极为孝顺,并学做得一手好女红。时王逵为三子琬择媳,因要求孝慧贤淑,久难挑选到中意的媳妇。闻叶氏之女有贤名,即委人纳聘入门。待娶进家门一看,果然相貌清丽,端序温良,十分中意。来到王家后,妙澄事姑孝道,遇亲属彬彬有礼,奉祭先祖极为虔诚。丈夫王琬入县学读书二十余年,家中没有经济收入,仅靠一点薄产维持生活,她节衣缩食,清苦食淡,日课铭、鏊、铨、鏐四子读书。王琬学习十分刻苦,到了废寝忘食的地步。他在家读书时打扫干净一间房子,终日紧闭大门,不让人进入,仅开一窗户以进茶饭。妙澄用丈夫勤奋读书的事例教育王鏊兄弟,说这是当年范仲淹读书的方法,必有成效,可继之。在母亲的教诲下,王鏊兄弟读书都很刻苦,并学有所成。妙澄生性宽厚,邻里有酗酒之徒无故寻事,敲诈王家财物,家人要报之官,以惩顽凶。妙澄告诫王鏊兄弟勿与之计较,给以财物而遣去。此人自惭,谢王家之恩,从此有所收敛。

丈夫从小体弱,不事生产,家中生活全靠妻妙澄调理。王琬在太学读书时,多次参加乡试失利,常常自愧叹息。妙澄劝丈夫曰:"今试不中,可待下届,不必自叹。"侍丈夫授官光化知县,儿子王鏊中探花后入翰林,子贵母荣,乡人赞之时,妙澄未露愠喜之色,而是更加慎行守廉,低调做人。她随丈夫居光化县衙时,不忍闻厅有鞭打之声,见隶卒有饥寒者,用家中财物施之。王琬任湖广襄阳光化县令,襄阳境内有数千流民聚居在山谷中,湖广抚台怕民聚生变,准备调重兵围剿,又备好燃料,焚烧山林,诛杀流民。妙澄谓丈夫王琬曰:"山中流民为天灾所逼,已无生路,如再加烧杀,天理不容。"王琬听从夫人之言,挺身而出拦住并说服了抚台,保住了万千流民的生命。

儿子王鏊中探花入翰林,无限风光时,妙澄却劝丈夫应急流勇退,她说:"人当知足,今君贵,子亦有仕禄,再不归可侍何时?"接着又对王琬说,你的脾气耿直,又不善于讨好上官,如今不归,日后悔矣。王琬听从夫人的劝导,未满任期即向上乞归。回家时箧中不增一物,唯旧衣数件而已。儿子王鏊入翰林后,凡朝廷有赏赐之物,她必以分之族人,说这是皇上所赐,理应大家分享,连家中婢女也分得之。

成化十四年,王鏊在翰林院满阶进文林郎,朝廷封父王琬如其官,封母叶氏孺人。王鏊捧封诰还乡,又请得朝中诸名公词翰,归家向父母献寿。乡之缙绅名士前来祝寿者贺喜者,不一而足。谁知乐极生悲,儿子归家仅三月,母亲妙澄忽然得疾,竟一病不起,于十一月二十七日病故家中。子四:铭、鏊、铨、镠;女一,适同里叶璇。孙男女六人。明年三月初四日葬化龙池王氏祖茔。

蒋湾叶妙澄故里

王 铭

绝迹城市的安隐公

王铭,字警之,文恪兄。少随父仕光化,归山后绝迹城市,号曰"安隐"。弟铨,字秉之,选杭州府经历不赴,文恪制词以赠,有"输与伊人一著高"之句,因颜其堂曰"遂高"。所著有《梦草集》四卷,皆与兄倡和之作也。

清康熙《具区志》卷十

年年积相思,兄南弟在北。
一朝兄北来,弟作南归客。
弟北兄复南,草草途中见。
见时未交言,船开急如箭。

这是王鏊在《宿迁别安隐兄》一诗中所描写的情景与心情。明弘治五年(1492)七月,朝廷命右春坊右谕德王鏊至南畿主考应天府乡试。考试结束后,被恩准回东山省亲,探望父母及亲朋好友。不巧大哥王铭正游燕地(经商),兄弟未及相见。王鏊探亲期满后,北归京城,船只经过宿迁运河,有一只南下的船只擦船而过,一位身材高大的汉子正端坐在船舱中饮茶,王鏊一看正是日夜思念的兄长王铭,高声大喊:"警之哥!"王铭也认出了船上的王鏊,回喊道:"济之弟,你怎么在南方?"可惜"见时未交言,船开急如箭",两只船擦帆而过,一南一北,驶向远方。

王铭(1443—1510),字警之,号安隐。莫厘王氏十世,"之"字辈,属王氏老四房(北宅)惟道公支。王琬长子,王鏊胞兄,一生以经商为业。王琬共生有四子,铭为长,次为鏊,季为铨,幼为镠。作为家中的长子,年未艾,王铭即随伯父公荣公王璋外出经商,挣钱供养王鏊、王铨等弟弟读书,以期将来振兴王氏门户。伯父王璋对自己要求甚严,对不正之色,未尝留视,每年经商所获之利,哪怕是一尺布、一段线,都全部交给家中,让父母分配。王璋的德行对王铭影响很大,王铭把他作为自己学习的榜样,弟妹们都很尊敬他。

王铭生得身材修长环硕,沉默端厚,平时言语谨慎。成化十一年(1475),大弟王鏊探花及第,入翰林,授编修,时父亲光化公归卧湖山,王铭也随父亲回到了东山,从此,他在山中隐姓埋名,绝迹城市,以耕读终其一生。王鏊立朝三十年,地方州县官吏还不知王鏊有王铭其兄。正德初年,王鏊入阁为相,有人对王铭曰:"弟在高位,你何不托他在州县谋个一官半职?"王铭却说:"吾尝劝吾弟,唯公唯正,苟以吾故挠其节,虽贵不愿也。"当时吴中有权势之家族,多以势压州县官员,侵牟齐民,以广私家田园,扩建宅第。王铭曰:"吾劝吾弟唯廉唯慎,苟以吾伤其洁,虽富不愿也。"意即为了自己的一点私利,要吾弟给地方官员打招呼,使他不廉洁,我再富也不愿意。

王鏊对兄长王铭的隐迹湖山之举很是赞赏,他在《安隐记》一文中曰:"其迹仕也,其心仕也,安仕者也。

《具区志》中关于王铭的记载

其迹隐也,其心隐也。一斯专,专斯乐,乐斯安,安斯久,久斯不变。"王鏊称兄长居庙堂而有江湖之志,栖山林有魏阙之思,是其能安乎,能久且不变乎否也。伯氏警之,抱淳履素,不乐进取。自称安隐居士。对王铭的隐居生活,王鏊不但倍加赞颂,而且极为向往,曰:"太湖之滨,洞庭之麓,有田数亩,吾肆力而耕,于是凿其中以为池,疏其傍以为堤,除其高以为园。园吾艺之橘,池吾畜之鱼,堤吾种之梅、竹、花、柳,吾诚于是安焉、乐焉,以终吾身。吾于世非有负也,非有所希也,非有所不合也。"最后王鏊曰:"兄之志高矣、美矣,弟又安能移之?顾弟涉世久,思一息肩焉而未得,他日将从兄而隐,兄其许之乎?"

王铭长子延誉,一名宠,字子嘉。王宠早岁能诗文,年轻时体弱多病。弘治元年(1488),王宠赴京师经商,临行在翰林院为官的叔叔王鏊为之送行,作诗云:"远别忧不忘,病别忧其那。病也在汝身,痛也仍在我。道途历崎岖,风涛恣轩簸。欲留谅不能,欲去夫岂可……故乡风土宜,见此病亦颇。到家平安书,早寄北来舸。"诗写王宠因病告别作者而回乡,使人感到忧虑。

路途遥远,长江与太湖风涛激荡,病体如何能承受。自己年已老,今在外为官,亦不知何年何月才能回归故乡。继而诗人笔锋一转说,故乡在秋日长空下,太湖白帆点点,极有情趣。姑苏城外的枫桥,在夜月下渔火闪烁,一片静谧。你回到故乡,病情一定有所缓解,抵家后别忘了捎来平安的家信。《送侄宠》一诗长达二十四行,既表达了叔叔对晚辈的叮咛,也表达了王鏊对故乡的眷恋。王宠年仅二十四岁而卒,无后裔。

正德五年(1510)五月十七日,王铭卒于东山家中,享年六十七岁。娶郑氏,继孟氏。四子:延誉、延宰(早卒)、延质、延学。第二年十二月二十六日葬蒋坞祖茔。刚致仕归家的胞弟王鏊为其撰墓志铭,清翁澍《具区志》载其简传。

王 鏊

壑舟园与吴中雅集

壑舟,前明太傅王文恪公仲兄鏊别业。高隐不仕,筑室东洞庭麓,取藏舟壑之意名其室,兼以自号焉。一时歌诗作绘,有杨沈唐祝罗费诸巨公。文恪亦为作记,并装一帙,翰墨犹新。而壑舟岁久率圮,裔孙金增葺而新之,傍有朱氏旧建缥缈楼,控山带湖,为洞庭绝胜。向载《具区志》,金增购而合之壑舟,统名曰"壑舟"园,念先泽也。揽胜者占两美之合云。

清乾隆《吴县志·园第》

明成化二十三年(1487)十月的一天,东山石桥小镇热闹非凡,王鏊仲兄王鏊的"壑舟"正在举办竣工典礼,吴中雅集也在园中举办,一时巨公名流如云。不仅苏城的沈周、蒋蓁、唐寅、祝允明等一大批雅士前往庆贺,绘画题咏满庭院,连京城宰辅杨廷和,尚书白钺、涂湍及成化朝状元李旻、费宏等王公贵族都有贺诗相赠。

王鏊(1448—1525),字涤之,号壑舟。莫厘王氏十世,"之"字辈,属王氏老四房(北宅)惟道公次子王琭支,谱称以润公支。明代商人、隐士,后世又以壑舟公或王壑舟称之。王鏊生于明正统十三年十一月初八日,他是王璋的次子,因二房王琭无子,王鏊从小嗣于叔叔王琭。按辈分应为王鏊的仲兄。叔父(养父)以润公王琭在外商贾多年,晚年回乡又被举为万石长,积累了较为可观的家财。王鏊过继给叔父后,子承父业,年轻时在亳州一带商贾,经营祖业,直到四十岁那年,像他的伯父王璋那样突然醒悟,把店肆交给延仁、延昭两个儿子去料理,自己则回到东山,在石桥镇购地建造了有一定规模并极具特色的"壑舟"。

据王鏊为之所撰的《壑舟记》载:"仲兄涤之既倦游,筑室洞庭之野,穹焉如舟,因曰:是宜名壑舟,属弟鏊记之。"在文中,王鏊对"壑舟"有一段精辟的解释:"壑舟之义,盖取诸庄周……吾方寄一叶以为命,茫然不知所归……故曰:'水以载舟,亦以覆舟。'"园成之日,沈周、蒋春洲绘《壑舟图》,画面上,一叶扁舟,怡然自得,藏于岩壑之中,其意境深远。数十位吴中名流及朝中公卿题咏画上:石田翁首先题诗所作画上,诗云:"山合水乃汇,云木交繁阴。爱处自得地,斋居乐幽深。"唐寅和诗曰:"洞庭有奇士,构堂栖云霞。窗棂类

王鏊题款井

画舫,山水清日嘉。"祝允明题诗:"高志近庄生,轩居是强名。扣舷林屋小,濯足太湖清。"王公杨廷和贺诗:"浮生飘泊寄萍蓬,独置虚舟短壑中。画舫有斋思永叔,陆居无屋笑张融。"状元费宏诗云:"有舟不用藏山壑,政似高人隐世深。隔着江湖高枕睡,夜潮虽长不担心。"

是年,王鏊升侍讲,肇开经筵。八月,宪宗朱见深驾崩。入秋,王鏊继配张夫人卒。国君、爱妻双亡,王鏊心情极为悲伤。宰辅刘吉当国,因王鏊不上门拜谒,遂抑不用。王鏊将上疏乞归,刘吉不得已,乃用为展书官。怀着这样的复杂心情,王鏊为仲兄王鏊所筑之园(或许为居室)撰写了《壑舟记》,并以文言志,想学兄长王鏊藏舟于壑,远避江海风险,归于山中。

有关王鏊的生平事迹家谱记载不多,仅王铨《梦草集》中提及王鏊。王铨在卷三"归田唱和"诗"和次韵贺宪副泽民会老诗"小序曰:"少傅归吴未几,与故旧六人为社,仿香山洛阳之意。六人者:宪副贺泽民、东冈施鸣阳、壑舟涤之、友朴陆均昂、南园叶明善及铨也。"又云:"予时以疾不及赴,丁丑(正德十二年,1517)始入社,追次前韵。"这六人全是东山人,以成化进士官至云南按察副使的贺元忠年最长,年届八十岁。这一年王鏊也已七十岁高龄,但仍参与六老社活动,年年相会,赋诗言志,晚年生活很有意义。

王鏊明成化丁未所筑之"壑舟"为何建筑,究竟是园林,还是一处居室,已无从考证,从现保存的沈周所绘《壑舟图》来看,仅山坞溪流旁的一叶小舟而已,故有人提出质疑,"壑舟"仅是一轴画,而并无建筑,再说当年沈蒋唐祝罗费诸巨公雅集之诗,均为壑舟图咏。但从王鏊所撰壑舟记中看,应该是一处建筑,并建在洞庭山野中。清乾隆《苏州府志》载:"壑舟园在洞庭东山,王文恪公仲兄王鏊所筑。鏊隐居不仕,取藏舟于壑之意,以名其室,即为自号。后废,裔孙金增购朱氏之缥缈楼,仍名壑舟,以承先志……"清内阁学士沈德

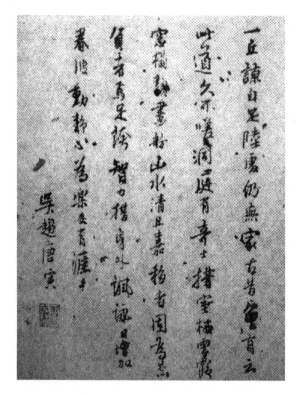

唐寅《壑舟图咏》

潜《壑舟园记》亦载：壑舟园在明末时曾一度为礼部尚书钱谦益所购，吴梅村见而赋诗。继数易其主，后人眉庵（金增）不忍先泽之湮，善贾买而归之，并得朱氏旧宅，与兄槐庭、弟忍庵，商酌扩大之，又增建楼阁，为眺览名胜之所，仍颜曰"壑舟"，以承先志也。重建后的壑舟园有：天绘阁、孔安楼、护兰室、云津堂、缥缈楼、得月亭、艺云馆、壑舟堂等建筑。园内有缥缈晴峦、碧螺拥翠、石公晚照、三山远帆、石桥渔艇、豸岭归樵、双墩出月、弁山积雪等八景，成为吴中清代的一座名园。沧海桑田，世事变迁，现石桥村壑舟园遗址，已是一片橘林，只有当年沈石田等所绘的《壑舟图》，还在向后人昭示古园昔日的辉煌。

嘉靖四年（1525）十二月，王鏊卒于家，享年七十七岁。妻叶氏、继朱氏。延仁、延绍、延问三子，皆亦商亦农，居于东山。

壑舟园记

王 鏊

仲兄涤之既倦游，筑室洞庭之野，穿焉如舟，因曰是宜名壑舟，属弟鏊记之。壑舟之义，盖取诸庄周，周之言，予不能悉也，而舟之为用则知之，《易》曰："舟车以济不通。"《书》曰："若济巨川，用汝作舟楫。"舟固为水设也；而置之壑，舟也真之壑，则车也。吾将真之水，鼎也以柱车，梁丽以窒穴，臼以炊，釜以舂，裘以御夏，葛以御冬，其亦可乎？夫不可违者理也，不可废者用也;若之,何其紊之无已?则物将各复其分,车也复于陆,舟也复于水,则之秦之楚之吴之越,无不如吾意者,孰与块然守一壑哉!兄曰:"壑舟,固不祈于用也,不祈于用者祈于安。昔者,吾尝泛舟涉江湖,傲然枕席之上,一日千里,固自以为适也;不幸怪云欻起,飓风陡作,鱼龙出没,波涛如山,而吾方寄一叶以为命,茫然不知所归,幸而获济,犹心悸神悚而不能已,故曰:'水以载舟,亦以覆舟。'今老矣,尚安能以不赀之躯,试不测之险

祝允明《壑舟图咏》

乎!故予有取于壑也。子不见武夷之山乎!其崖有舟焉。虽世变屡迁,舟自若也,吾舟盖庶几似之,其视江海之舟,不差安乎!虽有力者,又安能窃诸?"鳌曰:"兄之见远矣!"遂为记于舟上。

成化丁未冬十月
《莫厘王氏家谱》卷二十二

王 鏊

"山中宰相无双"

  王鏊是莫厘王氏家族中的杰出代表人物，无论是官职、学识，还是对社会、家族的贡献，以及在历史上与对后世所产生的影响，都是整个家族中无人能与之相比的。原陆巷梁家山王鏊墓地上一幅"四海文章第一；山中宰相无双"的墓联，高度概括了王鏊的一生，前联是说他的学问，后联是讲他的德行，据说这副墓联的落款是门生唐寅。王鏊墓毁于"文革"，这副墓联没有留下拓片或照片，有人质疑其真伪，还有对究竟为何人所撰争论较大，因为唐寅病故于先生王鏊之前，怎会给王鏊撰墓联？有一种较为合理的解释是，此联可能原为唐伯虎给王鏊撰的寿联，后镌刻在墓石上。另，清东山人金友理乾隆年间所刻印的《太湖备考》，王鏊传记一文中有"海内文章第一，山中宰相无双"之句。究竟是"四海"还是"海内"，颇具争议。

  王鏊（1449—1524），字济之，号守溪，时人尊之为震泽先生。莫厘王氏十世，属王氏老四房（北宅）惟道公季子王琬支，亦称光化公支。始居后山陆巷，后迁居前山柱国府大学士宅第（即王衙门前阁老厅）。父王琬（字朝用），敦学笃行，然累试不第，以贡授光化县知县。王鏊幼极聪慧，八岁能读经史子集。十二岁已能作诗，在东山华严寺读书时，有学官以"吕纯阳渡海像"求题，他即疾书曰："扇作帆兮剑作舟，飘然直渡海阳秋。饶他弱水三千里，终到蓬莱第一洲。"识者知其日后必成大器。

王鏊题扇

明成化十一年（1475），王鏊二十六岁时考中探花，授翰林院编修，从乡间的小路上跨入了紫禁城，从此在朝三十五年，历经宪、孝、武三朝，先后历官翰林院编修、侍讲学士、吏部侍郎、户部尚书、文渊阁大学士等，正德朝还入阁为相，参与处理朝政。正德四年（1509）致仕还乡，居家十四年，嘉靖三年（1524）去世，享年七十五岁。王鏊病卒后，嘉靖帝下旨辍朝一日，以示悼念，并遣人赐送麻布五十匹、白米五十担和御酒九坛到王府，下诏工部遣官营葬，加太傅，谥文恪。嘉靖四年（1525）正月一日，苏州知府吴缵宗奉召营葬王鏊于东山陆巷梁家山之原，可谓无限风光。

其实，王鏊的仕途并不顺达，从成化乙未（1475）中探花入朝为官，直至弘治十二年（1499），整整二十五年中，一直在翰林院，只不过是个八品小官，这时他已过了知天命之年，对政治和前途失去了信心，在与朝中同僚与友人的诗信中多次流露出归乡之念。直到弘治十三年（1500），经户部尚书韩文举荐王鏊进吏部任右侍郎，虽说入了朝廷天官部，却还只是个三品之职。正德元年（1506），十六岁的武宗登基，内阁和朝官与有"八虎"之称的太监集团发生激烈的争斗，结果宦官刘瑾之流占了上风，掌控了朝政。大部分正直的朝官或被打成奸党，或被勒令致仕，或被削职为民，连阁臣刘健、谢迁亦没有免幸。内阁缺员，经朝议王鏊被荐入阁，列首辅李东阳、次辅焦芳之后，位居三辅。为拉拢王鏊，刘瑾借皇帝之名，不断给王鏊加官晋爵，三年中晋封数次，连已故的父母妻子也沾了光。正德元年十月，敕升王鏊为户部尚书兼文渊阁大学士。二年，又敕升王鏊为少傅兼太子太傅、武英殿大学士，追封曾祖、祖、父三代祖考如其官，祖妣和故妻赠一品夫人。三年，恩赐王鏊蟒衣三袭，荫次子王延素入国子监读书。虽然皇恩浩荡，可王鏊深知高处不胜寒，宦官刘瑾掌控朝政，时内阁三臣，李东阳是和事佬，焦芳为瑾之死党，王鏊不愿与之同流合污，在内阁中势单力孤，举步维艰，他在相位上只待了三年，到第四年就三疏上，离京告老还乡。

尽管王鏊的为官之道充满坎坷，但他的一生是光明磊落且极有意义的，给后世留下了许多宝贵的东西，最值得称颂的是人格与文学两个方面。

王鏊道德高尚，从政生涯中有三处亮点，被载入史书。弘治四年（1491），王鏊升为侍讲经筵官，给孝宗帝讲课。每进讲，必分天理人欲、君子小人，指点上下，极为认真。当时以权贵李广为首的一班宦官，导帝终日在后苑游玩，朝廷上下无人敢劝谏。王鏊给孝宗经筵《无逸篇》时，讲"文王不敢盘于游田"的历史典故，反复规劝，上听之，为之罢游。讲官王鏊当面冲撞皇帝,正当朝廷百官为王鏊担忧时,一日罢讲,弘治帝召李广亲谓曰:"若知今日讲官意乎?指谓广也。"又告语广"好为之",李广一伙劣迹有所收敛。由此朝野皆知王鏊敢直言,能以正道匡君。

弘治十五年(1502),王鏊从少詹升吏部右侍郎,时值边寇扰境,边疆诸将,无人敢挡其锋,朝廷上下一时慌了手脚。王鏊分析形势,提出了自己精辟的见解。陈奏曰:寇不足畏,而嬖幸乱政,功罪不明,委任不专,法令不行,边围空虚,深可畏也;比年边将失律,此所出人心日懈,士气所出不振也;望圣上大奋乾纲,时召大臣,咨询边将勇怯,有罪必罚,有功必赏,专主将之权,厚恤沿边死亡之家,招募边方骁勇之士,用间出携其部曲,分兵掩袭,出奇制胜,必能败寇。其"定庙算,重主将,严法令,算边民,广招募,用闲,分兵,出奇"等御敌安边八策,被皇帝采纳并实施,边疆得以安宁。

王鏊官宦生涯中最大的亮点是仗义执言,救了一大批朝廷重臣的生命。正德元年,王鏊与焦芳一起入阁。时大奸宦刘瑾盗权,对一批曾弹劾过他的正直大臣怀恨在心,想把他们处于死地。刘瑾先对户部尚书韩文开刀,以"莫须有"的罪名把韩革职,继而恶意中伤陷害大学士刘健、谢迁和郎中张炜、副使姚祥等。这时朝廷上下均因惧怕刘瑾淫威,没有一个人敢出来说一句公道话。这时,王鏊站了出来,他大声说:"韩公清德粹行,海内所知,今无故加罪,恐天下不服。"刘瑾一时语塞,尚书韩文才免于一死。刘瑾报复阁臣刘健、谢迁的手段极为恶劣,罗织罪名把他们打成"奸党",要治两人的死罪。王鏊和内阁学士李东阳,在朝多次据理力争,才保住了两人性命。有人与都御史边官杨一清相恶,向刘瑾告发,说其在陕西筑边墙太费为名,要逮至京师治他的重罪。王鏊据实辩驳:"杨文学政在陕为国镇边,数年内使之土风一变,人才辈出,皆其功也。筑边墙,为国计,非有私也,奈何罪之?"驳得刘瑾无言以答,一清得幸免。刘瑾怒尚书刘大夏不肯附己,又借故籍没刘家财,将其逮至京师,诬其激变罪,欲处以死刑。王鏊愤怒地责问刘瑾:"你说刘氏欲反叛激变,今地方如故,何出激变?"刘瑾只得把刘大夏免罪。

与其官宦生涯相比,王鏊一生在文学上取得了更大的成就,其诗歌和文章在明代中叶的文坛上均有举足轻重的地位。王鏊早年文学三苏,后来则学韩愈与孟子,开创文学新风,自成一家。其诗则各体兼备,犹擅律诗。特别是就制义来说,王鏊的影响更为巨大。万斯同《明史》称他"少善制举义,后数典乡试,程文魁一代。取士尚经术,险诡者一切屏去。弘、正间文体为一变"。王守仁称他"公之文规模昌黎,以及秦、汉,雄伟俊洁,体裁截然,振起一代之衰"。王鏊在朝和乡居期间，还与吴地的文人组织了许多社团，如朝中的文字会、五同会，乡间的六老社等，这些团体虽相对松散，但对吴中文人或多或少产生过影响。同时，王鏊的文风对其家族也影响巨大，清沈德潜评说："吾乡王文恪（王鏊）以名德著，成、弘间子姓能文世其家，吴中文献者必首推洞庭王氏。"此外，王鏊在方志、书法、金石、刻书等方面都有很大的成就。

王鏊定稿的著作有近十种之多，主要分成四类，第一类是诗文集，他晚年自号"震泽"，并结集名为《震泽文集》。集中还包括正德十二年（1517）成书时所撰《山居杂著》等。《震泽文集》是王鏊一生的主要诗文集，共三十六卷。第二类是笔记，即《震泽长语》《震泽纪闻》等。这两部笔记都是他晚年所著，分上下两卷。明张凤翼《重刻震泽长语序》云："其目一十有三，其条则百五十有奇。凡纪纲之兴废，经术之续绝，礼乐之隆污，人事之得失，休咎之徵应，咸凿凿有据，可以广见闻，可以资笔舌。"第三类是方志、家谱，有他或主编或修纂的《姑苏志》《震泽编》，以及他父亲光化公编纂的基础上定稿流传的《王氏家谱》。第四类是摘编著作，包括《春秋命词》《古单方》等。2013年由上海古籍出版社出版的《王鏊集》中，收有王鏊诗文三十六卷、笔记两种，外一种（王鏊重孙王禹声的笔记《续震泽纪闻》）等文，其中诗九卷，六百七十二首；文二十七卷，五百二十四篇，加上王鏊笔记《震泽长语》上下卷、《震泽纪闻》上下卷，四卷，六十二篇，《王鏊集》文章共五百八十六篇。王鏊诗文与笔记资料价值很大，反映了明代中期吏治、科举、边关、经济、民生、医学、文学、艺术等诸多方面的内容，是明史研究的重要资料。

值得一提的是明四子中的唐寅、祝允明、文徵明、徐祯卿均是王鏊的学生或门生，他们在诗书画方面都取得了巨大成就，在社会上的影响有的甚至超过了先生王鏊，但四人都得到过王鏊的提携。

王鏊传

王鏊，字济之，吴人。父琬，光化知县。鏊年十六，随父读书国子监，诸生争传诵其文，侍郎叶盛、提学御史陈选奇之，称为天下士。成化十年乡试，明年会试，俱第一。廷试第三，授编修。杜门读书，避远权势。

弘治初，迁侍讲学士，充讲官。中贵李广导帝游西苑，鏊讲"文王不敢盘于游田"，反复规切，帝为动容。讲罢，谓广曰："讲官指若曹耳。"寿宁侯张峦,故与鏊有连。及峦贵,鏊绝不与通。东宫出阁,大臣请选正人为宫僚,鏊以本官兼谕德。寻转少詹事,擢吏部右侍郎。

……

正德元年四月,起左侍郎,与韩文诸大臣请诛刘瑾等"八党"。俄瑾入司礼,大学士刘健、谢迁相继去,内阁止李东阳一人。瑾欲引焦芳,廷议独推鏊。瑾迫公论,命以本官兼学士,与焦芳同入内阁。逾月,进户部尚书、文渊阁大学士。明年,加少傅兼太子太傅。

……

尚宝卿崔璿等三人荷校几死,鏊谓瑾曰:"士可杀,不可辱。今辱且杀之,吾尚有何颜面居此?"李东阳亦力救,璿等得遣戍。衔尚书韩文,必欲杀之,又欲以他事中健、迁。鏊前后力救,得免。或恶杨一清于瑾,谓筑边墙靡费。鏊争曰:"一清为国修边,安得以功为罪?"瑾怒刘大夏,逮至京,欲坐以激变罪死。鏊争曰:"岑猛但迁延不行耳,未叛,何名激变?"

时中外大权悉归刘瑾,鏊初开诚与言,间听纳。而芳专媚阿,瑾横弥甚,祸流缙绅。鏊不能救,力求去。四年,疏三上,许之。赐玺书、乘传,有司给廪隶,咸如故事,家居十四年,廷臣交荐不起。

……

鏊博学有识鉴,文章尔雅,议论明畅。晚著《性善论》一篇,王守仁见之曰:"王公深造,世未能尽也。"少善制举义,后数典乡试,程式文魁一代,取士尚经术,险诡者一切屏去。弘、正间文体为一变。

万斯同《明史·王鏊》

张 氏

身世迷离的张皇后之妹

张氏(1462—1487),莫厘王氏十世王鏊继室。生于天顺六年(1462)八月初八日,卒于成化二十三年(1487)七月初二日,年仅二十五岁。弘治二年(1489)十二月一日,葬于东山西马坞王氏祖茔。王鏊怀着沉痛的心情亲为爱妻撰写了《继室张夫人墓志铭》。正德四年(1509)因丈夫王鏊之官职,张氏被朝廷诰赠一品夫人。

张氏是王鏊的第二位夫人,锡山梅里村人。成化十七年(1481)嫁于王鏊,生有一子,即王鏊长子延喆。王鏊继室张氏是位身世显赫却又多少有些模糊的人物,一说是明弘治帝朱祐樘妻张皇后的妹妹。清王士禛《池北偶谈》卷二载:"明尚宝卿王延喆,文恪子也。其母张氏,寿宁侯鹤龄之妹,昭圣皇后同产。延喆少以椒房入宫中,性豪侈。"王鏊与张皇后之父寿宁侯张峦有连,《明史》卷一百八十一载:"寿宁侯张峦故与鏊有连,及峦贵,鏊绝不与通。"张峦原只是一个秀才,是个以乡贡进入国子监读书的学生。成化二十三年二月初六日,张峦的长女与时为皇太子的孝宗成婚。同年九月,张氏被正式立为皇太后。一人得道,鸡犬升天。张峦在弘治四年(1491)晋封为寿宁伯,不久封侯,死后追赠为昌国公。可张峦教子不严,儿子张鹤龄、张延龄兄弟以皇亲国戚而跋扈,纵容家人掠夺民田,鱼肉乡里,干了不少犯法的事情,被朝臣弹劾。最后张鹤龄在狱中死去,张延龄被杀于西市。

成化二十三年初,三十八岁的王鏊阶满升讲官,启开经筵。时宰辅刘吉掌权,凡朝中要想升迁的官员都要给他送重礼,并自称为其门生。王鏊不愿同流,刘吉遂抑而不用。王鏊感到无法实现自己的报国之志,这时妻子张氏病重,于是王鏊上疏乞归。众大臣纷纷奏疏,王公忠良,为当朝难得的正人君子,刘吉不得已,乃用鏊为展书官。是年七月,传来张夫人病故的消息,时长子延喆还只有四岁。十年之间,王鏊两失伉俪,心情极为悲痛。

王鏊在《继配张夫人墓志铭》中曰:张氏其先为湖广孝感人,曾祖思忠,洪武间官广西按察使司事,因不善献送,被谪河间沧州,遂携家居于沧州。父张实少孤依蔡氏,故又姓蔡。后张实任丹阳令,为官清廉,颇具政绩。张氏少时就庄重寡言笑,在家甚孝,而父母也极爱之。张氏年刚豆蔻,母亲不幸病故,她朝夕哭泣。父亲丹阳公怕其哭伤身体,劝导女儿说:"家中锦绮金玉汝具有,你还要哭什么呢?"张氏哭着回答说:"母亲走了,这些东西有啥用?"成化十三年(1477)王鏊的原配吴夫人卒于京邸,留下年仅两岁的女儿,又当爹又当妈,父女俩相依为命。十四年王鏊母亲叶氏又亡,他带着女儿居家守孝。成化十七年(1481),王鏊继娶张氏,总算有了个完整的家。张氏嫁至王家后,孝而有礼,包揽了家务细碎之活。婚后第二年为王家生了个儿子,王鏊中年得子,大喜过望,爱若明珠。张氏教子极严,她说其父既爱之,若吾却姑息之,他日长大后何所畏乎。王鏊在继室张氏墓志铭中还说起一件奇事,始张夫人四五岁时,曾经独自负墙而泣,母问她为啥哭,说吾想吾家耳。母又奇怪地问,此非吾之家耳?答曰:"非也。吾家住某县某村,姓纪。"噫,奇矣。

《池北偶谈》上说王鏊继配张夫人是张皇后之妹。张皇后是河北兴济人(今河北沧州市北),而《莫厘王氏家谱》上王鏊所撰《继配张夫人墓志铭》说张氏先为湖广孝感人,后携家居于沧州,任过丹阳令,还姓过蔡。奇之,相差竟如此之远。

王 铨

输于伊人一着高

铨字秉之,文恪之弟,正德间以贡授杭州府经历,不赴,隐居水东之塘桥,作且适园。文恪制词为赠,有"输于伊人一着高"之句,因以"遂高"颜其堂。所著有《梦草集》四卷,皆与兄倡和联句之作也。沈石田、吴博庵、祝希哲诸公,皆有题跋,比之士龙子由云。

清《七十二峰足徵集》

《七十二峰足徵集》是清乾隆年间刻印传世的一部书籍,共有六十六卷,收选了东山历史上数百位诗人、作家的诗歌与文章。王琬、王鏊、王铨父子三人一百多篇作品收入书中,并载有他们的简传。

王铨(1459—1521),字秉之,号中隐。莫厘王氏十世,属王氏老四房(北宅)惟道公季子王琬支,即光化公支。王琬第三子,王鏊胞弟。府学生,贡授官杭州府经历,因时宦奸专权,朝内忠臣受迫害甚多,故未仕。后弃儒经商,极具成就,在东山陆巷与水东塘桥都建有遂高堂。现遂高堂为中国历史文化名村——陆巷古村最古老的宅第。

王铨生于明天顺三年(1459)正月十二日,为王琬原配叶夫人所生,比兄王鏊小九岁,下还有一弟,名镠(字进之),英年早逝。王铨少多病,资亦不甚敏,却很有志向。从小随父王琬在湖广光化县长大,因该县较荒僻,未读多少书。成化乙未(1475)春,兄王鏊入翰林,王铨自光化驰于京师鏊邸,随兄生活和读书。翰林院是天下名士聚集之地,读书求知氛围极浓。在兄长等人的影响下,王铨发奋淬励,日夜苦读不辍。兄鏊予上朝,早起总见弟尚在窗前苦读,甚为感动。

惠和堂王铨(后一)读书塑像

遇到难懂之处，兄弟相互为师友，让人羡慕。学习中每当兄鏊觉有进，弟铨辄已追及，兄弟间争先恐后相互激励，翰林院里甚至把他们比作宋代的苏轼和苏辙两兄弟。王铨的学问一时为冠，朝廷一些名臣皆推崇他，但他科场考试却屡次失利。

弘治五年（1492），年已三十四岁的王铨，经过多年准备，也赴南畿参加应天乡试。自弘治戊申（1488）第二次赴京求学归来，王铨的学业大进，所作之文在太学中争相传诵，说与其兄王鏊之文无异。此时他已是有延年、延纪等四个孩子的父亲了，家庭生活负担日重，要是这次"秋闱"应试再失利，誓不再试。八月四日当他踏进应天考场时，意外发现典试主考官竟是兄长王鏊后，即避嫌退出考场。傍晚，王铨被召入贡院"内帘"，王鏊谕以朝命，向弟深表歉意，又互赠诗作致辞，第二天王铨就携箧南归。正德十年（1515）他以年例贡入京，贡授杭州府经历，时刘瑾虽败，朝中仍值宦官盗政，正直的官员均受到排挤，有的还遭受杀身之祸。王铨审度时势，叹曰："此时岂是求仕之时耶？"虽朝廷授其迪功郎、杭州府经历之职，但他空名告身，誓不受官。

王铨后来弃儒从商，也成就了一番事业。弘治十五年（1502），王铨在横金塘桥筑且适园，内有东望楼、遂高堂、远喧堂诸胜。兄鏊为之记。且适园可南望包山（即东山），北眺吴城（苏州），适喧静之宜，其田美而羡，其俗淳而和，他在园中且耕且读，故名"且适"。还在园中杂莳四时花木，以为观游之所。其"遂高堂"之名，甚有来历。王铨在《遂高堂诗并序》中曰：东庄厅事，旧匾远喧，至正德十年，遥授古杭经府之职，兄赠词一阕，中有"输与伊人一着高"之句，因取遂高，以颜其堂。后来，王铨在东山陆巷筑

遂高堂（王铨故居）

宅,亦起名"遂高堂"。沈周、吴宽、唐伯虎、祝允明等名士对该堂均有题跋,因而其宅在明清时誉满吴中。王鏊致仕归里后,来往苏城,往返必住,与弟观游而乐。兄弟俩朝夕相处,有唱必和,度过了他们的晚年的美好时光,曾合著有《梦草集》四卷,集中兄弟相互酬答之诗多达三百多首。

正德十六年八月(1521),六十三岁的王铨在山病故,年已七十二岁的王鏊见朝夕相处的胞弟先他而去,老泪纵横,极为悲伤。嘉靖元年(1522)王铨墓葬曹坞,王鏊为之题写了墓志铭。妻郑氏,有贤名。生有四子二女:延年、延纪、延望、延观,可惜四子或幼年而殇,或英年早逝,均无留下后裔。

便泊亭记

王 铨

洞庭太湖中区最巨者也,纪革又山之蜿蜒拔而最奇者也。纪革之右有巨缺,以东来湖之浪,左有箭浮以遏南湖之波,西有龟山、余山、泽山、厥山,森列其前,怪石廉利,波涛汹涌。又山之最险者也。舟之往来其间者,每遇飓风暴作,洪涛骤兴,进退失措,得不破碎沉没者少矣。纪革有叶惇,字济宽者,尝造其山之巅而亲见之,乃喟然曰:"目击人溺而不知拯,可谓仁乎,财力可济而不知为,可谓德乎?"遂捐不訾之财以填无穷之壑,百工偕作跄攘,告成长堤千尺,深泾数亩,观其中莹如月鉴,挹其外隐如卧虹,凡舟之遇险者,即于此而泊焉,甚稳便也。公尝挟之予观之,予叹曰:"美哉,公之用心也。世人孰不知义利相远乎?"然趋义不趋利之亟也。唯公之筑长堤以便民,其始趋者义也。然堤之两旁得衍地焉,以栽以植,以游以辞,亦自有其利焉。且使今之为政者皆能如公,先义而后利,又乌乎其不可也?公起而拜曰:"愿因君记之。"予不妄为,作便泊亭记,刊诸石上,俾后之人知公之用心焉。

《七十二峰足徵集》卷六

王延喆

亦官亦商的宰相之子

明正德十一年（1516）秋季的一天，在苏州七里山塘官道上，两位友人正在惜别，那个身形高大皮肤白皙的中年人名王延喆，是王相国的长子。另一个身材较矮、有点邋遢的男子就是大名鼎鼎的唐伯虎。唐寅是王鏊的门生，并同王延喆友善。这年秋天，延喆受父荫授中书舍人，并奉使颁诏闽中，好友唐寅正为他送行。唐伯虎在为其作《金阊送别图》。

王延喆（1482—1541），字子贞，号林屋。莫厘王氏十一世，"延"字辈，属王氏老四房（北宅）惟道公季子王琬支（谱称光化公）。延喆生于明成化十八年（1482）二月初六日，王鏊长子，继配张夫人出，其姨母即为弘治帝宠爱的张皇后。延喆靠父荫官尚宝司副卿，故后世以尚宝公称之。延喆善商贾，腰缠万贯，曾在苏城筑怡老园与王鏊祠，被誉为亦官亦商的宰相之子。

成化壬寅，延喆生于京师，时父亲王鏊已三十四岁，入翰林九年，已进阶文林郎，自朝参公事外，唯闭门读书，自守甚严，致力于对六经子史的钻研，学问大进，第二年就被朝廷任命为会试同考官。王鏊中年得子，自然是喜不自禁，可惜成化二十三年，张夫人就因病去世了，当时延喆还刚四岁，大姐王仪十二岁，姐弟俩都痛失生母，在继母李氏与胡氏的照料下长大。

正德四年（1509）王鏊告老还乡，二十六岁的王延喆随父回到了东山。他的童年与少年时代是在京城度过的，见过皇城的大世面，合伙与人做过大买卖，当然也染上了不少纨绔子弟的不良习气。延喆曾祖父王惟贞（实为曾

唐寅《金阊送别图》

祖父王惟道之弟)是明代正统年间的大商人,被江湖豪商尊为客师,可能是祖上基因的缘故,延喆归吴后,又复承祖业,以经商为务。王氏家谱载:"公性高简,其为家未尝视薄书,仕既隆贵,产业无所增益,君年未二十,归吴,即慨然欲恢拓门户,当是时,吴中富饶而民朴,畏事自重,不能与世家争短长,以故君得行其意,多所兴殖,数岁中,则致产不訾,诸贯贷子钱,若炉冶、邸店,所在充斥,起大第西城下。"可见延喆归吴后对读书和科举不感兴趣,却独善商贾,颇具成绩。

王鏊是位比较清廉的官员,开始他对儿子延喆经商颇有想法,曾多次寄书对他进行严厉的批评,可后来见怪不怪,看到政府官僚中均亦官亦商,捞钱肥己,也就对儿子听之任之,随其自然。延喆既承祖之源渊,又得父王鏊之威,经商迅速致富。数年后财产已十分可观。在苏州城西建造了一幢豪华的住宅,接父亲王鏊至苏州养老。王鏊嫌其宏丽,不乐居之。延喆又另建一室于第左,规制稍库,类中人之家,父亲王鏊这才入城居住,并给其宅起了个名字,曰"燕喜堂",后卒老于其宅中。据明代著名文士文震亨所撰《王文恪怡老园记》载,此园源流筑室,位于夏驾湖旧园,有"清荫看竹""玄修芳草""撷芳笑春""抚松采霞""阅风云水"等景观,历史上名人题咏甚多。王鏊病故后,传至其孙王有壬时,园中诸胜,或仅存其名,或不没其迹,或稍葺其敝,而未有所更置、恢拓。入清后,该园为江苏布政使衙门,其柱国、天官坊分为两半,后裔亦散居其间。

正德十一年(1516),延喆官封中书舍人,仍以贾为业,成了一个名副其实的官商。延喆成为富翁后,晚年有一掷千金之豪。《池北偶谈》上记载了两则轶事。一日,有持宋椠(书的版本或刻成的书籍)《史记》求粥者,索价三

怡老园后楼址（王延喆建）

百金。延喆绍其人曰,姑留此一月后,可来取直。乃鸠集善工,就宋版本摹刻,甫一月而毕工。其人如期至索直,故绍之曰,以原书还汝,其人不辨真假持去,既而复来曰,此亦宋椠,而低差不如吾书,岂误邪？延喆大笑,告以故。因取新雕本数十部,散之堂上示之曰,君意在获三百金耳？今如数给君。其人大喜过望。又有持琥珀求售者,中有蜘蛛,形状如生,索价百金。延喆谓果生邪？曰然。然则碎而视之,果尔即偿百金,否则一钱不值。手碎之,果有生蜘蛛,自内跃出,行几上数巡,见风雨化为水,延喆立以百金偿之。

对儿子延喆的不良习气,父亲王鏊深为忧虑,写信进行过严厉的批评。正德初年,王鏊连书六信寄延喆,其第六封信曰:"吾前在家,吩咐尔小心,及至此,千言万语,诲诫谆谆,近又听说行事。在吴下去,教尔闭门敛迹,汝亦人也。这等言语,这等法度,必然也略略动心。如何又在家妄作开河改路,置妓在家,每日画船箫鼓？尔这等所为,果是要求死也。今御史、主事尚且枷号,吾恐汝所为,必不能免。夫城下之路,岂可妄改,河岂可私开,妓岂可常置在家？尔若是要活,急忙开了旧路,河可填,急填之,官妓放遣还家,家人生事的,尽行逐出,不要放账,尚或可救,不然不独连累我,我不知汝死处矣。"信中言词甚为激烈,甚至可以说是训斥了。

嘉靖二十年(1541)正月二十日,年仅五十九岁的王延喆一病不起,卒于苏城怡老园中,葬洞庭洗马坞。妻毛氏,副都御史毛珵女,封孺人,无子,后丈夫延喆一日卒。继室徐氏,生五子七女:长有壬,荫尚宝司丞,次有霖、有翼、有承、有嘉。五子均与科举无缘，然自从延喆之孙禹声中进士，官湖广知府后，裔孙百年兴盛，延至当今。莫厘王氏家族中，以延喆一支最为兴旺。

尚宝公王延喆轶事二则

王士禛

明尚宝少卿王延喆，文恪之子也。其母张氏，寿宁侯鹤龄之妹，昭圣皇后同产。延喆少以椒房入官中，性豪侈。一日有持宋椠《史记》求粥者，索价三百金。延喆给其人曰："姑留此，一月后可来取直。"乃鸠集善工，就宋版本摹刻，甫一月而毕工。其人如期至，索直，故给之曰："以原书还汝。"其人不辨真赝，持去。既而复来，曰："此亦宋椠？而纸差，不如吾书，岂误邪？"延喆大笑，告以故。因取新雕本数十部，散之堂上示之曰："君意在获三百金耳？今如数与君，且为君书幻千万亿化身矣。"其人大喜过望，今所传有震泽王氏摹刻印，即此本也。又有持琥珀求售者，中有蜘蛛，形状如生，索直百金。延喆谓蛛果生邪？曰："然。"然则碎而视之，果尔即偿百金，否则一钱不值。手碎之，果有生蛛自内跃出，行几上数巡，见风化为水，乃立以百金偿之，其豪快如此。

清《池北偶谈》卷二十二

《莫厘王氏家谱》注：按家刻《史记》，尚宝公有跋语曰：延喆不敏，尝闻先文恪曰，《国语》《左传》，经之翼也。迁《史》班《书》，史之良也。今吴中刻《左传》，郓中刻《国语》，闽中刻《汉书》，而《史记》尚未板行，延喆因取旧藏宋刊史记，重加校雠，翻刻于家塾，与三书并行于世。始嘉靖乙酉腊月，迄丁亥三月云。是宋本为吾家旧藏，并非持来求粥者。刊工历一岁有三月之久，并非一月而成，此事钱甘泉先生题跋，曾辨正之。叶缘督文藏书记事诗引之，可澄渔洋之误矣。至于蛛凝琥珀中，断无历久仍生，碎之能濯行几上之理，渔洋此条，皆传闻失实之词，本拟删去，第念旧谱载之久，后人或疑为遗漏，故仍存之，而系以辨。季烈识。

毛 氏

甘作阶梯的延喆发妻

毛氏（1484—1541），女，莫厘王氏十一世延喆发妻，生于成化二十年（1484）七月二十日，卒于嘉靖二十年（1541）正月二十七日，寿五十七岁。因丈夫之官诰赠宜人。

毛氏为右副都御史毛珵之女。毛珵，字贞甫，吴郡人。成化二十三年（1487）丁未科进士，官南京工科给事中、浙江左参政、鸿胪寺太仆等职。为王鏊同考会试所取之士，有师生之谊，后又成为姻亲。毛氏嫁之王家后，事公公王鏊甚孝，每遇公公省亲归山，馈食必亲手调濡，食必候公甘否，则喜否。如公公饮食不达，则心中不安。毛氏幼即聪慧有识，少学于家庭，针线女红之余，亦涉猎文史，通《孝经》《女范》诸书，尤懂礼度。毛氏为名门之女，嫁之王家后，夫妻间很是恩爱，但因体弱多病，婚后多年未育。她见丈夫延喆年岁见长，公公王鏊也高年在堂，久盼长孙。毛氏对丈夫说："大人日益老，而吾体弱多病，恐终不能有所育，君可娶爱以繁息，以慰公公之心，无以吾为累也。"始延喆不敢有非分之想，后经毛氏劝导后，延喆娶妾徐氏，先后生有壬、有霖、有翼、有承、有嘉五子，毛氏退隐西厢，独辟一室以居，雅信闲寂，吃素念佛以自慰。她布衣蔬食，终日焚香，独居二十年。

丈夫延喆娶继室徐氏，毛氏与她以姐妹相称，和而有礼。待家中婢女，诚睦有恩，不分主仆。延喆诸子虽非毛氏己出，然她哺育训迪亦尽心尽力。公公王鏊为一代名臣，出入朝省，未尝顾家。王府家事悉长房长媳持之，毛氏把家中料理备至，好让公公与丈夫在外安心做官，为民办事。正德十一年（1516）二月，这时公公王鏊已六十七岁，侧室万氏生子延昭。王鏊晚年得子，深为后虑。长子延喆和长媳毛氏齐声曰："爹爹勿忧，愿抚育如己子。"公公王鏊转忧为喜，即将襁褓中的幼子付托给长媳毛氏。毛氏命乳媪哺之，爱之如己出。时延喆尚无子，就在这年八月，延喆继室徐氏始生一子，即有壬。公公王鏊十分高兴，赋诗志喜，诗中有"书卷家传吾有付"之句。

晚岁丈夫延喆得疾，毛氏请医就诊，又亲往调理，终日忧泣。嘉靖二十年（1541）延喆病卒，年仅五十九岁，毛氏伏地大恸，痛不欲生。被家人扶起，主治丧事，又跪地大哭，一日之内竟昏厥四次，她自知将不久于人世，告之家人曰："吾生为王家人，死是王家鬼，将随夫而去也。"第二天毛氏亦卒，与丈

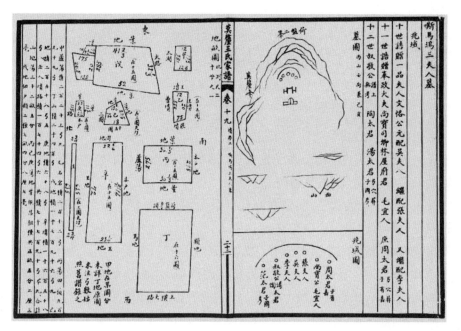

毛氏墓地图

夫去世只差一日，年仅五十七岁，乡人均呼"异哉"。是年十二月二十二日，与丈夫延喆合葬于洞庭山嘶马坞王氏先茔。待诏文徵明为之撰《尚宝公元配节烈毛宜人墓志铭》。

莫厘王氏为延喆支最兴盛，毛氏是延喆原配夫人，虽因病未生子，然她贤惠大度，抚育王氏儿女如己出，尽心尽责，为王氏家族的繁衍做出了贡献。

王延学

陆巷修建从适园

王延学(约1485—?),字子经,号林西,莫厘王氏十一世,"延"字辈,属王氏老四房(北宅)惟道公季子王琬支(谱称光化公),是王鏊胞兄安隐公王铭的幼子,鸿胪寺丞,筑从适园。

王铭是王琬的长子,父亲在光化任县令时,看透了官场的黑暗,年龄一过花甲就辞官归里。家中弟妹多达六人,作为长子的王铭不得不年轻时就外出经商,挣钱供三个弟弟读书。弘治五年(1492),王鏊至南畿主考应天府乡试,结束后回乡省亲,不巧大哥王铭正游燕地(经商),兄弟未及相见。待王鏊北归返京,在宿迁运河上相遇,王鏊有诗记之。王铭生有四子,长延誉,又名王宠,能文善诗,惜多病早卒;次延宰早殇;三延质,吴庠生;四延学,鸿胪寺寺丞。

鸿胪寺寺丞是明清所设的官署。鸿胪,本为大传赞,即大声传赞,引导仪节之意。主要掌朝会仪节等事,设卿、少卿、寺丞等。延学是王铭最小的儿子,谱中生卒年不详,但在王鏊弘治元年(1488)《送王宠》一诗中提到侄宠从小体弱多病,早岁能诗文,年二十四岁而卒。延学约生于明成化二十一年,《莫厘王氏家谱》"官职"一目中有:延学,鸿胪寺丞。这一官职可能是捐

从适园遗址附近的太湖

监而得,为官时间不长即归里,也有可能捐监后仅得的虚职。也许延学经商致富,他在陆巷湖畔所筑从适园很有特色,受到叔叔王鏊的称赞。

正德十二年(1517)五月,从适园竣工,叔叔王鏊为之作《从适园记》,并有《承徽楼诗并序》。王鏊在《承徽楼诗并序》中曰:"侄学作楼于林屋山之西,壮观特甚,余归自内阁,时登之。喜吾兄之有子肯构,而其望有未止此也,为题曰:承徽,且为之诗。然楼之作,实原于静观楼,故前二诗亦附焉。"其诗云:"湖上高楼势若崩,山人将上怯初登。檐前月写澄湖影,天末云开碧璋层。山水吴中夸独胜,观游昔日记吾曾?弱流不隔蓬莱路,欲去何为尚未能?"明蔡羽《王氏从适园》诗曰:"松竹绿波净,亭台背市幽。趣同真适老,景倍静观楼。云自封丹灶,樣能问白鸥。诸昆喜夜读,兼称月中游。"从王鏊与蔡羽所作之诗看,延学所筑从适园规模不小,"湖波潆淼之中,得亭榭观游之美……湖山既胜,又益以花木树艺,秋冬之交,黄柑绿橘,远近交映,如悬珠,如缀玉;翛然而清寒者,为竹林;窈然而深者,为松径;穹然而隆者,为柏亭。其余为桑园,为药畦,为鱼沼,而诸景之胜,咸纳于清风之亭。亭高而明敞而迥,柳之厚所谓尤于观月为宜者也,予园名真适,学盖知予之乐,而有意从之者也,故名之曰从适。"(王鏊《从适园记》)

妻蒋氏,继周氏。六子:有均、有繡、有功、有光、有元、有魁,五子幼殇或早卒,仅有功传后。

王延素

病榻训子其言善

嘉靖四十一年(1562)的一个秋夜，西风阵阵，黄叶飘落。在阁老厅王府西宅，一位古稀老人即将驾鹤西归，弥留之际正向儿孙嘱咐后事。十多个儿孙及妻女哭泣着，一一应诺。这位老者名叫王延素。

王延素(1492—1562)，字子仪，号云屋，生于明弘治五年六月十八日。莫厘王氏十一世，"延"字辈，属王氏老四房(北宅)惟道公季子王琬支(谱称光化公)。王鏊的次子，继配胡夫人出，因父王鏊荫官贵州思南府知府，谱称思南公。延素出生时父亲王鏊已四十四岁，大姐十七岁，大哥延喆十岁。这年七月，王鏊奉朝旨主考应天乡试，在京师正准备赴任之时，六月十八日传来次子延素降生的消息，有怀山诗纪之。诗曰："我年四十四，须发已见白。况复秋冬来，屡然抱病疾。强颜班中行，公私有何益？既不能随时，又不任陈力。独无百亩田，独无五亩宅。一朝辞禄养，何以谋代食……"从诗中流露出他喜忧参半的心情，喜者又添一丁，忧者家庭生活的负担又加重了。

延素生而厚重，伟身丰姿，有器识，但从小读书不甚认真。延素上学时，王鏊已年过花甲，且居于东山。因自己年纪已长，他把延素送至苏城，令长子延喆课弟读书。得知延素经常诈病逃课，王鏊非常气愤，他在给延喆的家书中说："居山中，见人家小学生，清晨上课，匠人之子亦然。闻延素诈病赖学，致先生回去，我气愤已

《具区志》中关于王延素的记载

极,可著他来山,我整治他,不可误也。"甫冠,延素以父三载考绩,荫入太学,成为县学生。始授职南京中府都事,得知延素嫌其官职低而不愿上任,王鏊在信中又进行了严厉批评,在家书中说:"得汝八月廿六书,何其言之异也?中府尊严,汝为幕官,人所歆羡,而汝以为下流污浊,何耶?无乃不知福乎?凡为官者,虽县丞、主簿、典史、巡检,亦皆自乐。而汝梦寝警惕,疾首蹙额过日,何自苦如此耶?"告诫他,不要身在福中不知福,要学习县衙中一些最基层的官吏,知足者常乐。

在父亲王鏊的教育下,延素上任后恪守职司,时值畿内诸卫事烦,诣府多冗费,一切裁革,人皆赞之。正阳门官军值事,恒夜于风雪中,他行视后甚为怜悯,捐俸葺庑以庇之。在南都三年,多有考绩。后来又升南畿经历,亦能忠于职守,有独立处理突发事件的能力。曾奉诏巡视淮扬,有司馈赠,一概回绝。从政六载考绩,母亲胡氏由太孺人进封为宜人。接着又因政绩擢贵州思南府知府,由于养亲而未赴任。喜临书,字画遒劲,得父笔法,清逸不失家风。凡涉猎闻见,喜随手记之,他日有人提及,悉为陈说,了如指掌。

同延喆与延陵兄弟相比,延素资质稍差些。大哥延喆经商致富,在苏城建大第供父养亲。小弟延陵从文有绩,著有《春社集》《王中舍集》等专著,并在东山筑招隐园、真适园供养父亲。而他徒有知府空名,虚度一生,故晚年自惭,临终训子,望他们以父为鉴,各尽所能,自食其力。延素临终告诫儿孙:"吾今年七裘人,子当喜惧者也。迩来体力衰惫,蒲柳之质望秋先零,可不惧乎?人之有生必有死,犹阴阳昼夜,此理甚明,惟以尔等不能成立,不瞑目耳。尔祖虽官叨黄阁,位至一品,平生清白自持,一介不取,每自云云,归徒空山,家徒立壁,是以朝廷重之,海内仰之。尔父勉承门荫,五府冷官,及升思南,以母老未曾到任。吾归后,尔等应勤于持家,光大门庭,切切慎之。"王延素继而又说,祖致政归田,父时尚未知事,及长,生理营运亦有四五千金,自云足矣。迨后越造第宅舍宇,取四媳,嫁一女,何期后来,即被奸徒诓骗,强盗打劫,家资首饰,酒器罄尽,二十年来,家口重大,日用浩繁,囊中萧然,所存者,不及千金矣。尔父衰年,岂能复振,以致尔等窘迫,无可奈何,只得请亲叔少溪等,为尔辈处分房屋田产,均为四份,皆出众议,至公至平。分家之后,荣枯得失,要念先世清白,各安于命。古云:易得者田地,难得者兄弟,兄要爱其弟,弟要敬其兄。有志读书者读书,无志读书者另谋他业。切不可附祖荫为生,无所建树。

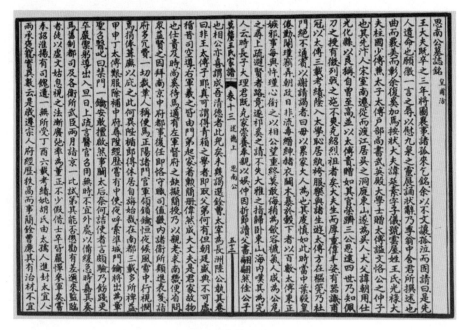

王延素墓志铭

嘉靖四十一年(1562),王延素卒于前山阁老厅里第,享年七十岁。妻陈氏,初封孺人,进封宜人,先丈夫而卒。子四:长有辅,国子监生;次有菱、季有龙,邑庠生;四有圯,邑庠生。父子五人虽多次参加科考,却都同甲榜、乙榜无缘。

王延陵

好友风雅的中书公

王延陵,字子永,文恪季子。鏊手摘五经要语授延陵,学日进,补府学诸生。时鏊还山小构,其扁书未当意,延陵方髫年,操管立就,诸名家皆叹为弗及。鏊会诏下存问,上进《讲学》《勤政》二篇,上嘉悦,荫延陵为中书舍人。就职京中,日与海内名士扬摧风雅,酬倡皆入唐选,名倾辇下。又兴丹青,人得其寸楮尺幅,咸宝藏之。两奉命封藩还,作诗纪游,赠遗一无所受。寻乞侍养生母,反初服。延陵为人温厚醇谨,举动一禀文恪家训。读父遗书,娱情缃素。母病吁天请代。及殁,哀毁不胜。后避寇城居,与刘金宪凤、张太学献翼赓和,榜其舍曰"景空"。盖托慕在禅宗也。卒年七十有七。

明崇祯《吴县志·文苑传》

嘉靖元年(1522)的一天,东山王家门前阁老厅里来了一位王鏊昔日的同窗,老友相见,自然话极投机。临行,老友说他是受人之托,来给三公子王延陵提亲的,还吞吞吐吐地说,对方愿给女儿陪嫁良田两千亩。王鏊微微一笑,说:"高攀不起,送客。"后来,季子延陵娶了弘治朝状元南京礼部右侍郎,以宽厚廉洁闻名的昆山朱希周之女为妻。

王延陵(1506—1582),字子永,号少溪。莫厘王氏十一世,"延"字辈,属王氏老四房(北宅)惟道公季子王琬支(谱称光化公)。王鏊季子,继配胡夫人出,因父荫中书舍人。延陵善诗文,擅丹青,既是一位文人,又是一名造园专家,他在东山所建的招隐园与真适园等园林,在苏州园林史上有一定的影响。

正德元年(1506),王鏊的第四位妻子胡氏为王家又生了个儿子,时王鏊已五十七岁,老来再次得子,甚为欢喜。胡氏成化二十三年(1487)嫁于王鏊,当时二夫人张氏刚卒,三夫人李氏多病,胡氏遂挑起了照料丈夫、抚育王鏊前妻留下的三个孩子的重任。延陵出生时,王鏊的事业正值顶峰,入阁拜相,贵及人位,满月之喜自然不言而喻。长子延喆无意科举,次子延素资质不敏,王鏊把继承自己事业的希望寄托在了季子延陵身上。

据《吴县志·文苑传》记载,王鏊曾手摘"五经"要语亲授延陵,又把他同哥哥延素一起送入郡庠读书。延陵学日进,在诸生中列为高第,遂补府学诸生。不久，王鏊告老还乡在山中建了一座住宅，匾额中友人所取堂名之字都不甚中意，时延陵方髫年（约八九岁），操管立就，诸名家皆叹为弗及。嘉靖元年，世宗继位，遣行人至山存问，王鏊进《讲学》《勤政》两篇文章，被朝廷留取，荫延陵为中书舍人，就职京师。

延陵自以为才足可以取第，不屑于苦读，因而屡试不中。后来竟弃去诸生业而学古文，其诗文只学秦汉，肆力以风骚。所与扬推，非名士不交，所与倡酬，非唐调不赋。志在山水，兴寄丹青，不遂中散之声，追工摩诘之技。友人得其寸楮尺幅，均作为宝画藏之。在京与蔡、张等诸名公交游，以诗词华丽倾动京师。曾两奉朝命出京封藩，册封周王府、赵王府，两府所赠一无所受，仅作纪游诗数十篇。后来，又几次奉诏，出使江南十郡，均谢绝馈赠。当时官场送礼受贿成风，同事以为他太憨，人皆浊之，君何以独清，延陵仅一笑甚之。

朱希周是弘治九年（1496）丙辰科的状元，其女儿与延陵婚配，还有一段情缘。朱希周祖上居昆山，因自号玉峰。其高祖朱吉官至户部给事中；父朱文云官至山东按察使，均以清白廉洁传世。正德初年，翰林院侍经筵讲官朱希周因不满宦官刘瑾专权，被降为修撰，其官职从五品降至从六品。当时王鏊虽已入阁任三辅，因前有李东阳、焦芳等宰辅，两人仰刘瑾鼻息行事，王鏊爱莫能助，但对同乡朱希周的人品很钦佩。后来有人前来为季子王延陵提亲，王鏊一听是朱玉峰之女，满心喜欢，遂与之成了儿女亲家。

虽然王延陵在科举上没有显名，但在文学上取得了一定的成就，他读书好友，极为风雅，早岁与名士皇子循、张幼于等结诗社，有《春社编》，又榜其雅集之所名"景空"。晚岁唯读父遗书，娱

《七十二峰足徵集》中关于王延陵的记载

情细素，游历故乡山水、古迹为乐，著有《王中舍集》传世。王延陵留下的诗作不多，却很有特色，如《王太史、张比部同登翠微阁》诗云："石磴千盘转，山楼百尺馀。窗虚云自入，春暖柳将舒。玉宇浮金液，雕栏俯碧墟。叨陪太史晏，辞赋愧相如。"

王延陵在造园艺术上很有造诣，可在《吴县志·文苑传》与《七十二峰足徵集》对他的人物介绍中，均被忽视了。招隐园，又名南园、大园，位于古镇西街阁老厅北面，是东山历史上的名园，延陵所筑。其园占地约十亩，园内轩、馆、堂、楼、峰，均自成一体，又相映成趣，组成大观。内有红睡轩、垂阳池馆、击壤草堂、苍润楼、停云峰、丽草亭等建筑，景色甚为秀丽。

万历十年(1582)二月，王延陵在东山阁老厅去世，终年七十六岁。妻朱氏，封孺人，继配叶氏，皆先卒。子三：长有怀，县廪生；次有孚、季有年，邑庠生；三子在科举上均无成就。好友嘉靖进士，工部主事皇甫汸为其作《墓志铭》。

中书公王延陵墓志铭

皇甫汸

汸余少溪公卒，其元子有怀，率其弟有孚、有年，俨然衰绖中，屈皇甫司勋之庐，蒲杖稽颡，号泣再拜，乞为铭。嗟乎，余忍铭乎友耶？余忍不铭乎友耶。展帙视之，有怀手勒哀略，张子幼于述为行状，略复而朴，状典而文，余折衷而润色之，志可几也。

王氏起源太原，状谓汴人扈宋南渡，有讳百八者，始家吴之东洞庭，高祖伯英，曾祖惟道，俱隐弗仕。祖朝用，知光化县。考讳鏊，光禄大夫柱国少傅兼太子太傅户部尚书武英殿大学士，赠太傅，谥文恪。赠高曾祖考皆如其官。太傅公四子，少溪其季也，讳延陵，字子永，太傅雅善博士业，文人诵其场屋中卷者，往往取高第，手摘五经要语授子永，余因得观，与子永同考入郡庠。太傅罢相还山，小构其上，将匾之，书者咸未当太傅意，公方髫年，操管立就，即所书皆自以为不及也，太傅由是特爱之，居无何。世宗肃皇帝遣行人存问，太傅公恭上《讲学》《勤政》二篇，世宗嘉靖悦，荫一子为中书舍人，子永自谓才足以取第，不屑就也。督学闻人公慰之曰："昔李德裕也耻与诸生从乡试，汝以父任为郎，非其好也，汉不有韦元成乎仍为之劝驾。"公弃去诸生业，遂抵掌而谈秦汉，肆力以挽。

《莫厘王氏家谱》卷十三

王有壬

承上启下拓家风

王有壬(1518—1583),字克夫,号文峰。莫厘王氏十二世,"有"字辈,属王氏老四房(北宅)惟道公季子王琬(谱称光化公)支。延喆长子,王鏊之孙,因祖荫授尚宝司丞,升太常寺少卿,谱称太常公。有壬虽无显著业绩,但他的两个儿子王俨、王倬(后改名禹声)却颇具政绩,尤其是次子王倬,官至按察副使(四品),入苏州沧浪亭五百名贤祠,是王鏊后裔中一位在苏州有较大影响的人物。

有壬生于明正德十三年(1518),延喆继室徐宜人出,这时祖父王鏊已告老还乡九个年头,他与小叔王延昭同年而生。王有壬出生颇具传奇色彩,这年二月,祖父王鏊六十七岁又生四子延昭,晚年得子,深为后虑。时年已三十六岁的长子延喆及妻毛氏齐声说:"爹爹勿忧也,愿把幼弟抚育如子。"王鏊转忧为喜,即把襁褓之中的幼子托给长媳抚养。就在是年八月十五日,婚后多后未育的延喆继室徐氏竟得子有壬,王鏊喜得长孙,赋诗贺喜,曰:"七十年来始得孙,啼声一听便开眉。家藏万卷真堪托,庭植三槐夙所期。膝上久拼文若坐,目前先慰右军思。三朝袍笏吾无用,付汝他年佐盛时。"

莫厘王氏来自中原,先世亦不乏巨公名臣,但自南宋初年迁居太湖洞庭东山后,世代以农商为生,沉寂湖山数百年。自明成化年间王鏊科举夺魁,入仕从政,官到一品后,王氏遂为山中望族。王鏊四子,长子延喆荫官尚宝司副卿、次子延素荫官贵

《林屋民风》中关于王有壬的记载

州思南知府、季子延陵荫官中书舍人，但都是靠父荫得官，兄弟三人在科举上均屡屡失利，这在以科举入仕为正途的年代，使王鏊脸上无光，曾感叹地说："给子孙的家财不可不留，不可多留。"他把儿孙在科举上没有取得成就，归结为家境富足的结果。

王鏊四子共生有十三孙，除长房有霖、有承早亡外，其余十一人都攻考过科举，遗憾的是竟没有一子与举人有缘。王有壬是莫厘王氏家属王鏊支长孙，他见胞弟与族弟们或读书不专，或早早弃儒经商，或资质不聪，一门父子两代十五人，无一人中科，有辱祖父名望，故自幼勤于学，曾随名儒黄、姚两先生游学，一心想科举入仕，重振王氏门庭。然而事与愿违，王有壬也屡试不第，后来以祖父王鏊的官阶荫官尚宝司丞，九年满秩，升尚宝寺卿。又过了九年，升太常寺少卿，掌司事。他在位尽心尽职，有清廉公正之名。其政绩上奏朝廷，宰辅徐文贞赞曰："王公有孙矣。"在职多慷慨，常救援急难，解职后同名士王锡爵友善。里第图书成案，苔草没阶，有客来访，时披衣冠对，居然有山癯野老之状。父亲延喆喜刻书、藏书，曾取旧藏宋刊《史记》，重加校雠，翻刻于家塾，与吴中所刻《左传》、郢中所刻《国语》、闽中所刻《汉书》，三书并行于世。有壬承家风，独嗜史书，又手自校录，累若干卷，刻印后藏于家。暇则乘兴作小诗，仅以自娱。有壬科考无望后，对两子督课甚严，终使之成才，承上启下传承了家风。

万历十一年（1583）二月，王有壬卒于家，享年六十五岁。葬吴县塘湾伏龙山。妻徐氏，封宜人，继配陆氏，封宜人，皆早卒。子二：长王俨，太学生；次王倬，又名禹声，万历己丑进士。莫厘王氏相门得以延承，实为长孙有壬一支。

太常公王有壬墓志铭

王锡爵

锡爵举进士之岁，则始识太常王公于故经师吴先生第中，丹颜紫须，仪止朴厚。先生指示之曰："生亦记十五年前，下帷秉烛，读王文恪公文乎，此公之冢孙也。"于是时锡爵已官翰林，窃籍为公后进，则数从太常公所，闻公之遗言故事，而太常公曰："吾先公勋名在国史，国史未传者两端，立朝而重卿行，抗节而耻直名。"锡爵盖久沐浴斯言，至于今用之而未效，岂前辈斫轮妙用，固在不传，抑时与地异则为之，而太常驻公已死，不可复质矣。

太常公名有壬，字克夫，号文峰，父延喆，为文恪公冢子，官至大理寺右寺副，嫡母毛宜人，生母徐宜人，公之官，其始以文恪公任，为丞于尚宝，而家故席大理公余业，饶于财，盖生为富贵公子。未有鸡窗之授，且习于田夫丝妇之劳，然自幼已能检厉勤于学。游名儒黄、姚二先生之门，称高第弟子。既选逮学官，骎骎向颖脱矣。会承荫，竟不及以经术显，其丞尚宝，以九年满，升太常少卿，掌司事如故，先是荫臣官尚宝，以地与名，漫不可否事，更直旅进之外，则文酒雍容，车裘都雅耳已。公前后在事虽最久，其卒亦不能于局外大有表见，世以此慊慊有铰凤枥驹之嗟。然公尝曰："男子顾自立谓何耳，夫恃荫与薄荫，贪闲与厌闲，其失性而丧我均也。"且尚宝直禁内，主行符玺，典核宿卫之践更上下，武人颉颃不受法者，吾顾且廪廪玩愒是忧，敢压且薄哉。于是悉按诸故典之阙遗者，耗不治者，为甲乙上奏，俱可报，而故相徐文贞称之曰："王公有孙矣。"

公为丞时，忧奔其父大理公母毛宜人丧归，归而问易箦时何语，何人视殓容从者具对，因修镪帛契疏以示公曰："某亡某在也。"侍生母徐宜人，曲尽情志，其为太常，念徐宜人老，假韩王祭葬差，以便归养，遂不起，时称纯孝云。配陆宜人，早卒。分萧然一室，屏姬会堵塞二十年，业师某尝就公贷金，指其室曰："以此偿贷。"公大悲而折券予之，慷慨多类此。公解官后，则锡爵尝再谒公于里第，图书堆案，苔草没阶，摄故蔽衣冠对客，居然有册瘽野老沉冥自足之意。暇则乘兴为小诗，自娱而已。游咏之外，独耽嗜史书，手自校录，累若干卷，藏于家。

生正德十三年四月十八日，卒万历十一年二月二日，葬吴县塘湾伏龙山之原。万历进士，礼部尚书兼文渊阁大学士王锡爵为其撰《墓志铭》。子男二，长俨，太学生，娶汤氏，先公卒。次倬，今更名禹声，己丑进士，娶张氏，继黄氏。孙男三，永思，俨出；永熙、永焘，禹声出。

《莫厘王氏家谱》卷十三

王禹声

敢斗"阉党"的知府

王禹声,字文溪,文恪公鏊曾孙,万历己丑进士,授刑部主事,引疾归。补工部,榷北新关,以廉称。历员外郎郎中,升承天知府。税监陈奉贪横肆虐,奸民薛长儿、李二生,皆承天人,为奉爪牙,楚人所在思乱。一日奉至承天,二生等尝以罪为钟祥令案治,至是图雪其私,诬以阻挠,下檄捕令,士民相聚揭竿。禹声单车谕止,闻者解去。而守陵阉杜茂倡言民变,擅调两卫官军,将大肆屠戮。禹声揭榜通衢,牒报上官,直列二阉激变状,阉恨甚。上书告变,禹声坐削籍归。归数年卒,后赠光禄寺卿。

清康熙《苏州府志》卷八十

王禹声(1524—1582),又名王倬,字遵考,号闻溪,因任过承天府事,后世称承天公。莫厘王氏十三世,"国"字辈,属王氏老四房(北宅)惟道公季子王琬支(谱称光化公)。有壬次子,延喆之孙。王禹声在湖广承天任知府时,其属下的钟祥县发生了一起震惊朝野的"阉党之祸"事件。是年五月初六日,一群税监到了石牌,逼缴矿税,拘捕平民候天民等七人,并进行刑讯逼供,逼招交纳大冶县募金两千三百两。税监所至,抄没民舍,掠劫资财,奸淫妇女,无恶不作。甚至有用铜钩钩平人肉、用铜梭梭扎妇人之乳的恶徒。

事件经过是这样的,十三日税监舟泊承天府荆花滩,听说镇上有人设立金厂,即令该县拘拿金户,索交金床、金盆等金器。居民毛廷柏一家首受其害,全家十二口人均被拘捕。廷柏被税监用铁尺打断一臂,长男毛容挂上吊竿,下临湘江百尺,一坠即死。次男毛宾二上夹棍,次媳许氏被轮奸几死,逼其献家财四千两银。继而生员邓卿、李科、周汝梅均被用刑,逼他们交足银两。至十四日,又差税监孙、李牌提钟祥县邹知县,连堂堂一县之主也被拘捕而去,人心更加慌张。十五日税监陈文经等九人又至承天查访大户,开出富户五十余家,勒令限期交出银两。是日,税监数人又行牌到承天府,诬称被人抢去税银五千两。士民们知大祸即将临头,准备聚众抗争。十八日夜,备监置酒城外莲花池,夜深始归。城外居民随之入城,鸣锣呐喊,声势浩大,久之方散。次日,士民揭竿岳王庙,第二天又举事报恩寺。知府王禹声知阉党心狠手辣,怕士民举事吃亏,亲往现场,两作晓谕,才说服遣散了民众。

廿二日夜,税监养马人俞三,说出了许多阉党要抓捕人的姓名,且称名单均在钟祥县衙。诸生大惊,群拥入县,急要捕单,久之不得,亦久之不散。于是税监立遣承天卫官胡效忠、周之屏等将领,统领旗校官数千人,执持兵杖,痛打聚众人群。旗校、标兵将领头的吴朝禧擒绑,打伤头顶,刀割左耳,枪戳胳臂及两手。又用枣木棍打伤顶门,遍身青肿,倒地而死。继而又用绳锁颈,拖出府外。整座县衙,戈戟森严,兵丁星列,断绝了城内外往来。到了廿四日下午,才放出数人。又捕捉了沈希孟等十四名士民入衙,以诸生谋叛罪关进监牢。廿五日事态稍平,知府王禹声出面调查案件,将被阉党打至重伤数人抬到道府,令仵作验伤。只见伤者血凝满面,气息奄奄,数者垂死,马上做了现场重伤笔录,发牌捉拿凶手。被阉党关入黑狱的士民,均金铁枷械,昼夜不离,饮食溺混,共在一处,苦不堪言。承天境内,一时大量钱财被税监掠夺,大批平民被阉党杀戮。亲邻惊散,十室九空,惨不忍睹。

王禹声为保境内穷苦百姓,同大权在握的阉党进行了针锋相对的斗争。他在给朝廷的奏折中直言曰:"其承天激变,盖税监之恶者,屡行渎奏。公论不容,备税之匿隐,代为中伤,奸计乃隽,其心甚毒,其机甚险,其谋甚密。税监暴行,逼得湖广士民,积与之为仇,人人自危。"他还在上奏给万历皇帝的"承天府地方异变揭"中,列举了阉党在承天府征收银矿税时,残害无辜的种种罪行,又提出了自己对湖广异变中的十大疑虑,曰"不可解者十也",矛头直指把持朝政的阉党头目魏忠贤。二呈变揭后,王禹声主动解绶,辞职南归。

王禹声《白社诗草》

不久，阉党阴谋败露，王禹声得到平反昭雪，擢升按察使副使兼湖广提督学政（正四品），但他以病相辞，没有赴任。在家与诗书为伴，著有《郢事经略》《鹃音白社诗草》《续震泽纪闻》《乡会试墨卷》等数卷。清吴庄《七十二峰足徵集》卷四十四，收录其诗五首。《月下闻雁》诗云："胡雁鸣秋朔气寒，尚依明月到长安。应怜毛羽水霜悴，似诉关河道路难。客子音书频断绝，故园丛菊半凋残。遥天目送归飞影，知落芦花何处滩？"诗作慷慨悲壮，有边关诗的意境。

万历十年（1582），王禹声郁郁寡欢卒于家，年仅五十八岁。相隔十二年后的明天启四年（1624），朝廷敕封他为光禄寺少卿。妻张氏，敕赠安人；继配黄氏，敕封安人。子二：永熙、永焘。五女适徐心贤、吴挺庵、丁汉卿、朱仲尊、韩潮汐。

承天府地方异变揭

王禹声

职守土无状，两月之间，郡城三变，无所逃死。初变于五月十五日，则以税监牌提县令，夹打生员故。再变于六月十七日，则以税监参疏渐传，备监阴谋尽露故。三变于六月廿二日，则司房兰荣等主兵矣。武弁周之屏等操戈矣，明伦之堂矛戟如林矣，拆墙发屋矣，抄家劫舍矣，把守城门不容出入矣。妻离子散，十室九逃矣，承天之祸，于斯为烈矣。夫激变云者，由激乃有变，今厚诛其变者，而曲讳其激者，此何以故也，其不可解者一也；交欢工监，置酒莲池，夜分方散，乡民随之，乃以城门不闭，罪谢世爵，此何以故也，其不可解者二也；以不持寸铁，乞灵二圣者为倡乱，而以刀割生耳戳伤生颊者为靖乱，甚至归罪于初变再变者，而归功于三变者，此何以故也，其不可解者三也；税监牌提县令，置之不问，而反诬士民杀县令，税监夹打生员，若罔闻知，而反代税监杀生员，此何以故也，其不可解者四也；逮击诸生，道府不查访，督学不除名，抚按不提行，原奏不开坐，而一阉隶喙之，众武弁捕之，此何以故也，其不可解者五也；生员承天府之生员，百姓钟祥县之百姓，令不捕诸府，不捕诸县，而捕诸阉，不狱之府，不狱之县，而狱之卫，此何以故也，其不可解者六也；地保报结，取诸七月十六日，士民激变，事在六月十七日，严刑厚利，倒提年月，该监既有，府县独无，此何以故也，其不可解者七也；刑考地保，责取诸生鼓噪反状，而出自司房王南年之笔，暗藏兵器，欲证生员沈希孟叛谋,而取自伊邻刘司房之家,此何以故也,其不可解者八也;吴冕奏争官田,而贻祸其子朝禧,吴朝禧枪刃交加,而犹波及其友王应林、仇国彦,此何以故也,其不可解者九也;老成如范宗周力止群哗,竟以伊父旧恨而被收,新进如唐登三、秦侗,遂称学霸,实以司房新怨而并逮,此何以故也,其不可解者十也。他若魏赞元之闭户读书,王培之绝迹户外,陆道通之畏懦避事,张奕业之被人妄扳,季立极、王尚德之从无干涉,皆因睚眦,尽入网罗,伏乞俯念士民激变有因,阉竖称兵无上,告之二圣,告之先师,首正其震惊陵寝之罪,次正其毁骂学官之罪,次正其擅调字军之罪恶,次正其滥杀吴朝禧等之罪,并正职守无状之罪如谓变有主使,则守道旬宣秉宪,士民尊卑悬绝,县令身且被逮,遑恤其他职当坐之,如谓不能调停,则守道位参方岳,体难屈已阉竖,县令调停致怨,岂得复蹈复车,职亦当坐之,生固终焉一壑,死亦含笑九泉。

《莫厘王氏家谱》卷十七

王永熙

入祀沧浪祠的名贤

王永熙

王永熙(1577—1648),字景雍,莫厘王氏十四世,"永"字辈,亦为"祚"字辈,属王氏老四房(北宅)惟道公季子王琬支(谱称光化公)。吴中名贤。永熙生于明万历五年(1577),少有至性,为人厚重古朴,敬天好施,和宗睦族,轻财重诺。清道光八年(1828),入祀苏州沧浪亭西吴郡名贤总祠,又名苏州五百名贤祠中。该祠祀苏州自周至清各代名贤五百七十人,又摹其真像于石。六年后的清道光十四年(1834),永熙之父王禹声也增祀入名贤祠中,成为父子吴中名贤总祠内有名的"父子名贤"。

明代

永熙为禹声长子,昆仲两人,弟永煮,早卒。《莫厘王氏家谱·述德上》载,景雍公永熙生活甚为简朴,常衣不喜新,食不兼味。经年一人独自坐于室内读书,除春秋祭祀外,从不至户外活动。对父母极为孝顺,待亲友必尽其诚,其弟永煮(字景照),中年不幸染疾,失去了生活自理能力,永熙亲奉药汤,夜卧床前侍候。景照弟临终时已不能说话,睁目而有所言,永熙知其意,慰之曰:"汝之幼子,吾已携归抚育,可无虑也。"时弟永煮之遗孤学伊年仅七岁,永熙为侄儿择师读书,置田建宅,殚其心力,把他培养成人。而且把弟临终托孤时所遗托之千金,设法存入典当,计岁积息,待侄儿成家立业后,把所得数十倍的本息现帑交付于侄儿学伊。

明崇祯十四、十五年(1641、1642)间,南江遭受到大饥荒,饿殍载道,毙者枕藉。永熙捐出家中积蓄,凡遇冻饿而毙者,各施一棺,钱百文,又使人埋葬。对灾民又均以钱米济之,受施之人踵门而谢,他一笑而避之。永熙平时生活十分节俭,但对贫者从不吝啬,所居苏州城西祖传天官厅中房屋多,前后左右房屋租于他人居住,不索租金,岁时反赠以钱米。对于祖墓祠宇的经营修葺,他常独自任担。

王永熙墓志铭

王永熙卒于清顺治五年（1648），享年七十一岁。入祀苏州五百名贤祠。妻朱氏，继配许氏。生有五子八女：长子早亡，次子其宁，国学生；季子玉汝，县庠生，为乡饮大宾；四子其宜，县庠生；五子其宠，县庠生。

王永熙传

王鎏

公讳永熙，字景雍，文恪公四世孙也。为人厚重古朴，笃于内行，衣不喜新，食不兼味，常经年兀坐一室。弟永煮患羸疾，亲奉汤药，暑不解带，夜连床卧。弟疾笃，若有所语而不言，公揣其意，语之曰："汝幼子吾携归抚育矣。"弟遂瞑目，遗孤学伊方七龄。为延师择配置田宅，以所遗千金，计岁积息得十倍，乃与之。学伊长有文行，公之力也。居西城天官第，前后左右居者，不索租值，反有馈遗。明季辛壬岁饥疫洊臻，道殣相望，每一人死，公给棺一，给钱百，使瘗之。冻馁者，钱米周之，不自以为德也。公守先人遗业，不求仕进，不事封殖，惟以谨身节用，睦族好施为务。其朴行高节，有足尚者。顺治五年卒，生子五人。

《莫厘王氏家谱》卷十三

王永思

重兴支硎山中峰寺

明天启状元文震孟在《重建中峰禅寺院记》有一段文字,说到苏州支硎山中峰寺明弘治间归王鏊,历经四代,传至重孙王永思,仍完好无损。永思临终留下遗言,把中峰寺还给佛界,于是中峰寺得到重建。

王永思(1572—?),字孝则,号百真。莫厘王氏十四世,"祚""永"字辈,属王氏老四房(北宅)惟道公季子王琬支(谱称光化公)。王鏊嫡传后裔。父王俨,又名若思,邑庠生,入北雍,有文名,后弃儒经商,英年早逝。永思早年丧父母,由婶母承天公禹声妻王氏抚养成人,早岁入北雍,为太学生。后因屡试不中,承父业改为经商,家道殷富。为人忠厚,乐于施舍,家中广产,其资十之八九捐于社会公益与贫者,是明末苏州有影响的社会贤达。尤其是王永思捐出祖业苏州支硎山中峰寺,使该古刹得以重建。

支硎山位于苏州虎丘南部,因晋高僧支遁(号支硎)隐于此而得名。相传支遁冬居石室,夏隐别峰,喜放鹤养马,有放鹤亭、白马涧、马迹石等古迹。山上中峰寺始建于东晋咸和九年(334),唐景龙年间改名报恩寺。明弘治年

支硎山中峰寺

间,中峰寺已破败不堪,庙基归了王鏊所有。王鏊得中峰寺后,既没有把其处当成游山玩水的苑囿,亦没有使古庙林木杂生而荒废,而是精心护扶,使古庙保持原貌。他去世时曾告诫子孙要把古庙保护好,传至重孙王永思时依然完好无损。王永思一生经商,乐于捐资助人,临终又遗嘱儿子斯经、斯纶把中峰寺庙基归还佛界。之后明末住持释明河与读彻(即苍雪)历尽艰辛,重建中峰寺,在大殿落成时,写下了《中峰大殿落成》一诗,其诗云:"双松依旧殿门前,但见松高不记年。始自云根开白石,刚齐山背负青天。针磨杵尽功非易,月到池成事偶然。万古题崖谁篆额?雁门相国笔如椽。"

中峰古刹的重光,王永思功不可没,为此东阁大学士文震孟撰《重复晋支公中峰禅寺院记》云:"事矣,余有兹重有感焉。吴中诸山,始辟王夫差,群山之台,馆娃之宫,采香之遥,锦帆之没,与天郊台酒城、贺九谢宴之岭、消夏之湾,名胜满目,风流照耀,宁非百代之雄也哉!曾不一传,廉游鹿走,固已荡为冷风飘尘,徒增吊古之悲,乃支公道踪,所在不五民,久矣弥新,以至废者兴,烟者复,即人人喜踊,不啻身自有之,斯岂独清硎茂赏能击人怀,亦足徵法界之广大,宗风之弘远,成住之相,真实之理,使用权人悠然有可思矣!且不观夫今之南峰矣乎,华表凄凉,马金颓记,樵呼软卧,鬼泣于幽,而王氏独能保百年之废刹,新千岁之梵宫,又以徽文,洛公之深仁厚德有余泽也,积金至斗身死之后,岂复相关?唯此胜,因历劫不坏,太学君可谓知取舍,识宝有矣!"

永思卒年无考。妻严氏,中书舍人严洞庭女。子三:斯经,长洲县庠生;斯纶、斯纲,县庠生。

王 希

为明王朝殉国的公晋公

清顺治二年(1645)除夕之夜,正当古城千家万户在家中守岁时,一位五十多岁衣冠楚楚的壮年人,却在家中自缢身亡,为明王朝殉国,这位学者叫王希。清顾震涛所撰的《吴门表隐》也记载其事:"王希,字公晋。文恪(王鏊卒赐文恪)五世孙,吴庠生。乙酉除夕,不屈,整服自缢经死。"而《莫厘王氏家谱》卷十六"忠义总目"亦载:"王希,字公晋,号知我。秀水县庠生。顺治乙酉除夕自尽,遗命以幅巾敛,墓表称故明王知我先生,后人从之。"

王希(?—1645),字公晋,号知我。莫厘王氏十五世,"斯"字辈,属王氏老四房(北宅)惟道公季子王琬支(谱称光化公)。王鏊嫡传后裔。祖父禹声,湖广承天知府。父永煃,长洲县庠生。王希是浙江秀水县的庠生,生有五个儿子和五个女儿,原本这个大家庭在苏城过着平静的生活,可清顺治二年五月,清兵南下后给苏城带来了灾难。清兵威逼江南百姓削发蓄辫,实施残酷的"留发不留头"的高压政策。当苏州吴梅村、钱牧斋等一批明朝重臣向清兵乞降时,王鏊的裔孙大多崇尚气节,王氏家族成员大多不与新生的清王朝合作。在王永煃的五个儿子中,以三子王希性最烈,不像他的四个兄弟那样,或读书自娱,不闻世事;或隐于胥庄,以观事变;或结交名士,抒明亡之恨,而是采用结束自己生命的极端方法以表对先主的忠心。王希自尽后,他的次子王武作《除夕》诗记之,云:"今夕是何夕,承欢讵忍悲。杯传五兄弟,饴遍十孙儿。爆竹催春动,灯花入夜奇。古不遗恨事,陟岵一章诗。"流露出对父以身殉明的无限悲痛。

像他的兄弟们一样,王希也饱读诗书,才华横溢,且与金圣叹交往很深。他也深浅不同地参与了金氏评说"众经"的文学活动,部分还保留在金氏的有关著作中,因而也得以传世。如王希去南京后,金圣叹作诗相送,其中有"得归幸及早,有约勿相忘"之句,希望王希不望相约,及早归吴,表现出眷眷期盼之情。除王瀚、王希和王学伊之外,与金圣叹交往的东山王氏家族成员还有王子文(玉汝)、王勤中(武)和王轮中(宪度)等人,他们都是王鏊五、六世孙,均与金圣叹有着良好的关系。

王希生平行事,殊无可征,仅《七十二峰足徵集》载其诗一首,《顾狷庵席上赠朱枝昌》诗云:"烟涛雪浪洞庭开,秀出君家未易才。吞吐云霞从笔底,有无山色与胸垓。江淮落落渔舟隐,风雨诜诜鸟道来。寂寞未酬明主愿,殷勤且尽故人杯。"

妻申氏,刑部员外郎申继揆之女。五子五女:五子宪文,明崇祯县庠生,因子王铨之官敕赠中书科中书;王武,明县庠生,画家;王会,岁贡生,敕赠征仕郎;宪度,吴江县庠生;华岳,府庠生。五女适太学生顾植、进士宋德宜、庠生丁章绪、举人陆世恒、太学生徐昌炽。

公晋公潜德记

王季烈

明季我家多气节之士,而俱隐不彰。烈幼侍先大夫侧,知九世祖道树公明亡隐居胥庄,未尝削发。近读家乘,见忠义总目中,首列知我公讳,公即道貌岸然树公之胞兄也。乃遍考公殉义事实,则仅于祖扞郑先生怡老园怀古自注中,得其大略。注云:甲申之变,公裔知我先生于除夕殉难,遗命以幅巾敛,墓表称"明故王知我先生",后人从之。(作者注:按吾苏甲申岁安堵如故,乙酉五月以后王师南下,始有变故。甲申当是乙酉之误。)此见蒋太学庚埍贞义编云云。

按公讳希,字公晋,号知我,明秀水县庠生,文恪公五世孙也。文恪公之曾孙为承天公,承天公二子,长景雍公,次景照公。景照四子,公其第三,道树公第四也。公生平行事,殊无可征,惟《七十二峰足徵集》载公于《顾狷庵席上赠朱枝昌》七律一首。家乘载公墓在尹山。子六人:长昌中公宪文、次忘庵公武、四轮中公宪度、六咸中公申荀。女适宋文恪公德宜。长孙耳溪公铨,仕国朝官至给事中。曾孙宝传公世琛,康熙壬辰授编修,官至少詹事。孙女适汪退庵中允士宏。忘庵公除夕诗云:"今夕是何夕,承欢讵忍悲。杯传五兄弟,饴篇十孙儿。爆竹催春动,灯花入夜寄。古来遗恨事,陟岵一章诗。"盖除夕为公忌日,故末联云,然言承欢者,盖公配申孺人尚存也。忘庵公以丹青名闻天下,而宋文恪屡招之至京,卒不赴,其亦如徐昭法先生,有止水之痛,故终身沦隐屿。

《莫厘王氏家谱》卷十四

王 瀚　王学伊

与金圣叹交善的名士

明末清初,在苏城有一对与金圣叹友善的兄弟,哥哥叫王瀚,弟弟名王学伊。兄弟俩都是吴中有影响的文士,且家庭饶富,曾给金圣叹的"评点"活动在经济上给予了大帮助,被传为佳话。

王瀚(生卒年无考),字其冲,号斫山;学伊(1619—1665),字公似,号道树。莫厘王氏十五世,"斯"字辈,属王氏老四房(北宅)惟道公季子王琬支(谱称光化公)。父亲永焘,县庠生。共生有曾、瀚、希、学伊四个儿子,王瀚为其次子,而学伊是最小的儿子。王瀚是金圣叹的好友。曲江文士廖燕在《金圣叹先生传》中有:"生平与王斫山交最善。"在金圣叹的著述中,曾数十次提及王瀚号名,其中在《西厢·闹简》夹批中有这样一段金圣叹所记的介绍王瀚的文字:"吾友斫山先生,文恪之文孙也。目尽数十万卷,手尽数十万金。今与圣叹并复垂老,两人相邻,如一日也。……斫山读尽三教书,而不愿以文名,倾家结客,而不望人报。有力如虎,而轻裘缓带,趋走扬扬。绘染刻雕,吹竹弹丝,无技不精,而通夜以佛火蒲团作伴。今头以皓皓而尚不失童心。瓶中未必有三日糖,而钱犹以与客。彼视圣叹为弟,圣叹事之为兄,有过吴门者问之,无有两人也。"从这段文字中可以领略到王瀚的风采和与金圣叹深厚的友谊。另外金圣叹在其评点中还曾提到雨夜和王瀚同客共住,赌说快事,在《水浒》批语中也记载了王瀚的数条语录。王

《碑传集补·金圣叹传》中关于王瀚的记载

王学伊书法

瀚曾给过金圣叹三千金让其收取利息度日,但不久金圣叹就把这三千金挥霍一空,王瀚知后仅"一笑置之",可见两人关系之好。

　　王学伊是王瀚的小弟,他七岁丧父,全靠伯父景雍公抚养长大。景雍名永熙,当学伊成年后,始把学伊父亲的遗产及十倍之息交还给侄儿,村人都赞王永熙尚义。学伊二十六岁时,于苏城胥门外三乡庙南之胥庄,构屋数椽,自营生圹以终老。清兵居胥庄数十年,学伊没有进过城市。学伊亦为金圣叹的"诤友",在金的著述中至少十次提到过王学伊。金圣叹在与友人徐增论选批唐诗的尺牍中,曾解释为何将部分书稿给王学伊先览:"所以先呈道树看者,道树与弟同学三十年,其英分过弟十倍;又且知弟最深、爱弟最切,弟有不当,能面诤之。昨亦恐有不当,欲其面诤,故特私之也。"金圣叹在《唱经堂杜诗解》中经常引用王学伊的意见,可见他们确实经常在一起谈论诗文。金圣叹和王学伊来往的书信和诗歌很多,其中《道树遣人送酱醋各一器》诗中提到金圣叹家中"瓶空罍倒"、柴米无以为继的时候,王学伊遣人送来酱和醋等物,可谓是雪中送炭。在《病起过道树楼》下诗中还有"小弟三秋病,先生每日心"之句,可见王学伊从精神和物质上均给予过金圣叹极大的关心。

王瀚妻朱氏,二子:政、森。学伊妻赵氏,四子:栋,县庠生;圣智,早亡;圣友,太学生;圣传,太学生,敕赠陕西宜川知县。

道树公潜德记

王季烈

道树公讳学伊,字公似,晚号道树老人。七岁而文景照公卒,世父景雍公抚之如己出。饮食教诲,备极周至。迨公成人,始举遗产并十倍之息以授之,人皆称景雍公之尚义。桑海之交,公年二十有六,于郡城胥门外三乡庙南之胥庄,构屋数椽,并营生圹以终老,自题乘化阡榜书勒石墓门,隐居数十年,未尝一履城市。长女适申文定公后裔南华先生庄,甥舅最契合,时挈外孙省公于胥庄。公尝曰:"我子孙兴替不可知,外孙能于我身后时省我墓,此我愿也。"因之申氏命其子孙,每岁春秋扫公墓,必来助祭,迄今弗替。公尝校刻文恪公之《震泽续闻》《郢事纪略》,撰有骈体序文一篇,载家乘风中。公生于万历己未,卒时据南华先生笔记,为康熙四年二月。烈维公遭逢鼎革,虽生死异趋,而不降不辱,继轨墨胎,则一也。顾当时亲故,不少能文之士,乃于捐躯大节,隐遁高风,曾不稍事表彰,殆以公自甘埋暖,不欲表暴于世耶。烈恐后之子孙,于公高行,更无从悉,故记之于此,俾后人无忝所生焉。

《莫厘王氏家谱》卷十四

王 武

明末苏城的"怪诞"画家

　　王武,字勤中,鏊六世孙,以诸生入太学,读书赋诗,多技能,尤长于画。先世所遗及平时所购宋、元、明诸家名迹,心摹手追,得其遗法,所写花鸟,信意渲染,皆有生趣。太仓王时敏亟称之,于是声誉大噪,四方士大夫走书币,造请无虚日,家本裕,武不事生产,好施予,家遂落,乃屏绝诸好,以高洁醖藉自持,所居文恪公故第,其旁怡老园,有亭榭花木水石之胜,恒与宾从昆弟,觞咏其间,晚自号忘庵。

清康熙《苏州府志》

王武画作

　　明代末年,苏州怡老园旁有位"怪诞"画家,他的画在当时艺苑中珍如拱璧,家中求画者月无虚日。但此翁极为"怪异",高官显贵求画,一概回绝;有贫者求之,便欣然执笔,被时人称为"怪诞"画家。

　　王武(1632—1690),字勤中,晚年自号忘庵。莫厘王氏十六世,"显"字辈,属王氏老四房惟道公季子王琬支(谱称光化公)。王武早年以诸生入太学,少时风流倜傥,不屑意举子业。自读书赋诗外,喜骑马射击之术,育花种树和养鱼笼鸟之技,尤长于画,素擅鉴赏。时王氏家门鼎盛,先世所遗及平时购集,多宋、元、明诸大家名迹。王武心摹手追,务得其遗法,故其所画花鸟虫草,信意渲染,皆有生趣。

王武画作

家本饶裕,而他不事生产,所为徭役所困,又好施舍,亲朋间或有贫之者,尽力接济,以致家道遂落。乃屏绝诸好,独以高洁自持。其居为先祖王鏊故第,有亭榭花木水石之胜,常与宾朋及诸昆弟,具蔬果酒食,觞咏其间。值时空乏时,亦必清坐相对,谈笑移日不倦。而所作画亦工,诸朋评其画,虽前辈陈山人道复、陆处士叔平不能过也。前太常王翁烟客极称之。曰:"近代写生家多画院气,独吾勤中所作,神韵生动,当在妙品中。"于是,王武之画声誉大噪,四方士大夫求画者,日夕相属,寸缣尺素,流传远近,莫不郑重求藏。京师贵人,争慕王武名,出兼金求其画不能得。有内阁宋文恪公请客,方贵显于朝,移书招武入京师。王武笑而不应,尝语人曰:"古之善画者,莫一非高人杰士,以文德重画,否则画岂能重人乎?"他晚年自号"忘庵",曰:"鱼相忘于江湖,人相忘于道术,今予之补劓息机于此,世忘子乎,子忘世乎,两相忘则去道也近矣。"

王武极重友情,与人交往不设城府,所遇无贵贱长少,率委曲相洽矣。居平善病,晚岁病屡发,不复多作画。但有贫乏者求画,辄强之使作,欣然执笔。族父年老,有孙女不能嫁,武复力疾而作数幅,给其以治嫁妆。客有以病求者,武曰:"吾财不足而力有余,敢不画耶?"遂给之。甚至把家中积藏诸名迹及古玩赠人,换薪以治病。武在病中,自知难愈,又命诸子尽出箧衍中所余,赠遗诸亲故,无复存者。史官汪琬曾评曰:"吾吴故多高隐之士,前明自渊孝先生杜复、石田翁沈周、顾祖辰子武、陆治叔平等,莫不以善画有闻,

王武画作

流风余韵,迄今为吴人所称说。越百数十年而王武先生始继起,文章词翰,虽视石田稍逊,顾其风尚标致,世之称王先生者,又以画掩其名德,子胜为之。"

王武卒于清康熙二十九年(1690),年五十八岁。葬长洲县尹山乡中三十一都十七图师姑圩。妻吴氏,明崇祯进士吴国杰之女。子五:奕恒、奕萃、奕豫、奕颐、师贡。

王 炼 王 铎

襄阳金镶坪始祖

明崇祯十五年(1642),李自成大顺军攻破湖北襄阳城,诛杀皇室藩王和地方官吏,在襄阳为官的王炼、王铎携子女及随从,弃城避难南漳,又几经辗转,择居襄阳金镶坪,重创基业,繁衍后代。尔后,王炼被尊为金镶上湾王氏始祖、王铎尊为金镶下湾始祖。

王炼、王铎(生卒年不详)为莫厘王氏十六世,"显"字辈,属王氏老四房(北宅)惟道公长子王璋支(谱称公荣公)。在《莫厘王氏家谱》上,公荣公王璋—王钟—延义—长子佑传—次子国佐—洋—天吉—炼,王铎则是佑传三子国佑的曾孙。王炼、王铎是族兄弟,他们生活的年代应在明末清初。据金壤王氏家谱记载,他们这一支王姓离开洞庭东山已有三百多年,是从河南迁徙到湖北襄阳的,先祖为何从洞庭迁河南,又从河南徙襄阳不得而知。王璋年轻时在荆楚间行贾,身无择行,口无二价,被江湖上称为"板王",即守信誉的人。王璋二子均承祖业,以经商为务,可能第四代国佐、国佑在荆襄行贾,遂定居湖北襄阳一带。

金镶坪位于襄阳北面,人烟稀少,当时还属偏僻之地。南北两条河流绕寨而过,中间一座小山岗,南河为小漳中游,自玉印岩入坪,河床曲而宽,经洪水常年泛滥,形成大片河滩。北河源于小溪沟,自上湾北侧入坪流经上湾、中湾、下湾,水流折南而流入南河,水退后也形成大片河滩。王炼、王铎携家人迁居金镶坪后,将家中积聚的大部分资金购置山林滩地,又率子孙斩

莫厘王氏家风

荆棘,伐林木,移土填河为良田。经过数代人的努力,在金镶坪造田千亩,又勤耕耘,守农时,播五谷,植桑麻,过起了农家生活。

王氏原为书香门第,虽居湖北僻乡,仍信守"耕读传家"之传统,王炼、王铎将培育子孙读书作为第一要务,族中强调孺子读书,童子不逾八岁。至清初,村中已办有王氏私塾,推选族中学识渊博而德高望重者为塾师,对入学者根据其年龄而授课,初习《三字经》《百家姓》以识字为主,继学"四书五经",再究经义文章、诗词,志于登科。王氏办学,还恩泽于地方,所办私塾不论贫富,不分氏族,不限年龄,凡坪中愿求学者,来者不拒,颇有孔子"有教无类"之遗风。私塾课程安排也颇具特色,因学生多农家子弟,大多为半耕半读,农忙助家耕种,农闲入校读书,深受村人喜爱。王家所办私塾久盛不衰,也培育出了不少人才。清道光年间,王氏为不忘先祖恩泽,坪中倡建王氏宗祠,正殿中间北侧设祭坛,设列祖列宗牌位,把王炼、王铎举为一世祖。

自明末王炼、王铎迁居金壤坪后,三百五十多年来王氏子孙兴旺,其裔孙已有数千人,成为金壤坪大族,曾多次议修族谱,多方查寻始祖来自何方。后来他们在一座王氏墓碑上发现:"始祖王鏊,二代王国佐、王普民,三代王池、王洋,四代王天吉、王天配。"左边刻有"仕湖北王守",右边刻有"四川知事王步伦",其碑所载,同《莫厘王氏家谱》相吻合,湖北金壤坪王氏为王鏊伯父,公荣公王璋的一支裔孙。

王德甫

王氏江宁始祖

王德甫(生卒年不详),名斯孝,生于明末。莫厘王氏十五世,"斯"字辈,属王氏老四房(北宅)惟道公季子王琬支(谱称光化公)。王鏊次子延素的后裔。国璋之孙,祚恒第三子。

王鏊四子,除长子延喆迁入苏城,其后裔遂定居苏城外,其余三子大多居住于前山阁老厅旧居。次子延素因父荫始授职南京中府都事,三年后因政绩擢贵州思南府知府,由养亲而未赴任,回故乡东山终老。延素四子,其中有辅国子生、有龙、有坯为邑庠生,均无科名,亦未任过一官半职,大多以经商为务。王德甫之父祚恒(字槐庭)生有斯晓、斯义、斯孝三子,早年携妻张氏至江宁经商,并与同在江宁商贾的槎湾贺豫庭友善。后长子斯晓又因经商迁居青浦朱家角,斯晓三子德甫出赘贺家为婿,生显谟、显瀛、鸣玉三子,后子孙繁衍,自成一支,王德甫被尊为江宁支王氏始祖。

据家谱记载,明末东山槎湾贺家在江宁与人打了一场官司,弄得倾家荡产,还输了官司。王德甫入赘贺家时,"无祖业,赤手经营,少有积蓄后,始得为父母举葬事"。后来,王德甫经过多年努力,终于使因争讼而败产复振。长子显谟分家后,因行贾欠了人家许多钱财,竟一走了之,债主告上门来,初未望其父代子还债,德甫说:"吾子负人,吾义当还,且若债主得不到钱,如何对得住人家,吾心不安。"遂代子如数偿还,讨债人反感不安。

王德甫在江宁商贾和气生财,贫苦不欺,口碑极好。有小偷窃他家铜酒器被官府所捉,盗贼供出其铜器偷自王家,请王家人去衙门领回酒器及作证。王德甫到衙门一看,说此物不是他家的东西,小偷被无罪释放。众人愕然,王德甫谓人曰:"吾视其人,似贫苦无业者,非惯偷也。"又说:"我弃一物,行窃者将不会吃官司,终将悔悟,复为良民。否则一受刑,廉耻尽丧,破罐破摔,小偷变成盗贼也。"

他督子甚严,曾作书告诫两子,曰:"课徒之暇,当自勤学,《论语》首句,便是时习,宜身体力行之。"后子孙恪守此教,孙奕成(字观庭)专精学业,二十岁时就入邑庠县学,能文善诗,有望科举显名,惜康熙八年(1669)赴省城参加科考,途中得病,无奈返家,即卒,年仅三十四岁。从清代起,王德甫长房显谟支又迁往南京,且繁衍成族,德甫公又被金陵支王氏尊为始祖。

王妙凤

莫厘王氏贞烈女

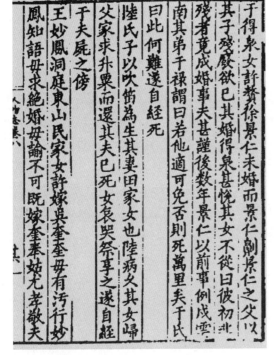

《吴中人物志》中关于王妙凤的记载

王妙凤（生卒年不详），女，莫厘王氏后裔，十六岁嫁东山吴奎，婚后丈夫吴奎即赴湖北一带行贾。妙凤发现吴奎之母与同村一男子通奸，开始时还避妙凤，后来竟光天化日之下两人同床，犹如夫妻。妙凤感到羞耻，求吴家退婚，吴母语不可。妙凤无奈，细思量，既已嫁至吴家，且丈夫又远贾在外，她侍奉吴母尤为孝敬。谁知吴母得寸进尺，奸夫与之同污后，又使计诱妙凤就范，并用淫秽语诱惑妙凤，见凤辄不发一言，心中窃喜。

一日，吴母与奸夫在屋内偷欢，命妙凤温酒，她心中极为不愿，但还是依吴母之言把酒温之。妙凤把酒送入屋内，只见其奸夫一双眼睛色眯眯地朝她看。羞得她连忙退出复入厨房。吴母与奸夫见状尾随入厨，吴母守住门，其奸夫上前扭住妙凤的手臂，欲进行强奸。妙凤挣脱其手，逃至厨房墙角。奸人追至，妙凤已无路可退，猛操起一把菜刀，朝那人臂上猛砍一刀。其人疼痛难忍，转身想逃，妙凤追上前又砍一刀，手臂遂被砍落在地。妙凤先回到娘家，后至县衙投案自首。

妙凤母亲欲使女儿先告吴母有污行，以减轻自己的罪行。妙凤说："死则死耳！世上岂有妇讼姑理耶？"不到一旬，妙凤绝笔而卒。

清代

王 铨

被康熙帝召试的举人

康熙二十九年（1690），顺天府乙榜考试结束后，清帝康熙亲自在乾清宫召见考中的举人。第二名进殿的举子名王铨，长得仪表堂堂，儒雅斯文，康熙帝十分欢喜，亲定王铨为礼科给事中，参与武英殿纂修《佩文斋书》。

王铨（1649—1707），字东发，号耳溪。莫厘王氏十七世，"奕"字辈，属王氏老四房惟道公（北宅）季子王琬支（谱称光化公）。王鏊长子延喆裔孙。王希之孙，宪文长子。王铨生于清顺治六年（1649），他的祖父就是为明王朝殉情的王希。父亲宪文是明崇祯年间的府庠生，他生活在明末清初，原也想考取科名，但年仅二十六岁就去世了。留下一子三女，全靠妻子申氏含辛茹苦把遗孤抚养成人。王铨六岁丧父后，刚弱冠母亲申氏又卒，虽早失双亲，生活困苦，但他刻苦读书，挑灯夜读，常至黎明。少年王铨雅好结交，多与名贤交往，于是声名鹊起，浙江东西有名之士，云集于他家中，切磋学问。

开始王铨屡试不利，家道亦渐渐中落。在他滞留京师读书准备参考时，

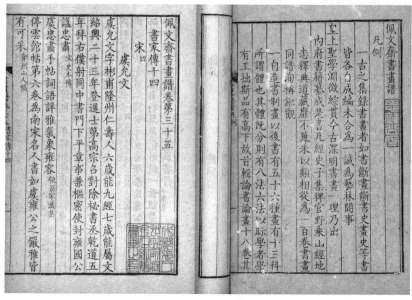

王铨校点《佩文斋书画谱》

有相国宋文恪公之婿,对王铨十分友好与同情,看到他的困境后,伸出援助之手给予他帮助,留王铨在他家中继续攻读。功夫不负苦心人,康熙二十九年(1690),王铨终于考中庚午科第四名举人。这一科是恩科,朝廷极为重视,康熙帝把参考举子召试于乾清宫,亲定甲乙榜。是科参试乙榜者有三十九人,而被康熙召见者仅半数,王铨名列第二,授礼科给事中。他开始任教官,期满改京秩,授中书舍人。后衔恤以归,又免丧复起,会选科道官。王铨居官谨慎,不以请托庇私情,不以激切博名声。敬业清廉,不负主恩。他曾参与武英殿纂修《佩文斋书》。书成,康熙览而称赞之,命受梓付印,且属王铨校勘。王铨还精书画,其诗其画均为时人所重,书入晋贤之室。家中所藏诸名迹尤多,先前其祖父王希爱好书画,收藏了许多宋元名画,常闲窗临抚,用以自娱。王铨从小耳濡目染,喜爱临摹,得元人之笔法,所作之画气运独高,匠心入妙,萧疏闲逸,竟能乱真。

　　康熙四十六年(1707)二月,圣祖南巡,王铨恩赐随行,途中不幸得疾,下黑血不止,卒于德州途中,年仅五十八岁。王铨卒后得官府营葬,长子世绳、次子世琛都得朝廷特许,乞假归葬父亲。因王铨卒于官任,长子世绳又受朝命继父校勘《佩文斋书》之事,校勘工竣后得到朝廷的嘉奖与赏赐。王铨卒后诰赠朝议大夫(从四品),雍正九年葬于长洲县九都三十二图藏字圩。原配顾氏,出身黄埭大族,有德行,健持家,丈夫外出读书十余年,以德行育三子成人,均获功名。始封孺人,晋封恭人。三子:长子世绳,官江西分巡赣南道佥事;次子世琛,康熙五十一年(1712)状元,詹事府少詹事,山东学政;三子世经,太学生,早卒。

王世绳

政绩卓著的道台

"江岸草萋萋,愁悬落日低。天涯两兄弟,客路各东西。眠食知何以,音书莫懒题。遥怜端书上,惟听子规啼。"这是康熙状元王世琛《道中寄大哥》的诗信。世琛赴齐鲁为官,行至江西英州途中,想起在赣南为道台的兄长,遂作诗寄往。其诗写得情真意切,思念长兄之情,跃然纸上。而这位使弟日夜思念的大哥,名叫王世绳。

王世绳(1668—1745),字兹来,号双桥。莫厘王氏十八世,"世"字辈,属王氏老四房(北宅)惟道公季子王琬支(谱称光化公支)。王鏊长子延喆裔孙,宪文之孙,王铨长子。始官户部郎中,升江西分巡吉南赣道按察使金事。世绳生于清康熙八年(1669),父亲王铨为康熙庚午科举人,胞弟王世琛是康熙五十一年(1712)状元。世绳性恬易谨饬,读书务求实得,讲究实用,十六岁时补长洲县博士弟子员。进入国学府后,他刻苦攻读举子业,成绩斐然,入国子监深造。后以武英殿修书成,晋升户部员外郎,再升任户部郎中,擢吉南分巡道,即道台之官。世绳历事部曹,奉职惟谨及秉节。

吉南界属闽粤南楚之境,民多犷悍,藐视官法,抗租逃赋极多,官府逼急了,悍民则走入深山洞中,甚至窜迹他省所辖之邑,结伙为害地方。王世绳到该县上任后,知治此顽症不可过激,激则易变。他派员告谕所辖州县,以往欠税一律不究,只要肯回来耕种田地,重新按规定交纳钱粮,许以自新即可。该地外出谋生之人,听到官府这一告谕,纷纷回家来耕种田地。其邑多山少田,承佃甚艰,觅种者出厚赘,利之者遂私相顶佃,而田主不知。久之田主不得顾问,双方诉讼不已。王世绳上任后立下条规,凡顶佃必与佃主知道,主无暴佃,佃无抗主,违者罚,彼此皆允服。又报上一级府衙核准,勒石刊碑作为地方法规定之。

该地荒僻落后,民贫而不喜育女,凡生女婴多溺之,成为多年的恶习。世绳到任后,多次同地方耆老商量,一定要改革其陋习,发现弃女婴者严惩之,终至于这一恶习绝迹。江右十三郡,赣南地僻处西南,文风荒陋,读书的人很少,于是他在故濂溪书院旧址,捐俸重构书院,延师至院,又资以膏火,月课季试,开辟了赣南一代文风,使之士人争相读书。在他任职二十年中,春秋闱中举者多于吉南他邑,还有举子中了状元。世绳忠君敬业,一心为地方百姓办事,很快改变以了从前吉南官场陋习。故商不病征,国无亏课,往来闽粤者,无不颂其德。

世绳赈灾黎而不避暑寒,勘荒田而亲履其亩,修先贤祠墓,葺芜废学府,被誉为清初循吏。性孝友,其弟世琛后他十二年生,提携规勤,不遗心力,以身肩之,使之肆志读书,终成大魁,状元及第。

乾隆十年(1745)四月,王世绳卒于横塘别墅,享年七十七岁。原配为定远县丞顾八谐之女,诰赠恭人;继配监生顾怀一之女,亦诰封恭人。嗣弟世琛之子诒孙为子,太学生,因效力河工,候选州同知。

橘社金氏祠堂碑记

王世绳

君子将营宫室,宗庙为先,古公之卜周原也,首曰:"作庙翼翼";而《新宫》之诗亦曰:"似续妣祖,筑室百堵,西南其户。"而后及鸟革翚飞之堂、殖殖哕哕之室,言有序也。鲁修闷宫而作颂以张之,孔子犹有取焉,此无他,人道亲亲,亲亲故尊祖,尊祖故敬宗,敬宗故收族,收族故宗庙严,宗庙严则重福稷、爱百姓,以至于百志成而礼俗型,莫不由此,故圣人重之。三代以还,宗法亡矣,庙于何有?士大夫暴贵,至不能举其祖先之名字,即有世次秩然,要亦省松楸荐菽而止耳。其有定享尝之仪,备昭穆之制,以庶几于敬宗收族之义者,百不一二也。此岂力之所不得为欤?彼且挥斥金钱,治园亭,美台榭,以厚自娱乐,而祖宗栖神之地,直以为族人之公事,奈何损己囊以营此不急者为?此其忘本蔑先,薄俗可鄙,而仁人孝子之所以疚心也。今橘社金君天济、天愉,倡其族人作家庙,以奉其始迁祖传二公之祀。既属余弟宝传为之记,而丽牲之碑阙焉,复令其族子自韬征词于余。余嘉其行古之道,而足以维末俗也。当春秋吉蠲之日,率其族人,肃衣拜于祠下,述祖德而训之,若东斋涧户之以诗文名家者,荆玉之赈饥御乱为德于乡者,桐溪之著训,卓庵之作谱以亢其宗者,皆宜百世祀也,皆没而可祭于祠也。为子孙者,服先畴,食旧德,积学修行,以迪前人光,于是乎在。而家庙之作,其功岂不伟哉?我王氏自文恪公以来,与金氏为世亲。余兄弟岁时省墓,必经桔社。异日过从,尚能作为诗歌,以继《绵》与《斯干》之咏,为金君传此盛举。故忘其不文,而文其丽牲之碑如此。

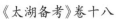

《太湖备考》卷十八

王世琛

紫禁城里的风雅状元

王世琛

康熙五十一年（1712）二月的一天，京城吏部侍郎宋坚斋家中，两个十五六岁的婢女正在唇枪舌剑，继而扭臂推拉动起手来。正好宋侍郎退朝回府，见状喝问原委。原来两个丫头，一个叫柳眉，一个名兰心。两人奉主人之命，服侍住在侍郎府中的王世琛和顾祖范两个正等待发榜的考生。两个丫头闲来无事，竟猜起状元来。因两人心中各有所爱，互不相让，所以吵架。后来，王世琛中式，殿试钦点状元，宋侍郎竟成人之美，把猜中状元的柳眉赠送给了王世琛，才子佳人喜结良缘。

王世琛（1680—1729），字宝传，号艮甫。莫厘王氏十八世，"世"字辈，属王氏老四房（北宅）惟道公季子王琬支（谱称光化公支），王鏊长子延喆裔孙，宪文之孙，王铨次子。鏊长子延喆晚年迁住苏州，因此有的后裔改籍长洲县。

父亲王铨是康熙举人，哥哥世绳官吉南道台，王世琛从小聪明机灵有天赋，在家风的熏陶和濡染下，养成了勤奋好学的良好习惯，他从少年时起即边读经史、边习书法、绘画，被称为博学多才、气质高洁脱俗的少年才子。志书誉其为"风度恬雅，工诗文，兼善书画，得父笔法"。世琛年轻时即以才名闻于乡里，并与江南名士交游。其大魁天下后，例授翰林院修撰。

在东山陆巷村，流传着一则有关王世琛中状元的典故。据说清朝康熙廿八年（1689）除夕之夜，村中有一幢古宅的女主人，也就是王世琛的外婆，她半夜做了一个奇怪的梦，梦中有一白胡子老人悄悄告诉她，说是天明大年初一，第一个上门来拜年的小辈，来年能高中状元。第二天清晨，远在苏城的外孙宝传（王世琛）第一个登门来给外公外婆拜年。是年京城秋闱后传来消息，壬辰科状元果然是外孙王世琛，正应了大年夜之梦兆。王家以此为荣，特地制作了"状元墙门"匾额，高悬大门口。

雍正初，世琛充任《实录》纂修官，不久晋升为翰林院侍讲、侍读学士。

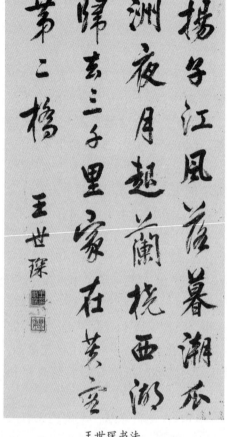

王世琛书法

雍正五年(1727),雍正帝又派王世琛赴山督学政。他尽心尽力"劝实学,斥浮伪,使青齐文风为之一变"。报之朝廷,迁至詹事府少詹事,这一官职属正三品,在翰林院掌管经史文章之事,还充日讲官,给皇帝经筵,可见朝廷对他的信任。雍正七年(1729),王世琛在山东积劳而疾,卒于提学任上。家谱称他"视学未竣,以劳卒官",年仅四十九岁,朝野官吏莫不为之惋惜。

王世琛能文工诗。沈德潜曾评说道:"吾乡王文恪(王鏊)以名德著。成(化)弘(治)间子姓以能文世其家。三百年来,吴中文献者必首洞庭王氏。艮甫先生最后出,一出而大魁天下,领袖玉堂二十载。视学山左,以家法化导,青齐文风丕变。先生少负隽才,所为词赋俪于古人,而于诗尤工。"又曰:"欧阳永叔(欧阳修)评梅圣俞诗谓:清丽闲肆,涵演深远,使得见于朝廷,宜作为雅颂,以歌咏功德,荐之清庙,而追商周《鲁颂》之作者。先生庶几无愧!"沈德潜《清诗别裁集》收录王世琛诗四首。《晚清簃诗汇》中所录《题洞庭东西山两山图寄赣州观察兄五十韵》,一气呵成,斐然可涌,为清诗中不可多得的长篇巨著。有《题昼三照》诗云:"边草初枯猎马肥,甲光照日散金微。健儿羌笛三声晚,射虎归来雪满衣。"他写北国边塞风光,颇有唐代边塞诗人风格。《灵山峡》诗云:"瘴锁双峰合,江穿一线通。崩崖飞飓母,落日啸猿公。林暗苍梧雨,波翻崖海风。朝朝啼杜宇,萧瑟以巴东。"沈德潜评这两首诗是"稳顺清朗,似极玄又玄风格"。还有写宦仕在外思念家乡的《登楼》诗云:"万里辞吴会,经年滞越舟。两行乡国泪,独上海山楼。飓母威难近,蛮云瘴不收。炎荒非我土,何事爱南游?"以登楼眺望,写思乡之情,独辟蹊径;

触景生情，意真情切。由此可以看出王世琛的诗歌风格与成就。

王世琛还兼善书画，得父亲之笔法，书学"二王"。民国三十三年（1944）出版的《洞庭东山旅沪同乡会卅年纪念特刊》中收录并刊印他一副为某翁七十大寿而写的行书屏，诗云："雪端流芳远，榴花衍庆长。星从松岳峰，水绕震川先。酒动灵春历，仙传玉液觞。斑衣人亦色，争看腊梅黄。"笔势连贯，清秀而刚劲，不失为一件书法真品。

墓葬苏州齐门外藏字圩塔影浜，徐葆光撰写墓志铭。妻申氏，封安人。二子四女：长子诒孙，太学生，过继兄世绳为嗣子。次子恺伯，雍正乙卯科（1735）举人，四川宁远知府。女一适贡生宋允清、一适县庠生戴闻震、一适嵩县知县赵孜敦、一适州同知陈克浚。

请杜生监干预公事之端奏折

王世琛

窃东省济兖东三府所属州县，俱有漕米，定例征收本色兑运，因州县之离水次运者，选送维艰，又滨海之沙土，产米原少，山僻之区，车行不便，此等州县，向皆粮户折价与官。官遣役往水次籴米，兑运漕务无误，民亦称便。无如州县官明知折价之便民，而惧违征收本色之定例，恐地方劣恶生监，讦告阻挠，故每年于征漕时，先集生监，公议折价，听名具呈，州县乃据以申详上司，出示征收，此臣所闻征漕之一事也。其他或更有如此类者，亦未可定，臣思此等事，既无误于公，有益于民，州县官即应详明上司定议奉行，何必假借生监，以示公论，倘欲于公论之中，存自利之私，则劣恶生监，必有逢合意指，剥民媚官，以为交结把持之端。从此妄行生事，州县官不复能制矣。臣请皇上敕下督抚，凡地方公事，应随时随地斟酌宜民者，皆令地方官据实详明督抚，小则批示，大则请旨，如有假借生监呈议申详者，即系假公济私，将地方官生监一并参处。如有地方官详议允协，而生监故意阻挠者，即行重革，从重治罪，如此则有司尽职，而生监安分，干预公事之端可杜。抑臣更有请者，东省向来征漕折价之州县，仲恳皇上敕下督抚，于每年秋收时，该州县将米谷时价，详报督抚，酌定折价数目，晓谕粮户输纳，州县官仍于水次籴米兑运，如有于定价外浮征者，即行参处，州县无运例之嫌，漕务易辩，官民俱沐皇恩于无既矣。

《七十二峰足徵集》卷六

申 氏

严于律己的状元夫人

申氏(1681—1760),吴县黄埭人。嘉靖状元大学士申时行孙女,清康熙五十一年(1712)状元王世琛夫人。《莫厘王氏家谱》称她是"严于律己,厚德载福"的一位慈母。卒赠安人,乾隆《苏州府志》亦载其事迹。

王世琛英年早逝,四十九岁卒于山东学政之任。世琛与申氏共生有六个儿女,丈夫去世时大多尚未成家立业,申氏含辛茹苦把儿女们抚养成人,并以身作则,用良好的家风教育他们,使之举业有成,状元门第后继有人。王家与申家世为姻亲,申氏十七岁嫁至王家,这时丈夫王世琛尚为博士弟子员,正日夜苦攻举业。每至黄昏,申氏总陪伴在世琛身旁,做针线活伴夫夜读。凡家中生活之琐碎事,申氏全揽之,好让丈夫安心读书。她孝敬公婆,恪尽妇职。婆婆顾氏出身黄埭大族,有德行,持身甚严,不轻赞许人,然独称小儿媳申氏贤惠,能厚德载福,家道必兴。

康熙四十八年(1709),王世琛考中举人后,居于京师三年,继续苦攻学业,申氏在家早起晚睡,照顾公婆,抚育子女,挑起了家中的全部生活重担。三年后世琛考中康熙壬辰科一甲一名进士,钦点状元,例授翰林院修撰,不久晋升为翰林院侍讲、侍读学士。申氏携婆婆赴京城生活,世人皆以状元夫人称之,可她处之淡然,极为低调。时世琛官俸不高,婆婆多病,孩子尚多,一家老少七八口人在京师生活,申氏唯以勤俭持家,才渡过了难关。雍正五年(1727),丈夫世琛督学山东,申氏携儿女随行,初住济南试院,继居青州试院,达四年之久。山左地产茧丝,申氏带着家人纺织成绸,又裁成衣服,以解决全家的穿衣。她曾对儿女们说:"吾家素寒俭,汝父为官清

陆巷状元(王世琛)墙门

廉,俸禄之外无他,汝等着茧绸衣足矣,勿尚华靡。"子女们都听母亲的话,生活十分节俭。

这时家中又发生了重大变故,雍正七年(1729)正月初四日,是立春的前一天,申氏正在家中准备斋祀天地的春盘,世琛与友人在客厅举觞畅饮,醉后被妻子申氏扶进房,解衣卧床小憩。忽闻房中有惊呼声,她急忙进房,只见丈夫世琛大汗淋漓,已不能说话,十日后卒。丈夫去世后,家境更为艰难,申氏节衣缩食,仍延师课子,以振家声。她对儿子恺伯说:"汝王父幸掇巍科,为王氏北斗,汝等若不能稍搏科名,获一官半职,则家声从此坠矣。"雍正十三年(1735),次子恺伯考取乙卯科举人,考授内阁中书,喜讯传至家,申氏十分高兴,对儿子说:"中翰一官,出入禁中,须勤慎恪恭,由此进身,勿忽视也。"恺伯欲接母亲入京奉养,申氏不应,对儿子说:"京师旧游地也,我非不愿母子相依,但举室远行,岂属易事,汝先行,我姑徐之。"乾隆十一年(1746),恺伯升四川宁远知府,母申氏随之远行,行至清溪道中,肩舆上峻岭,一驮骑悬崖坠落,行旅尽失。随从欲怒执牵马者。申氏斥之曰:"路险驮骑失足,岂执鞭者之过耶?汝辈怎可以官势凌人乎。"宁远郡乃四川省边远地,连接南滇,蛮烟瘴气,寒暖不散。申氏静处一室,善自生活,甘愿淡泊明志。每当儿子膝下问候,必告诫恺伯居官须勤慎为民,敬业清廉。第二年,逢申氏七旬寿诞,宁郡僚属下官欲为王母大办寿宴,申氏严令儿子却之。

恺伯期满调任浙江长芦盐运使,这时母亲申氏已归故里,浙地与苏州一水相通,他又谋迎养母亲于官任。申氏认为不可,并对长孙邦男曰:"闻调任之信,且喜且惧,盐政弊多易获咎,宜处处谨慎。"是年五月,恺伯果被旧事所累而去官,原以为必遭母呵斥,申氏却安慰儿子说:"大凡缘事落职,只求无愧于心,今以牵连波及,究无玷于清白也。"恺伯回籍,骨肉团聚,居于苏城之南。明年申氏年届八旬,亲朋好友为之祝寿,申母出堂拜谢,谁知乐极生悲,申氏忽感左手不能动弹,随之逆气喘胸,她自知将离人世,呼儿媳等至身边,嘱之后事说:"此病不能起也,举丧之物,以节俭为盼,切莫过分铺张奢侈。"言毕而逝。时康熙二十五年(1760)二月二十八日,享年七十九岁。

墓同丈夫王世琛合葬于苏州齐门外塔影浜。二子:长子诒孙,太学生,过继兄世绳为嗣子。次子恺伯,雍正乙卯科(1735)举人,四川宁远知府。女四:长女适贡生宋允清,次女适县庠生戴闻震,三女适嵩县知县赵孜敦,四女适州同知陈克浚。

王志深　王志汲

兄弟知县

在清代乾隆年间，王鏊长子延喆裔孙中出了一对兄弟知县，兄名志深，陕西宜川县令，弟志汲，陕西山阳知县。兄弟俩都在陕西为官，且颇具业绩，后来王志汲还擢江西建昌府经历。

王志深，字用修；王志汲（1681—1755），字长孺。莫厘王氏十七世，"奕"字辈，属王氏老四房（北宅）惟道公季子王琬支（谱称光化公支），王鏊长子延喆裔孙。学伊孙，圣传子。莫厘王家自王鏊入阁为相后，世受明朝恩赐，丰衣足食，不忘皇恩，清兵入关后，王鏊子孙多隐居之士，拒与清廷合作，但随着清朝统治日趋稳固，到了康乾年间，王氏子孙开始出山做官，且成燎原之势。康熙年间，太学生王圣传（字惟一），娶了康熙状元翰林院侍讲缪彤之女为妻，生志深、天锡、纶、嘉稷、烈、志汲六个儿子，均为太学生与邑庠生，其中出了一个举人、两个县令。

志深约生于清康熙初年，他是圣传的长子，陕西宜川知县。家谱"科举"一栏中没有他的名字，可能以捐资为官。王志汲生于清康熙二十年（1681），周岁失去父母，由二哥天锡夫妇抚养长大，从小读书很用功，工诗词，书法宗董其昌。以援例贡入太学，遂为太学生，考授为县丞。雍正八年（1730），有史、尹两相国至吴中，闻志汲之才，向朝廷荐举贤才，王志汲名列一等，授陕西山阳知县。在县令任上，他多善政，曾捐俸倡修文庙，创办县学，培养了一批人才。县境内有一石姓强徒谋杀胞兄，反而恶人先告状，说其兄与之有仇，要谋害于他，一时冤莫能白。王志汲乔装入村，访得其真情，原来石姓者贪嫂之姿色，并与之私通，又合谋杀害亲夫与亲哥。真相大白后，奸夫奸妻被绳之以法，其案例载入《山阳县志》。当时大哥志深任陕西宜川知县，亦多善政，被时人誉为兄弟知县。

乾隆六年（1741），王志汲调江西建昌府经历，任参军之职。建昌地处荒隘，民多强悍，常持器械斗，郡守每遇疑难，必与经历志汲商榷，定可解

蒋湾义井（王志深故里）

决。他在建昌任上还筹资建办普济堂，以抚养孤寡老人，郡人称道。乾隆十八年（1753），建昌郡守更换，新任郡守闻经历办事公正，恐于他不利，竟弃之不用，时志汲已七十二岁，遂以年老乞休。总督两江的尹公在王志汲告归批答上云："该员素著循良，久闻闲衷，正欲登焉刻而用之，奈何老去，惜哉！"

王志汲致仕告归后，定居江西省城西隅。每年清明前后，携家人至东山祭扫祖坟，《莫厘王氏家谱》上载有其诗两首，《春日过东山扫墓》诗云："五湖风景望中收，浩渺烟波设钓舟。雨后一帆残照里，青山白鸟共悠悠。寒食东风扫绿苔，松楸常得映三槐。家风世德千秋业，愧之潘江陆海才。芳菲桃李逐时新，白雪红霞十里春。洞口渔郎如顾问，沧桑鸡犬是何人？"乾隆二十年（1755）王志汲病卒，享年七十四岁。

妻徐氏，监生徐昌炽之女，封孺人。两子：长世佑、次世侗。世佑字启正，邑庠生，擅丹青，博览史籍，作诗简净，三应乡试不第，遂弃儒业贾。世侗出嗣兄志深。其后裔均定居江西，王志汲被尊为莫厘王氏江西始祖。

长孺公两世纪略

王瑚伯

祖考长孺公，讳志汲，号石鳖，周岁失怙恃，伯祖用敷公抚养之。事兄如父，读书迈众，工诗词，书法宗董文敏，援例贡入太学，考授县丞。雍正庚戌，史尹两相国制府吾吴，疏举贤才，公与焉。得旨发往陕西，壬子授山阳县令。捐俸倡修文武庙，催科抚字，曲尽隐微。石某谋杀胞兄，反控私仇，冤莫能白，访得其情，置凶于法。邑人撰传奇，以志明断。时伯祖用修公令宜川，亦多善政，同僚目为两难。哈密用兵，捧檄驰骋，赔累滋重。故园寸椽尺土，因之荡尽。乾隆庚申，因公忤上游意左迁，尹相国甫调抚关中，命追白简不及，掐腕久之。辛酉调江西建昌府经历，古参军也。官固闲曹，荒僻湫溢，公处之泰如也。郡守事涉疑难，必与商榷。筹经费创建普济堂，以栖老羸，至今不替。癸酉，郡守某莅止，虑公公正不为己用，饷物作罗致计，公惧其浼己，遂乞休。尹相国制府两江，批答云："该员素著循良，久屈闲衷，正欲登荐刻而用之，奈何老去，惜哉！"其器重如斯。某寻以败检雇罪，株累极多，咸服公之见机。谢簪后遂居江西省城之西隅。子二，长先考，次叔延平公。继伯祖用修公后，祖妣徐太君，仁厚待人，勤俭自处，五十年如一日，称良配焉。

《莫厘王氏家谱》卷十四

王申荀

修筑石坞山房

王申荀(生卒年不详),字咸中,号真山。莫厘王氏十六世,"显"字辈,属王氏老四房(北宅)惟道公季子王琬支(谱称光化公支),王鏊长子延喆裔孙。永焘孙,王希第六子。廪贡生,山东布政司经历。应生活在明万历至清初康熙年间。

王鏊长子延喆回苏州后建怡老园于城西,侍父王鏊晚年养老,全家也随之迁往城中。延喆之孙禹声生三子,其次子永焘生王希,浙江秀水县庠生,道光乙酉(1825)殉国。王希生六子,长子王武,字勤中,清初画家,曾筑"谢鸥草堂"于苏城齐门外。第六子申荀,有文名,喜书画,与康熙进士,并举博学鸿词科的汪琬等吴中名士交往甚密。另外,王申荀与清初金圣叹也有交往,参与了金的一些评点活动。家谱及苏州清代的一些方志上,有关记载王申荀生平活动的不多,倒是他在苏郡尧峰山所筑石坞山房影响较大,地方志书颇有记载。

《苏州府志》载:"石坞山房在尧峰之麓,王太学申荀别业。汪琬有记。"这是东山王咸中在横泾尧峰山麓建造的一处山野园第,春秋小憩及会友的一处别墅。石坞山房在尧峰山麓,居民不及数家,沿途皆文石与乳泉。四周有竹树之美,花药之胜,云霞烟霭出没之奇丽,悉与泉石相映带。王申荀爱之,遂在山坞中购地筑园,建为别业。读书闲暇,即探泉源,穷石脉,极其登览所至而休矣。汪琬为吴中名士,文章行诣高天下,曾授翰林院编修,纂修过《明史》。辞官读书于尧峰山中,引王申荀为挚友,两人在石坞山房扫落叶,烹苦茗,啸歌宴息,赋诗以赠。后来汪琬应召入京,王申荀随之同行,舍舟登陆,千里黄尘,追随不倦,以诗文为友深矣。

清代诗人朱汉雯在《石坞山房赋》一文中说:"山房之筑,值其尤邃,尔乃崇峦隐日,峭壁宿云,靡迤起伏,荫长松而夏冽,攒密箖而尽曛,前眺太湖,泱漭远映,涛起雪飞,波平镜净,帆桅之往来,鱼龙之出没,于是抗南荣立馆,枕北岫以启轩,因蕙丛而作树,援薜荔以成垣……"朱氏之赋,长达百行,对石坞之园进行了尽情描绘。

石坞山房继汪琬作记后,江苏巡抚汤斌亦作《石坞山房图记》,一时游者如织,和者甚众。苏城文士陈廷敬、王士正、张英、杨宣等二十多人为之赋诗,汪琬《过东山王墨池》诗曰:"轻舟来自具区东,石坞庄前偶尔逢。等是暮年君较可,老夫颜状更龙钟。"

妻郭氏,继配徐氏。五子:长子受恒,县庠贡生;次子由,赠内阁中书;三子予民,考授州同知;四子瞻录,候选州同知;五子咸季,山阳县丞。五子皆有文名。

石坞山房图记

汤 斌

吴郡山水之佳,为东南最,而尧峰名特著者。则以钝翁先生结庐故也。钝翁文章行谊高天下,尝辞官读书其中,四方贤士大夫过吴者,莫不愿得其一言以自壮。而钝翁尝杜门谢客,有不得识其面者,则徘徊松桂之间,望烟云杳霭,怅然不能去也。以此钝翁名益著。然亦有病其过峻者矣。王子咸中,旧家吴市,有亭台池馆之胜,一旦携家卜邻,构数椽于尧峰之麓,曰石坞山房。日与钝翁扫落叶,烹苦茗,啸歌宴息,钝翁亦乐其恬旷,数赋诗以赠之,称相得也。钝翁亦应召入都,咸中复从之。舍舟登陆,千里黄尘,追随不倦,盖其有得于钝翁者深矣。余尝过吴门,晤钝翁于城西草堂,读其所为尧峰山庄诸诗,慨然欲往游未果。至京师,始与咸中相见,叩其所学,大约以钝翁为宗,间出其山房图请记。余既心仪其为人,而又自悔其不获身至尧峰,以观其所谓文石乳泉者,犹喜得于图中,想见其藤门罗径,芒鞋竹杖,相过从吟咏时也。尔抚卷太息者久之,昔王摩诘辋川别业,山水踞终南之胜,时裴迪以诗文相属和,至今览其图画,所谓斤竹岭、华子岗,仿佛犹想见其处。摩托车诘在开元天宝之间,立身不无可议,徒以文辞之工,犹为后人艳慕如此。钝翁品行之高洁,学术之正大,有非摩诘所敢望者。咸中志趣卓然,其所进未可量,或亦仅仅裴迪比,其见慕于后人,当何如也,故为之记。

《莫厘王氏家谱》卷二十二

王奕经　王奕祖

兄弟义行载志书

清顾震涛《吴门表隐》载:"王奕经,字九如,东山人。拾路上遗金,俟其人还之,见人窃己物,急遥避之。王奕组,字九锡。岁饥,煮粥以饥者,力修东山节烈祠。"

王奕经(1693—1748),号亭槐。王奕组(1695—1756),字九锡。莫厘王氏十七世,"奕"字辈,属王氏老四房(北宅)惟道公次子王瑮支(谱称以润公支)。祖父王德和,父王文起皆有贤名。

奕经生而秀伟,性孝友,侍人仁恕。弱冠即丧其父,两弟尚幼,他弃儒就贾,挑起了家庭生活重担。后来奕经援例入县庠读书,可没读几年,迫于生计他又外出经商。多年后王家因经商而富裕起来,奕经和弟奕组助人之心更为孝厚。凡亲族知交有急难之事,他们即破格助之。与人行贾交往,总是多给予人,还说:"乘人之急而斩之,我不安也。"王家进了贼,可他只当没看见,又转身出了门。窃贼大为感动,从此改良走上了正道。凡里中遇到灾荒,兄弟俩也必首先捐赈。康熙年间,东山接连两年遭受大饥荒,王奕组捐出家中的粮食,在山中埋锅煮粥,救济贫而买不起米的人。雍正三年(1725),东山倡建节烈祠,凡山中妇女青年丧夫后,矢志不嫁至五十岁以上病故者,建祠皆立碑旌奖,入祭妇女达一百六十人。建祠时,奕组力主倡修节烈祠,并出资很大一部分经费。

王奕经与弟增金、奕组晨夕相依,一起生活五十年,兄弟与妯娌间从未红过脸,没有提出过议分家产,为乡间所少有的大家庭。大弟增金患病去世,奕经旦夕悲号,逾月得病,伏枕流泪,病重不起之时,尚呼二弟之名。亲友相劝,他说,我死后可同我弟相见亦足矣。临终仍告诫子孙要读书忍性,孝为先,和为贵,以传家声。高祖涤之公王鏊尚筑壑舟居室,在明末售于他姓,且此园年久荒废成为遗址。奕经与金增、奕组两弟,共同筹资购买朱氏废园,又修葺一新,扩地建成壑舟园,成为清代中期吴中名园。

妻张氏,继叶氏,皆有贤行。七子:世均字禹载,别号晚壑,进贤县丞,在官置棉衣济狱囚,建茶亭憩行人,作池馆与文人相眺咏。承父志,辑世谱。修石桥村路和祖茔。世岐昭文县庠生、世冕河南洛阳县丞、世景武清县主簿,世铭、世仁、世宏皆太学生。

王恺伯

携母远行的知府

王恺伯（1708—1764），字叙揆，号镜溪。莫厘王氏十九世，"伯"字辈，属王氏老四房（北宅）惟道公季子王琬支（谱称光化公支），王鏊长房尚宝公延喆裔孙。王铨之孙，世琛长子。清雍正七年乙卯科（1735）举人，四川宁远知府。

王恺伯生于清康熙四十七年（1708），是王世琛的次子，对母亲很是孝顺，考取举人后不管到哪里做官，总是带着母亲同行，好照顾她的生活起居。父亲在京城科考时，母亲申氏带着他一起居京城，又延名师教他读书，使恺伯的学业有进。后来，父亲考中状元，雍正五年（1727）又被朝廷派往山东任学政，他和慈母又同赴山东，与父亲一起生活。那里的条件十分艰苦，母亲身体不好，恺伯边攻学业，边照顾母亲。山东地产茧丝，母亲申氏同婢女一起纺丝织绸，做衣自给，勤俭持家之风对儿女们教育很大。

雍正七年（1729）正月初四日，父亲王世琛不幸去世，年仅四十九岁。这时兄长诒孙嗣于大伯世绳，家中只剩下恺伯一子。父亲英年早逝，母亲悲伤

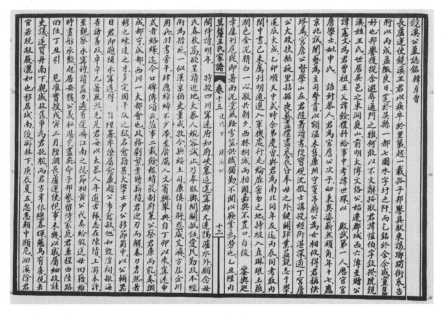

王恺伯墓志铭

过度病倒了,在恺伯的精心服侍下才慢慢病愈。申氏督子读书很严,她对儿子说:"汝父读书大魁天下,是何等风光,汝等若不刻苦读书,博取科名,则家声从此坠矣。"在母亲的严导下,王恺伯二十六岁考中举人,乾隆元年(1736)授内阁中书,携家室赴京上任。他怕母亲一个人在家寂寞,想带母亲同去京城,可申氏恐给儿子带来麻烦,开始不肯同行。恺伯到京后,生活稍一安定,即接母亲到了身边,好照顾她的生活起居。乾隆十年(1745),王恺伯升内阁侍读,每天从翰林院回家后,总要到母亲房中问候,还常带些京都的土特产请母品尝。申氏告诫曰:"汝清俸无多,生活宜从俭。"十一年(1746),恺伯升授四川宁远知府,他又带着母亲到四川去上任。蜀川之道山路峻险,在过险隘时,人马难通过,恺伯常背着母亲而行。在清溪道中,一日上峻岭时,一匹驮骑坠落悬崖,幸好他背着母亲,有惊无险。

宁远府位于四川边陲,连接云贵高原,山林中多蛮烟瘴气,人一旦染上,难于医治。恺伯恐母亲在滇地水土不服,他设法专辟一室让母居住,每日亲自送茶送饭,使母体无恙。不久,恺伯升授永宁巡道,移居沪阳赴任。沪阳郡地势更为僻远,母亲年老远行唯有不测,恺伯上疏养亲而辞官。朝廷被他的孝心所感,令他督运一批川米到江南,时间两个月,顺便送母回苏。督运川米至南方后,恺伯授官浙江长芦盐运使,他思其地离家乡不远,一水可达,又打算迎养母亲。母告之不可,曰:"闻汝调之信,且喜且惧,再携娘同行,易获咎,要处处谨慎。"这年五月,申氏在川中所得之疾,旧病复发,恺伯辞官归里照顾母亲。母深以骨肉团聚为乐,徙家苏州城南。在儿子恺伯的悉心照料下,母亲健康长寿,卒于乾隆二十七年(1762),享年八十一岁。

妻蒋氏,康熙进士广东廉州知府蒋杲之女。封恭人。一子帮誉,清太学生。一女适桐城举人张曾效。

用敷公元配宋孺人墓表

王恺伯

甲戌春三月,恺伯自蜀督赈来吴,谒假归里,时值此从祖母宋孺人之丧。甫二月,既焚酬筵前毕,叔父希贤斩衰经杖泣命恺伯,曰:"先母一生苦节,顾表诸阡,而侄尤知我母之详,敢以乞。"恺伯弗能辞,受而比次之。太孺人姓朱,曾祖旭初公,明监察御史巡按山东殉节。祖畴三公,顺治举人。考静溪公,浙江绍兴守。太孺人虽生贵室,而素性淡泊,自幼不苟言笑。长涉书史,通大义，事父母持抑骚率循内则，昆季妯娌，怡怡无间言。年十七，归我从祖父用敷公。公为先文恪公七世孙，从曾祖父赠宜川令，惟一公仲子也。未嫔时舅姑已殁，而惟一公有子六人，时授室者，惟公及伯兄宜川令用修公，余尚髫年，因议伯仲各分育两幼弟。太孺人时寒燠，同其甘苦，延师受室，相夫子以教养之，曲殚心力，故后咸得树立，处为修士，出有惠政，从祖父陕西山阳县令长孺公，其一也。用敷公举康熙壬午京兆副榜，英年力学，声望日隆，远近名宿交于门，文宴几无虚日。太孺人于酒浆修脯，咄嗟立辨，人称贤内助云。既而公以殁，太孺人年二十九也。艰苦更倍，然励勤俭，凡丧葬祭祀，以及婚嫁悉如礼，督课二子读书，严寒酷暑不少假，此则志节之不可及者，其他懿行殆难悉数，恺伯特纪其大者，曩惟一公有某氏遗券在太孺人，所积数十年子母，计数千金。及某氏价逋，太孺人公诸诸子姓，不令所生独承焉。其正己率物，敦睦内外又如此。惟太孺人之教泽甚深。故我叔父绳思希贤两公，行修言道，若宗祠祖墓，尤竭力经营，为吾族袷式。而希贤叔父又泣语葬太孺人后，将庐墓侧，依先人之魂魄以终老，此尤至性之过人者。雍正十年，有司循例以苦节申请，旨抚学三院，廉得其实以上报。十一年八月，得给帑建坊，旌其门，尝窃论妇人之节，殉死难，定行先难。夫以弱女子一时义烈肝胆，坚于铁石，性命轻于鸿毛，投环绝粒，申其志，断可奇矣。然适遭其变，及得死所，若棺殡在堂，遗孤在抱，门户零丁，承先启后之绪，危于一变，此时之所担荷者，甚至重且大，视区区一死何如也。当用敷公临诀时，太孺人呼天抢地，誓以身殉者决矣。既而饮血强起，卒以送往抚孤延宗祠，保家声于弗替，享长年以贤名终，岂非死者复生，生者不愧矣乎！笃于大节而不为小谅，斯可谓难矣。太孺人生于庚熙甲寅六月二十二日，卒于乾隆癸酉十月三十日，享年八十岁。子男二：长立，太学生，娶宋氏，嗣宜川公后。次世滋，太学生，候选州判，娶朱氏。女一，适宋氏。孙男二：伯元、伯恺。孙女二，曾孙男一：仲麟。曾孙女二，已择吉于乙亥十一月八日，合葬于元和县二十三都一图睦守圩集义乡用敷府君之原。恺伯不文，谨铨次大略，揭之墓道。

《莫厘王氏家谱》卷十五

王关伯

湖南直隶知州

王关伯(1718—1790),字镇西,号守知。清乾隆十九年(1754)甲戌科进士,湖南澧州直隶州知州。莫厘王氏十八世,"伯"字辈,属王氏老四房(北宅)惟道公季子王琬支(谱称光化公支),王鏊长房延喆裔孙。乾隆进士广东学政钱大昕称其"居官廉静,有古循吏之风",是一位性俭约、严律己、勤政爱民的地方官员。

王关伯祖父奕珑,父亲世愈均为吴中隐士,皆潜德弗曜,以孙与子贵,赠文林郎。世愈号景溪,娶妻嘉定张玉舟之女,生关伯、汉伯、鹤伯三子,关伯为其长子。王氏以书礼传家,世愈自己虽未取得功名,然对督子读书甚严,希望他们能科举入仕,重振王氏门庭。关伯受良好的家庭教育,从小刻苦读书,遵守文恪家法,并得九世祖王鏊制义之精髓,故少年作文超流辈。父亲中年后弃儒行贾,携家居天津,关伯弱冠随父入都门,寄籍天津,为津地有名的诸生。乾隆十八年(1753)癸酉科顺天乡试,关伯中第一百九十六名举人。第二年参加礼闱科考,中甲戌科(1754)第一百九十四名进士。候选官十年,乾隆二十九年(1764),始选山西永和县知县。该县在万山丛中,土瘠民贫,仕官者均不愿在此久居,独

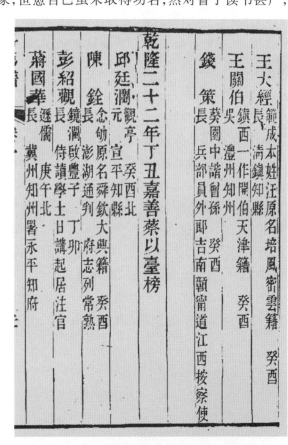

《苏州长元吴三邑科第谱》中关于王关伯的记载

关伯爱其淳朴,与民休养,历九载,而民安之。有友人问他在永和为官几年,关伯笑曰:"《兰亭帖》云,永和九年也。"继任曲沃县县令,因政绩突出,三年后升云南镇南州知州。接着,又迁授湖南直隶澧州知州。关伯在湖南最久,摄州县者七,在知州任上,他为政简易,以俭养廉,皆以简易得民心。澧州山峻盗多,百姓深受其害,他缉盗肃整,把恶徒绳之以法,州县从此太平,行旅泛洞庭者如履平地。州境遇到灾年,他上奏开仓济赈,与民休养,出粟以赈饥者,所全活甚众。

初委署道州,关伯欣然曰:"此阳亢宗抚字之邦也。"他日以道州刺史终,吾愿足也,久之果得此缺,竟符语谶。关伯当官识大体,不以苛察为明,而事无弗举,性俭约,无声色之好,闲暇之时,宴坐终日,萧然如寒士。

乾隆五十五年(1790)九月初四日,王关伯因辛劳而卒于官任,享年七十二岁,临终尚牵挂永和。娶方宜人,候补州同大猷女,治家有法度,君游学燕蓟,宜人留侍尊章,克恭以孝,既贵不改俭朴,人以为难,少夫两年,其卒亦后夫两岁。子文潄、文浦,皆太学生,候补从九品。孙男三人,孙女四人。

王关伯墓志铭

钱大昕

王君卒官之三年,其孤文潄、文浦南下,卜以乾隆五十八年十二月十一日,葬于吴县十三都五图万禄山之新阡。先期手事状踵门乞予铭其志石,予与君同岁,里居不远,知其居官廉静,有古循吏之风,于谊不得辞。君讳关伯,字震西,号守知,晚更以松然自号,明少傅户部尚书武英殿大学士王文恪公鏊之九世孙,承天府知府禹声之六世孙。大父奕珑,父世愈,皆潜德弗曜,以君贵,赠文林郎。君幼读书刻苦,制义遵守文恪家法,弱冠随父入都门,寄籍天津,为名诸生,乾隆十八年,举京兆试,明年成进士,需次十载,始选山西永和县知县,调曲沃县,积俸推升云南镇南州知州,未之任,援例迁湖南直隶澧州知州,坐公事镌级,再补道州知州,春秋七十有二卒刺官,君之牵挂永和也。县在万山中,土瘠民贫,仕官者恒乐久居此,君独爱其淳朴,与民休养,历九载,而民安之。尝谒方伯朱公桂,询其莅官几年,笑谓君曰:"《兰亭帖》云,永和九年也。"欲移赠君矣。会中丞访属吏贤否,朱公首以君对,乃得调繁,君未尝自请改善地也。君在湖南最久,摄州县者七,皆以简易得吏民心,在澧州缉盗有方,行旅泛洞庭者如履平地。岁灾,建议出粟以赈饥者,所全活甚众。初委署道州，欣然曰："此阳亢宗抚字之邦也。"他日以道州刺史终，吾愿足也，久之果得此缺，竟符语箴。君当官识大体，不以苛察为明，而事无弗举，性俭约，无声色之好，公退之暇，宴坐终日，萧然如寒士。娶方宜人，候补州同大猷女，治家有法度，君游学燕蓟，宜人留侍尊章，克恭以孝，既贵不改俭朴，人以为难，少于君两岁，其卒亦后君两岁，子文淑、文浦，皆太学生，候补从九品。孙男三人，孙女四人。

《莫厘王氏家谱》卷十五

王珠渊

全椒县教谕

　　王珠渊(约1692—?),字长源,号涵涛,生卒年不详,从其康熙甲午考中举人看,应生活在清康、雍年间。莫厘王氏十七世,"奕"字辈,属王氏老四房(北宅)惟道公季子王琬支(谱称光化公支)。王鏊次子延素裔孙。祖斯晓,父王潞。康熙五十三年(1714)甲午科举人,安徽全椒县学教谕。

　　王鏊生四子,次子王延素得父荫授官贵州思南府知府,后裔称其为思南公。王氏原居后山陆巷,明末延素四子均搬迁前山王衙前阁老厅居住,延素后裔少科举从政者,大多以商贾为生,分别迁居青浦、江宁、上元等地。珠渊的曾祖名祚恒,字槐庭,生斯晓、斯义、斯孝、斯耀四子。从家谱看,长子斯晓卒葬青浦朱家角东市,可能是莫厘王氏第一代迁居青浦,因经商获得成功后携家迁居朱家角薛家浜定居。斯晓长子王潞,字耳公,号东皋,县岁贡生,曾多次参加顺天乡试,均未中试。珠渊是斯晓的独子,从小在较优越的环境中长大,常听祖父辈讲高祖文恪公的科举成就和做官为民的故事,他立志勤奋读书,终于在康熙五十三年(1714)考中甲午科顺天乡试第六十八举人,成为王鏊次子思南公支第一名举子。

　　珠渊考中举人后,选授安徽全椒县教谕。该县地处安徽省南部,始建于西汉,素有"江淮背腹"与"吴楚要冲"之誉。唐宋属江都郡,元明隶凤阳府。清初设安徽省,全椒县属之。境内多寺庙,主要有龙山寺、神山寺、三塔寺、法王寺等古迹。珠渊喜游览全椒名胜,曾至县城东门太平桥庙祭祀陈瑛。据说明永乐初年,全椒县有一术士提出,如把全椒的山峰(笔锋)加高,便能多出举子。教谕吴颖便带领一帮秀才前往彼处培土加高,恰巧有一名吏部官员过此,与秀才发生口角受辱,于是诬告全椒人谋反,永乐帝欲派军队血洗全椒,都御史陈瑛闻之奏禀朝廷:椒人淳良,断不会造反,愿以自家性命担保。陈瑛死后,全椒人将其衣冠葬于东门太平桥高坡上,纪念这位敢为全椒人鸣冤的官员。珠渊在任施棉衣以济狱囚,还在城西置茶亭以辞行旅。丞廨当山水处,因作池馆与其地文人学子相吟咏为乐。年近六十岁,遂引疾归里,徒步乡间,所居园侧桑地成片,与群仲兄弟同为寿藏,自谓乐在其中。

　　妻张氏,昆山庠生张赞之女。二子:世敏、世哲。一子早亡,一子英年早逝,均无后传。后嗣惟善公支奕礼子世佐,也无后传。

王奕仁

孝心动天的贵州督学

清雍正五年（1726），贵州学政王奕仁一篇奏请归家养母的疏呈，写得情真意切，委婉动人，真可与晋代李密《陈情表》媲美。连以刚烈著称的雍正帝也为之动情，准于他离黔归山奉养母亲。

王奕仁（？—1728），字鲁公，号志山。莫厘王氏十七世，"奕"字辈，属王氏老四房（北宅）惟道公季子王琬支（谱称光化公支）。康熙五十二年（1713）癸巳科进士，选庶吉士，授翰林院编修。官至贵州督学，左春坊左赞善。雍正二年（1722），朝廷把王奕仁从翰林院派往贵州督学，当时不管京城还是地方，均对少数民族实行歧视政策，尤其是对西南郡、府，歧视更甚。把苗民诬为蛮夷，其子女不得入州县官学读书，更不能参加科举考试，争得功名。王奕仁上任当了贵州最高学政后，感到天朝恩隆应普及边陲，在享受读书上更应人人平等，只有为边远落后地区培养了大量的人才，才能改变黔地贫穷落后的面貌。他"奏请朝廷允许苗人入义塾，岁科试，量取以示勤"。王奕仁在黔督学虽只三年，可为贵州培养了不少人才，学得好的补各政府吏员，凡察举贤良也都从学官子弟中挑选，他在巡学时总带上几个学官子弟做助手，以劝导黔中士子向往读书学儒。苗民见读书有这么多好处，纷纷节衣缩食，把子

《太湖备考续编》中关于王奕仁的记载

弟送入官学读书,使黔中民风大化。在湖北与贵州交界处有五开、铜鼓两处地方,因归属不明,经常为争地争水械斗。王奕仁奏明朝廷后,很快解决了两地的矛盾。"又请以界楚之五开,铜鼓二卫隶黎平,使杜两籍弊。两绩上报朝廷,旋晋左春坊左赞善。"

三年任期满,朝廷知其清廉,命再任三年。时王母已七十九岁,年老多病,在家无人照顾。于是王奕仁作了那篇动人肺腑的"乞终养亲"的《陈情疏略》。其在上奏疏表中云:"臣家世寒素,自幼孤单,臣母周氏辛劳持家,俾臣专心诵读,幸博科名,滥厕清职,奉命视学黔省,即遣人迎母。臣母因岭高水湍,难胜跋涉,虽有妻子在家侍奉,但途远音隔,往返动经数月。臣每一念及,或竟夕不床,或对食忘餐。身为士子表率,而温定省之节,臣先旷废,不持莫慰倚闾之望,亦恐上负朝廷之豢养,下失多士之仪型。倘蒙垂怜孤苦,许臣解任,俾一母一子团聚庭帏,夕膳晨餐欢承菽水,则举家顶戴,生成永幸矣。疏上,得旨归里。"在提倡以孝治天下的封建社会,王奕仁声泪俱下的孝母之陈情,自然获得了朝廷归家养亲的请求。

雍正三年,东山乡绅择地湖口,倡建节烈祠,凡山中妇女青年矢志至五十岁以外故者,建祠立碑旌奖。是年二月动工,至八月告成,入祭一百六十人。王奕仁为之作《东山节烈祠碑记》,以示其盛事。

王奕仁归家两年之后就病故了,葬于陆巷寒山,焦广期为其作墓志铭。

东山节烈祠碑记

王奕仁

皇帝御极之二年,诏直省府州县各建忠孝节烈祠一区,以表微阐幽,风励世俗,又命礼部定议,凡妇女青年矢志至五十岁以外故者,并许题请旌奖。于是封疆大吏、郡邑贤守宰,莫不悉心采访,据实奏闻;肖然缔袨,遍树宇内,而通都大邑,祠宇聿新,丞尝严肃;深闺贤媛,遂得与孝子忠臣并垂祀典,于以发潜德之光,而使匹夫匹妇咸知重守义而耻失节。盖转移风俗之盛典,实亘古所未有也。洞庭东山在苏郡西南隅,居民数千家,环以太湖,风俗淳古敦朴,而山川清淑之气并钟毓于闺阁中。其不幸称未亡人者,无不秉礼守义,终始不渝;甚至未嫁守正与夫死辄以身殉者,亦时时有之。盖妇节之显于东山,较他郡邑为更多。而山去郡且百里,既多舟楫风涛之阻,或又有艰于力而不能奉主入祠者。乡先生农部席公与其令子贡湖倡率绅士,将建祠山中,以推广皇仁,岁修祀事。适制府查公、提督高公各以公事至,遂合词吁请,两公以为可,且给匾额用树风声。于是缙绅士庶踊跃捐赀,择地湖口,立表定位,选工饬材,栋宇崇焕,垣墉峻整,经始于雍正三年二月,至八月而告成。乃访求懿行,其远不可考者姑置勿论。惟是国朝数十年间,节烈炳然可光志乘者,凡得一百六十余人,咸制主入祠,春秋奉祀,永久勿替,猗欤盛哉!惟我皇朝教化沦浃,恩泽覃被,度越前古;而贤公卿奉扬德政,不遗山泽之远;乡士大夫又能急公好义,使巾帼芳徽不终湮没,皆足以模范千秋,感动当世,岂特山中人叹息以为希有之事哉?仁世家于山,滥厕史馆,例得叙次节义之事。向者持节黔南,亦曾留意察访懿行,每憾僻远之乡必多遗漏,为表章之所不及。兹以予养归里,深喜我乡有此盛事;且祠之内所妥侑而享祀者,大半吾之姻戚宗党也,于仁亦与有荣施,故不敢辞其请,而拜手为之记。

《太湖备考》卷十二

注:节烈祠在前山下席街,清雍正年间席氏倡建,祀山之烈妇、贞女一百六十多人,作者雍正乙巳致仕归里,撰其碑记。

王元位

为民请命的平阳县令

王元位,生卒年不详,字升揆,号苍严。从其康熙四十二年(1703)考中进士,五十年(1711)授浙江平阳县令来看,应生于康熙中期,卒于乾隆年间。莫厘王氏十七世,"奕"字辈,属王氏老四房(北宅)惟道公季子王琬支(谱称光化公支)。王鏊七世孙。

元位高祖王禹声明万历年进士,湖广知府,卒封光禄寺少卿。道光十四年(1834),王禹声被增祀入苏州沧浪亭西吴郡名贤总祠中。元位的祖父其宁、父亲纯锡都是读书人,但仅是县学的生员,多次应试均没有考取举人,当然也没做官。而元位的母亲缪氏,是康熙丁未科状元翰林院侍讲缪彤的女儿。王纯锡生有五子四女,年仅五十七岁就去世了。王元位从小是在外祖父缪家长大的。苏城缪家世为书香门第,缪彤的祖父国维、叔父慧远都考中过进士。王家五兄弟受母亲和外祖父家的影响,读书都很认真,元佐、元英、元亮、元任都是府监生或太学生。

康熙四十二年(1703)王元位参加癸未科会试,中二甲第三十三名进士,八年后授平阳知县。

浙江平阳县古名苍南,地处东海之滨,是台风多发地区,经常遭受风涝之灾。清初又属强行"迁界"地域,生态和民居遭到严重破坏。康熙五十年,王元位赴平阳任县令时境内还是满目疮痍,尤其是境内水利设置抗灾能力很弱,王县令一面组织百姓恢复生产,一面向朝廷申奏免税。据《平阳县志》载:康熙五十六年(1717),夏大水,南北两港洪水暴涨,淹没民居地,知县王元任上奏免粮,清政府蠲免平阳县分年带征地丁钱两。六十年(1721),境内旱灾,大饥,谷价每两六十斛,时平阳县人口二十四万八千一百二十三丁。大灾之年,王县令一面奏请朝廷救济,一面号召当地富户赈灾,使灾民度过了饥荒,全活无算。在平阳县马站小姑村林家祠堂内,如今仍保存有清康熙五十八年(1719)县令王元位所题"德厚乡里"的匾额,颂扬林家高尚情操和美好德行。此匾额集字、印、雕、漆之大成,为一重要文物。

妻张氏,内阁中书张祖训女。四子:长世标,县庠生;次振藻,府庠生;季世模;幼世球。

王伯熙

徐州王氏始迁祖

王伯熙（1722—1780），字永明，生于康熙六十一年，一说雍正十年（1732），卒于乾隆四十五年，年仅五十八岁。莫厘王氏十九世，"伯"字辈，属王氏老大房（东宅）惟善公长子王琮支（谱称孟方公支）。

伯熙年轻时到徐州一带经商，遂定居沛地，并娶妻徐州夏镇席氏（可能是席氏娘家，今山东滕州）。生三子一女，在徐州繁衍成族，王伯熙被尊为徐州王氏始祖。据郑绪章所撰《奕三公元配节孝叶太君传》载：伯熙的父亲王世荣，字奕三，体弱多病，常年服药。娶妻叶氏，至贤至孝。次年，奕三得一子，名伯熙，旋即病卒，年仅十九岁。妻叶氏伤心大哭不止，丈夫盖棺时，哭得吐血一升多而晕厥过去，被人救醒后仍昏昏欲睡，整日不思茶饭，时而跪地大哭，时而低声悲泣，两眼直勾勾的，如痴如呆，郎中把脉后诊断为"肠断不能治"，七天后身亡。郑绪章，字象文，清乾隆五十三年（1788）举人，陕西延长知县，又任过宁州知州等官，是奕三公的外甥，伯熙二姑的儿子。

莫厘王氏徐州支谱

郑绪章在《叶太君传》中曰："伯熙壮而贸易于徐州。"王伯熙在徐州商贾获得成功，遂在沛地娶妻生子，定居他乡。不过按旧时叶落归根的风俗，伯熙卒后仍归葬东山陆巷祖茔，而妻子席氏却葬徐州夏镇。伯熙生仲玉、仲甫、仲平三子。仲玉生希圣、希贤、希文三子，仲甫一子希增，仲平无嗣。后徐州王氏在城南三官庙西山，筑徐州莫厘王氏祖茔,为迁徐第三代太学生王希增购地所建,葬有六代先祖之墓。

约两百五十年前,永明公王伯熙赴徐州经商而落户于沛,裔孙在徐州辛勤劳作,繁衍生息,蔚成大族。在清代,徐州王氏有两人考取功名,分别获正四品官职;有四人获清皇朝封赏,御赐"进士及第"门楣匾额。尤其是徐州王氏裔孙能承祖业,善于经商,清末及民国时王氏生意店铺遍及徐州城区。在解放战争中,徐州王氏裔孙中有不少人投身革命,还有为民族解放事业献出了宝贵生命的革命先烈。不少人在国共两党高层及军队中担任要职,留下了业绩。新中国成立后,特别改革开放以来,为经济发展创造了条件,徐州王氏裔孙从工、从农、从政、从商、从教、从医,为国家的繁荣昌盛做出了贡献。

民国二十六年(1937),王季烈重修《莫厘王氏家谱》,徐州王氏有二十七户认领了这本族谱。2011年徐州王氏撰《莫厘王氏家谱徐州支谱》,并于年底付印。2014年由王守青、王义胜等发起重修的《莫厘王氏家谱续集》成,徐州王氏正本清源,认祖归宗,归入东山莫厘王氏族谱。

王世钧

颇多善举的县丞

王世钧(1726—1802),字禹载,号晚壑。生于雍正四年,江西省进贤县丞,任上颇多善政。莫厘王氏十八世,"世"字辈,属王氏老四房(北宅)惟道公次子王琛支(谱称以润公支)。王壑舟裔孙。祖父显蛟,父奕组。

少时在湖山间长大,说话迟钝,做事喜矩步,进趋朴愿,踽踽众中。好读宋代诸老先生之书,尤好读小学家言,曾用篆隶书写,辑为一书,名《晚壑纂训》,意即其书所辑承先祖壑舟公之遗训。著作刻印后,世钧说:"晚壑所言,集古礼仪,论之透彻,适于身心。"他中年时捐监为布政使经历,发江西,历署赣州府通判、经历,久之补进贤县丞,亦代理过该县县令。

初入赣州,同舍有人以美色诱之世钧,唆使该地一美妓入世钧宅内,妓以色相挑逗,被世钧怒斥而退。性情和蔼,治家有法,闺门之内相敬如宾。他尤喜成人之美,以古道励时俗,化者甚众。在任颇多善政,赣州俗多溺女,常有女婴弃之道旁,被野狼吞食。世钧与县令商立法规,谕之州民,如再发现弃女婴者,欲治重罪,此风始息。赣民喜讼,村邻之间常为一点小事,纠引数十人,相互诉讼不息,闹得两败俱伤。每有此类诉讼至县衙,世钧反复开导双方,动之以情,饶之以理,

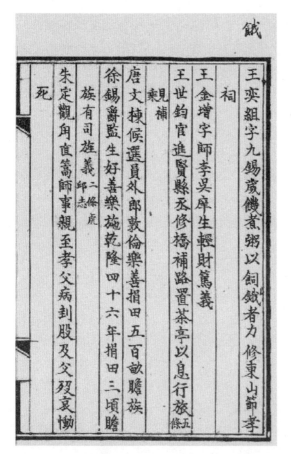

《吴门表隐》中关于王世钧的记载

民间互讼之风停息。冬天气候寒冷,狱中囚犯冻得瑟瑟发抖,世钧舍俸购置棉衣施给囚犯。进贤县城西有佛寺,游者甚多,他在寺庙近处置茶亭以方便旅人。该县衙当山水处,他又在丞廨处作池馆,与当地文人学子相眺咏为乐。

世钧办事循规蹈矩,县令魏攀龙深相器重,引为知己。一次,上有大员至进贤,有一桩差务委世钧使黔中办理,他不辞劳累,日夜兼程完成了差事。黔地归来后,上官吏向他索金。世钧两袖清风而归,哪里来孝敬上官的馈赠。上官没有得到孝敬,复使他再赴滇池,并曰:"复往之,必有馈。"世钧说:"吾安能恋八品职,再行万里路乎?昔为王尊,今为王阳矣。"上官曰:"你且往,归当升美职。"世钧对他说:"吾以疾归,可乎?"上官曰:"当削职,惜乎?"王世钧仍说:"吾从此归耳。"遂挂冠而返,归后居銎舟园,亲朋旧友相聚,饮酒赋诗自乐,侍郎王昶贻书称之。

既归,他布衣粗食,徒步乡间间。在所居宅旁辟一桑园,与从兄弟同为寿葬。在间中和族内多善举。里人有急,他量力济之,如修筑石桥村街路、施棺掩埋贫者、赈济灾民等他都捐以巨资。族人有子已随母嫁他乡,并改适他姓,长大后想还父王姓。世钧闻知后,出资赎还承以祖姓。《王氏家谱》为光化公王琬明弘治年始修,至弘治九年(1496)完成刻印,到嘉庆时已三百多年未续修,世钧又弃产筹资,遍及旁之郡县,搜寻遗闻,荟萃成书。

卒于嘉庆七年(1802)九月二十八日,享年七十六岁。族兄王苎孙为之撰志铭,曰:"童时侍公侧,公最以读书,教吾以涉世,未尝不敛容起敬,识公之为正人也。及长,益悉公善行,故摭公事而传。"又诗云:"花陇有墓木有乔,菀为鬼庭霜不雕。岁阳在辛日元枵,有蠹蚀之螟贼苗。白杨萧萧莽空条。公挟道士丹符烧,册魃遁遁虫孽消。山人咸颂公功高,我削不书实行褒,昭示不者祛花嚣。"

妻刘氏,封安人。子一:济伯,直隶张家湾巡检。女三:长适监生刘宏城,次适监生叶增年,三适捐职从九品席世鳌。

王诵芬

历城修志举人

王诵芬(生卒年不详),字兰舟,号千里。以其乾隆年间考中举人,应生活在清中期。莫厘王氏十九世,"伯"字辈,属王氏老四房(北宅)惟道公季子王琬支(谱称光化公支),王鏊长子延喆裔孙。乾隆年间山东己卯科举人,云南昆明等县知县。父世美,字名久,敕封征仕郎内阁撰文中书。

诵芬的父亲早年赴山东经商,在济南一带经销布匹,后携家迁居济南。诵芬是家中独子,入山东籍,清乾隆二十四年(1759),他考中己卯科山东乡试第三十七名举人,考授内阁中书,分发云南宜良任知县,继又调知楚雄县。尔后,他又先后任过浙江开化、兰溪等县知县。王诵芬的一生与修县志有不解之缘,被称为修志举人。据《潍县志》记载:乾隆二十五年(1760)夏天,山东潍县令张耀璧继修《潍县志》,聘请历城举人王诵芬任编纂,郭伟积、刘志仁、孔传礼等九人分纂,县丞、训导、巡抚分任提调、协理,并由王诵芬任组长,组成四十二人的采访队伍,历时三个月,完成了《潍县志》的续修,并由山东布政使崔应阶作序后刻印。

乾隆三十二年(1767),王诵芬在云南宜良县令任上,又重修县志。宜良为汉滇池县地,元始建太池千户所,后升为宜良州,治太池县,明清为宜良县,属云南府。《宜良县志》始修于明万历间,清康熙间知县黄澍重修县志十卷。乾隆三十二年知县王诵芬又修县志四卷,当时曾商榷于名士蔡静谷,体裁颇雅。知县王诵芬续修的县志简称"王志",分为九类凡四十二门,而不以类领目,体裁亦纯,此志为云南省明清佳志。别据《潍县志》载:清乾隆间所修《潍县志》,旧志序三篇,图十六幅,末卷载王诵芬和高廷枢的跋各一篇。《潍县志》卷五载:乾隆十一年(1746),王诵芬赴莱州府潍县任知县,时值鲁东大饥,人相食,斗粟千金,潍县尤甚。县令捐廉代输,籍邑中大户开"煮粥接济灾民,又对积栗之家责其平粜,救活万余人"。不过,据《莫厘王氏家谱》载,王诵芬是乾隆己卯科(1759)举人,任莱州府潍县令不可能早在中举之前,此记载或许有误。

妻黄氏,庠生黄声谐之女,封孺人。子二:长仲瑚,字夏珍,候补从九品,娶云南元谋县知县陈应暄之女。次仲琏,字商珍,太学生,娶河南淮宁县知县吴元润之女。

王世锦

勇于任事的嘉峪关巡检

王世锦(1735—1794),字再陆,号芸艺。莫厘王氏八世,"世"字辈,王氏老四房(北宅)惟道公次子王璪支(谱称以润公支)。王璪无后,嗣兄王璋次子鏊,王鏊八传至世锦。祖父显蛟,江西进贤县丞,父金增,长洲县贡生,有贤名。世锦生而颖悟,至性过人。十四岁时父丧,哀毁逾礼如成人。继又遭母亡,家业日落,皆伯兄助之营葬。家境困苦,使他更加发奋读书,先从族中王镎、元楠和王琦学习,后至外舅徐述堂处肄业。沈德潜、叶昶是当时名师,世锦常听两人讲课,学业日进。乾隆三十年(1765),世锦援便北上,南归后参加乡试。东山旧属浙省乌程县,乡试失利后他就在温州弃儒就贾,又边贾边儒,延名士杨瑾课其子。其间他曾遍游浙东山水,赋诗言志,著有《浙游草》诗集数卷。

乾隆四十年(1775),王世锦已四十岁,入赀为州吏目,分发甘肃,第二年任陇地洮州照磨。照磨是一个未入流之职,世锦却非常尽职。其处有虎出没,常伤害人畜,世锦以一羊告于山神,虎惊遂绝迹。山神当然不可能驱虎,这也许是后人的附会,但说明了世锦处事有办法。三年后,王世锦被兰州知府杨世玑招为幕僚,时新疆回田五起事,官兵进剿,世锦随营调度军务,常护解军装至前线。一次雨夜押送军需,因天黑道路泥泞,有一匹驮骡滑下山崖,他去抢救而右臂受伤。伤愈后升灵州吏目,继授靖远县典史,五十一年(1786)世锦升甘肃嘉峪关巡检。

王世锦任巡检的嘉峪关

嘉峪关是中原通往新疆的门户，地理位置极为重要，因出入之人犯事日多，守关部督下令，凡出关之民，须知州发给路符，守关兵丁验正路符方能放行。于是关隘官员与兵丁索贿受贿成风，成了雁过拔毛之地。王世锦感到内地商人携带货物行程万里，云集关隘，若剔验过苛，滞留行程，就要严重影响进出关商贾的利益，也不是朝廷便商之意。当时守关的武弁，发现出关商人偶有携带并不在禁条之中的药茶及玉器等货物，亦借故阻挠，给了好处才放行。王世锦只是个九品之职的巡检，官职很低，但他勇于任事，常擅自放行出入关人员，然后才把事情告诉知州，他先斩后奏，放行出入关商人无算。

乾隆五十八年（1793），朝廷严缉出口硝磺，责令各旅店将出关商人携带货物造册，按月申报。世锦向朝廷稽缉官员汇报说，此地向无硝磺运出，何必滋扰商民，稽缉悟而罢之。时有关民赌博与酗酒闹事，不听胥役管拘，守关兵役怕受连累，便不分青红皂白把所有进关携带的博具烧毁后放行。世锦任巡检后阻止了这一过激的行为，他亲自调停商人之间的纠纷，严责闹事者，对一般争斗之人均予放归。每至隆冬，关隘处等候进关之人，常有人冻僵在路旁。世锦目睹此状，带头捐俸，并劝在关客商助银出息，冬令购米置锅在嘉峪关上施粥赈济。关堡旧有义学，寄办在庙庑下，世锦见寺旁有余地，又捐资发起扩建书塾。肃州节孝祠久祀，世锦与学正刘访、吏目苏景贵，三人共同捐俸倡修，关民嘉赞其盛德。知州家奴强买关民烧柴数担，他立告主人把家奴逐去。有一同知欲得世锦之马，居心不良，时适有关隘相验浮尸一案，其地在洮岷交界，离城六十里，具文申报往返需两日，该同知以迟报为名，指责甚严，而遣人示意只要献马就无事，世锦曰："案可驳，吾马不可与之也。"

王世锦在甘肃为官十七年，政事之余喜作诗吟诵，著有《艺芸馆诗抄》十二卷，与张掖县令赵同翮、肃州县丞陶延珍、灵州刺史杨芳烂为诗友，彼此诗信不绝，切磋诗文。他在甘肃官职虽不高，却尽心尽职为百姓做了许多好事，离任之日，千人攀辕相送，据说后来地方绅民捐资在嘉峪关塑了一尊石像，纪念王巡检。

乾隆五十九年（1794）王世锦卒于家，享年五十九岁。诰赠朝议大夫，候补知府。妻徐氏，东山湖沙贡生徐治章四女，诰赠恭人。子三：长鼎伯，监生，著有《环翠楼诗抄》；次庚，河南南阳府经历；季熊伯，永定河州判。

王伯益

十年小吏，处处为民

王伯益（1743—1798），字心恒，号谦谷，生于乾隆八年六月十二日，卒于嘉庆三年九月三十日，享年五十五岁。莫厘王氏十九世，"伯"字辈，属王氏老四房（北宅）惟道公次子王瑮支（谱称以润公支）。祖父奕经，河南洛阳县丞，父世镛，赠登仕郎浙江鄞县巡检。伯益为小吏十年，处处为百姓办实事，在浙江鄞县、奉化、温州等地留下业绩。

伯益的父亲世镛三十岁就去世了，这时他刚满百日。母亲严氏是前山太学生严赞功的女儿，少时读过书，受过良好的家庭教育，知书达礼。她立志抚孤，教子成才，为抚育儿子成人受了不少苦。伯益长得高大白皙，轩有气概，一表人才。他从小有志向，长大后要做一番事业。读书虽刻苦，但屡试不中，遂弃儒习贾，以为生计。祖父槐亭公在常熟虞山有遗业，开有多家典当、钱肆。槐亭公生有七子，世镛为其长子，作为长房长孙的伯益也分得一分遗产，可因父亲早卒，虞地祖业衰微。伯益善贾，又得益祖父在虞地的人脉，不数年就重振典业，家业乃隆起。

母亲严氏常教导儿子，男儿不能有妻儿之恋，更不能富而侈奢，以鱼肉肥肠，要志在四方，做一番事业而留名于世。母亲的话对伯益启发很大，他决心放弃儒业捐资为官，有友人劝他说，商之子恒为商，何必去图一所谓当官的虚名。伯益曰："大丈夫应见于时，为社会创出一番业绩来，获朝廷封妻荫祖，何能困于锱铢之间？"乾隆三十九年（1774），伯益捐资入仕，为从九品，分发云南为吏，后以母年老需养亲，改授浙江宁波府鄞县杖锡司巡检。

官越小越贴近平民百姓，对这一从九品的小吏之职，伯益尽心尽职，努力把事情办好。鄞县有一座育婴堂，已多年弃而不用，伯益上报要求恢复该育婴堂，县令准其言，并嘱他理其事。伯益马上修缮房屋，落实护婴妇孺，制定增设条款，不到一年就恢复了鄞县育婴堂，三年中活婴无算。四十二年（1777），伯益调任奉化典史，奉化地方有一牛姓恶人，十分凶悍，当地无人敢与之论理，历任知县也睁一只眼闭一只眼，任其逍遥法外。伯益勇于任事，设计把该徒骗至县衙，当场擒获，绳之以法，百姓称快。四十四年（1779）任温州府经历，民告府中有小吏敲诈诉讼事主，伯益查实后令严笞仆隶，后母亲出面阻止，盛怒而释。接着，伯益还前后任过海宁州赭山巡检、山阴县柯

王伯益墓志铭

桥巡检、镇海县穿山巡检、四明驿丞及杭州府知府照磨等基层小官。他曾说:"国家立法至善,由奉行者匪其人,遂觉良法皆稗政矣。"意即朝廷虽有大法,在于官吏去认真奉行,否则再好的法令也没用。《谦谷公墓志铭》称他:"所到见纪,均有业绩;所去见思,地方志书上有记载。"伯益在任好客喜施,乐于助人,居官十年,归里时两手空空,行李中除书籍外别无他物。

妻张氏,东山张巷贡生广东德庆州巡检张立亭之女,出自富家,然能勤俭以佐夫为吏。子四:长仲汉,监生;次仲涛,监生;三仲浩;四仲潮。女二:长适监生叶光璧,次适附监生章宝莲。

王临伯

孝道为先，仁慈为怀

王临伯(1744—1799)，字敦吉，号爱闲。生于乾隆九年七月二十七日，卒于嘉庆四年九月三十日，享年五十五岁。莫厘王氏十九世，"伯"字辈，属王氏老四房(北宅)惟道公次子王璨支(谱称以润公支)。王壑舟裔孙。祖父金增，县附贡生，赠河南开封上南河同知。父世琦，监生，赠山西吉州知州。

临伯年少即惇行孝悌，把孝敬父母放在第一位。早年遵父命至常熟经管祖上商肆，处置有条，人皆钦服。他二十岁刚成亲，母亲徐氏得疾，临伯归家侍候，昼夜不息。母为湖沙徐治章长女，卒时年仅四十四岁。临伯痛不欲生，哭泣之哀，闻者感伤。母亲去世后，父求古公因丧妻之痛，不幸又得中风之疾，出入举动须人扶持，临伯服侍照顾十分周至，他学廿四孝之典故，在父床前朝夕承欢，做出各种滑稽的动作来，使父若忘有疾在体，常常喜而露笑。乾隆三十七年(1772)父亦卒，年五十一岁，是年卜吉同妻徐氏合葬于壑舟园缥缈楼前。

父母去世后，临伯壮年以四方之游，即行商于各地。先由豫入潼关，到达甘肃兰州，又复自豫章至粤东，足迹涉及大半个中国。他经风雨，见世面，自是胸襟益壮。从粤东归，携家居于松江之景家堰。其时族兄芑孙为华亭教谕。临伯与之往来甚密。芑孙文名很大，但却弃之才华，敦宗实行，默治身心性命之学，言必崇伦纪，称古贤，临伯深为敬服，每以其语训勉子辈。临伯胸次高明，才能肆应，不以文名，而发言中理，下笔能达其所见，处理棘手之事，无不迎刃而解，纷杂难处之事往往解于片言。他以早弃举业，未能施展抱负而为憾事，故深望儿孙读书成业。长子仲涝资质较敏，为之择明师授业，寄予厚望。其余几子量才而为，各予以业，严督不姑息。对下人富有同情心，一次，仲涝曾随父游豫，过韩庄，上闸索断舟复，行李尽失，一仆溺水而亡，临伯父子因先登岸而幸于难。临伯急遣人救捞，待救起仆已身亡。他对儿子仲涝说："仆不幸溺死，我当亲送其柩回家，于心始安，汝可独往豫行商，且勿以舟复物失为戚。"又说："我与汝幸而不死，当益修省，无往忧戚也。"

嘉庆四年(1799)，临伯至下南河同知署探望胞弟申伯，突然得疾，速从朱仙镇雇舟南归，旬余抵家，医治无效而卒，年仅五十五岁，葬俞坞墙里新阡。王临伯墓在俞坞中村高埠上，占地数亩，原有看坟楼房一幢，二十多间，现其处已成村舍,仅墓碑弃于道旁。坊间传说王临伯抢险殉职于水中,故棺材葬于高处,汛期不被水淹,此传闻显然有误。抗洪抢险水中殉难的应是河南祥河同知王仁福,仲涝之子,临伯之孙。

妻叶氏,前山唐股村监生河南开封中河通判叶绍隆女,道光二十年卒,寿九十三岁,诰封恭人。子五:长仲涝,河南下北河同知;次仲汾,中年殇;三仲潆,从九品衔;四仲泉,从九品衔;五仲鸿,陕西咸阳县典史。

王世镒

忠诚勇敢的商南典史

王世镒(1745—1800),字琢成,号蓝水,生于乾隆十年正月二十八日,莫厘王氏十八世,"世"字辈,属王氏老四房(北宅)惟道公次子王琪支(谱称以润公支)。王壑舟裔孙。祖显蛟,父奕组,俱赠儒林郎。世镒先后任陕西扶风、商南县典史。

奕组生四子,世镒为其次,他性情和蔼,机灵善变。十三岁时父亲就令他拜师学儒,长大后能中举从政,后因长兄世钧外出为官,世锷、世镐两弟英年早逝,须管理虞地家业,只得弃儒行贾。不数年,家业日隆。居家多植名花异草,尤爱山茶,栽培有名贵茶花数十种,山人学其栽培法,盛甲一时。

乾隆三十九年(1774),世镒纳赀候选,是年以布经司经历分发江西,因要照顾双亲,没有上任。过了二十年,直到乾隆五十七年(1792),这时父母相继去世,兄世钧也从江西进贤县丞辞官归家,世镒才离家至陕西为官,先任延安照磨,继为扶风典史。两年后补商南县典史,时逢中原白莲教起义,朝廷派重兵镇压,局势极为混乱,舟至襄阳,烽火连天,浮尸蔽江。随从劝世镒归,待兵乱平静后而往。他却曰:"安有数千里外来赴任,半途而返者乎?"乃至汉口,由河南绕道入商南,时城中戒严已数月。商南处万山中,楚豫接壤,山民多参加白莲教者,欲同城外教徒里应外合,一举攻下县城。世镒到任后,严查城内不安之徒,拘捕了数名闻风煽动、伪造事端之人,又立禁约,使参与之民自写悔过书,免弗连诛。民感其诚,自陈悔过者达数千人,世镒均不予追究。对关押之囚,世镒每日视监,告狱吏不得虐待囚犯。他曰:"彼于法或死

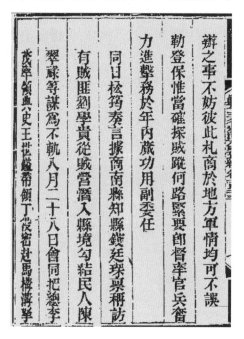

《剿平三省邪匪方略》中关于王世镒的记载

或不死,不可先令死于狱。"意思说,这些人虽犯了法,但不一定都是死罪,应保全他们的性命。商南捉马沟有民聚众起事,世镒得知后率健役数十人,出其不意擒其魁首,县令又调兵助之,悉获余党九十人,除惩首犯外,其余均放归。

不久,湖北白莲教徒又聚众犯境,把商南县城团团围住,形势严峻。世镒日夜巡城,严守待援。他遣其家人归,他对妻子说:"汝等在此无益,反扰我心,必速归去。"又曰:"我若战死,汝来收骨,即不得,我亦无恨,大丈夫以身殉国,安惧马革裹尸哉?"家人闻之大哭,遂强令缒城出。商南城地势较高,俯瞰城外一清二楚,世钧向县令钱廷琛献计,主动出击,驱散围城之强人。于是派三百名兵丁据守,令副将刘某出城迎战。不料副将力战而死,数百残兵逃至城下。城中人望见后都大吃一惊,以为是白莲教军队兵临城下,顿时乱作一团。这些兵丁逃至城下,大喊要入城。有人赴县衙忽报说:"乱兵已入城矣,快逃离。"县衙众人皆失色,世镒持刀跨马而出,擒获三个潜入城中的可疑之人。三人皆身藏火药,欲半夜点火,里应外合一举攻下县城。白莲教徒围城久攻不下,焚掠旬日而退,商南之危遂解。督抚按功论赏,迁官数人,竟无世镒之名。世镒叹曰:"吾为数千民,誓死守保全城池,却无寸功,吾不与争,亦差无愧耳。"

嘉庆五年十月十四日,世镒卒于官任,享年五十五岁,灵柩归葬壑舟园次昭穴。妻叶氏,继配张氏。子五:长英伯,监生;次有伯,监生;三谦伯;四随伯,安徽太和县典史;五俊伯。女二:长适朱巷严起渊,次适石桥孙翰钦。

王伯需

务实便民的哈密司巡检

王伯需(1747—1820),字用中,号松岩。生于清乾隆十二年九月,卒于嘉庆二十五年六月,享年七十三岁。莫厘王氏十九世,属王氏老四房(北宅)惟道公次子王瑛支(谱称以润公支)。奕经孙,世冕次子。他与族叔王世锦一样,也是甘肃嘉峪关的一名巡检。

嘉峪关位于西北边陲,是经商通往境外的关隘。清初朝廷在西北拓疆土万余里,在甘肃新设镇西府,辖奇台、哈密司诸县。镇西府地域辽阔,事务繁杂,所管辖之地尤多为夷民,朝廷均委贤良者任之,有封疆大吏之称。乾隆四十二年(1777),王伯需以州吏目调往甘肃镇西府奇台县补中卫尉,奉朝命履勘民间灾情,按户赈济。这是个未入流的小官,但也最了解百姓疾苦。在奇台县,王伯需悉心抚恤夷民,常于烈日中攀山越岭,了解民间疾苦,摸清真实情况后按户赈灾。有边民因生活所迫而偷盗,犯法入囹圄,伯需极为同情,他冬资之棉衣,夏给以蒲扇;有囚犯生病,他又施之医药,奇台县人都感他的恩德。他曾教边民兴修水利,疏渠以资灌溉,遇到干旱之年水利设施发

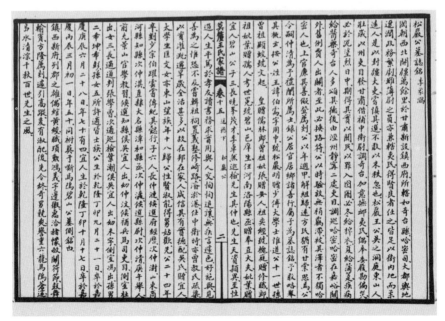

王伯需墓志铭

挥了作用,百姓再也不用背井离乡逃难了。

接着,王伯需又先后任过泾州、静宁两地吏目,因有政绩升哈密司巡检。按清代官制,巡检只是个从九品的小官,王伯需在任上尽心尽职,采取了一些务实便民的措施,受到商贾们的称赞。哈密司在嘉峪关外,按历史上的惯例,商贩携货出关经商,必要在此滞留多日,送给关隘兵丁好处,才能换过路符放行出关,而携货物入关也是如此。王伯需任巡检后,严禁商人行贿与关兵索贿,对出关经商者,不管是何地之人均按先后顺序,做到随到随验随时放行,数年中无一稍羁滞之商贾,经商者都感激称便。但王伯需的便商之举却得罪了上官。上官言语之中对他屡有指责,伯需以年近花甲,遂解组归里。离开哈密之时,百姓攀辕相送,思其甘棠之恩而时有泣者。

王伯需天资颖异,至性过人。平生不读空泛之书,所读之书务求实用。与人相交,极为谦逊,恂恂退让,绝无疾言之声。一生好施与人,凡乡间救济贫困及赈灾等争之于前,唯恐落后不及。曾带头修缮祖祠,办私塾,倡导族中子弟读书明理。里中修桥铺路、疏浚港道等公益诸事,他也积极捐款。

妻吴氏,赠宜人。子六均有所为:长仲涟,候选府经历;次仲澍,山东商河知县;次仲淇,直隶漳和县丞;次仲瀛,候选县尉;次仲清,举人,充景山官学教习候选知县;幼仲汶,兵马司吏目。

王瑚伯

《吴门补乘》有传的孝子

王瑚伯(1747—1777),字越珊。莫厘王氏十九世,"伯"字辈,属王氏老四房(北宅)惟道公季子王琬支(谱称光化公支)。祖父王觉,字予民,迁住吴中尹山。父世惇,字厚存。清《吴门补乘》载王瑚伯孝行。

瑚伯生于乾隆十二年十一月二十九日,是家中的独子。当时尹山之人均以农耕为务,不喜读书,有弟子稍聪慧者,家人即使子外出商贾。瑚伯生有异相,因父患病而家贫,刚弱冠母亲就令其入市中佐人为贾,来往于江淮之间,达数年之久。瑚伯志在读书,想日后能考取科举,以孝养父母。随人行商之间,他常挟一册书,稍有空隙就捧出书来诵读。一次在码头上行贾,他边售货边读书,一不小心坠入河中,引起雇主的不满。瑚伯丢了饭碗而回家,父亲把他斥责一场,又把他送入有点亲戚关系的宋子迁家当会计。瑚伯挟书如故,暇辄仍诵读之。宋家办有私塾,表兄宋振翼怜瑚伯之志,破例收他入私塾学习,俾授章句。瑚伯喜而曰:"此是吾心也,吾有盼,父母亦有望矣。"遂弃商学儒,习举子业,已而又从苏城何虎占学习。瑚伯在何君处卒业,何又以从子之女嫁于瑚伯。乾隆四十一年(1776),瑚伯补县学附生,在学府中考试成绩第一。

正当瑚伯满怀信心,准备参加应天乡试时,父患病而卧床。有族人劝他父病暂弃之不管,赴南畿参加乡试要紧。瑚伯曰:"是科乡试不考,尚有下科,父有养育之恩,失去后不可复得。"他毅然放弃参加科考,留家照料病中的父亲。是年父母准备给儿子娶亲,可瑚伯坚持推迟结婚,先替父亲看病要紧。父病重,家中积蓄尽,一时无钱购药。瑚伯脱衣质钱购药,却不使双亲知晓。直到乾隆四十二年(1777),父亲病愈,他才结婚成家,可婚后没多久就病故了。妻何氏,何泰来之女,卒于乾隆四十七年六月二十九日,年仅二十四岁。夫妻合葬九曲湾祖茔。

名士彭绍升所撰《越珊公行述》曰:"夫圣人之道,传者书而已矣。世未有不读书而得有闻于圣人之道者也。王生知读书矣,惜其进不获与子相羽之徒游,退又不获从如南畇府君者,歌诗习礼于一堂之上,以庶几学道之君子,而遽短命以死也。悲夫,澹台书院中废,南畇府君尝为之募金新之,府君教泽多在州里间,而尹山未之闻焉,然尹山之人之祀府君者,在往时必有故实矣,余尝问之子安,弗知也。"其孝行事迹被载入清嘉庆二十五年钱止庵辑《吴门补乘》一书中。

王祚谦

医治伤寒的名家"王一帖"

王祚谦(生卒年不详),字益之,约生于清乾隆中期,卒于嘉庆年间。莫厘王氏十四世,"祚"字辈,属王氏老大房(东宅)惟善公长子王琮支(谱称孟方公支)。清代治疗伤寒名医,在吴中一带有"王一帖"之称。

伯英公彦祥五子中,长房王昇单传一子琮,王琮生三子:钦、鉴、钊,次子王鉴三传至国绪,字绍禹,娶陆氏,继徐氏,生祚丰、祚豫、祚谦三子。据清乾隆年成书的《太湖备考》载:王祚谦,字益之,文恪鏊之元孙,有误。实属王鏊堂兄应之公王鉴的元孙。祚谦的父亲国绪就医,据说当年王鏊的《古单方》曾梓刻以传,对病验方,在东山乡间广为流传。王鏊裔孙或从政,或经商,或从丹青,无以传承此医道者。

东宅惟善公裔孙居嵩下村,嵩山多草药,后世有从医者。王祚谦幼业儒,后子承父业,转而习医。对《黄帝内经》等医学经典之书,无不潜心研讨。《灵枢》与《素问》为《黄帝内经》的重要组成部分,传说起源于轩辕黄帝,并代代相传,春秋战国时,由医家与医学理论家增补发展成书。王祚谦潜心研究,又在治病过程中不断总结,对症下药有奇效。明正统年间陶节庵所撰《伤寒全生集》,又称《伤寒六书》,是一部医药理论著作,全书四卷,约十四万言,王祚谦对医书第一部分"六经标本"之表里阴阳、寒热虚实、正伤寒、温热病及风温、痉症等均有研究,又临床替患者

《太湖备考》中关于王祚谦的记载

治病。他临症精于脉诊，随症开方，不拘成法，多有奇效，尤以治疗伤寒症著名，患者常服药数帖，伤寒即愈。称他"验一症，则立一方。一方之中，药量增减，更察其病情变态，临症用药，奏效非常"。王祚谦医治伤寒，是东山继明末吴友性著《温疫论》治疗伤寒症之后又一位医治伤寒的名医，人称"王一帖"，惜无医书传世。

妻王氏，继吴氏，一子斯赞，字翊宸，能继承父业，也是位治伤寒的名家，性嗜酒，往往在醉中诊病用药，竟无一有误。一女适同里周茂成。

《七十二峰足徵集》中关于王祚谦的记载

清代

133

王芑孙

嘉庆赞其"丙辰"诗

清嘉庆元年(1796),乾隆帝传位大典刚结束,仁宗皇帝浏览群臣进献的诗册。一首一百二十韵的九言诗引起了他的兴趣。其诗以"丙辰"两字上下通叶,高古奇丽,冠绝群诗。嘉庆帝阅后大加褒奖,下旨召见献诗大臣。这位官员只得实说,其诗为幕僚王芑孙所作。

王芑孙(1754—1817),字念丰,号铁夫,又号惕甫。莫厘王氏二十世,"仲"字辈,属王氏老四房(北宅)惟道公季子王琬支(谱称光化公支)。王鏊第十世孙。祖世琪,安徽歙县教谕。父寅熙,国学生。芑孙幼即颖敏,承祖训,少时跟随宛平县钟励暇先生学文,钟乃望溪先生高足,以古文法功底深厚名重于时。王芑孙十九岁时,家庭发生变故,生活日益贫穷。但他发奋自励,寒暑苦读,终至补为县诸生。与同里彭允初、顾茂庭、沈藏生等友同俱文名。有诸城刘公督学江苏,见芑孙学业超群,又极重礼义,甚为喜之,对他竟以国士待之。乾隆帝南巡时,芑孙有幸召试入二等,赐缎匹。接着又应天津召试,入一等,赐举人。遇国家大典礼,应奉文字多出其手,文章名震一世。可他多次参加会试,屡屡名落孙山。当时吴中的士大夫与之交往甚多,如吴锡麟、洪亮吉、张问陶等均与他交为诗友。王昶、姚鼐、鲁仕骥等亦与之交往密切。偶与诸翰林为馆课,其名遂风行天下。

他性耿介,不妄取与,见人有错,能面斥人过。论文尤鲜许可,然挟摘利病,无不切中,闻者大服,而浅学者忌其直,群起毁之,遂以此得狂名,人称"狂士"。

王芑孙是清代思想家龚自珍最敬重的师长,两人年龄虽相差三十四岁,却是一对文友与忘年交。一次,龚自珍把自己的得意之作《伫泣亭文》请王芑孙指教。见诗中"伤时之语,骂坐之言,涉目皆是……甚至上关朝廷,下及冠盖,口不择言,动与世忤"。联想到不久前文字狱的阴影,出于对后辈的爱护,王芑孙写了《复龚璱人书》,对他进行了严厉的批评。这

王芑孙

对年少气盛的龚自珍无疑是当头一棒，气得他把文稿撕得粉碎。然而，忠言逆耳利于行，事后龚自珍细思起来，一旦《伫泣亭文》问世，说不定将有大祸临头呢。

嘉庆元年丙辰，他为某官作的九言诗得皇帝大褒奖，后不少官员上言，必由他代作。皇上原欲赐给他官职，但因有侍臣进言不可，说了他不少坏话，朝廷只得作罢。是年以教习期满，授华亭教谕。芑孙才华蕴蓄既不得施，遂辞职归家，殚心著述。其弟翼孙殉难湖北吕堰，芑孙使族弟仲光往求骸骨不得，只得把其遗衣葬之，为刊弟遗诗，求当代名士为铭传表状，以抒其哀。每一言及，辄呜咽流涕。丁忧罢官后，尝主讲扬州乐义书院，承其教育皆知好古。年五十余，闭门不出，以著书自娱，丹黄评隙，无一日辍。好讲阳明之学，而亦不毁程朱。目击吴中

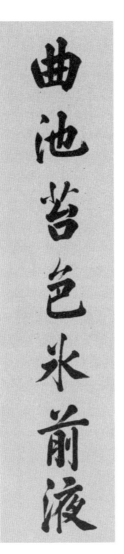

王芑孙书法

漕弊，著书转说之。海内以文辞清质闻名，及求翰墨者，常不远数千里至。李忠毅战没，其婿陈大琮自安徽来，乞为行状，芑孙以史法行文，识者叹为大手笔。总督百公三书招致之，芑孙谨以一书报谢，赠遗无所受。尚书初公抚苏，重其名，屡遣人致意，芑孙以不先来厚，终不往谒也。著有《渊雅堂集》二十卷。

妻徐氏，徐元瑞女。继室曹秀贞，东城兵马司正指挥曹锐之女，清代女诗人。子三：长嘉祥；次嘉禄，吴中词派成员；三嘉福，出嗣翼孙，世袭云骑尉。

王鼎伯

一生孝义传美名

王鼎伯(1755—1822),字瑞川,号培荆,生于清乾隆二十年七月十日,卒于道光二年十月初七日。莫厘王氏十九世,"伯"字辈,属王氏老四房(北宅)惟道公次子王瑮支(谱称以润公支)。金增之孙,世锦长子。随父远行,一生尽孝。

鼎伯熟读诗书,知书达礼,敬父母,性孝友。父亲王世锦为甘肃嘉峪关巡检,长期在条件艰苦的西北边陲生活,他随父远行以侍身旁,又认真读书,以援例入为监生。当时一起入监读书的杨某、蒋某皆生活奢靡,相互比阔,只有鼎伯俭朴如常,无论风雨雪天,每日必至府署看望父亲。乾隆四十六年(1781),曾祖母张太孺人卒,父亲奔丧回籍,鼎伯随之回家以照料。两年后,父世锦刚回兰州复职,回民田五聚众起事,王世锦奉命押解军装回陇,雨夜天黑骡子坠崖,世锦亦负伤。鼎伯随父至靖远县疗伤,其疾多次恶化,全赖儿子精心调理得痊愈。

之后王世锦补两当县尉,又调任嘉峪关巡检。其处为西北最贫瘠地区,父俸薄不足赡家,鼎伯精打细算,节减浮费,以维持日常开支。父亲牙齿脱

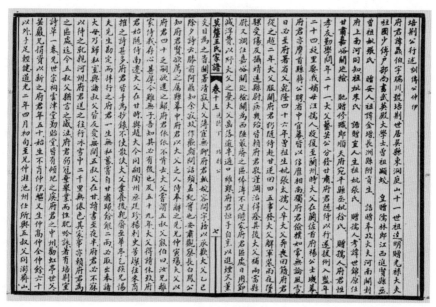

王鼎伯墓志铭

落过半,难吃粗硬之食物,鼎伯亲手烹制饭菜侍父。世锦官小事繁,常独自悲叹,鼎伯为消父之无聊,辄婉容问字,藉以承欢。父王世锦乙巳(1785)除夕诗云:"膝前阿鼎知余寂,故作欢颜问话频。"五叔父在甘肃读书时,常苦读到半夜,鼎伯也在一旁侍候,直到他上床睡觉。后来五叔父考取功名至河南任职,鼎伯为之送行,在冰雪中行程两千里路无怨言。甘肃白凤观察长知鼎伯之贤,欲荐他至府衙做幕僚,鼎伯以父亲在边陲辛劳无人照顾而辞之。先兄仲寅英年早逝,鼎伯亦四十岁尚无子嗣,父要他归里夫妻相聚,可鼎伯却不愿归家。直到父亲王世锦五十九岁致仕返乡,他才随父南归。

王世锦爱诗书,在甘肃时尚与赵太令同翮、陶州丞廷珍、杨刺史芳烂友善,往来之诗甚多,鼎伯皆手抄为录,不使散失。父世锦归乡后,鼎伯又持稿至华亭请族兄王芑孙勘定而付梓。鼎伯为侍父,弱冠弃举子业随父远行至陇省,然喜吟咏,亦有感而作,诗文甚丰,结集名《培荆诗草》一卷。

妻汪氏,继徐氏。王鼎伯为侍父,夫妻长期分居,直到五十岁才生长子仲伊,继又生仲高、仲淦、仲馀三子。道光二年四月初,鼎伯赴兄仲滏池州任所,同游斋山,六十岁攀崖涉险无倦容。谁知自皖至豫,途中忽然患病,五月初病逝于侄仲涝寓所,享年六十七岁。

王　庚　王凤韶

父子举人与县令

王庚(1757—1808)，字帮直，号西纬，一号英堂。莫厘王氏十九世，"伯"字辈，王氏老四房(北宅)惟道公季子王琬支(谱称光化公支)。王鏊长子延喆裔孙。祖父王纶和父亲俊明都是太学生。王庚为嘉庆九年(1804)举人，广西归顺州知州。长子凤韶，嘉庆六年(1801)举人，靖江县训导，是一对父子举人。延喆晚年举家迁居苏城，故王庚父子科举榜上均为长洲籍。

在莫厘王氏家谱上，清代嘉道年间出了两个王庚，一字瑞镜，号春帆，生于乾隆二十七年(1762)，卒于道光二十年(1840)，享年七十八岁，是惟道公次子王瑅的裔孙，有义行。另一名即西纬公王庚，是光化公的后代。王庚是俊明的独子，作为国学生的父亲对他寄予很大希望，从小他就被家人送入王氏私塾读书，录取为吴县廪膳生，可多次参加乡试都没有中举，这时他已四十多岁了，正当他对科举失去信心，准备弃儒行贾时，嘉庆六年长子凤韶考中了辛酉科举人，王庚受到很大激励，又重温儒业，终于在嘉庆九年中举，圆了他的科举梦，这时他已四十七岁，授广西归顺州知州。王庚中举四年后的嘉庆十三年(1808)就病故了，年仅五十一岁。妻顾氏，陕西凤翔知县顾绶之女。子二：凤韶、鹤征，凤韶是嘉庆辛酉科举人。

王凤韶(1777—1826)，又名凤诰，字廷采，号南宅，王庚长子，嘉庆六年举人，比他父亲早三年考中举人，授常州靖江县训导。凤韶有兄弟两人，其弟鹤征候选从九品。凤韶嘉庆六年中辛酉科江南乡试第八十一名举人后，以教谕授常州靖江县训导。常州府历史上被誉为"中吴要辅、八邑名都、三吴重镇"，是吴文化的发源地之一，文化底蕴极为深厚。凤韶在书院讲课，为人师表，常从晨至夕，谆谆以导。始时生徒哄闹，亦不体罚学生，仍正襟危坐，耐心以教，用真情感动学子。有时听课人只有半数，甚至三分之一，他仍认真备课，环环以导。一次，听课者只三人，郑栋还是像往日人多一样，为他们讲了一天课。其治学精神感人至深。他还拿出自己的俸薪，捐助修缮靖江书院，邑人均称道之。

卒于道光六年(1826)，年仅四十九岁，卒后赠朝议大夫(四品衔)，广西柳城县令。妻顾氏，赠恭人。无子，嗣弟鹤征长子希潞，字企文，号若华，国史馆誊录。

王翼孙

吴中方志留芳名

王翼孙，字以燕，芑孙弟。少从昭信伯李年尧游，善骑射，能开五石弓，由宗人府供事，叙劳授吕堰驿巡检。乾隆六十年，白莲教匪作乱，湖北枝江贼起，当阳远安应之，郧阳宜昌施南荆州诸州县。所在啸聚，其起于黄龙之地者，势张甚，逼近吕堰。翼孙闻乱，募乡勇，潜设戒设，而贼已大至，翼孙率众迎击，歼其先锋三人。贼来益众，乡兵溃散，翼孙手刃数贼，贼用矛环刺，受重伤，跳而投于水。贼愤，钩得翼孙，犹瞋目怒骂不已，因攒刀杀之，毁其尸。比贼退，吏人廖之义往求其尸不获，见桥下沙中有衣，挑之乃翼孙迎击时所衣者，因取归。事闻，视县丞例议恤，入祀昭忠祠，赐祭葬，云骑尉世袭。翼孙无子，以兄芑孙次子嘉福为子。嘉福字谷之，袭职，补仪征城守备，升江西文英都司。工诗，尤善填词。

清乾隆《苏州府志》卷八

王翼孙（1756—1796），字以燕，号听夫。莫厘王氏二十世，"仲"字辈，属王氏老四房（北宅）惟道公季子王琬支（谱称光化公支）。王鏊第十世孙。祖世琪，安徽歙县教谕，父寅熙，国学生。湖北襄阳县吕堰驿巡检。

王翼孙生于乾隆二十一年（1756），有兄弟三人，兄芑孙，弟桐孙，他为第二，是莫厘王氏家族中为数不多的任武职并在战事中殉职的人，卒后进昭忠祠，赠云骑尉世职，乾隆《苏州府志》为之列传。翼孙的祖父王世琪任过安徽歙县教谕，翼孙生于歙县学舍。十四岁时，祖父调任江西学官，他与兄长芑孙随之前往，开始课余读书。从十七岁起，祖父失官，家贫，只得到山东莱州馆舍以教书为生。

生平喜武，从青年时起随从总兵李奉尧学武功，李曾提督江南、福建等地，通敏善骑射，翼孙跟随十余年，尽得其武艺，能挽五石弓左右射击，可驰马三四百里不安舍。翼生经李总兵推荐入官，到玉牒馆宗人府供职。乾隆五十五年（1790），分发湖北为荆门建阳驿巡检，逾年，调任兴山县典史。该县地处万山之中，土地贫瘠，民皆悍斗，翼孙上任后忠于职守，奋力治生。未几，因建阳驿卒听从知州家奴殴人致死案牵连，翼孙落职，只得回到苏州家居。乾隆五十八年（1793）四月，官复原职，又任湖北襄阳县吕堰驿巡检。

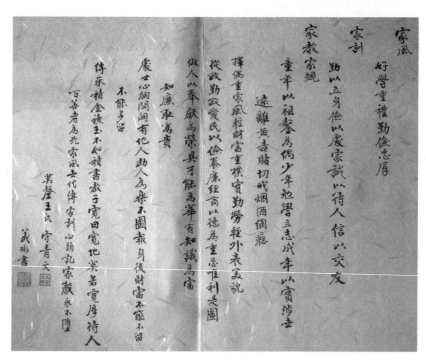

莫厘王氏家教

嘉庆元年(1796)正月,官逼民反,白莲教起义,各地盗贼蜂起,一时鱼目混珠。枝江先乱,当阳继起,襄阳所属南漳各县,咸有啸聚,荆州诸府州县都相继起事。强人所到之处,烧杀抢掠,危害百姓。吕堰处于南北要冲之地,无城郭可守,翼孙组织乡民抵抗。他训练乡勇,构筑防御工事,还制订与公布"御贼章程八条",进行自卫。起于黄龙的一股盗贼,其势甚汹,逼近吕堰,翼孙闻讯,募乡勇,潜设戒备。而贼已至,翼孙率众迎击,擒其先锋刘方达、刘汉德、陈起蛟三人,缚斩于驿前。贼兵蜂拥而至,声势浩大,乡兵溃散,翼孙手刃数贼,但寡不敌众,被贼兵用长矛刺成重伤,跳而投水。贼愤钩得翼孙至岸,他仍怒骂不已,被贼所杀,又毁其尸。盗贼退后,乡人敬其义,前往求其尸,不获。他们见桥下沙中有衣服,细视之,乃翼孙迎击时所穿之外衣,因而取归,在襄阳县吕堰驿为王翼孙筑衣冠冢一座。朝廷闻其事,按照县丞之规进行抚恤,入祀昭忠祠,赐营葬及云骑尉世袭。

翼孙无子,以兄苣孙次子嘉福为嗣子。嘉福袭职补仪征城守备。工诗,尤善填词,是清中期吴中有影响的文士。

王翼孙墓志铭

袁 枚

嘉庆二年九月,余就医扬州,华亭教谕王君铁夫,以书述其太公之意,将葬其弟巡检君听夫遗衣,属余为志。余感巡检君死事之忠,又重铁夫之请,不忍以老病辞。按状君名翼孙,字以燕,一字听夫,由宗人府供事授湖北兴山典史,坐失察落职,顷之得牵复,补襄阳吕堰驿巡检。未受事,摄长乐典史,兼长乐丞。长乐地险民困,会湖南用兵,令奉檄练乡勇。吏因缘为奸,民惴惴惧。君谓不可以防乱召乱,亟修事宜,上不听,君还吕堰。长乐变作,盖乾隆六十年十二月也。明年正月,枝江逆民乱,当阳应之,侵及远安,而郧阳荆州、宜昌、施南门诸府州县,贼杂然起。襄阳所属南漳各县,贼亦起,势张甚。一时羽书络绎,皆取径吕堰。而驿故无城守可恃。君密度地形高下,设戒设,招徕逃户,民恃以安。三月贼起襄阳之黄龙垱,蔓延旁近。君募乡勇为守御计,部勒如宿将,未几贼至,君出迎击,擒斩刘方达、刘汉德、陈起蛟三人,飞状向大府告急。翼日贼大至,人心虽向君,君度不能守,慨然曰"死矣"。为书别父兄,付弓兵刘禄,且令诣厅取印上郡守。禄去未百步,厅舍大起,君持短兵,据大桥。贼来夺桥,君连刃数人,贼众奋长矛环刺君,君重伤跳桥下水中。贼钩君出,君骂不绝口,贼益怒,争斫杀之,仍投君桥下,此三月廿有九日也。贼退,故吏廖子仪于桥下求得君时时著衣,上之县。八月,驿再陷,官军主复之,于俘贼俞宗武手,获吕堰巡检印,勘宗武,得初陷驿杀驿官时事,与之义所陈略同,于是当事者,始悉君死节状,盖已五阅月矣。上闻,特旨照县丞例议恤,入昭忠祠,赐祭葬,子世职如制。君江苏长洲县人,系出明大学士鏊,祖世琪,安徽宣城县教谕,父寅熙,封如君官,母缪氏,封孺人。封巡检君三子,而君居其次,兄芑孙,即铁夫也,君死骸骨不可得,遂以之义所得衣,于嘉庆三年三月戊辰招魂,葬君于吴县楞伽山之坞,礼也。呜呼,君以卑末之官,无尺寸之柄,当四达之冲,御蠢起之贼,谋马而不之用,用焉而不尽其才,卒之兵尽援绝,怒骂惨死,残尸不归,在君固无遗憾,而君之志,则可哀矣,使凡守土者,咸能如君先事识机,临难敢死,则盗贼何由发生,即发亦易以诛灭耳。然则君之死,不又重可惜哉!君死时年四十,娶尤氏,无子,今以铁夫次子嘉福嗣袭云骑尉。

《莫厘王氏家谱》卷十六

王申伯

殉职河工的滁州知府

清嘉庆四年(1799)九月,河南上南县衡家楼河堤缺口十余丈,水势汹涌,人力难挡。县令王申伯身先士卒,站立大风雨中,在险工缺口指挥组织抢险,未及一月,金门口合龙,而王县令因日夜辛劳,得病而逝。

王申伯(1763—1799),字树藩,号虹亭。河南上南河同知。莫厘王氏十九世,"伯"字辈,属王氏老四房(北宅)惟道公次子王璪支(谱称以润公支)。年十八岁,因家道中落,弃举子业,从贾游浙江之平湖。山左姚河帅见而奇之,即延入幕,申伯得遍读河渠治理诸书,熟悉河工抢险之术。乾隆四十六年(1781),河南青龙岗决口,改道李六口,水势凶猛。王申伯经阿文成推荐,以九品官发往河东,补兰考巡检、孟县主簿,组织抢险。五十二年(1787),河决睢州,申伯奉命督工,动帑数百万钱以筹资堵口。继擢仪封经历,随河帅兰公至徐扬阅视河段要工。五十七年(1792),申伯权内黄县事,时河北饥荒,奉旨截留南漕数十万石,于内黄县之楚旺镇,分给赈恤,其司无滥无遗,不留分毫,民皆受赐,无饥肠之虑。旋申伯权林县,亲至林间查实户口,力请

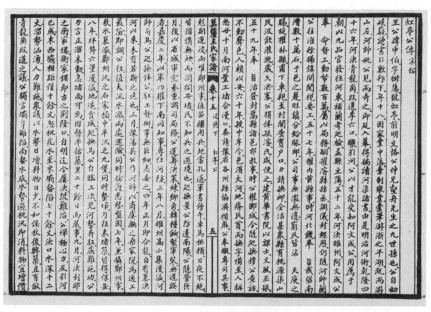

王申伯墓志铭

抚恤,全活甚众。境内有桃源渠,山民汲饮灌溉,岁久淤塞,申伯以捐俸疏浚,民咸便之。又在该县建黄华书院以课士,使县内文风丕振。五十九年(1794),奉旨治登封嵩县,诸邑邪教事盛,申伯权郾城令,随巡抚穆公查访,不动声色,人顿以安。六十年(1795),授中牟令,该邑滨大河,地瘠民贫,而抚字备至,人称慈母。他两权郑州期间,值苗疆用兵,地当孔道,军书傍午,车马安顿,日夜不绝,皆予备无缺,县境安顿,民不知兵过境也。

嘉庆二年(1797),王申伯以功擢下南同知。次年八月,睢州高小集漫溢,巡抚委其驻工督办,事无巨细,悉委之。四年(1799)正月即合龙,自有塞决口以来,未有之速也。七年(1802),兼权郑州事务,是年秋水暴涨,郑州之石家桥、中牟之九堡同时决口。王申伯往来组织堵筑,皆得保安。八年(1803),祥符六堡漫溢,水逼会城,巡抚马公亲临工地,见河水奔狂,虑难施工,申伯言正溜未动,急堵尚可为,日夜督军抢筑,果二十余日工竣事成,上赞之。九月,河决封邱之衡家楼,其处即古之荆隆口,自明朝起迄今屡决,称境内最难治之工。该河东西坝相距十余丈,忽桃花水至,蛰陷七十余丈,决口水深十二丈,水势汹涌,人力难治。众议水势日增,料物日少,不如待秋后再筑。王申伯了解实情后,独言坝身虽陷,尚蛰水底,水势过桃花汛即消,若停工前功尽弃,乃集兵夫奋勇堵筑,未及一月,金门口闭,而大功告成矣。擢上南同知,又奉命筑郑家汛之胡家屯。中牟汛之杨家桥大坝,荥泽汛之核桃园。王申伯带病在大汛雨中指挥抢险,因公殉职,卒于工地。身后家无余资,启其行箧,仅存所刊祖王鏊《四书文集》《春秋命词》《震泽长语》和《眉庵公辇舟园题咏》,自著《碧螺书屋偶存草》而已。

妻邱氏,漾桥村候选按察使经历邱仲立女,诰封恭人。夫妻合葬查湾玉笋峰。子二:长仲湘,山西吉州知州;次仲淮,安徽滁州知府。女二,其中长适施巷湖北利川县丞潘守楷。

王仲湘

病卒官署的山西知州

王仲湘(1768—1819),字兰芳,号吉岩。山西吉州知州。莫厘王氏二十世,"仲"字辈,属王氏老四房(北宅)惟道公次子王璪支(谱称以润公支)。

仲湘生于乾隆三十三年十月,卒于清嘉庆二十四年四月,殉职于省城山西知州任上,年仅五十一岁。祖父世琦,以孙贵赠朝议大夫。父申伯,开封府上南河同知,朝授奉政大夫;母邱氏,封宜人,晋封恭人。王申伯二子,仲湘和仲湛都少有大志,官至知府,诰授中宪大夫。仲湘为其长子,从小有志节,慷慨尚义,曾对人说:"吾当官,必为民兴利除害,得称循吏足矣。"他立志做官为民,造福百姓,在莫厘王氏家族中留下名节。父申伯在上南河任同知时,主要负责该县水利工程,仲湘年轻时在父亲官邸处读书,但他十分关心民瘼,对治水诸事很感兴趣,凡该地春夏洪水泛滥、河工堵筑堤坝及筹资购料之事,父申伯均让仲湘参加谋划,使儿子在实践中增长才干。乾隆末年,上南河县几次较大的治水之役,王仲湘代父现场指挥,取得很大的实效。不久,仲湘因治水有功,被上破格授予县丞之职。

嘉庆五年(1800),王仲湘选授山西吉州知州,吉州位于山西与湖北交界处,地势偏僻,盗匪群集,常攻掠州县城池,残害百姓。仲湘刚赴任吉州,楚地山中大股盗匪把占了通往外地的交通要道,兵民粮食几绝。大府委陕西运米至晋,因盗匪凶悍,兵卒畏惧不敢向前。仲湘严整军纪,又亲自率队前行,押运军粮赴吉州。对潜逃者严以军法,而对勇者当路嘉奖。临汾岁饥,他向上审奏,筹办赈恤,万民得以救。在赈济过程中,知州王仲湘亲临灾户,稽查察核,不漏不滥,凡受灾之民都发到了救济粮,而对有些想趁机捞一把的衙吏斤粮不给。嘉庆十五年(1810),父申伯去世,仲湘丁忧归家。三年后复出任祁州知州,旋调知滦州。时永定河决口,水势汹涌,无人敢挡其锋。省督大吏以仲湘谙熟河务,委他督筑河堤,不出两月河堤告竣,保障了一方安宁。这年冬至,山西滦州发生石佛口教案,逮捕了不少人,将行之大辟(杀头)。仲湘悉心察缉,不纵容凶犯,不株连无辜,从刀下救下了不少人,滦州百姓称颂其德行。

嘉庆二十四年四月,王仲湘积劳成疾,病卒于省城,子希贤赴晋扶柩归里,第二年葬于陆巷化龙池祖茔旁。妻邱氏,福建仙游县枫亭巡检漾桥邱旦华之女,卒葬槎湾五松坟。子一,希贤,浙江长芦场盐课大使。女一,适杭州监生叶朝采。

王熊伯

云津堂义庄创始人

王熊伯(1769—1836),字瑞清,号沉龄。生于乾隆三十四年十月廿五日,卒于道光十六年六月初二日,享年六十七岁。莫厘王氏十九世,"伯"字辈,属王氏老四房(北宅)惟道公次子王珶支(谱称以润公支)。金增之孙,世锦幼子。莫厘王氏云津堂义庄创始人。

熊伯弱冠即随父生活在陇省,亲承庭训,学日近。逾二年后归吴,补吴县庠生。喜吟读,与伯兄培荆、仲兄春帆诗文往来,共刊艺芸馆诗集,尝作诗有名句"细君近典金跳脱,更买人间未见书"之句。然屡试不中,嗣贡成均,参加京兆试亦未如愿。熊伯平生好施与人,道光二年(1822),从子仲湉卒于池州官任,身后多官逋,其子贫而幼,他既为之经理其丧,又为之四处奔走豁免公亏,终得了结其事。伯兄培荆卒时,子皆幼,熊伯教诲如己子。仲兄春帆官直隶,岁时通问,熊伯必端楷以致敬。家虽不富裕,人有急难,他竭力资助;为人谋事,往往达旦不寝。在族中有很高的威望,凡族内家庭发生纠纷,必决之于熊伯处理,众皆咸服,而熊伯最大的贡献是倡议建办王氏云津堂义庄。

云津堂是鳌舟园内的一处建筑,位于后山石桥村景德堂前,初名"鳌舟",明成化丁未(1487),高祖鳌舟公王鏊所建。清乾隆年间,熊伯祖父王金增三昆仲购朱氏缥缈楼旧址,扩建成鳌舟园,园内有:天绘阁、孔安楼、护兰室、云津堂、缥缈楼、得月亭、艺云馆、鳌舟堂等建筑。道光初年,王熊伯看到东山

王氏云津堂义庄旧址

席氏、翁氏、严氏、徐氏均设有义庄,以赡养族中孤寡老人及供子弟读书,而族盛人众的莫厘王氏却尚无义庄,于是发出倡建王氏云津堂义庄之议,并说:"靠吾一家之力不能胜办此事,但族中多同志者,众人出力事必成。"他为文遍告族中,很快得到了大家的积极响应。道光十二年(1832),仲沆、仲淳两俚与从孙熙文皆踊跃捐助,得钱三千贯,置昭文花田三百五十亩,为王氏云津堂义庄之始。后复由捐钱百贯,以及仲涞捐一百五十贯,从孙熙文捐二百五十贯充入义庄。十年后,仲淳续捐千贯,熙文又续捐千贯,续置太湖厅境内东山田产一百八十亩。昭文县田产八百一十五亩,每年收取租米,赈恤以显蛟(字文起)支裔孙。

妻吴氏,继配陆氏,皆封孺人。子三:长仲诰;次仲容,四川候补未入流;季仲儒,业举子业。

王仲澍

与清咸丰苏州府《示永禁事》碑石

王仲澍(1773—1860),字香霖,号滋堂。生于乾隆三十八年闰三月二十二日。莫厘王氏二十世,"仲"字辈,属王氏老四房(北宅)惟道公次子王瑛支(谱称以润公支)。祖世冕,县庠生,河南洛阳县丞。父伯需,甘肃哈密司巡检。

王仲澍任过山东嘉祥县、安徽建平县等知县,候补知府,诰授朝议大夫,生平事迹很少,但现存的清咸丰年间苏州府《示永禁事》碑,记载了他晚年率先组织抵制不良社会风气的义举。咸丰年间,东山迷信之风盛行,庙庵中僧尼用神咒、心经清华、土地通宝、血盆通宝等手段诱惑香客,骗取钱财。"纸钱街路焚化,随风飘散,秽亵字迹日甚一日,目不忍视。"造成了很大的危害。年过八旬的王仲澍带头起来抵制这股歪风,他与东山几位贤达联名奏告苏州府衙,要求官府出面进行打击与禁止。

据苏州府咸丰五年(1855)《示永禁事》碑石载:候选知府王仲澍、前任安徽大枪岭巡检王仲鉴、附生王仲霖等多人赴府禀报,近来洞庭东山迷信盛行,民风败坏。庙中僧尼用往生神咒、心经清华、土地通宝、阿弥陀佛等字,纸钱随街路焚化,随风飘扬,秽亵字迹日甚一日,使人目不忍视。县衙曾布"示谕":僧尼不许收念有字纸钱渔利慢亵,并因纸钱由史连纸造作,禁止贩运入境,脚夫不得挑送,以塞其源。可因僧尼蛊惑,仍有自行潜赴浙江贩运史连来山售卖,

与王仲澍相关的碑(杨湾净志庵,局部)

依然造钱渔利惑人。后经府衙"批蒙示禁":如造纸钱改用五福等花样,凡有往生神咒等字戳印予限一月全行烧毁,毋许再用有字纸钱。维时各寺庵均具不念有字纸钱,切结在案。孰知仍有阳奉阴违之徒,贩史连入境不遵,改换花样,甚将宪示暗中揭去,希图灭迹,以至近日造纸钱之史连纷纷来山销售,其往生神咒等印字纸钱公然收念,挨户煽惑,更甚于前。王仲澍等乡贤只得再次"禀奉"府衙:禁止僧尼收念有字纸钱,史连不准贩运入境,势必亵渎无底,环叩给示永禁,并求饬差着保,出具并无有字纸钱焚化史连入境,切结备案,以挽颓风等情,除批榜示外合亟出示严禁。

《署理江苏太湖理民府候补府正堂随带军功加一级纪录二次金为出示永禁事碑》载:"为此示仰太湖东山士庶军民及庵观寺院僧尼人等知悉,自示之后该僧尼等务各清净焚修,不得仍前收念印字纸钱,致滋作践,所有以前戳印概行销毁,不准存留。其士庶人等当知字宜宝贵,毋再被惑信用,轻亵焚化,至于史连纸既系造作纸钱所用,亦不准贩运东山销售,以杜萌蘖。如敢抗违,一经访闻,立提究惩,决不姑宽。该地保得规容隐察出并提严办。各宜禀遵毋违。特示。"

卒于咸丰十年(1860)七月十九日,享年八十七岁,诰授朝议大夫。妻张氏,萧县江西县丞张凤彩之女。子一:希杰,未婚早卒。嗣子希庄,兄仲涟次子。女二:长适张仁守,次适浙江归安县吴崇镐。

王仲涟

— 一生治水的清代大禹

清道光元年（1821）二月初四日，道光帝在乾清宫西暖阁召见一位新任知府。道光帝问："籍隶何处？由何因升任知府？在豫几年？办过大工几次？南北两岸何工最险？何处最难？"对道光帝的提问，新知府都做了令皇帝满意奏对。道光帝又云："你也做过道台，今做知府，总要认真办事，爱惜百姓。"这位被道光皇帝恩召的知府即王仲涟。

王仲涟（1780—1828），字桂芳，号云岩。莫厘王氏二十世，"仲"字辈，属王氏老四房（北宅）惟道公次子王琛支（谱称以润公支）。生于清乾隆四十五年，卒于道光九年，年仅五十岁。安徽池州知府。仲涟十二岁随母赴父亲孟县主簿之任，在那里读书。嘉庆五年（1800）应京兆试不售。八年（1803）加捐同知，投效封丘县卫家楼决口堵工，受知于朗山马中丞。十一年（1806）补下北河同知，兼任曹考通判。其夏河水盛涨，下北厅工险异常，而城堤久废，大水漫城，危在旦夕。仲涟两次抢护，终保其城未被淹。在抢险中，他身先士卒，几没淤泥中，得部下相救而脱险。

安徽池州府儒学

苏州西山林屋洞王仲浩摩崖　倪浩文 摄

十九年(1814)春,王仲浩母丧丁忧后满期,赴河南省补用。是秋调赴睢州漫口防汛,时值河水盛涨,仲浩率兵夫立风雨中,抢险两昼夜,得以无恙。未几下南厅遇险,他悉心防御,险以得平,因功加知府衔。他常说,凡防汛,必夜里静听水声,能知工之险夷,若水声湍急则堤险,须高度警惕。六月,黄河水凶涨,洪水从上游滚滚而下,沿岸所属州县皆告险。下南厅之青谷堆,水高堤顶尺许,漫溢直逼汴梁护城堤,省城极为危紧。仲浩临危受命,赴险工段抢筑围堰,时尚未断流,南厅之十里店、兰义厅之蔡家楼,两处同时裂口,水逼中牟、兰阳两城。仲浩率兵夫上下奔突,指挥抢险。堤顶冲断三处,他以小舟冒险渡河,在激流中几复险境。登岸又步行泥沼中,只有两仆一弁,持印相随,竭两旬之力,省城各处均御洪水于家门之外。

八月下旬,仲浩调至马家营口坝,办河堤缺口工程。他雨夜到堤,着雨衣立坝上,指挥抢险。时黄河洪水滚滚从脚下过,不少抢险者见危而退,仲浩则冲在前面,上堤督之,使马营裂口坝很快合龙。忽报仪封又漫口,他又随中丞至仪封督办大工。至十一月,口门尚宽,天寒地冻,难以施工。众人均想退却,议论停工,待春融再筑。仲浩曰:"工停则前功尽弃,损饷殃民。"他力主于在进占处打冰下桩,再垒土筑坝,得到领导大工的中丞许可。工程将竣工时,口门愈狭,水流愈急,众人莫敢下,独仲浩不离中丞左右,巡视指挥大工到结束。缺口遂于是月合龙,因治水功绩升授安徽池州知府。

道光二年(1822)三月,仲浩在池州任上,得知池州丐匪盘踞贵池石埭山为盗,时下山抢劫民害,即令贵池知县前往剿捕,先获九人,其余渐次就俘。

有一案,青阳县监生朱某家被窃,获盗贼一人,供称尚有同党一人,名孙良夫,在王某家偷窃时被王家打死,抛尸于荒野某处。李县令至该处验之,果有伤尸在。传讯王某,大呼冤枉,说是遭人诬陷。其案历时三年未决,重复审讯,盗贼坚持原供,王某亦受累入狱。仲湺接案后复思,贼尸离事主家十五里,是夜王某家只有男子一人,又遇雨夜,断不能击贼至死,且移之十五里之外。再复提贼严讯,始供系青阳县役朱麻子陷害王某。即提县役朱严讯,对自己所犯之事认服。案结,王某沉冤得以昭雪。江上有渔户在娄河、子池江面打鱼。铜陵县梅姓,自明洪武年起世业娄河,而桂姓则世业子池。杜姓忽与梅姓争娄河业,案经数十年莫定。藩臬两司,饬府审讯未果。仲湺所至研究案情,知理屈在杜,而杜姓执有娄河粮串,据串力争。仲湺乃提县册核对,册固无此粮串也。遂提铜陵粮书至,讯以杜姓娄河粮串何以来。乃供该串系由彼混出,私授杜姓者。杜知实情后逃走,案得以结。又有境内徐姓与王姓共争山,各执红契为证。仲湺将契上印文比较,发现王姓契印稍小,于是王假造伪契之情悉露。贵池有一恶人,绰号"飞毛脚",可日行数百里,抚军无法把他捉拿归案。仲湺密选数衙役,伏于其家左右。该犯先闻风逃逸,后见无动静,复还匿家中。仲湺故令数人作践其家门前之麦田,该盗贼大怒,从家中冲出,即被擒获,府吏皆称王知府办案如神。

道光八年(1828),王仲湺卒于安徽凤阳任上,年四十八岁。妻张氏,江西庐陵县丞张凤彩之女。子一,嗣兄仲湘次子希晋为子。

王鎏

林则徐称颂的学者

清道光十四年(1834),江苏巡抚林则徐在苏州抚台衙门,看到《钱币刍言》一书之抄本,认为其书极有见地,值得一读,并欲将该书刻印行世。未几,鸦片战争爆发,帑藏告匮,出书之事未成,但其书在社会上已造成很大影响,人们争相传读这本有关国计民生之书,作者王鎏亦名声大振。

王鎏(1786—1843),初名仲鎏,后改名王鎏,字子兼,号亮生,晚年自号荷盘山人。莫厘王氏二十世,"仲"字辈,王氏老四房(北宅)惟道公次子王珴支(谱称以润公支)。清代学者、作家。仲鎏生于乾隆五十一年(1786),邑诸生,乡举屡试不第,遂嗜考据之学,未尝一日释卷。好儒家言,尤志在经世。常问古文法于族兄王芑孙。所著书面广,亦甚富。王鎏作文以阐达、明伦、经世、考典为主,其中如《释性辨》书曰"性犹禾,善犹米,禾非米,性非善"之说及"答鸥鹓发明圣人当日悔过心事"等之说很有见地。此外,如《畿辅水利议》一书,他以仿南方筑圩蓄水,参用古人沟洫法,确可施行。在王鎏的著述中,他所最为自信之书是《钱币刍言》一书,自谓三代以下惟钞法可以富国富民,救井田之穷,宋、金、元、明虽行之而实未得其术。值闽侯林则徐抚吴,见是书大加赞赏。同邑顾莼劝将该书刻印行世,未果。后鸦片战起,英国挠边,国内甚弱,朝中言事之臣,颇有采用是书之法以进,而外省大吏或执以不可,卒未有定论。

《乡党疏澄》亦为王鎏之力作。他在自序中曰:"凡一名一物,必深

王鎏《乡党应酬》

究古人制作之精微,而圣人之动容周旋中礼,乃可见矣……备录诸家说,澄其异同,更参考前代书,审其当否,推广而说之,得十三卷,名曰《乡党疏澄》。"同邑陆嵩为其书所作序中说:"吾友王亮生明经熟于礼制,以江氏图考一书,虽大而朝庙聘亨,细而居处服御,无不溯流穷源,而先后诸儒之说,亦多可采,遂广为收辑,成为疏澄一十六卷。"

王鎏曾依嘉兴侍郎沈维桥八年,随车历居庸关,出古北口,尽览其形势之厄塞所在,南眺黄山白岳、天台雁荡之奇,浩歌自得。所作诗多为怀古七律,沉郁悲壮,得少陵之遗风。曾言其生平有"三恨三幸"。父母活着时不能侍养,一恨;没有做到谏官,尽言天下事,二恨;欲刻天下好书,而无财力,三恨。父母命我读书,一幸;我天资并非下愚,观书时每有心得,二幸;游览四方,遇上通达之人,三幸。王鎏晚年倦游既归,隐于书肆。著有《毛诗多识编》《毛诗异同考》《四书地理志》《汉宋学求》《学海蠡闻》《钱币刍言》《国朝诗录》《壑舟园诗文稿》《道光五湖志例并总目》《纪载汇编增补》等。

道光二十三年(1843),王鎏卒于家,享年五十七岁。妻姜氏,杨湾监生姜裕山之女。无子,仲鉴子熙惠兼祧。女二,长适张巷陆映辉,次适苏城府庠生陆翰香。

王晋阶

小训导为民办实事

王晋阶(1778—1825),字时升,一字退思,号音山。莫厘王氏十九世,"伯"字辈,属王氏老四房(北宅)惟道公季子王琬支(谱称光化公支),王鏊九世孙。金山县训导。

王晋阶生于清乾隆四十三年,这时清朝在江南的统治已稳固,王氏子孙也重走明末读书求仕之路。从曾祖申荀起,晋阶的祖父辈都居住在横泾尧峰山石坞山房。祖父王兆(字成季)官山东布政使经历,父亲世才国学生,没有出仕,以经商终其生。世才娶陆氏,生四子,晋阶为其第四子。父亲病故时,王晋阶年龄尚幼,全靠长兄又尹抚养成人,且督课很严。经过刻苦学习,嘉庆七年(1802)王晋阶入郡庠为博士弟子员,成为国家供给读书的县学生。凡岁试晋阶必列前茅,有百余人从其游,其中不少人登贤书,成为举子,翘楚者则有马学易、汪藻等。

王晋阶学识虽好,可屡次参加乡试都没有中举。道光元年(1821),恩贡就职应天府直隶州判。二十二年(1842)委署江南松江府金县训导,这是明清府、州、县所设的一学官,地位与府学教授和县学教谕相同。训导虽只是县一级的一个学官,可他在任上尽心尽职,为当地百姓办了不少好事。金山县临海,地势偏僻,较为荒陋,尤学校礼乐器未备,教育很是落后。王晋阶召集当地缙绅商议,官民悉力经营,年余就建成起了一座县学,招收大批当地百姓子弟入学。松江府洙泾一带海沙淤塞,每至春夏雨季,洪水泛滥,良田被淹。晋阶又率先捐俸,筹资开渠清淤。在诸董事的鼎力相助之下,水利工程很快竣工,大大便利了民众。王晋阶还参与襄理修筑吴城,参与出谋划策及捐俸购料,工程得以竣工。在任考绩卓著,后议叙知县官衔。

致仕后,王晋阶在苏城经史里李氏宅旁置屋数间,迎养长兄于家,晨夕相处,问饥拊背,以报兄长幼时之恩。不久,长兄又尹、仲兄又村相继病故,他恸哭如伤父。晚岁,偕三兄又庄卜居泮环巷,以砚田娱老。道光五年(1825)二月,王晋阶始患风痰,继以泄泻,遂归道山病故,享年六十七岁。

妻顾氏,浙江钱塘县丞顾凤生之女。子三:仲培、仲复、仲揆。长兄又尹无子,始仲培嗣之,惜早殇,以仲复继之。仲兄又村亦无后,复以仲揆兼祧。王仲揆,字度之,号端斋,咸丰十年(1860)四月十二日殉难于太平军之战,诰赠资政大夫,宜昌知府。《莫厘王氏家谱》把王仲揆列入"忠义总目"。

王仁照

双节妇坊中出的进士

王仁照(1792—1831),字寿徵,号镜严。道光三年(1823)进士,吏部稽勋司主事。莫厘王氏二十二世,属王氏老四房(北宅)惟道公季子王琬支(谱称光化公支)。"仁"字辈,王鏊十二世孙。祖父士瀛,父凤梧。

仁照的祖父士瀛、父凤梧都英年早逝,祖母吴氏、母亲周氏均早年守寡,独自抚孤成人。祖父士瀛,字瞻溪,县庠生,乾隆二十九年(1764),二十二岁就去世了,祖母吴氏是海州训导吴勤南的女儿,通经史,有诗名。当时还只有二十岁,立志抚孤,把儿子凤梧抚育长大。父亲凤梧,字鸣冈,号床山,幼承母训,九岁能诗,始志儒学,后以疾辍学,乃究养生之术。贽于进士缪松心之门,缪以医道名于吴,出其门者多医道名手,凤梧尤为缪氏之翘楚,于医理多有新的见解而独发新议,给患者治病,无不立效。在治病过程中,凤梧对贫家给药不收钱,族中有病痛者,应之无难色。尤乐成子弟之美,恤孤争于先,迎寡妇沈氏之女于家中,并为之择配婚嫁。凤梧病卒后,先生缪松心为之立传,对这名学生的人品和医道都有很高的评价。

乾隆五十八年(1793),三十二岁的王凤梧英年早逝,儿子仁照还只有四岁,由母亲周氏抚养。周氏是府庠生县丞周筠寅的女儿,也是位知识女性,对幼儿仁照的抚养历尽磨难。仁照幼时患痘濒死,母用锥刺臂祷告于天,鲜血淋漓而不知痛,儿子竟死而苏醒。村人都赞其救子心诚而感动上苍,获神之保佑也。当然用锥刺臂告于天,祈求儿子病愈,这是一种旧时的愚昧之举,但也说明了母亲的爱儿之心。幼时仁照入私

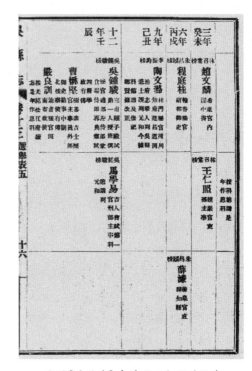

民国《吴县志》中关于王仁照的记载

塾，母延名师授课。对私塾先生日间所授课程，母亲夜间必再亲课，复授"四书""五经"要义，并督子日夜苦读。丈夫生前好读历代史传，母每至授课，谓子仁照曰："若父志学不遂，吾不能成若学，何以见若父于地下？"意思是你父亲一生苦读，却没有取得功名，要是你也学无所成，我怎能去见你地下的父亲。仁照知母良苦用心，日夜发奋苦读，终于在道光二年(1822)考取壬午科江南乡试举人，又于第二年(1823)癸未科会试中录取三甲第四十名进士，授吏部稽勋司兼文选司行走。

道光五年(1825)周氏卒，守寡三十年，吏部主事王仁照奏请于朝，请给祖母吴氏、母亲周氏建贞节坊。按清廷规定，凡妇女守节满三十年者皆可立坊，于是给地方官下旨，给帑在东山为吴氏、周氏建婆媳双节坊，成为东山少有的一门双节妇。王仁照卒于道光十一年(1831)，年仅三十九岁。妻陶氏，子二：叔基、叔奎。

王仲澜

子承父业治水患

王仲澜(1796—1863),字庭芳,号香国。生于嘉庆元年三月十六日,卒于同治二年十一月初一日,享年六十七岁。莫厘王氏二十世,"仲"字辈,属王氏老四房(北宅)惟道公次子王瑮支(谱称以润公支)。

祖父世锦,甘肃嘉峪关巡检。父庚,字瑞镜,号春帆,王世锦次子,曾历官河南南驾府经历、长葛县典史、河北永定河县丞、加州同知等。官虽不大,但在位尽心尽职,颇具政绩。王庚曾佐仲兄开封府河工同知申伯治水多年,熟悉治水之事,每逢发生水患,他都助之谋划筑堤,往往事半功倍。他在兰州时又助知府蒋明平了回民苏四十三之乱。仲澜为王庚次子,从小随父在其寓所读书,崇理学,求务实。稍长喜读历史上河防水利诸书,获益匪浅。王庚在宛平县为官,奉命治理永定河水患,仲澜常随父外出巡视河堤,助父勘察地势高下,水流缓急,工程难易,逐一谋划。不久,永定河武清县发生大水,仲澜被授予武清县县丞,他身先士卒,不管狂风暴雨或炎炎烈日,亲临工地指挥筑堤,常几日几夜不合眼,直至大堤合围。

道光初年,仲澜升任保定府顺天固安县令,固安地瘠民贫,民悍犹斗,加上历任知县胆小怕事,对民间械斗之事从不调停,使之县衙案积如山。仲澜一上任,三更即起,审理案牍。他不顾痔疮疼痛,坚持理案。一年之中审结案牍三百余起,公正公平,民间械斗大大减少。咸丰四年(1854),南岸县河堤决口,直督桂良调仲澜任南岸同知,督办河工。时太平军战起,加上盗匪猖獗,上下惊恐,河工筹款极为艰难。仲澜召集僚属,流泪实告,群僚属感其诚意,撙节划算,减去一些可节省的费用万余金,仍需三分之二之经费,仲澜率先捐俸,又集县乡绅义捐,终于筹齐了这笔款项。接着他召集兵民,有钱出钱,无钱出力,奋勇抢筑堤岸,仅两个月,长约百米的永定河南岸大堤完工,从此百姓得以安居乐业。王仲澜还先后任过河北涿州通判、永定河三角淀通判、南岸府同知等职,在任所负之职均为治理水患,且屡建业绩。卒后诰赠光禄大夫二品衔,浙江按察使。

妻朱氏,开封府祥河同知朱廷钟次女。子二,长希斌,早殇;次希鹏,先后为永定河武清县、固安县县丞。

王熙源

一生苦读成举业

王熙源(1797—1849),字汉槎,号筠生。莫厘王氏二十一世,"希"字辈,属王氏老四房(北宅)惟道公季子王琬支(谱称光化公支)。王鏊十一世孙。祖莹伯,父仲嘉。熙源为清道光十九年(1839)癸巳科举人,松江府娄县教谕。

熙源生于书香世家,曾祖世叔府庠岁贡生,祖父莹伯乾隆庚子科举人,安徽凤阳教谕,父亲仲嘉也是个府庠禀生。然而熙源的求学道路极为艰难,父亲去世时他还只有四岁,家中没了经济来源,无奈之下母亲李氏只得带着他回到了娘家,在娘家抚儿长大。熙源从小就很懂事,决心读书求得功名,以振王氏家声。少年读书时,他所作的文章雄于同辈,可屡困童子试,也就是多次参加院试都没有及格。在明清时,每年州府要举行一次院试,童生院试及格,名誉上就成了国家学校的生员。取得生员资格的秀才,还必须参加年度考核岁试,岁试成绩共分六等,取得一、二等成绩的人才可以参加高一级的科举考试,即乡试。熙源经过不断苦读仅取得了一佾舞生,援例成为国子生。佾舞生简称佾生,是清代孔庙中担任祭祀的乐舞人员。佾生通常由学政在不录取入学的童生中选充,以备补用。佾生是仅院试合格,只取得类同秀才的资格,后人把佾生称为半个秀才。府、州、县学中的佾生常被秀才们瞧不起,称之院试高等落第者。面对秀才们的嘲讽,熙源并不气馁,他加倍努力,终于在道光十九年癸巳科应天乡试考中举人,取得追求了大半生的功名,是年他已四十三岁。这是母亲李氏已去

《苏州长元吴三邑科第谱》中关于王熙源的记载

世,每当说起此事,熙源泪湿衣襟。道光二十一年(1841),熙源充咸安宫教习。三年后考取国子监学正学录。二十五年(1845),教习期满,奉旨教职用,归里候选。二十九年(1849)始选松江娄县教谕。

熙源一生苦读获举业,对母甚孝,且颇多善举,名誉吴中。方侍母疾时,衣不解带,居丧尽哀,居忌及祭扫,涕洟终日。举族人之积柩十余具,为代葬于祖茔隙地。叔父母殁,遗二孤,他抚之甚厚,而不永年,为经纪其丧,并其父母葬之,又以幼子为之后。家谱岁久失修,谋之族人,集赀补订,凡敦本睦族之事,分均竭力而为。岁午饥,熙源承办官赈不足,则捐资交之。长、元两学,礼乐器多缺,平罗俞陶泉都转官长洲日,捐资增补,熙源与祭前一日习仪明伦堂,至今仍之。又在两学土地祠举行惜字会,皆倡议而克善其事,使吴中"惜字"之风得到发扬光大。

卒于道光二十九年,年仅五十二岁,任松江娄县教谕还不到一年。妻邵氏,敕封孺人。子三:鸿鼎、鸿漠、仁植。鸿鼎府庠生,出嗣熙纯为子。

汉槎公传

张肇辰

王君汉槎讳熙源,孝子也。其母李孺人,节母也。君不幸而止于是,后死者敢不思有以传之耶。案君系为文恪十一世孙,曾祖世叔,府庠岁贡生,祖茔伯,乾隆庚子举人,安徽凤阳教谕,考仲嘉,府庠廪生。妣李儒人,有子二:长熙纯,早殁。次即君,四岁而孤,家徒壁立。李孺人归依母家,抚君以长。君性纯孝,且聪颖,能力学。以文雄其侪。顾屡困童子试,仅一取佾生,援例就国子生。应省试,至道光己亥,始获隽,母孺人已不及见,言之尝泪沾巾也。五上春官不第,辛丑充咸安宫教习。甲辰,再考取国子监学正学录。乙巳教习期,满引见,奉旨教职用,乃归里候选。至己酉六月,始选松江娄县县教谕,而君已谢世矣。是重可伤也。

余识君三十年,习以孝闻。君于某年,为母孺人请旌如例,旋奉粟主入长元节孝祠,尝欲与余为祠志,未及就。方侍母疾时,衣不解带,居丧尽哀,居忌及祭扫,涕洟终日。举族人之积柩十余具,为代葬于祖茔隙地。叔父母殁,遗二孤,君抚之甚厚,而不永年,为经纪其丧,并其父母葬之,又以幼子为之后。家谱岁久失修,谋之族人,集赀补订,凡敦本睦族之事,靡不竭力也。岁午饥,承办官赈不足,则捐资继之,咸沾实惠。长元两学,礼乐器多缺,平罗俞陶泉都转官长洲日,捐资增补,君与祭前一日习仪明伦堂,至今仍之。又在两学土地祠举惜字会,皆倡议而克善其事。

  姻亲李广秉衡殁于京师,自病笃及梓归,皆赖君力。姚孝廉病革,以身后事属君,为之措划悉当,吁,古人哉！君学赡而文雅,敦行谊,严操守,任事奋发,而不流于粗。研理精深,而不涉于腐。在郡中文誉翕然。游京师公卿交重之。与余同年曹艮甫给谏交尤契,给谏豪迈文声气,顾独重君,非漫然也。生于嘉庆丁巳九月初五日,殁于道光己酉六月十六日,年五十有三。娶邵孺人。子三：鸿鼎、鸿谟、仁植。女四。孙一,来请传者,长子鸿鼎府庠生,出嗣为熙纯后,能继君之学绪,鸿谟未弱冠,仁植早卒。

  张肇辰曰,丙午岁,李君秉衡教习期限满,未引见,病剧,君为余言,李君独处官学,凄风苦雨,若不能获一毡而遽死,造物者不应如是之酷,而孰知君之饱受官学,凄风苦雨,竟终不及享欤。地下见李君,当相持而恸。余又念及同年庄君东发,朱君启,皆大挑以教职注选,选至而已尘满棺,是孰为之耶？

《莫厘王氏家谱》卷十五

王嘉禄

英年早逝的词人

王嘉禄(1797—1824),字绥之,号井叔。莫厘王氏二十一世,"希"字辈,王氏老四房(北宅)惟道公季子王琬支(谱称光化公支),王鏊十一世孙,王芑孙第三子,吴中词派的重要成员,《苏州府志》有传。

王嘉禄生于嘉庆二年(1797),因"生有文在手曰井,故号井叔"。兄弟三人,其为最幼,他生于文学世家,父亲是华亭名儒王芑孙,母亲为著有《写韵轩小稿》传世的吴中女诗人曹秀贞,其岳父即大名鼎鼎的藏书家黄丕烈。王嘉禄容貌黝黑,身材短小,举止敏捷,好以盛气陵物。他天资聪明,读书数目不忘,从小就勤于著述,文采斐然。年十四岁就补县学生,一时与之交往者,皆名士耆宿。可嘉禄参加科考屡试不中,没有考取举人,转而肆力于诗歌与古文辞,后谋事于群贤毕集的扬州,在江都令陈公府衙任文职。从乾隆中叶起,扬州就为盐贾所集,甚称殷富。盐运使曾公燠开题襟馆,招致四方知名士集于馆中,时王芑孙为襟馆领袖人物。嘉庆年间,曾公再次任职扬州时,幕下仅三五人而已,而少年王嘉禄则参入其间,声望无愧于前人。

嘉庆中叶,王嘉禄与松江改琦,娄县钦善、顾鸿声,青浦何其伟等结为诗社。他虽最年少,然诗词俱佳。作诗出入于明前、后七子,宗法汉魏三唐,"卓然成家",有《嗣雅堂诗》二十六卷问世。作词"亦坚持律与韵不苟之说",朱绶称其"四声严密,无一不与古人之制调相合",所作词集名《桐月修箫谱》。王嘉禄是清代中期与"扬州词派""羨阳词派""浙西

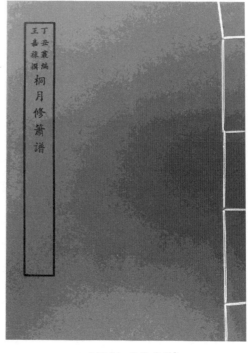

王嘉禄《桐月修箫谱》

词派"和"常州词派"齐名的"吴中词派"的重要代表人物。

"吴中词派"首先由王嘉禄的好友吴县戈载发起,作词主张严格按照韵律,嘉禄等人纷纷响应,幡然改弦易辙,"始极论之"。道光二年(1822),年仅二十六岁的王嘉禄倡议合刻《吴中七家词》,立即得到戈载等人的响应与支持。追随戈载的几位主要词人各自将旧词新作"重加订正,又细考四声,必求合乎古人之作以为法",精选为一编付梓合刊,戈载为首,名《翠薇雅词》。其次六家是沈彦曾、朱绶、陈彬华、吴嘉铨、沈传桂和王嘉禄的《桐月修箫谱》。词坛前辈顾广圻在《吴中七家词》中云:"七家者,为戈子顺卿、沈子兰如、朱子酉生、陈子小松、吴子清如、沈子闰生、王子井叔,英年随肩,妙才反肩,生同里干,长共笔砚。"王嘉禄在七人中岁数最小,词集也列于七家之末。但他首倡刊刻的《吴中七家词》,却标志着"吴中词派"的正式形成,王嘉禄开创之功不可没。

道光四年(1824)王嘉禄因病而逝,年仅二十七岁。妻黄氏,无子。卒后一月,其兄嘉祥迁其之柩旁,为之守灵,好友朱绶为之作墓志铭。

送伯兄之汴梁

王嘉禄

征鸿向南飞,浮云倏西驰。
一月两送兄,孤怀怆难支。
仲兄少作客,簿官天之涯。
每因欢会暂,翻似分所宜。
伯也幼相聚,未尝一日离。
忽马去千里,恋此儿女私。
脊鸰亦有翼,荆树亦有枝。
无端各暌隔,三人成一悲。
临觞弗能饮,纵横泪交颐。
预将别后语,语向欲别时。
迥念天涯客,亦已知行期。
此夕有归梦,应来送临歧。
行路常苦难,居家常苦寒。
征夫促徒御,起视星栏杆。

上堂别父母，再拜辞亲颜。
亦嗟游子独，强作康健欢。
下堂别长嫂，揽衣话辛酸。
心知远别苦，有泪未敢弹。
一侄甫六龄，但攫梨枣盘。
转身重相别，恻马摧肺肝。
勿以门户念，弟在当无艰。
长途始经历，飞尘浩漫漫。
故衣谁补组，粗饭谁劝餐？
因时自珍重，常寄书平安。
芳草舞新蝶，垂柳啼娇莺。
春风入孤笛，吹作肠断声。
门前三尺水，扁舟自此行。
迢迢大梁道，扬帆指前程。
男儿志四方，宴安弃私情。
日月逝于上，哀乐中年并。
士生有真操，自爱逾连城。
持躬在修谨，与人贵和平。
环顾一身外，所遇皆可惊。
自非真骨肉，畴能谅中诚？
荣貌悴俯仰，尘身迫经营。

《莫厘王氏家谱》卷二十三

王仲鉴

苏城好义名士

王仲鉴(1800—1878),字子芳,号灏生。苏城好义名士。生于嘉庆五年九月七日。莫厘王氏二十世,"仲"字辈,属王氏老四房(北宅)惟道公次子王瑮支(谱称以润公支)。祖世锚,陕西商南县典史,父有伯,安徽滁州大仓岭巡捡。

仲鉴少时好读书,族兄王亮生为吴郡一代学者,他常与族兄相互切磋诗文,论文无虚日,有独到之见解,受到王亮生的称赞。仲鉴原想走科举之途,然屡失科场,后取为佾生,授安徽滁州大仓岭巡捡。在职洁己爱民,百姓多颂之。道光二十九年(1849),父庭升公病故,他闻仆驰归,士民相送,如失慈母。服阕期满,以母年迈需要照顾,改官离家道较近的淮北官曹。其处盐滩荒陋,仲鉴上任后,经营筹划,招募了许多当地无土地的农民开发盐业生产,解决了他们的生计,民皆获利乐之。

经营盐业获大利后,仲鉴考虑到王氏家族中贫者不少,更有一些孩子没钱读书,曾仿范仲淹义田法以赡养孤寡病残族人。他把自己的想法与秋涛、静轩两位族伯商量,得到了他们的支持。开始筹金购田,又得到族中伯祖兰水、兰坡两公的捐助,道光二十五年(1835)规模初备,合族创办王氏义庄。是年吴郡遭灾,城中旧有义仓,仲鉴乃请地方官府出谷赈济,不足之粮由他出资赴邻郡购米,运至吴中救济灾民,救活了数以千计的灾民。咸丰十年(1860),太平军与清军在苏城进行拉锯战,盗贼四起,百姓深受其害。仲鉴请于有司,醵金设局招募兵勇,捍卫地方安全。太平军事平之后,他以功奖五品衔,所得赏赐皆捐于赈济族人。同治十一年(1872),苏城大旱,仲鉴建议开东山吴溇、油车等港灌田,得到上司允许而实施,使吴民秋季仍有收成,百姓感其恩。明年,复请当道拨款,疏浚横泾河道,以避太湖之险。东山义渡久废,小舟往来遇风浪常出险情,光绪元年(1875),仲鉴倡捐巨款,复兴义渡,旅人称便。还有如辑族谱、恤孤济贫,他均引以为己任,直到耄年仍年年捐资义庄。著有《刍言琐谈》《莫厘哀唱》《缥缈楼诗文集》等诗文数卷。

光绪四年(1878)六月二十七日卒,享年七十八岁。以子熙恩之职封武略骑尉。妻叶氏,蒋湾监生叶俊千之女。子二:长熙惠,兼祧兄仲鎏,议叙州同知;次熙恩,浙江候补经历。女一:适苏城张云露。

王朝忠

清代精书细字的奇人

王朝忠(1800—1875),原名希忠,字振声,号蕴香,晚号梦霞,自署小石山人。清代能书精细微字的奇人。莫厘王氏二十一世,"希"字辈,属王氏老四房(北宅)惟道公次子王璪支(谱称以润公支)。伯巽之孙,仲洪之子。

朝忠生于嘉庆五年三月初七日,原为仲沅长子,有弟希廉,著有《双清仙馆诗稿》,是位研究《红楼梦》的专家。因大伯仲洪无子,朝忠嗣于仲洪。嗣母席氏,守节五十八年,同治十年(1871)官府给帑建节孝坊。朝忠虽学有所成,并有奇才,然屡试不中,到老仍为一介布衣。后以子贵,赠候选盐运使知事,浙江处州府景宁县典吏,代理知县。他与弟希廉均善诗文,还参与了他们夫妇的《石头记评点》(评点《红楼梦》),兄弟两著有诗文多卷,但大多遭太平军战事兵燹,仅存晚年刻印的《焚馀诗抄》一卷。

据东山清末方志《乡志类稿》记载:王朝忠工于书法,尤喜书蝇头小字,日写千字,从不间断。虽因常年写字而双目近视,却能书极细小之字。曾在一粒芝麻上书写"天子万年""鼍鼍蛟龙"等字,闻者称奇。朝忠年届五旬后

《莫厘王氏家谱》中的《王朝忠传》

近视转老花,反使目光更佳。一次,数人观其书写微字,他竟在两粒芝麻大之象牙上,写上数十字,观者凭肉眼无法看清,他用镜放大后让人以观,竟有三十多字。如有友人索字,朝忠有求必应。有人求书"白日依山尽,黄河入海流"唐诗五绝一首,朝忠当场将笔剖出数毫,信手书写,立等可取。凡有前来求细字者,他每书居然还志以索者上款与年月日时及小石山人下款。目力较好之人,肉眼依稀可辨,若以放大镜观看则字画更加分明,极为神奇。旧时《江南野史》上所载,有铜钱上写《心经》和芝麻上写"国泰民安"四字之奇书之人,但与朝忠所书细字相比,则已无足为奇了。王朝忠精书细字之技,堪称地方一绝,惜无传后。

卒于光绪元年(1875)三月十一日,享年七十五岁。妻叶氏,前山唐股村叶勋鸿三女。子二:长仁福,国学生,候选国子监典簿;次仁寿,浙江处州府景宁县典吏,代理知县。

王希廉

夫妇评点《红楼梦》

王希廉(1805—1877),原名希棣,号雪香,自号"洞庭护花主人",晚号雪髯老人。莫厘王氏二十一世,"希"字辈,属王氏老四房(北宅)惟道公次子王璪支(谱称以涧公支)。父仲沅,字李范,国学生,安徽候补布库大使,曾与弟仲淳合捐昭文花田三百五十亩,是为王氏云义堂义田之始。仲元二子,长子朝忠,嗣于兄仲洪,亦有文名,尤善精书细字。次子即希廉。

王希廉对《红楼梦》的评点,包括批序、总评、摘误等约五万字。其中总评十一条,约两千八百字,阐述了他对《红楼梦》的基本看法,内容涉及思想、艺术、人物、结构等方面。每回末评的字数不一,总计四万五千字,反复阐发批序和总评中的基本论点,并对每一回中的具体情节和人物做进一步的分析。摘误有十九条,指出了《红楼梦》中的"脱漏纰缪及未惬人意处"。

对《红楼梦》艺术方面的评价,是王希廉评点的精华部分。其在文中明确指出《红楼梦》一书"可谓包罗万象,囊括无遗,岂别部小说所能望见项背?"综观中国的古代小说,王希廉对《红楼梦》的这一评价应该说是比较恰当的。他在《总评》中,一开篇便明确指出:"《红楼梦》一百二十回,分作二十一段看,方知结构层次。"然后依据自己的见解,将一百二十回的《红楼梦》划出段落,并说明原委。因"总评不能胪列",故他在许多回后评中又"通细批明",反复论证了《红楼梦》的结构层次美。与其他绝大多数评点家相比,王希廉的高明之处就在

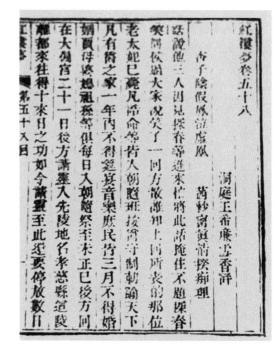

王希廉评点《红楼梦》

于他把《红楼梦》当小说看,并十分重视它的艺术成就。由于小说离不开人物形象,所以从总体上来看,王希廉的评点对小说人物评价也最多,且有不少独到的见解,因而他的《红楼梦》研究在历史上有重要地位。

早在道光十二年(1832)王希廉就以"双清仙馆"的名义刊刻了自己评点的《新评绣像红楼梦全传》,这就是在研究《红楼梦》历史上占据重要地位的"双清仙馆本"。该本问世后曾风行天下,翻刻、合刻王希廉评语的版本成了《红楼梦》评点的主流,其他版本的《红楼梦》几乎无足轻重了。诚如吴克歧在《忏玉楼丛书提要》中所说:"考《红楼梦》最流行的时代,初为程小泉本,继则王雪香本,逮此本出而诸本几废矣。"据统计,仅现存的本子就有二十多种,如此丛多的翻刻、合刻本,充分证明了王希廉评语所具有的艺术感染力。王希廉评本的出现对普及、研究《红楼梦》做出了重大贡献。

希廉原配叶氏,前山秦翊庭之女。继娶副室周绮(1814—1861),字可琴,号绿君,善诗能画,常熟才女。周绮生于嘉庆十九年十月一日,父亲姓王,她出生时父亲就去世了,是个遗腹女。据说她母亲因梦见蔡邕授以焦尾琴而生,故又以琴娘为小字,后随母依居舅家,舅父无子,爱之如同己出,遂改为舅家周姓。及长,工韵语,解音律,能篆刻,兼习山水花鸟,其画尤精小芦雁,得萧远生动之韵。尝戏写荷花,水仙合于一帧,为"炎凉图",并题诗一绝于其上:"水佩风裳一种清,两花应恨不同生。炎凉任尔轻分判,香国何尝有世情。"

 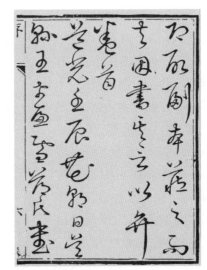

王希廉评《红楼梦》卷首序

丈夫王希廉工诗善书,才华艳发,著有《红楼梦评赞》四卷。周绮亦对《红楼梦》研究有独到的见解,为希廉的《红楼梦》评点做出了一定的贡献。在王希廉评点《红楼梦》的文章中,有周绮所作的十首《题词》,在其序里,周绮称赞《红楼梦》"盖将人情事态,尽寓于粉迹脂痕,较诸《水浒》《西厢》等书,尤为痛快绝倒"。周绮所作的《黛玉焚诗》《香菱学咏》等诗很好地阐发了《红楼梦》的魅力,蒋伯生对这些诗给予高度评价:"以香艳缠绵之笔作俏魂动魄之言,别开生面,唤醒人情,士林中皆当敛手,况出自闺阁中哉!想红楼仕女,定亦相顾惊奇。"周绮作为封建时代一介女流,能够有勇气研究被时人认为"诲淫"之书的《红楼梦》,实为奇迹。而王希廉夫妇夫唱妻随,共研《红楼梦》,亦可称为红学研究史上的夫妇第一。她与丈夫同著有《双清仙馆诗稿》本,该书问世后曾风行天下,翻刻、合刻王希廉、周绮评语的版本成了《红楼梦》评点的主流。夫妻唱和风雅,时人称羡。

王蕴贞　王兰贞

工诗善画的姐妹才女

王蕴贞(生卒年不详),字管芬,东山严恺(字少弥)之妻。生活于清嘉道年间。莫厘王氏二十一世,"希"字辈,属王氏老四房次子王瑛支(谱称以润公支)。祖伯震,父仲汝。清代工词章、善绘山水的才女。

蕴贞从兄王希棠(又名王朝忠)、希廉(亦名希棣)都是国学生,虽在科举上没有取得功名,但均学有所成,皆为清代中期能文善诗之士。王朝忠著有《焚馀诗抄》等多卷留世,王希廉与妻周绿君是夫妻研究《红楼梦》的第一人,著有《擘绒馀事诗稿》与《双清仙馆诗草》多卷。蕴贞受从兄影响,从小亦喜诗画,并学有所成,成为一名夙通经史、能文善诗、兼绘水墨山水画的闺秀。王蕴贞的水墨山水画在清道光、咸丰年间很有影响,多被名士收藏。丈夫严恺为清道光初年的国学生,英年早逝,留下一儿。蕴贞自夫殁后,废吟咏,弃画笔,一心抚孤十七年,而至成人。子良杖(字左生),少年时就有诗誉,有诗集传世。儿媳翁素鸾,字霞仙(一字亚珊),亦为东山之闺秀,能诗善写生,风神高迈,内烟霞之姿。暇时婆媳俩喜登山涉水,吟诗作画。山涧红林等佳处,皆往游并留丹青。

王兰贞(生卒年不详),字楚玉,一字飞鸾。仲沅三女,王蕴贞从妹,直隶永定河南岸同知郑言枚之妻。也是一位能楷法、擅画梅花的清代才女。兰贞幼时寄居常熟虞山,与从姐蕴贞、二嫂周绮过往甚密,常在一起吟诗作画,极有灵性。所书楷法可与从兄蕴香乱真,尤喜作白梅花卉,然不轻示人。娄东张借堂世其家,多次上门求购,然不能得其画。有与兰贞相密之人偶得之,无不珍视收藏。王兰贞年仅五十岁而卒,人皆惜之。王蕴贞、王兰贞才女姐妹,东山民国《乡志类稿》有传。

王叔钊　王叔锟

兄弟舍身救母

王叔钊（1822—1860），字拙孙，生于道光二年十二月十八日，蒙难于咸丰十年四月十三日。王叔锟，字铁生，比叔钊小三岁，随兄同时蒙难。莫厘王氏二十三世，"叔"字辈，属王氏老四房（北宅）惟道公季子王琬支（谱称光化公支），王鏊十三世孙。祖父希增居苏城，父联魁长洲县庠生，有贤名。

叔钊少力学，为弟榜样。初赴童子，因迟入考场而未考中。后更加发奋，每晨早起作一诗，事再忙亦不废。如遇闲暇，则作长诗三四十韵，遂以诗名闻于乡里，为县庠生。弟叔锟亦沉静，作文也各有千秋，能争其长，曾试于学使，并列高等。时人谓之曰："东城黄，西城王，两雁行，能文章，登名场。"然

民国《吴县志》关于王叔锟兄弟的记载

兄弟俩参加乡试皆不利，遂居家以教书为业，侍奉母亲和赡养妻儿。两家和睦相处，兄弟怡怡，朝夕吟诵，无杂宾，无恶声，足乐也。王叔钊所作《忆弟》诗曰："安枕不能床，浩歌时有声。怀人起三欢，永夜动离情。"在另一首《出走日忆两弟》曰："流言籍籍复如何，日暮途穷计总讹。今夜雨声三处听，不知谁最断肠多？"兄弟情深，溢于诗间。

清咸丰十年（1860）四月十四日，苏郡城陷，一名太平军散勇闯入王叔钊家，用刀逼其母交出财物。弟叔锟对兵说："财物任汝取，但勿惊吾母。"其兵不听，仍以佩刀威其母。兄弟俩为救母，共起与之搏斗。叔钊上前猛击兵一拳，其兵丢下王母而来击叔钊。叔钊把兵引至户外，这时又有一兵入母之屋内。进入屋内的兵又用刀威逼其母，这时弟叔锟窜至兵身后大呼："不可无

礼!"叔钊回头亦大呼:"勿伤吾母!"兵持利刀内外夹击二人,兄弟俩全无惧色,大骂强盗。一兵捉弟叔锟双臂,刀砍其项。哥叔钊直前夺刀,力弱而仆地。兵抽刀劈之,弟叔锟用手臂挡刀以护兄,又一兵从背后一刀砍来,叔锟倒地。兄弟俩重伤后仍骂不绝口,死于乱刀之下。或许是被兄弟俩的孝母之情所震慑,他们掠尽室内财物,不伤其母,使她有机会她逃回东山老家。

王叔钊、王叔锟舍身救母的事迹载入清同治《苏州府志》。叔钊妻黄氏、叔锟妻孙氏也同时殉难,与丈夫一起入祀地方昭忠祠。

王叔钊、王叔锟,兄弟并诸生,叔钊少力学,初应童子试,文已入选,以诗未成被斥,归即日课一诗,闲为长律至三四十韵,遂诗名一时。兄弟并擅文誉,试必高等。以舌耕养母,兄弟间怡怡如也。咸丰庚申,郡城陷,贼入其舍,叔锟曰:长物任汝取,勿惊吾母。贼以刀威其母,叔钊掣贼肘,贼击叔钊,叔钊走户外。又有贼入户内。贼方逐叔钊,叔锟蹴贼后大呼,叔钊回头亦大呼,一贼捉叔锟臂,将刃之。叔钊直前夺贼刃,力弱而仆。贼以刃刺之,叔锟护叔钊,贼斫其背亦仆。二人拼命于丛刃之下,母得逃出至香山,没于山中。

清同治《苏州府志》卷八

王仁福

河南祥符县"河神"

清同治六年（1867）八月二十八日，河南祥河县黄河水暴涨，数千人投入抢险筑堤。深夜十一点多钟，大坝突然裂堤，抢险民工尽逃离工地。这时，在现场指挥抢险的祥河同知王仁福却来不及撤离，被汹涌的洪水所吞没，以身殉职。据说同知王仁福落水后，黄河水面上忽地起了两盏灯，一明一暗，河水顷刻落了下去，残堤得以保全。

王仁福（？—1867），字岱梁，号竹林。莫厘王氏二十二世，"仁"字辈，属王氏老四房（北宅）惟道公季子王琬支（谱称光化公支）。王鏊十二世孙，祖父仲淓，官河南兰仪河同知，时河南水灾不断，百姓背乡逃难。仲淓到任后奏请开仓济民，救人无数，然自己反被坐累而丢了官。父熙文，通判河南，辨堵牟工漫口，颇具政绩。仁福少时随父侍候左右，日久他也对河务十分熟悉。他遇事有独当之才，咸丰年间，太平军攻占湖南，豫省的官员以为离战事较远，城池破旧也不修筑，一点也不做战备。仁福曾上言修筑城池，县令遂命他负责其役，工竣而太平军至，围城数重，然无法攻入而退兵。是年秋天，仁福扶祖父棺梓归葬，道经彭城，夜半闻寇警，他率厮役肩棺，疾行四十里，终出战乱之地。

同治初年，王仁福以同知留守河东，继任祥河同知。时太平军战事初平，捻军又起，国家很不定安。朝廷注重军需，其余费用一律减半，尤其是河防经费十减六七，黄河堤坝皆已危险。祥河县尤当河防要冲，夏秋之交，险情百出。同治六年（1867）八月，河水骤涨，汹涌澎湃，大堤岌岌可危。仁福亲率民工，抢筑攘屏营堤，连续七昼夜不离堤，头发为之变白。无奈河堤早已腐朽，不断坍塌，仅剩尺余，居民老弱

王仁福

敕封大王将军传

皆附于堤上。王仁福泣曰："吾家三世为河曹,此堤失而不守,有负朝廷,更何以面对祥河父老乡亲,吾愿舍一身以救万民,此我所以为报也。"众人阻之不及,王仁福已跃上残堤,迎危而立。风益猛,浪似山,同知王仁福也被卷入洪水中。可就在此时,奇迹发生了,河中涛声仍如吼,但河水陡落,风亦止,浪也平,残堤屹立,万民感泣跪拜。有善泅水者,急下水觅王同知遗体,可没有找到。

事后河督苏公上奏朝廷,同治帝震悼,下旨对祥河同知王仁福照阵亡将士例议恤,赐祭葬,赐建王仁福专祠,又封为河神,锡号溥佑将军,还在奏疏上用朱笔圈出"保民"二字。第二年,祥河绅民筹资建祠于陈桥镇,春秋进香,人争祭祀。后每当秋遇大汛,民众必将至河神庙祭祀王仁福同知,秋汛顿时化险为夷,以为是王将军显灵也。

妻严氏,生子二,长叔瑛,字昌玉,候补知府,河南睢州知州。次宝鋆,字采南,光绪间河南密县知县,善雕扇骨。女一,适河南鹿邑县知县李标凤。

王将军传略

将军讳仁福,江苏太湖厅人,监生以同知分发河东,同治六年署理祥河同知。是年八月黄河陡涨,工程危险,抢坝落水身故大溜登时外移。七年伏秋汛化身登坝,工程平稳,绅民咸钦神异。八年二月河督苏奏请敕加将军封号奉旨批礼部议奏,钦此。十年正月奉部议准,十三年十一月屡著灵异保护险工河督乔奏请敕加封号奉。

《竹林王君传》

王泳春

"三官亭"中一清官

清朝末年,在广西思恩县(今环江县)境内建有一座"三官亭",这是知融县百姓为纪念该县三任清廉县令共而共同捐资建造的,这三个县令名王泳春、黄文棠和罗超崧。

王泳春(1815—1880),字绍曾,号菊生。莫厘王氏二十一世,"希"字辈,王氏老四房(北宅)惟道公季子王琬支(谱称光化公支),王鏊长子延喆裔孙。祖父王庚,嘉庆举人。父鹤徵,候选县丞。王泳春咸丰己未(1859)进士,先后官广西西林、知融等县令与归顺州知州。他生而岐嶷,长为帖括之学,所至魁其侪辈。初补县学生,四次赴省参加乡试落第。道光二十九年(1849),应京兆试,取文史馆誊录。咸丰四年(1854),考取正黄旗汉教习。五年(1855)中顺天乡试举人。七年(1857)教习期满授知县。九年(1859)参加会试,考中己未科二甲第三十七名进士,以知县分发广西。第二年,王泳春到省城就任,时大股流寇直逼县城,他指挥守城兵士用计击退了盗匪,县城转危为安。接着,调补西林县令,他又先后知广西思恩、融县、罗城、苍梧全州各州县。同治三年(1864)计典卓异。十一年(1872)升归顺州知州,继而又两次充任广西乡试同考官。

他任思恩知县时,值太平军翼王石达战事之后,思恩创残满目,伏莽未靖。他召集流亡,放牛耕种,岁获大稔。复又立书院义学,振兴地方尚学之风。上廉其才,遂奏补西林县令。该县贼踪飘忽,贵州苗匪复纠么匪廖万福大股,窜扰边境,烽火一夕数惊。王泳春招募健儿堵御,剿抚兼施,县境获全。期满解任归,民攀卧辙,他许以明年再来看望县民,始获成行。继移知融县罗城,鞠躬尽瘁,极为敬业。融境旱灾,他请上缓征积欠税粮;为建书院,他甚至典衣筹款。王泳春为政生务安静,对百姓如慈母,而治豪暴特严,在全州他捕巨猾充当营弁之唐金保,使之死于狱。其知苍梧县时,置谋捕剧盗李亚四于法,人皆称快,众均服其胆识。王泳春离任时,思恩县民筹资筑"清官亭"纪念王县令。思恩后继县令黄文棠、罗超崧,皆继前任县令王泳春之政风,清正廉洁,勤政爱民,亦深受百姓爱戴。两人离任后,县民在"清官亭"内加上了两人的名字,称其为"三官亭"。

王泳春为官谨慎,以实心行实政,政绩卓著。其秉性耿直,不肯承望风旨,以是边陲二十年,功名故未大显。又处膏不润,去官之日,贫不能归。辞官归家后,以教授自给,其立身处世,可为任官者楷模。卒于清光绪六年(1880)十月,享年六十五岁。妻顾氏,道光举人淮安府教授顾儒宝之女。泳春无子,以兄子仁钟为嗣,仁钟官翰林院供事,广西候补按察使经历。

菊生公行述

王仁钟

府君讳泳春,字绍曾,号菊生,王氏。江苏吴县人,始祖百三,自汴梁随宋南渡,家于洞庭东山,越十一传,文恪公鏊以甲科官至大学士,是为府君十一世祖。厥后代以名德著称,曾祖俊明,国学生,祖庚,嘉庆甲子举人,父鹤徵,候选从九。府君生而岐嶷,长为帖括之学,所至魁其侪,补县学生,四踬省门不售。道光己酉,应京兆试,取国史馆誊录,咸丰甲寅,考取正黄旗汉教习,乙卯中顺天乡试举人,丁巳教习期满以知县用。己未成进士,以知县分发广西,庚申到省,寇逼会垣,随同守御,加知州衔。旋题补西林县,历署思恩融县罗城苍梧全州各州县。同治甲子计典卓异,壬申以俸满升知归顺州,癸酉、丙子,两充广西乡试同考官。府君知思恩时,值伪翼王石达开蹂躏之后,创残满目,伏莽未靖,府君召集流亡,放牛耕种,岁获大稔。复立书院义学,上游廉其才,遂奏补西林。西林贼踪飘忽,贵州苗苗匪复纠么匪廖万福大股,窜扰边境,烽火一夕数惊。府君募健儿堵御,剿抚兼施,县境获安。会解任去,民攀辕辙,许以明年再来,始获成行。移知融县罗城,防剿苗匪,劬瘁与西林略同。融境旱灾,请缓征钱粮欠,民尤感德,去之日,民于城外筑亭,颜曰"清官",亦曰"三官亭",谓黄君文荣、罗君超松及府君也。府君为政务安静,而遇豪暴特严,在全州,收著名巨猾充当营弁之唐金保,死于狱。知苍梧县,置谋劫府署之剧盗李亚四于法,人皆称快,且服其胆识,云府君当官勤快,以实心行实政,不务赫赫名,故去后常见思。而秉性耿直,不肯承望风旨,以是边瘴廿年,功名未能大显,又处膏不润,去官之日,贫不能归,以教授自给,其立身行己,盖可知也。以光绪庚辰十月初三日殁於桂林,年六十六,配顾宜人,道光辛卯举人睢宁县训导,淮安府教授顾儒宝女,前卒。无子,以兄子仁钟为嗣。仁钟翰林院供事,广西候补按察司经历。既举府君暨宜人灵榇扶归,合葬于吴县紫石山麓,以表墓之文未具,因就仁钟所知者,覼缕如右,冀当代鸿达,赐之志表,则世世子孙,感且不朽。

《莫厘王氏家谱》卷十五

王鸿谟

敢为百姓办事的知府幕僚

王鸿谟(1831—1902),原名士英,字静远,号潜卿。莫厘王氏二十二世,"仁"字辈,属王氏老四房(北宅)惟道公季子王琬支(谱称光化公支),是王鏊长子延喆的裔孙。仲嘉之孙,熙源长子。

王鸿谟出身于举人世家,曾祖莹伯,祖父嘉仲,父亲熙源均为乾隆、道光年间的举人。他少有至性,很受父亲教谕熙源的钟爱,尝说"继我志者,必是其子也"。鸿谟少时体弱多病,其父只得教之习静养心,故弃章句帖括,从事于程朱之理学。后应童子试不第,以理学受知于临川李宗师游学。咸丰十年(1860),太平军战起,攻陷苏城,鸿谟母邵氏、仲兄鸿鼎和费氏夫妻皆在兵乱中殉难,战事平息后,鸿鼎列入《莫厘王氏家谱·忠义卷》。在战乱中,王鸿谟亦被粤兵所俘,当夜军队驻在溧阳城中,他趁夜黑逃出兵营,昼伏夜行,辗转回到洞庭东山。不久,经族人提携侨居上海,襄助汪侍读廷楠办理军队饷捐。他一心办事,又多办法,使军用物资源源不断供应前线将士。上海、苏州等城市相继光复后,王鸿谟因筹办军饷有功,受到朝廷褒奖。

同治四年(1865),周姓知府守镇江,周知府与王熙源是同年考中的举人,谓之同年。周对同年之子鸿谟很是器重,委任其治理运河。鸿谟受任后督率河工奋筑河堤,工程进展很快。他很关心开河民夫的冷暖,附近的民众都乐于来参加水利大军,使工程很快竣工。镇江岘山,为南北要冲,军事重地,太平军占领后,毁石径,在江堤上建炮台,破坏十分严重。太平军乱事结束后,路人难于行走,常有人滚落江中。王鸿谟上报朝廷,拨款修复旧堤,大大方便了南北过往行人。时太守大经闻鸿谟之名,令其全面负责复堤工程,先制订修堤预算经费。鸿谟受命后测绘工程图至沙村时,其乡有一土豪,平时擅作威作福,乡人都敢怒而不敢言,听说敢于为民做主的王鸿谟来了,持状跪道呼冤。鸿谟得其状,立即事告当地县令,把仗势欺民的土豪抓起来绳之以法,百姓称快。有县吏量丈沙田时,多有藏匿不报,鸿谟得知后,要上报严办,该吏很是害怕,送四百金以贿赂鸿谟,被严拒,仍按原则办事,鸿谟清廉之名也随之传开。

晚年,王鸿谟受命收办吴郡机捐,他发现被征机户多数贫寒,到了岁末因停织而不得食者达几千人。他数次求见大吏,征得同意后开仓济民,又缓

清代

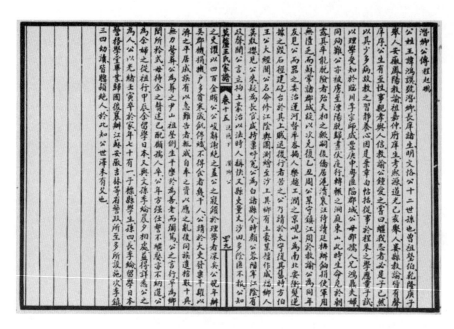

《莫厘王氏家谱》中关于王鸿谟的记载

征机捐税,使机户渡过了难关。平时他更乐于助人,凡戚族中有急难者,均拿出自己的俸禄以救济。太平军乱事后,同族中有遗棺数十具无力营葬,他又出钱把遗棺葬之尹山祖茔之侧。

光绪二十八年(1902),王鸿谟卒于里第,享年七十一岁。妻顾氏,卒年仅四十五岁。鸿谟中年丧妻,誓不继娶。一子叔标,县学生。孙四:季纶、季镇、季昶、季绥。季纶日本警务学堂毕业,归国后襄办江苏、安徽、吉林等省警政,所至多有建业。

王希鸿

沪地早期商人

在莫厘王氏家谱上有两个王汉槎:一名熙源,字汉槎,号筠生,道光十九年(1839)举人,上海松江娄县教谕。一名希鸿(1841—1900),又名熙鸿,字云逵,号汉槎。莫厘王氏二十一世,"希"字辈,属王氏老四房(北宅)惟道公次子王璪支(谱称以润公支),沪地早期商人。

希鸿生于书香之家,曾祖世申,字载钧,博学能文,候选县尉,河南桃园书院山长,曾主讲桃林书院。祖屿伯,号眉轩,候选布政使经历,赠知府。父仲桃,字克承,浙江候补盐运使通判,赏戴花翎。希鸿幼时即聪颖,祖父对他寄予很大希望,曾对孙儿说:"吾王氏自明迄今,世代书香不绝,尔须加倍努力,承其祖荣。"希鸿髫龄之年,祖父即延名师课孙,继又送他入私塾,学业日进。这时父亲仲桃在外为官,希鹏、希鸿二子居家晨昏苦读,兄弟俩都想博得科名,以慰父母之心。后来长子熙鹏以监生入仕,官员外郎,次子希鸿屡应童子试受困,然他加倍努力,一心想获取功名。

咸丰末年,太平军攻取浙江,兵锋危及东山。时希鸿祖父母已年迈,父亲在浙地为官,希鸿没法再安心读书,只得弃儒行贾,后再图良策。眼看战火越来越近,太湖东山也保不住了,希鸿只得携祖父母避居上海之浦东。路途行程仅水道就有数百里,赴沪途中他们几次遭遇太平军和太湖强盗,全家九生一死,终于逃过一劫。父亲还滞留在浙地,生死不明,全家日夜惦记他的安危,希鸿想赴浙地寻父,可道路不通,无法成行。为安慰两位老人,他还哄骗祖父母说父亲已有了消息,不久即可回家团聚,使两老不致惊恐成疾。

太平军战事结束后,希鸿全家回到东山,只见家中田园尽毁,家财被劫一空,这时父亲死里逃生返回东山,一家人生活陷入了困境。为了全家生活,希鸿又返回上海重操旧业,"弃儒服贾,冀有什一之利,以稍慰亲心"。他在路旁摆一小摊,经营些小生意,获小利养家糊口。

光绪初年(约1880年前后),中国初开海禁,上海外商云集,赴沪经商之人均大获其利。希鸿原已在上海商贾多年,凭着他精明的筹算和吃苦耐劳的精神,数年后家道渐裕。时他已子女盈室,再去读书已不可能了,为圆自己当年的科举梦,他自己生活俭约,但不惜花重金延名师课子,晨昏更亲自

王希鸿（右）

督导读书。光绪七年（1881），希鸿捐资为花翎同知，以知县分发河南。时他已年过不惑，正要赴行上任时，不巧旧病复发，咯血不止，只得弃官重操旧业，贾于沪上。经营十载，成为沪地富商。

希鸿性仁厚，好施与，他发家致富后，凡地方公益和族中义举诸事，皆慷慨解囊，积极参与。如淮海遭受水灾，赈捐苏北灾民、洞庭旅沪同乡会扩充沪南三善堂，助建沪北育才书院，兴办东山小学堂等公益事业，希鸿都捐款以巨款。还有如族中修化龙池祖墓，重修王氏族谱等诸事，他也令二子捐款以助。

卒于光绪二十六年（1900）七月十四日，享年五十九岁，妻叶氏，武进知县叶长华五女。子三：长仁荣，次仁森，俱国学生；三仁龙，幼殇。仁森出嗣小叔熙翱。女四：长适石桥叶志裘，次适席家湖席裕昆，三适蒋湾叶丞鸿，四适归安县菱湖镇候选同知孙炳。

叶 氏

深明大义,助夫创业

王汉槎妻叶氏(1840—1923),莫厘王氏二十一世熙鸿妻。生于道光二十年七月十七日,原籍安徽歙县,父亲叶长华,武进县令,卒于任。避兵乱随母朱氏逃难至洞庭西山,十九岁嫁东山王家。

叶氏是位坚强而有主见的女性,咸丰十年(1860)五月,太平军攻入东山,丈夫汉槎闻警归山,乱兵已至,全家连夜出避于俞坞祖坟之侧。叶氏秉烛前行探路,汉槎背负祖母,母亲随后。中途烛被风吹灭,昏暗无法辨路,叶氏循声觅径,刚到林深处,这时不见了断后的母亲,全家都十分着急。王汉槎命妻叶氏侍护祖母,自己又返身入村寻找母亲周氏。汉槎刚到村口,见一妇人在路旁呻吟,上前一看正是母亲,但已受伤无法行走。原来周氏在后被乱兵追上,向她索要钱财,把她砍伤了。在路人的相助下,汉槎只得把母送回家中,可他出村时同乱兵遭遇而被逮。乱兵出村后,全家回到家中,叶氏挑起了一家生活的重担,她找人医治婆婆,还要为一家生计操心,极为艰辛。幸得丈夫不久逃出兵营,潜回家中与亲人重圆。

王家世代为官,汉槎家本属小康,但遭兵乱后家中如洗,王汉槎只得赴沪商贾,以养家糊口。到了上海,丈夫发现先祖遗像留在东山家中,心中惦记,想回家取之。家人都劝其说,山中散兵游勇乱窜,几轴画像不值钱,别去了。独妻子叶氏劝他说:"家产尽散不足惜,独此祖宗遗像不可弃,夫君有此孝心,天必佑之。"又说:"此行可携带被困山中的戚族来沪,一举两得,可行之。"谁知汉槎行至东山又遇到太平军,被抓至军中当伙夫。不久,王汉槎趁乱逃出兵营,绕道吴江,昼伏夜行,旬日内到达上海,染重病捧祖之遗像入门。

叶氏忍痛扶持,祷天请代夫死。她衣不解带,食不离床,在病房中服侍丈夫达两月之久。尔后两年中,好婆与婆婆相继得疾去世,丈夫又得了咯血症,七个儿女大多还未成年,家中生活极为艰难,全靠母亲叶氏细算筹划,达十余年之久。丈夫汉槎病愈服贾沪地,家业渐隆。光绪十五年(1889),王汉槎以助直隶赈灾,奖知县衔,分发河南为官,族人均为之喜。唯叶氏劝丈夫曰:"官而贪,则误国殃民,有玷家声;廉则妻子冻馁,先舅先父身后,可以为鉴。不如商也。"汉槎遂绝意从政。叶氏又对丈夫说:"二子读书,冀其明理,勿令习举业，求仕进也。商之子恒为商，守父业可矣。"丈夫汉槎从之，后仁荣、仁俊二子商贾皆事业有成，大昌门闾，均为母亲叶氏之教也。

晚年叶氏生活丰衣足食，但她不忘贫穷之人，凡江南各省水旱灾，必捐款赈济。凡东山及沪地浚疏河道、修桥铺路，她均令二子捐巨款。族中葺祖茔、修家谱更是率先捐资。她曾对子孙说："吾家自咸丰庚申后，廿余年不雇婢仆，金银之饰、绮罗之服，未尝一日着身。尔父医药之资，尔等束脩之费，皆吾竭力拼凑以供给，夜与尔辈一灯相对，吾缝衣，尔辈读书，夜半始辍。每是以钱七文市豆腐，供举家之饭菜，此等景象犹在眼前，愿尔辈终身勿忘，且教育子孙矣。"叶氏虽为东山一家妇，然其识可谓远矣。

卒于民国十二年（1923）三月十五日，享年八十三岁。子三：长仁荣，字宪臣，花翎同知衔；次仁森，字仁俊，候选同知；三仁龙，幼殇。女四：长适石桥叶志裘，次适席家湖席裕昆，三适蒋湾叶丞鸿，四适浙江菱湖同知孙炳。

王仁宝

三品高官，一身清廉

清朝末年，新建的德州枪械制造局造枪一举成功，质量在沪、汉两处兵工厂之上。洋商因该局购买了他们的机械器材，给经办人十余万金回扣，却被天津河简兵备道王仁宝全部上交。

王仁宝（1841—1917），字晋良，号谷卿。莫厘王氏二十二世，"仁"字辈，属王氏老四房（北宅）惟道公次子王琜支（谱称以润公支），是塈舟公王盤的裔孙。仲兰之孙，希鹏长子。清代浙江按察使。祖父王仲兰，字庭芳，号香国，先后任过顺天安县知县、永定河三角淀通判、同知与候补知府等职，一生尽职于治水工程。父亲希鹏，字振飞，号澄轩，也任过巡检、主簿、县丞等职，忠于治水。

《乡志类稿》中关于王仁宝著述的记载

仁宝幼侍祖父仲兰在永定河长大，故对河防决塞诸务，少而习焉。同治初，入赀为巡检，在北河治水十年。霸州固安、东安等河缺口，他被调至该州河防，勤以趋事，洁以持身，遂受知于上官，补固安县丞。该县地势低洼，众水所壑，对下游民居造成很大的威胁。仁宝上任后，首议加固堤坝，防洪以保民居。时清军与太平军战刚结束，国库空空如洗，岁修无赀。仁宝百计筹集河防经费，每于农闲水涸之际，他周历河堤，指导当地百姓加固危堤，为桑土绸缪之计。民不劳而事竣，费不繁而工固。仁宝在霸州任县丞多年，该州无漫决之灾，百姓感其德，称其为霸州"河神"。

光绪三年（1877），王仁宝以母丧去官。三年守制，六年（1880）复起补蠡高县丞。此县地居上游，工少事闲，时合肥李文忠在天津，知王仁宝之才，遂留他事津，办理永定河等河防筹勘事宜。仁宝知恩图报，因指挥诸河抢险之功，进阶知府，委办筑威海卫炮台。未几调至旅顺办理船坞炮台工程。王仁宝节减浮费，核实用材，在旅顺工次，达六年之久，二十一年（1895）始回天津。时东局所制枪械,皆败坏不堪用,朝廷震怒。仁宝受命整顿其事,他革除陋规,购良材,雇巧工,于是东局所制枪械优于沪、汉两地兵工厂。庚子二十六年(1900)东局毁于兵燹,次年移德州,时购买洋商机器材料,经办人拿回扣成为一潜规则。王仁宝经营新局,所得回扣十余万金,当洋商私下交给王仁宝时,他悉归公家,上甚为器重,授天津河间兵备道。清代在省一级设提刑按察使和分守道,道员又称道台与观察,正四品官衔。

光绪三十二年(1906),王仁宝擢浙江按察使(正三品),时袁世凯亲信李某任德州提调,在军工生产购置设备上大捞回扣,王仁宝向上告发,因而得罪权贵。李某反而唆使人造谣中伤仁宝。王仁宝请袁世凯派人调查,如他负责的工程中有弊受侁,甘愿受严厉处理。袁不允,谓仁宝曰:"李与君皆汝一手提挈,若彻查,必有一败,非吾成全属员之意。"王仁宝退而叹曰:"原来制台保举人,非为公也,以植私党耳,居心不可问矣。"遂乞休归。次年,袁世凯入政府,招王仁宝复出,在新政府中担任要职,但他坚持以病谢辞。当时仁宝次子叔鑫方入袁幕府,亦催促他速归。人讶其故,仁宝曰:"我以微员仕至三品,生平未取一毫非分之财,未做一点亏心之事,今若投足权门,希贪图富贵,将来身败名裂,余不足惜,将累王氏世之清白。"未数年,袁故窃国,北洋能员,无不见污于伪命,人皆服仁宝有先见之明也。

归家后,王仁宝不问不闻时事,唯于修葺祠墓,整顿义庄,重修家谱而已。待人和易率直,不设城府。他一生艰苦,在工时往往数日不食,食则粗粝,一夕竟可食数日之量,车服朴素,声色玩好,均为屏绝。

民国六年(1917)四月二十八日,王仁宝病卒,享年七十六岁。妻费氏,继配童氏,卒后皆封一品夫人。童夫人中年多病,有皖人携其妹至德州,欲将其妹嫁于王仁宝为妾,妻童氏亦张罗为夫纳之,仁宝不从。后得知两人并非兄妹而是夫妻,因家中发生重大变故而卖妻,仁宝急令人把她丈夫追回,又资以银两嘱他们归里,表示终身不娶姬妾。子二:长叔荣,分省补用通判,先父而亡;次叔鑫,分省补用同知。

王颂蔚

甲午海战中的主战派

王颂蔚(1848—1895),字芾卿,号蒿隐。吴县东山人(王鏊第十三代孙)。清学者。幼聪慧,同治五年(1867),应童子试,置第一,入邑庠。在苏州紫阳、正谊书院读书时,成绩名列前茅。冯桂芬主修《苏州府志》,聘其编纂艺文古迹。光绪六年(1880)进士。初任翰林院庶吉士,改户部主事,补军机章京。光绪十三年(1887),入廷枢密院。擅长版本目录之学,又擅金石考证,辑成《明史考证捃逸》,约二十余万字,未能付梓即去世。民国四年(1915),长子季烈将其遗著付梓。中日甲午战争失败,割地偿金,他悲愤之极,光绪二十一年(1895)卒于京师。

《吴中区志·人物》(上海社会科学院出版社2012年版)

光绪二十一年农历七月初一日,一位参加制订中日"甲午海战"作战计划的爱国军人,悲愤悒悒,在京师忧国而亡,年仅四十七岁。这位高参名叫王颂蔚。此时离中日"甲午战争"失败仅一年,离李鸿章代表清政府到日本签订丧权辱国的《马关条约》还不到三个月。

王颂蔚(1848—1895),原名叔炳,字芾卿,号蒿隐。莫厘王氏二十三世,"叔"字辈,属王氏老四房(北宅)惟道公季子王琬支(谱称光化公支)。王鏊长房延喆裔孙。祖朝华,字子英。父仁荣,字问之,附贡生,候选训导。颂蔚幼即聪慧,同治五年(1866),应童子试,置第一,入邑庠。在苏州紫阳、正谊书院读书时,成绩辄列前茅。冯景亭主修《苏州府志》,特聘颂蔚任纂艺文古迹。遂同府襄廷、管申季、袁渭渔等名流结为文字交。继又与常熟瞿氏校定《铁琴铜剑楼书目》,左右采获,时望益隆,吴之学者,推王叶齐名。光绪六年(1880),王颂蔚考取庚辰科二甲第七十四名进士。初任翰

王颂蔚

林院庶吉士,继擢升户部湖广司郎中,补军机处章京。

光绪二十年(1894),日本为征服朝鲜,挑起了中日甲午战争。在朝鲜战争中清军溃不成军,总兵左宝贵殉国于平壤。接着,战争的重点逐渐从陆地转向了海洋。丰岛海域日军不宣而战,北洋水师首战失利。虽然这只是中日海军一次小规模的遭遇战,但执掌海军大权的李鸿章却患上了"恐日症",错误地制定了消极防御、避战保船的策略,将海战的主动权拱手让给了日本。甲午海战爆发,时为军机处章京的王颂蔚与"佐少主,张国威"的两朝帝师翁同龢共入军机处。当时手握军权的李鸿章一味退让,主张静守勿动,命令陆军"可守则守,不可守则退",还令北洋海军躲进威海卫避战。而以翁同龢为首的军机处却顶住压力,积极备战。此时,作为小军机的王颂蔚向军机大臣进言:"枢府有总持军机之责,尤当先知战地情形。今军机处中,并高丽地图也无,每遇奏报军情,连地名且不知所指,安有运筹帷幄,决胜千里之望乎?"于是枢府始令北洋进高丽地图,但所进之图并不开方计里,疏略殊甚,根本不能为战时所用。王颂蔚四出搜求,他有位友人东游从朝鲜归来,得到一份日本报馆所印的中国地图,见图上凡国内的铁道、港口、电线一切皆罗列其上,颂蔚叹曰:"日人谋之我非一日,我乃临渴掘井,如何制胜?"尽管掌权的投降派处处刁难,战事发生后,王颂蔚还是协助翁同龢为战事做了许多工作。军机处先后从全国调集数十万援军开往关外前线;还以户部名义向外商银行贷款六百万英镑,充作军饷和用以购买器械;又与海军衙门筹商向英国、智利等国购买军舰。黄海初战,北洋海军遭受重创。为扭转危局,军机处又提出宜催援军速进,海军修好六船,严扼渤海的主张。

1895年1月,日本海军向威海卫内的北洋水师发起了猛烈进攻。经过一个月的激战,北洋舰队几乎损失殆尽。2月10日,日军又发起了最后进攻。陷入绝望的海军提督丁汝昌服鸦片自杀殉国,北洋护军统领张文昌、镇远舰代理管带杨用霖也同时自尽。12日,北洋海军向日军投降,被俘陆海军官兵五千余人,舰船十艘。至此,清政府耗费巨资,惨淡经营的北洋海军全军覆没。消息传来,王颂蔚悲愤之极,曰:"今之败绩,归咎于师之不练,器之不利,频年以来,盈廷习泄沓之风,宫中务游观之乐,直臣摈弃,贿赂公行,安有战胜之望?此后偿金既巨,民力尽疲,恐大乱之起,不在外患,而在内忧。"同年4月,清政府派李鸿章到日本,在极其屈辱和苛刻的条件下,接受日本侵略者的要求,订立了《马关条约》。王颂蔚悲愤欲绝,一病不起,百日后病故。病卒之日,京城同官,海内学子,闻之均极为惋惜。军机大臣翁同龢评曰:

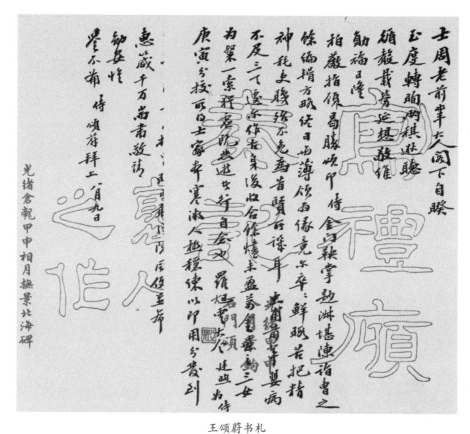

王颂蔚书札

"此人文章政事,皆有轶群之才,而命止于此,伤痛,伤痛!"

王颂蔚为官清廉,性格耿直,遇事敢说敢为。他在户部主事任上,时御史安晓峰弹劾安徽巡抚阿克青之贪黩,北洋水师购买轮船之浮冒,两篇疏稿均出颂蔚之手,并引起朝廷重视,及时进行处理。一次,户部派颂蔚处办一项工程监督差,时朝野购买东西拿回扣成风,这本是件捞油水的肥差,可颂蔚严词谢绝,坚决不受。光绪十六年(1890),王颂蔚任会试同考官,首场考试有一份卷子不像八股文,此文虽不符程式,但文渊深厚,值得取其卷子,弘扬其美,于是推荐给了主考官。试卷揭晓后,始知此文是蔡元培之作。此时蔡元培见一、二榜上无名,自思此礼科没有考中而离京南下。蔡后来再补殿试而中进士,成了我国教育界的名人,此事亦成为载入科举史慧眼识英才的典范。

颂蔚一生著作甚丰,著有《写礼庼诗集》《读碑记》《古书经眼录》各一卷、《周礼义疏残稿》若干卷、《明史考证攟逸》四十二卷。二十年后的民国四年(1915),颂蔚长子季烈将父遗著大多校录付梓,传之于世。妻谢氏,名王谢长达,苏州女权运动先驱,振华女中创办人。子四:季烈、季同、季点、季绪。女五:季昭、季茝、季玉、季山、季常。

王颂蔚墓志铭

叶昌炽

古人称昆弟之交,范史所书,前有雷陈,后有廉庆,若昌炽之于五君蒿隐,岂惟昆弟也哉?昌炽幼而食贫,与吾弟俯仰事畜,未尝一日共研削,吾弟不幸早殁,昌炽傭书京邸,闻病遄归,已不及视含敛,领原之痛,至今引为深疚。蒿隐则自束发订交,稍长同学,同举于乡,冯林一先生修郡志,同侍郑乡者三载,又两至海虞瞿氏同勘书目,江乡百里,扁舟于役,出入未尝不偕也。庚辰君先达,又十年,昌炽始释褐,追随词馆为后进,而君已改户部,值枢垣,长安居不易,道义之查最,忧患之相恤,风雨过存,兄弟无如也。君之殁也,其家以海警南下,惟留次子季同,召昌炽同在侧,属广之日,枕其股而哭之,岁月不居,两周星绝,君之墓草载陈,而昌炽亦将七十老矣。桑海无徒,屏居削迹,欲得如君者共数晨夕,焉可得哉。

君讳颂蔚,号芾卿,别号蒿隐,其初名叔炳,江苏苏州府长洲县人。先世宋时自汴梁南渡,居吴之洞庭东山,至明文恪公鏊,族始大,迁郡城。君其十三世孙也,曾祖仲淇,祖朝华,父仁荣,世有声于横舍,皆以君官,累赠资政大夫,妣皆封夫人。君生有至性,岐嶷善读,赫寇之难,乡居避地,遭赠公丧,伯兄继殂,桴鼓在郊,绞衾在室,君年才十三岁,倚庐复壁,卒奉继祖母邹太夫人间关出险,人知非常童也。寇平返故里,受知于合肥蒯子范先生,以县试第一补长洲县学生。丙子举乡试,庚辰成进士,选庶常,癸未散馆,改户部主事,丁亥传补军机处章京,戊子补云南司主事,辛卯升员外郎,旋升湖广司郎中,壬辰试御史,衰然举首,君乐以言职自效,而枢臣以熟手奏留,非其志也。君所至

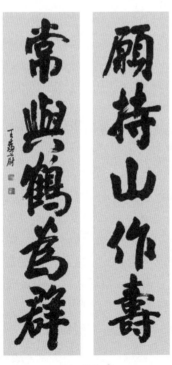

王颂蔚书联

事贤友仁,与海门彦升明经,共学最早,里门耆宿,如潘宅侯朱怡云,事之在师友之间,其余文字交,若管申季、袁环禹,同朝如李莼客、朱蓉生、沈子培、黄仲弢、梁星解、安晓峰,皆当世伟君子,推重君无异词,而桐庐袁忠节公,过从尤密,申之以婚姻。禁廷退直,江亭龙树,迭为主宾,明镫张席,言笑晏晏,然第枚德问业,务为实事求是之学,而不以标榜声气。时朝廷以国事日戚,锐意图强,游谈之士,创为新周故宋之说,君视之蔑视也。及君殁而邪说披昌,驯至非圣法,沦胥不返,遂构陆沈之祸。《易》曰:履霜坚冰至,然后知君之所虑远也。

君敦尚气节,吴县潘文勤师,本葭莩戚,常熟翁文恭公,则庚辰坐主也。君非论学不轻造,殿廷考试,师门未尝通私谒,尝曰,得失事小,廉耻事大,诡遇求进,吾不为也。文勤龙门高峻,莫敢梯接,顾独雅重君。奉讳归里,昌炽函丈侍侧,辄曰:吾家居读礼,度门却帚。蒿隐云何,或得君书,则云蒿隐规我矣,其见严惮如此。治家啬於自奉,尝训诸子,古人俭以养廉之说,其义最精,今之墨吏,非必天性无耻也。充工程监督差,厂商苞苴,美其名曰节省银两,君毅然却之曰:"昔陈稽亭先生,印结公项,尚不受,况实为厂商之赇乎。"既入词馆,志在论思广内,著作承明,又谓京曹官惟居言路,衮职有阙,尚可发抒忠悃,吾浮湛郎署,于学有损,不如归也。浩然有东皋之思,未几中日战起,耶山之役,王师失律,海东藩卫,沦于戎索,君私忧窃叹,益郁郁不自得,竟于乙未七月朔,染疫病不起,其可悲也。

所著《写礼庼诗集》《读碑记》《古书经眼录》各一卷,又以昭代朴学,度越宋明,六经皆有义疏,周礼为历朝典章制度所出,独无专书,尝诣昌炽,商榷义类,发凡起例,先为长编,簿书填委,未遑辍简。在方略馆,得殿板初印明史,上粘黄箴,审为乾隆敕校未刻之本,君从故纸堆中,指拭而出之,删其芜杂,撮其精要,成《考证捃逸》四十二卷,君精力绝人,博闻强识,王伯申钱晓徵之流亚,天假之年,名山之业,岂胜最录,而礼堂写定之本止此,当病且棘,犹执昌炽手曰:"豹死留皮。"目炯炯视,呜呼! 其尤可悲也。殁后三年,葬于五都五图万青圩万东山麓之栲栳湾,配谢夫人,生子五:长季烈、次即季同、次季攸(殇)、次季点、季绪,皆宦学有闻。孙十二:存者守兑、守则、守炽、守竞、守泰、守鼎、守耻、守中,竞耻随季同出后于同族,季烈中光绪甲辰进士,官学部郎中,辛亥国变,拂衣出国门,耕海滨以自晦,君有子矣,容岁归,既梓君君遗稿,又里述事稿,请追铭其墓,爰为之词。

《莫厘王氏家谱》卷十五

王淑岱

王氏家族中的武进士

王淑岱（1847—1908），字觐东。莫厘王氏二十三世，"叔"字辈，属王氏老大房（东宅）惟善公长子王琮支（谱称孟方公支）。淑岱祖希增，父仁昌。清代光绪丙子科武进士，也是历史上莫厘王氏家族中唯一的武进士。

王氏东宅惟善公王昇仅生一子，即王琮，琮生钦、监、钊三子，钦无嗣，而钊出嗣惟贞公之子志高、志远，淑岱为王监之后。王监八传而至伯熙，字永明，清乾隆年间到徐州一带经商，遂定居沛地，并娶妻徐州夏镇席氏（可能是席氏娘家，今山东滕州）。伯熙生仲玉、仲甫、仲平三子，王淑岱是仲甫的后裔。

徐州这一支王氏世代以商贾为业，经过几代人的苦心经营，清代中期时王家在城内有不少商铺，家境殷富。清咸同年间，清兵与太平军在城内进行拉锯战，王家店肆多次遭败兵抢劫，家财荡尽。从这时起徐州男子开始习武自卫，以强身保家室。王仁昌生五子，大多任过武职。长子叔奎，任过城防把总。次子淑昆，蓝翎游击衔备用都司管带。五兄弟中淑岱最幼，身材高大，仪表不凡。他少年时跟着哥哥们练武，又兼通文墨，他立志要在武科中考取功名。同治九年（1870），二十四岁的王淑岱又报名参加庚午科江南武举。这年考武举时，淑奎、淑昆两个兄长都报名参考了，可均没有中举，唯小弟淑岱榜上有名，在乡试考中举人，圆了王氏的武举梦。据说淑岱在武举会试时，在考外场第一场马射、第二场步射、硬弓、刀试、技勇等方面都取得了不差的成绩，有望名列一甲，可在第三场默写《武经》时失误较大而被列入二甲。

淑岱考中武举后，历署安徽游击兵营游击巡警与和州城守备。和州，即现马鞍山市和县，清末属安庆府，地处皖东，是长三角地区的边缘，为江淮水陆之要冲，右临长江，左控昭关，南临天门，北靠濠滁，历代守将皆手握重兵。按清武职官衔，各州守御所千总，守备属外放京官，正五品。战事一起，总兵往往是最先出征的将领，而守备掌控州内一切留守、防护之事。

光绪三十四年（1908），王淑岱卒于家，享年六十一岁。妻吴氏，诰封淑人。无子，嗣淑昆子季鳌为后。

王谢长达

苏州女权运动的杰出战士

王谢长达(1848—1934),女,字铭才,婚后从夫姓。祖籍安徽,迁居苏州。早年随夫内阁侍读学士王颂卿在京居住多年,夫殁,乃南归。

光绪三十一年(1905)王谢长达与友人陈星昭、蒋振儒等人捐募千余元创办女子两等小学,以"振兴中华"为办学目的,定校名为"振华女校"。翌年添设简易师范科,培养小学师资。民国元年(1912)因经费故,简易师范科并入省立第二女子师范,另增设幼儿园一所。六年,王谢长达因年事已高,乃校长一职交由刚从美国学成归来的三女季玉担任。七年,七十寿辰,她将亲友所赠寿仪悉数捐作学校基金。

王谢长达除办学外,还积极从事社会活动。光绪二十七年(1901)在苏发起成立放足会(亦称天足会),自任总理,亲订章程,带头放足,并研究放足方法,印成"说帖",至四乡及邻近省县广为宣传。辛亥武昌起义,沪、苏等地组织女子北伐队,她出任苏属队长,亲率女学生百余人积极参加筹募工作。民国四年,她与杨达权、卫更新、李师德等人发起成立女子公益团,她任德行部长,虽年迈多病,但每遇公益事,仍不辞辛劳,热心相助。民国二十三年十二月二十五日晚,王谢长达患者脑溢血不治逝世,终年八十七岁。翌年一月十九日,由张一麐等人发起,在振华女校举行追悼会,遵照王谢长达遗愿,所送礼金,悉数充作长达清寒奖学基金。

《苏州市志·人物》(江苏人民出版社1995年版)

王谢长达(1848—1934),王颂蔚之妻。苏州女权运动的杰出领导者,清末民初藏书家、振华女中创始人、校长。

王谢长达出身安徽名门,二十二岁时嫁于王颂蔚,开始随夫在京相夫教子。清光绪二十一年(1895),丈夫王颂蔚因甲午海战失败,悲愤悒悒,忧国而亡,年仅四十七岁的颂蔚遗孀王谢长达,只得携带几位未成年的子女回到了苏州老家。此时的中华大地,列强侵略日益加剧,古城苏州在风雨中飘摇。目睹许多仁人志士舍身寻求救国救民之道,王谢长达也不甘落后,她立志继承丈夫遗志,为振兴中华做点工作,从而成为一位苏州妇女解放运动的领导者。

1901年上海成立"天足会",王谢长达立即响应,在苏州组织上层社会的开明女士成立"放足会",并自任总理。封建时代,三寸金莲对妇女迫害很深,有识之士都有把放足解放妇女为第一要务。王谢长达先从自己和家庭开始,她率先放足,同时让女儿季昭、季茝、季玉也一起放足,向会员做示范。为发动苏州广大妇女放足,"放足会"为之订了章程,想了不少办法,印了许多"说帖",王谢长达亲自深入到小街小巷中,挨门穿户地去做"放足"工作。她曾作诗一首上街演说,开场白是:"小足一双,自讨苦吃。好肉上生疮,眼泪一双。"还把"放足诗"谱成歌曲,到邻近的县城去宣传,劝说社会有识之士要保护女童的身心健康,不要强迫自己的女童再缠足。在她的努力推动下,放足之风在江南城镇逐渐形成,但在落后的苏北地区,少部分妇女思

王谢长达

想上一时难以接受,甚至在沭阳县发生了一起放足悲剧,有个年轻女子胡仿兰放足后遭到婆婆的凌辱,含冤而亡。消息传到苏州,王谢长达带领两名放足会会员赶往沭阳,不仅在当地为胡召开了追悼会,还报请官府追究了婆婆的责任。通过这一事件,江苏各地妇女放足之风广泛兴起,女权运动迈出了第一步。

在接触下层妇女的过程中,王谢长达看到妇女们大半目不识丁,深感"女子无才便是德"旧礼教对广大妇女的毒害,从而产生了办一所学校,让所有的女孩子都有受教育的机会,从精神上获得真正的解放的意愿。1905年,王谢长达在几位热心教育友人帮助下,募捐到一千多元经费,在苏州办了一所女子两等(初等和高等)小学,因其办学的目的是为了振兴中华,故校名定为"振华",并担任了振华女校的第一任校长。学校初办时,入学者寥寥无几,原来是因旧习俗所至,家长们大多不愿把女儿送来女校读书。王谢长达又到处奔走,劝说女孩家长。她想办法印了许多"说帖",宣传男女平等、女子读书的好处,又亲自深入街巷,挨门挨户做动员工作,甚至到邻近的县城去宣传,终于说服不少家长送女孩上学读书。一年后,振华女校又增设幼儿

1918年摄于苏州十全街老宅。王谢长达（中），后排左一王季玉、左二王季山、左四王季同、左五王淑贞、左六王季昭；后排右一管尚孝抱王守武；二排左一王守竞，右三王明贞；前排右一王守璩；前左二何怡贞

园和师范班，教育事业越办越兴旺。当时江苏民间一度也兴起办女校之风，但坚持办好得不多。1917年，王谢长达已七十高龄，自感心力日渐不支，刚好女儿季玉从国外学成归来，遂把"振华"托付给了三女儿王季玉。学校后继有人，照理她可以放心了，但王谢长达人离心不离，时时惦记着学校，她仍然和家长们不断联系，有学业优秀的寒门学子，经她认可能免费入学。在她七十大寿时，王谢长达还把亲友们赠送的礼金，悉数送给了学校，作为教育基金。

早在辛亥革命爆发前后，王谢长达还积极会同苏州城中志同道合的女士，发起成立了苏州女子公益团，号召广大妇女团结起来，为争取自身的真正解放而奋斗。公益团设有德行、教育、卫生、交谊四个部，她被公选为团长兼德行部长。主要任务是募集经费资助学校，或帮助贫苦儿童上学，或推荐女青年去医院学护士。当时苏州的四十多所国民小学都曾得到过公益团的助学金。公益团还做了大量如修桥铺路、送药施粥等社会慈善事业。在底层妇女争取解放的斗争中，公益团给予了有力的支持。苏城有个名盛凌云的婢女，长期遭受主妇顾黄氏的虐待不敢声张，王谢长达知道后，鼓励她站出来挣脱枷锁，还亲自陪同她去法院控诉主人的恶行。在公益团的大力支持下，打赢了这例奴仆告主人的官司，后来顾黄氏被依法查办。这件事在社会上影响很大，

王谢长达求己图

使人们开始认识到：每个人的职业虽有所不同，但人的尊严都应受到尊重。在革命军光复上海、苏州时，公益团更是全力支持革命，王谢长达亲任苏州女子北伐队队长，率领苏城女子百余人，四处筹募军费，把战备物资送往前线。

王谢长达酷爱收藏，尤其是喜爱收藏图书，她曾在苏州建造了一座藏书楼，也是苏城第一座图书馆。曾加入孙中山领导的同盟会，并参加过讨袁战争的何澄，辛亥革命后来到苏州经商，也喜爱收藏，于是结识了苏城女杰王谢长达，长达又把自己的四女儿王季山许配给了何澄。清宣统元年(1909)十二月十三日，何澄和王季山的新式婚礼在苏州王家老宅举行，还遭到了一些旧式文人的非议。参加婚礼的王颂蔚的生前好友叶昌炽，回家后在当天的日记中写道："邀观礼，居然欧风矣！蒿隐(王颂蔚晚年别号)地下有隐恫乎，抑破涕为笑乎？"苏州耆老对新式婚礼表示不满，却从另一面说明了王谢长达与时俱进的思想。

晚年，王谢长达又立下遗嘱，将所有奠仪所得钱资，成立"谢长达奖学基金"。1934年12月25日，八十六岁的王谢长达因中风与世长辞，在振华女校举行的追悼会上，曾任过教育总长的蔡元培先生在会上发表演说，高度赞扬了王谢长达为苏州妇女争取解放与振兴中华教育做出的杰出贡献。

王叔蕃

传奇人生

王叔蕃

王叔蕃(1849—1909),字晓峰,号念劬。莫厘王氏二十三世,"叔"字辈,属王氏老四房(北宅)惟道公季子王琬支(谱称光化公支),王鏊长子延喆裔孙。曾祖仲源,祖希顺,父仁煦,皆以叔蕃之官封二品官衔。

叔蕃生于清道光二十九年(1849),他的一生充满传奇色彩,历尽磨难却也做出了一番事业。叔蕃是希顺的次子,上有一个哥哥叔樘。父希顺,字智乐,号寿山,母陆氏,皆蒙难于咸丰庚申之乱。他十二岁时,遭遇太平军战起,咸丰十年(1860)四月十三日,太平军攻克洞庭东山,希顺夫妇携两子在山中避乱,不幸同太平军乱兵相遇,父子失散,次子叔蕃被太平军所掳,见这孩子长得面目清秀,军中一位王爷把他收作义子,在军中帮干杂活。叔蕃随军转徙江浙皖诸省,整日担惊受怕,备尝军旅艰辛。这样的生活熬过了五年,他十七岁那年终于寻机得以脱逃,因身无分文,贫不能归家,乃至皖北一乡店中司会计谋生。当时音信全无,他又不能暴露自己的身份,只能暗中打听家乡的消息,又积聚盘缠准备回家。在皖北又过了五年,这时叔蕃已长成了一个二十二岁的小伙子,才一路寻找回到了东山。得知父母当年已不屈而死,与兄相见,抱头痛哭,泣尽而继以血,遂自号念劬,即永记双亲操劳一生,不幸遇难之事。同时他又迎兄及其嗣父同居,以怀念去世的父母。

越年赴沪,经胡雪岩举荐在沪地左宗棠处佐理西征粮台,负责购置军械,转运粮饷等事务。王叔蕃办事尽心尽职,克勤克俭,得到左宗棠的赞赏。新疆战事平息,左宗棠保举他为新疆县令,未赴任。接着,他又经办了吉林边防和郑州防汛诸事,皆完成得极为出色。光绪十三年(1887),侍讲学士洪钧出使德俄诸国,皆由叔蕃在沪采办转运文报诸事务。盛宣怀侍郎整理轮船招商局,福建积弊甚多,派王叔蕃前往,他任劳任怨,使业务蒸蒸日上。不久,盛宣怀保荐他任知府,分发浙江候补,加三品衔。友人都前来祝贺,叔蕃却笑谢之,又对诸子说:"吾初被乱军所掳,独身逃出,唯性命不保,后侥幸脱险,栖身乡店,备尝苦楚,能有今日,已属万幸。归家又知双亲殉节,痛不欲生,自恨早年失学,无能显扬父母之德,蒙江苏采访局详情,旌表如例,今朝廷给我三品衔,原捐级为父母请二品封,殆天意悯吾双亲之忠节。"他的请求得到允封,父母得到诰封后,遂谢职闲居于沪。

卒于宣统元年(1909),享年六十岁。妻沈氏,未嫁时曾割股疗亲,归王家后勤俭持家,朴实耐劳,乡人均赞之,享年七十三岁。五子:季坤、季钧、季衡、季贤、季良。

王叔蕃妻沈氏

王仁熊

接待李根源的王氏族长

王仁熊

王仁熊(1860—1937),字祖望,号翼之,生于咸丰辛酉年十一年(1860)四月,卒于1937年9月16日,享年七十七岁。莫厘王氏二十四世,"仁"字辈,属王氏老四房(北宅)惟道公次子王瑮支(谱称以润公支)。祖父仲涞,号秋涛,花翎州同知,盐运使知事。史载东山历史上著名的照种白沙枇杷,槎湾人贺照山就是在王秋涛家庭院里发现的,后该品系成为东山枇杷名品。秋涛公生有六子,王仁熊父希杲为其第三子,议叙八品衔。

王仁熊系椉舟公王鏊裔孙,原居后山石桥头村。从二十世秋涛公起就从王氏景德堂迁出,在槎湾村购周氏大院而自立,世称王氏淮泽堂支。仁熊公一直担任王氏淮泽堂乃至景德堂的族长。淮泽堂王氏在扬州开有正泰来棉布行,仁熊早年曾遵父命赴扬州管理祖产,晚年回乡后一直经营族中事宜。他负责王氏义庄十多年,按规定负责人每年可领取十枚银圆作报酬,但他一直不取,以其费贴补义庄开支。仁熊为人开朗豪爽,乐于助人。民国初期槎湾同乡马荫荪在上海开办可大棉布行,王仁熊任首任账房,协助办理开厂具体事务,待企业正常运转后他就辞去职务,分文不取马氏报酬而回乡。

在东山雨花禅院里,原四周墙上原有不少梅、兰、竹、菊绘画,均系王仁熊所绘丹青,可惜在"文革"中遭到破坏,至今已找不到踪迹。王仁熊还爱好收藏,在到处战火的年代除叮嘱子孙们要保护好祖传的东西,还设法将淮泽堂收藏的刻石送往上海中华书局保管,常和上海中华书局的平襟雅先生来往,他收藏的不少名画和书法作品,大多被平襟雅先生保存。现存东山保安寺中的先祖王鏊的墨宝《可月碑》,以及唐伯虎的墨宝刻石均为淮泽堂珍藏,民国年间通过平襟雅先生捐出。

民国十八年(1929)初夏,民国总理李根源赴吴郡西山访古,在东山考古探幽十多天,在游记中多次提到莫厘王氏和古槎湾,王仁熊曾在家中淮泽堂先后三次接待过李根源先生。第一次是6月25日,李根源到石桥村,在王仁熊陪同下游览了景德堂王氏宗祠,他在《吴郡西山访古记》卷五中写道:华堂雅室,曲廊小桥,老木青葱,绿柳依垂,名宅也。并在卷末记载了各楼的匾额内容和书写者的名字,极为详细。其后又去瞻仰了王鏊墓并随同去了化龙池祖坟,反复观瞻,叹曰:丁山癸向,横龙逆转,莫厘展旗,余山作案,此吉壤也。继而王仁熊又陪李氏西行,游览了纪革村王家祠堂。6月27日,李根源经杨湾而访槎湾,他在《吴郡西山访古记》中云:"走槎湾,至王氏匏园,主人王君仁熊出示《五老会图》,又名《五共图》,图序跋长约丈余,四明丁采绘,坐者长洲吴原博宽……次王惕春三跋、陆凤石观款。又文恪书言事论卷,长约七八尺,作行草,极精。款署拙叟壑舟图。王君言昨岁寄存上海未取归,无缘寓目,恨事也。"李根源在槎湾访古时,王仁熊曾陪同李氏登上"玉笋峰"探幽,回到淮泽堂,李根源写下"玉笋峰"三字,并由王仁熊派人刻石于玉笋峰山顶。

李根源对莫厘王氏先贤情有独钟,6月28日去俞坞村王氏十四世君胄公祠堂。于7月2日第三次至淮泽堂,这一次,王仁熊将祖传之《五同会图》和《壑舟图册》展示给李根源观看,李先生还将图中文徵明的补书做了完整的记载,其后王仁熊还把宣统年间修订的家藏谱乘《莫厘王氏家谱》借给李氏览阅,李根源极为欣赏,在《吴郡西山访古记》中,对东山王氏的古迹名祠有上千字的记载,成为研究东山大族历史的珍贵资料。

王仁俊

著述宏富的学部图书局副局长

王仁俊(1866—1913),字捍郑,吴县东山人。光绪十八年(1892)进士,选翰林院庶吉士,散馆改吏部主事。廿三年八月于上海创办《实学报》,针砭时政。廿九年赴日本考察学务,继署宜昌、黄州府事。三十一年聘为武昌存古学堂教务长。三十三年调充学部图书局副局长。及苏州学古堂改建存古学堂,奏调回籍。擅长经学与金石文字,家有书屋"籀邡簃"。著述甚富,有《格致古微》《群经讲义》《毛诗草木今名释》《尔雅疑义》《艺文志》《西夏文缀》《敦煌石室真迹录》《白虎通义集校》《碑版丛录》《存古堂丛刻》等。民国二年(1913)卒于北京。

《吴县志·人物》(上海古籍出版社1994年版)

光绪三十三年(1907)正月,在甘肃敦煌石窟,一位学者怀饼握笔,在窟内就抄月余,详加查考,写出了《敦煌石室真迹录》,并加了自序以刊印。这是国内第一本考查敦煌石窟艺术的专著,为日后敦煌石窟艺术的研究做出了重大贡献。这位学者就是光绪壬辰科进士、学部图书局副局长王仁俊。

王仁俊(1866—1913),字捍郑,一字感纯,号籀许。莫厘王氏二十二世,"仁"字辈,属王氏老四房(北宅)惟道公季子王琬支(谱称光化公支)。清末史学家、文学家、藏书家,他是晚清朴学大师俞樾的弟子,湖广总督张之洞的门生。王氏尹山这一房很特别,竟二代六房连祧。王仁照曾祖世才生四子,二子虞伯与三子宋伯都未生子,嗣小弟晋阶次子仲揆为后,仲揆一子熙宬又祧三房。熙宬字敬斋,生于道光十六年,国学生,可同治十二年就去世了,年仅三十八岁。父亲去世后,王氏家道中落,王仁俊幼时家境贫寒,生活维艰,全靠母亲蓝氏抚养长大,又亲授诗书。光绪十八年(1892),王仁俊考取壬辰科进士,初任翰林院庶吉士,继任吏部主事湖北候补知府。

王仁俊

王仁俊书对联

光绪二十三年（1897）八月，他在上海创办《实学报》，针砭时政，编写了大量劝学奋进，主张实业救国的文章。二十九年（1903），仁俊赴日本考察学务，回国后继署湖北宜昌、黄州知府和黄州府中学堂监事（校长），现该校更名为黄冈中学，有首任校长王仁俊所书"德业绵长鸿嗣绪，栽培深厚宜子孙"的对联。三十一年（1905），军机大臣张之洞创办武昌存古学堂，聘请王仁俊为存古学堂教务长。两年后调充学部图书局副局长。三十四年（1908），苏州学古堂改建存古学堂，王仁俊奏调回苏州，负责苏州存古学堂事务。其中改建教学楼五楹，储书八万余卷，包括新译西方电气化诸书。学堂还建有算术楼、学古堂、一隅堂和居屋、斋舍、讲堂等，规模完备，设置齐全。

从政勤业，为官清廉。仁俊通籍十多年，除书籍碑版之外，别无他物。在任期间，他以保存国粹为己任，虽困难重重，乃奋斗不止。其擅长经学与金石文字，对继承与发展我国的经学有很大贡献。家有书屋"籀邡簃"，一生著述甚丰，著有《格致古徵》《群经讲义》《毛诗草木今名释》《尔雅疑义》《艺文志》《西夏文缀》《敦煌石室真迹录》《白虎通义集校》《碑版丛录》《存古堂丛刻》等二十四部，五十四卷。

他在《敦煌石室真迹录》自序中云：岁春正月，俊充学部编译图书局副长，检查档案，有敦煌乡土志，称县治南四十里千佛洞，光绪庚子孟夏，新开沙压佛龛，乃崛得复洞，内藏番汉释典，铜铁佛缘，纱绢绘造佛缘。侧立碑云，大唐大中五年沙门洪誓立。法国文学士伯希和，丁未冬游迪化，安西州牧亦如之。伯君审为唐写卷，即诣石室左右，浏览者三月，觅得十余筐。先是英印度总督，已派员司待纳，搜石室书梵笑文，载归伦敦博物院。伯君所得,则三分之一也。所得四部各经卷之尤精者,已寄回巴黎矣。伯君来都,贤士大夫咸往之,俊则斋油素,握铅椠,怀饼就抄者四日,复读其归国报告书一册,乃择要鉴别。凡关系历史地理宗教文学者,详加考订,为自甲至戊五录。其书卷雕本已寄往法国。伯君许邮印本,将录入已下五卷焉。若夫经象壁画古器物之仅资玩赏。无裨儒术者,概未敢录,学识浅固,时期敦迫,谨求海内外通人纠其谬伪,补其疏漏。

辛亥革命后,仁俊南下蛰居。民国二年(1913)王仁俊卒于北京,年仅四十八岁。妻蒋氏,候选知府蒋清骥之女。子二:叔龙、叔怙,均早殇,无后。

《西夏文萃》自序

王仁俊

自赤辞纳款于贞观,立功于天宝,思恭以宥州著节于咸通,西夏虽未称国,而王其土久矣。显道以降,始建帝号,立国二百五十八年,抗衡宋辽金三国者,其故安在。唐衰,中原板荡,文物尽毁,至于五季,而凌夷尽矣。思恭子孙,一姓相传,唐王五代,元昊崛兴,翻译圣经,崇尚儒术,尊孔子为至圣,衣冠制度,有中国遗风,偏霸之王,盖犹知用夏变夷,乌呼!圣人作秋,夷狄而于中国,则中国之矣。抑吾闻夏有圣相韩道冲者,通五经,为蕃汉教授,著《论语解义》,没而从祀孔庭,夏之从尚文治,韩之功也。传曰,不有君子,其能国乎。景宗结发用兵,凡二十年,无能折其强者,岂幸致哉! 独惜韩范二公,处积弱之朝,肩经略之任,得华州张吴,踌躇未用,忍使亡入夏边,倚为谋主,为中国患者数十年,驯至西方疲敝,男势日衰,虎狼出神,是谁之过矣?嗟乎! 倜傥权奇之士,类耻自媒,拥高牙建大纛者,往往见之而不知,或知之而不竟其用,其贤者,有不出户庭,著书以终老耳,吾惧跌弛者之为外人用也。贾李在狄,晋卿知难,王猛仕秦,苻坚以霸,非其殷鉴与。编辑征旨,具在于斯,后之君相,以采览焉。若夫西夏文章辞命,有可观者,金史言之,无矣余之叹美云。

《莫厘王氏家谱》卷十八

王熙桂

诚信待人振家业

王熙桂(1866—1930),字一枝,号馨山,生于清同治五年十月廿九日,卒于民国十九年十一月廿九日,享年六十四岁。莫厘王氏二十一世,属王氏老四房(北宅)惟道公次子王琭支(谱称以润公支)。祖父峄伯,曾议叙从九品,殉难于太平军战事。父仲持为太学生,因长子熙桂之官,诰封朝议大夫,候选同知加一级。熙桂祖上在苏城经商,原家境较为富裕,同治二年(1863)春,太平军攻陷苏城,又在东山同清兵进行拉锯战,家业在兵乱中荡然无存,家道从此中落。

熙桂天性聪慧,从小读书明大义。七岁丧祖父,同时祖母周氏又死于乱兵刀下,他哀哭如成人,少年时就十分懂事。父仲持原捐官布政司经历,候选州同知,家毁后只得弃儒服贾,经商苏沪间。熙桂弱冠就随父行贾沪上,二十六岁时父亲去世后,家境衰落,生活陷入了低谷。家中兄弟三人,其为长,大弟熙铨、小弟熙桐尚年少,无奈之中只得求助于从兄王希鸿。希鸿字云逵,号汉槎,光绪初年,上海刚开海禁时就赴沪经商,家富而好义,凡地方善事,族中义举,皆积极参与。当得熙桂家的窘况后,汉槎遂招他在上海合股设肆。熙桂头脑灵活,又肯吃苦,待人诚恳,经商信誉为上,店业大振。从兄弟俩合力经营,坚苦卓绝,多年后,兄汉槎家财产成为沪地大佬,熙桂亦家业小康。

复振家业后,熙桂好行其德,凡社会救灾济民等公益之事,他都踊跃参加,曾以赈灾之功,朝廷奖候选同知。这既是一个官职,也是一项荣誉,要是某地知府一职有所空缺,熙桂即可去上任,当然一般均为虚衔。族中葺祖茔、置祭产、修家谱,熙桂都捐巨款以助,他爱护先人手泽,族祖王鏊所著《古单方》一书传世极少,熙桂得其残本,为润述堂旧藏,又得明人所绘王鏊以下七代祖宗遗像,皆不惜重金,重新刻绘。晚年又筑润述堂于东山,以志祖德。他曾告诫子孙说:"余节衣缩食,独此山中故居,有人因富贵而弃家乡,子弟皆居沪上,尽染奢华之风,以致家业败落。我愿子孙世居山中,勿忘勤俭朴厚之风,必将绵世泽于无穷。"

东山多佳穴,熙桂善堪舆之学,然不轻为人选地。他尝言:"心地好者,始能享其吉壤,非其人而强求之,虽得佳穴,且有横祸,切勿强之。"从兄王汉

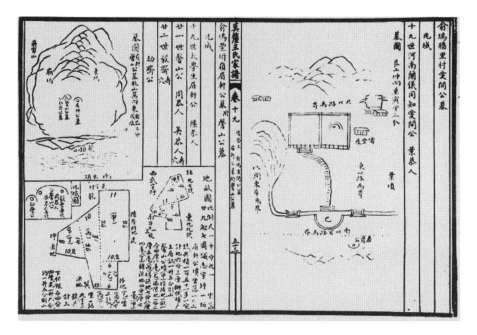

王熙桂墓地图

槎将筑寿墓,熙桂为其择地,并曰:"以兄之仁厚,宜得吉壤。"他遍走山中,见西坞之寺岭风水极佳,遂为从兄择之。又说:"我家化龙池祖茔,为东山第一吉壤,此为第二吉壤也。"王汉槎卒后入葬西坞墓地,子孙事业兴旺,故应熙桂之灵兆。先前曾有友人劝告熙桂:如此风水宝地,你何不自营吉壤?他说:我有何德,敢冀身后之福,世父眉轩公墓在俞坞,近有隙地,我葬此足矣。

妻周氏,杨湾监生周伦长女。子二,仁宏、仁允。仁允出嗣弟熙铨。

王仁治

常熟实业家、名士

王仁治(1868—1930),字久安,号震清,常熟实业家和名士。莫厘王氏二十二世,"仁"字辈,属王氏老大房(东宅)惟善公子王琮支(谱称孟方公支)。父希渠,字晓山,世居东山,通晓大义。王晓山为养亲年轻时就弃儒行贾,行商市肆间以自给。后晓山从东山迁居常熟,筑宅于昭邑大东门外上塘大街。

晓山生二子,长仁诒,字博泉。因子叔瑚而荣,清封朝议大夫四品衔,候选直隶州同知。次仁治,天资聪明,三岁就能辨字,稍长即嗜学,文思敏捷,援笔立成。弱冠在常熟应童子试,适同号有一名考生患腹痛,不能成文,仁治以自己之稿给他,而急忙另作一文交卷。结果那个考生中试,而他自己却名落孙山。友人们都为他感到惋惜,而仁治却一笑了之。光绪十六年(1890)岁试,仁治在县试中名列前茅,可未及参加院试,父亲突然去世,只得回家守孝。服阕期满,始受知于玉岑侍郎,补博士弟子员。二十年(1894)甲午科乡试荐卷,二十七年(1901)岁试一等。仁治以游庠之年,同名士唱和,有"回首名场恨事多"之名句。清末结束科举,他援例以巡检分发浙江,如官员遇缺即补。时湖防统领陶公爱其才,聘他为总文案。营中擒获盗匪,依法当全部大辟(杀头),仁治以情轻法重请宽宥,但格于成例,他刀下救人没有成功,然而王文案欲刀下救人之事在坊间传开,仁治还赋诗纪之。

不久,晓山公避乱携家避居沪地,以助饷得奖叙。时又闻惊出走,有族人携妻在途,操舟之人隐生异志,欲抢劫船客之财物。危急之中,族人用晓山金蝉脱壳之计得以脱身。太平军与清军战事平息后,仁治家迁居虞山,以经商为务,获利甚丰。战后苏沪一带百废待兴,仁治家境富裕,他热心社会公益,如上海三善堂、东山义渡、各省之赈济,他均助巨款不稍吝。岁有余资,矢志立书田,拟助族中诸寒暑等。辛亥秋,常熟大水,城乡举办赈济施粥,仁治积极响应。次年兴修圩岸,以工代赈,仁治任东局经董,他悉心规划,暴风烈日中,躬身勘视,直到堤岸竣工。民国初,各地尤重自治,仁治被选为海虞市区董,并先后任各处税务官,他在任上剔除积弊,体恤民艰,受到海虞百姓的称颂。

仁治天性挚孝,晓山公病重,他默祷于天,割股和药以医父疾。遭母丧,

《莫厘王氏家谱》中关于王仁治的记载

他痛哭至昏厥,尽哀尽礼。平时生活俭朴,敬兄爱弟,抚孙儿十分慈爱。婢仆有过,从不严训,只嘱其改之戒。年花甲,出门犹徒步,有人劝之,则曰:"安步当车,古有明训,国奢示俭,士大夫之责也。"虽为海虞名士,然身不穿华服,粗布衣服不肯轻弃,可为士子表率。

1930年9月24日,王仁治病故于常熟,享年六十二岁。妻曹氏,溧阳候选布政使理问曹廷芳次女。四子:叔煊、叔莹、叔炯、叔炜。女二:长未嫁殇,次适同邑李荫鹤。

王宪臣

朝廷追封的花翎同知

清代光绪三年(1877),后山有位名王宪臣的商人,因救济灾民有功,被朝廷追封同知衔,其时,他已过世二年。这是当朝为慰藉宪臣子孙,也为激励世人行善积德而奖赏的官衔。

王宪臣,名仁荣,字梦梅,宪臣为其号。莫厘王氏二十二世,"仁"字辈,属王氏老四房(北宅)惟道公次子王琭支(谱称以润公支)。世居后山张巷村。祖父仲桃,字克承,浙江候补知府。父熙鸿,字云逵,号汉槎,以行贾起家,好行善德。母叶氏,贤而有德。《宪臣家传》载:"公父以贾起家,好行其德。母贤明有识,公自幼秉庭训,读儒书。母命其守世业,乃为商。性爽直,与人交友,推心置腹,家业日振。凡睦娴赈恤,义举甚多。东山土狭民稠,产米甚少,凶荒之岁,粒食维艰。宪臣乃捐赀办平粜,又虑其无以经久,更约旅沪同乡,于后山筹积谷仓,妥定章程,凶年则出,丰年则入,山人始无乏食之状。"

父亲汉槎公于光绪二十六年(1900),避乱东山,盛暑染疫,求医不及而猝逝。宪臣引为终身之恨,推己及人,知山人死于失医者甚多,曾倡捐巨款将张巷旧居修缮后,开设登善医院,为乡人治病。又广为募捐,以充常年经费,山人甚感其德。先父汉槎欲建家祠于山中,未果而卒。宪臣承父志,独建承志堂支祠于后山。又葺祖茔、修家谱、置祭产,恤族人,以及浚深内河,使行人无涉湖之险。又捐资三善堂,使贫病而亡者免暴尸之危,其善行不胜于书。

晚值商业弊病,宪臣与友人共设钱肆于沪地,可合股者经营失败,负债甚巨,友人又推诿于宪臣一人,使之经济损失更加惨重,几乎破产。但他绝不推辞,节衣缩食以还之。有人劝他状告侵渔者,宪臣曰:"其父与我父交厚,念先世之谊,宁弗问也。"王宪臣的孙子王季卿在《追述荣康钱庄与东山席家花园事》一文中,追忆了"席家的花园,王家的钞票"事情的经过。20世纪30

王宪臣

上海张家花园王宪臣宅

年代初,王宪臣出资四股半(45%)与人合股在上海开办了荣康钱庄,并聘请东山人席启荪任经理。席私自动用钱庄资金十万两银,购东山席家湖"一家浜"之地,仿无锡蠡园建造了一座席家花园。席为尽快回笼挪用的钱庄经费,又动用库内银子大炒洋股票。不久暴发了世界金融风暴,席所购的大量橡皮股票跌到一文不值,致使资本二十万两的钱庄,亏空达到三百余万两而宣告倒闭。荣康钱庄出事后,王宪臣不惜倾家之力偿还债务。当时,麦加利银行大班知事发严重,特为任职三十年刚退休的买办王宪臣全家,办好了葡萄牙国籍护照五份,劝其出国一避。但王宪臣以信誉为商人之本而谢绝。认为他所聘经理出事,东家当负全部责任,因而不惜钱庄倒闭而偿还了席某所欠全部债务。(摘自王季卿《读家谱记》2008年稿)

光绪元年(1875)八月十二日,王宪臣卒于东山家中,享年六十五岁。临终告诫诸子要慎以持身,俭以处家,宽以待人,信以交友,只有这样才无堕于家声。妻沈氏,继吴氏。子六:叔平、叔麟、叔庆、叔椿、叔章、叔鑫。

近现代

王季烈

清末物理教育家及曲论家

王季烈(1873—1952),字晋余,号君九,别号螾庐,苏州人。王颂蔚、王谢长达夫妇长子。光绪二十年(1894)中举人。二十二年至二十九年在上海江南制造局译书,与傅兰雅合译的《通物电光》是国内最早介绍X光的产生、用途的译著;他编译的《物理学》是国内第一本具有大学水平的物理教科书。后兼任商务印书馆理科编辑,编有物理、化学教科书多种。三十年中进士。任学部专门司郎中,兼京师译学馆监督,清末为资政院议员。民国元年(1912)移家天津。创办华昌火柴公司、乐利农垦公司等实业。曾依附伪满,任"宫内府顾问"。后退出伪满,寓居大连,后又迁居北平,三十一年回苏州定居。

王季烈长期研究昆曲,依律考订旧谱,著辑有《螾庐曲谈》《度曲要旨》《集成曲谱》(与刘富梁合作)、《与众曲谱》《正俗曲谱》(子、丑集),还据脉望馆藏本校订《元明孤本杂剧提要》。并以曲学理论指导度曲实践,倡导业余昆曲活动。他工大面,雅集清歌,偶尔也粉墨登场。早在民国二年,即在天津创建景璟曲社,先后返苏延请南昆笛师徐青云、高步云赴天津为曲友授戏。民国十八年,又与许雨香、袁寒云等名流在天津建立另一曲咏社,常组织曲友登台串戏。民国三十一年返苏州,仍致力曲社活动。民国三十二年创办俭乐曲社于十全街寓所。抗日战争胜利后,又与苏州名曲家贝晋眉联合发起,集苏州新老曲友六十余人组成吴社曲社,开展活动,延续至1949年春。新中国成立初期,应陈叔通之邀赴北京,参加文史馆工作。不久,即患病瘫痪,1952年4月病逝于北京,终年七十九岁。

《苏州市志·人物》(江苏人民出版社1995年版)

王季烈(1873—1952),字晋余,号螾庐。莫厘王氏二十四世,"季"字辈,属王氏老四房(北宅)惟道公季子王琬支(谱称光化公支)。王鏊长房延喆裔孙,王颂蔚长子。清末进士,学部郎中,清末民初物理学翻译家。他曾翻译出版了中国第一本中学物理课本,主持编印了《物理学语汇》,为近代物理在

王季烈

中国传播做出了重要贡献。同时,他还是教育家及著名昆剧曲论家。

季烈幼即颖悟,五岁时就能读《毛诗》,且能背诵。后入师塾,业师奇之,赞其日后必成国器。光绪十九年(1893),季烈中举后曾到江南制造局谋事,与傅兰雅合作翻译《通物电光》。当时翻译时考虑到人们对"X"这个字母尚不熟悉,而 X 光是由放电现象所产生的,有透过物体的特性,故名《通物电光》。该书出版的时间比伦琴发现 X 光仅晚四年,所以中国物理学界称此书是我国第一本大学物理教科书,是当时内容最全面、水平最高的物理教材,流行了近二十年。

光绪二十六年(1900),王季烈至汉阳,入洋务派重臣张之洞的幕府兼学校教习;翌年,张之洞在推荐王季烈参加经济特科考试的卷子上称赞他:好学深思,博闻强识,于中西算学、物理、化学研习精勤,俱有心得。三十年(1904),张又资助他进京参加甲辰科会试。季烈考中进士后,张又保举他入刚组建的学部。在此后六年中,王季烈任学部专门司郎中,主管高等教育与派遣留学生事务,其间还兼任京师译学馆理化教员,一度任该馆监督。在他的严格管理下,第一届学生顺利毕业。

辛亥革命后,王季烈拒绝到袁世凯政府任职,弃官至天津创办乐利农垦公司与华昌火柴公司以养家糊口。早在季烈任学部郎中时,当他得知袁世凯有异志,尚对同僚曰:"宫保若匡济时艰,始终一节,则身名俱泰,否则遗臭万世矣。"袁之同僚诱以利禄,许之以高官厚禄。见其不从,又对他进行威胁,并以"害尔身且掘尔祖坟"来恫吓。季烈笑曰:"吾为社稷以身殉职,祖宗以骨殉而遭难,何惧为?"他自号螾庐,表示不食非义之禄。又镌小印曰"前进士",示意不忘故国。

1918 年至 1920 年,王季烈应交通部总长叶恭绰之邀,聘至交通部筹备子弟学校,取名"扶轮"。他坚持"中体西用"的教育思想,一方面主张家族内子弟学习西方科学技术,要学生毕业后入外人所设学校以求高等学问;另一方面又指出欧西之物质文明确胜东亚,而其精神迥未脱其野蛮之积习,以金钱万能之故造成社会上种种罪恶,以扩张权势之故牺牲国际无数生命,故他认为须尊孔复古才是民族救亡的道路。1927 年王季烈在大连经营房地产

王季绪、王季同、王季烈、王季点

时,曾与清廷遗老郑孝胥交往密切。末代皇后婉容逃离天津到大连时,就住在文化台王家。伪满洲国成立后,王季烈曾任内府顾问,后因不满伪满政权内部倾轧,于1933年脱离伪满,以后一直闲居在家。在大连时,季烈曾受聘到金州明伦堂讲学,主讲《孟子》篇章,当讲到仁义之要旨,争利之祸害,援古证今,反复推阐,听者无不动容,深受门人尊敬。

王季烈一生对昆剧曲论贡献很大。1937年抗战爆发后,他誓不与敌伪合作,在家杜门不出,以著述为生。1942年携家返回吴门,闭门谢客,在家深入研究昆曲曲律理论,颇多创作。著有《螾庐曲谈》,辑著有《集成曲谱》《与众曲谱》《正俗曲谱》和《度曲要旨》,并著有一部杂剧《人兽鉴》,他还能粉墨登场,串演昆剧。《集成曲谱》是王季烈与浙江曲作家刘富梁共同考订集成的,1925年由上海商务印书馆出版。其书共分金、声、玉、振四集,计三十二册,是一部曲作巨著。词、谱、宾白(即念白)包罗较为完备。在这部巨著中,共收录了八十八部传奇脚本里的四百一十六出折子戏。而且所选入的每出戏的词、谱都经过认真的考订,既便演出,又合格律,还对易误读的词、字,均用眉批说明,务使合于曲韵的"音读"。同时,这又是一本功力甚深而又十分严谨的曲学著作。

对戏曲,王季烈既重理论,又重视实践,是一位剧本作家和擅长表演的演员。所作的杂剧《人兽鉴》,共有八个单折戏,每折单独演出一个故事,而内容大多是匡正人心、劝人学好向上的情节,为人称赏,现存有《正俗曲社印本》。在昆曲演唱上,他亦有建树,其在天津时,就创建过"景璟曲社"和"同吟曲社"。返吴后,又建成了"俭乐曲社"与"吴社"。他自己还擅长演唱大花脸,昆剧行当中称曰"净行",在《单刀会》中,他扮演过关羽;在《虎囊弹》里,他扮演过鲁智深,均取得了较好的效果。1952年卒于苏州,享年七十九岁。

妻郑孝瑚,洞庭西山人,生于1873年,卒于1963年,享年九十一岁。两人相亲时还有一段趣事。莫厘王氏为吴中望族,而郑孝瑚亦出身包山名门,两家虽是门当户对,但从未见过面,是遵父母之命、听媒妁之言结成的旧婚姻。据说相亲那天双方的媒人商量好了,叫王家大公子(季烈)乘船到太湖里去游玩,她们让郑家千金(郑孝瑚)坐在船头上。王季烈乘坐另一条船,他也站在船头上,约好时间从对面摇过来。当两艘船迎面交叉时,年轻的王季烈看到未婚妻的面孔,长得很漂亮,而且很有淑女气质,十分满意。可姑娘还蒙在鼓里,一点儿也不知情,只是感到有个小伙子在朝她看,长得很帅气。男方看得中,婚事就这样定了下来。郑氏嫁到

王季烈书法

王家后相夫教子,虽因时局动荡而常居无定所,但两人相互照顾,白头偕老。生有五子:守兑、守则、守炽、守泰(嗣于季点)、守鼎(早殇),二女:守怡、守愉。子女们大多毕业于高等院校,学有所成,为社会做出了贡献。

螾庐诫子篇

王季烈

余幼侍先资政公侧,资政公晨夕闲谈必以先世清芬相训勉,每谓穷通得失,听之于天,不宜强求,此清白家风必须谨守,尤将俭以养廉一语,时时提撕。谓士而能俭则安贫守己,无苟且卑污之行为,宦而俭则刚介不阿,进退去就之间,绰然有余。五十年来,余服膺是训,不敢或忘。辛亥国变后,余得飘然远行,不致同流合污,以玷家风者,皆吾先资政公遗训之赐也。愿我世世子孙亦时体兹训。

子弟固宜求上进,然此为承平之世,世言之,若阳九百六之际,所谓天地闭,贤人隐。宁可自洁其身,或躬耕陇亩,或溷迹市尘,或以工艺医行自给,切不可慕浮荣骛虚名,诡遇趋时,以干仕进,违此训者非我子孙也。

今日无识之人,以为中国就此可以太平者,此梦呓也。以余观之,政治日棼,赋税日重,人心日坏,失业日多,大祸之起即在此数年之中,其乱之久暂,虽未可预,而其惨酷之状,殆为历史所未有。汝曹不幸生此时,苟无地可避,而欲求一自全之道,惟有平时于"勤俭"两字,身体力行,勤则事必躬亲,无须于人,且能锻炼身体,克耐劳苦,俭则恶衣菲食,习为故常。平时既能稍有羡余,以供旨蓄;乱时尤可随地相安,免于颠沛,从来乱世惟养尊处优之人,先委沟壑,汝辈不可不知所警戒也。

曾与友人谈时事,谓今日中国之乱,非民智不开之为害,乃民智半开之为害。友询其故,答之曰,民智不开,则浑浑噩噩,耕凿自安,无所谓乱也;民智果开,则人民具有真知灼见,一切行动胥循正规,亦无所谓乱也;惟民智半开,集此似是而非之学识,以议论政治,妄事改革,遂酿成今日大乱耳,譬之以药治病,绝不知医者,不致杀人;精于医理者,自不杀人;独此稍知医理,师心自用,未有不杀人者也。人民之于国如此,子弟之于家,何独不然。资质鲁钝不识字,不读书者,决不致破家;天性聪颖、语言辨给、性情浮动之子弟,教督尤宜从严。

吾宗之尚宝公一支,世居苏州,自国初以来,人丁极盛,不下数百人,经发匪之乱,丧亡者十之七八,仅余数十人,至今未见增加,虽盛衰自有天命,然因断丧身体,及无力治生,婚娶愆期,以致绝嗣者亦不少。近来盛倡晚婚之说,并著纳妾之戒,且以后嗣之,有无为无足虑。此种学说余不以为然,人人畏鞠育之劳,不愿有子,则其种即灭,其国即亡,尚何待人

王季烈在大连的居所

之灭我种,亡我国哉。故余陈子弟二十以外,三十以内,必当为之婚娶,四十无子,无妨置妾,信时俗之谬论,以斩祖宗之血食也。

　　一家之勤俭之风,虽自男子主之,而内助为尤要,故择妇一事,于家之兴衰大有关系。尔兄弟五人,已婚者三,聘者一,未婚者一。贺氏家风之俭朴,尤过于余陈黄两氏,亦皆守儒业之风,故新妇到我家,躬自操作,不以为苦。尔辈将来为弟择妇,总以选家风俭素,性情和顺,不骄傲,能耐苦者为第一要义,万不可贪奁资,以联财产胜我家之姻,亦不可慕虚名而娶才学胜我家之妇。

　　今则都会之地,中夫之产以上无不雇用仆媪矣。遂使子弟妇女,不任操作,习于游惰,家规因之而弃,家累因之而重。吾家世居江南富庶之邦,近又两代仕官,尔等所目染者,已多奢侈之习,不能若北方乡居之士,半在半读,不用一媪一仆。然而雇用仆媪必须勤于督察,严加限制,饬其购物,则时时自访市价,以杜其侵渔;委之烹饪,则薪米必先购量,以戒其暴殄。否则日常生活之资,耗于必须之衣食者反少,耗于若辈之侵渔暴殄者反多,家安得而不贫,尔等务须切戒。

《莫厘王氏家谱》卷二十三

王季同

天才数学家、机电学家、佛学家

王季同(1875—1948),名季锴,字孟晋,号小徐,东山陆巷人。王颂蔚之子。光绪二十一年(1895)毕业于北京同文馆。自幼喜数学,二十八年即出版《积较补解》《泛倍数衍》《九客公式》等著作,为我国早期介绍西方数学的重要书籍。翌年随蔡元培组织拒俄同志会,主编《俄事警闻》。宣统元年(1909),派赴英国任清政府驻欧洲留学生督署随员,后转入英吉利电器公司及德国西门子电机厂学习。宣统三年(1911)在英国爱尔兰皇家学会会刊上发表有关四维函数求微分法的论文,被称为"王氏代数"。回国后,曾任镇江大照电气公司、吴淞中国铁工厂主任及顾问工程师,在上海创办大效机器厂。民国五年(1916)发明一电气变流方法。民国十七年,任国民政府中央研究院工学研究所专任研究员。次年,出席日本东京万国工业会议世界动力协会东京会议。民国二十九年后又发现分解电网络之新方法。晚年研究佛学,著有《佛法与科学之比较》《佛法省要》《独立变数之转换与级数之互求》等。其女王淑贞为著名医学教育家。

《吴县志·人物》(上海古籍出版社1994年版)

王季同

王季同(1875—1948),字孟晋,号小徐。莫厘王氏二十四世,"季"字辈,属王氏老四房(北宅)惟道公季子王琬支(谱称光化公支),王鏊长房延喆裔孙。王颂蔚次子。我国清末民初天才数学家、机电学家和佛学家。国际数学界"王氏代数"的创立者。

季同自幼极为聪慧,在数学上颇具天分,早年在北京同文馆学习《算学》。这是一所我国创办最早的"洋学堂"(1862年6月4日在北京成立),用以培养"译员"(时称"通事")。季同在同文馆就读时,从不涉足课堂,仅参加期末考试而已,却在数学考试中被数学教师发现其学识超过自己,而推荐他在该馆任教数学,同时还兼授英文、机电工程学等。

光绪十七年(1891),王季同十六岁时,便有《泛倍数衍》和《勾股补解》问世。在近代数学中,通常是以微积分求级数,而王季同在《泛倍数衍》中则根据中国传统数学《天元代数相消开方之意》,设一"泛函数"来求级数。此书颇得当时前辈学者同文馆教习席淦(祖籍东洞庭山)好评。光绪二十一年(1895),年刚二十岁的王季同毕业于北京同文馆,后留校任算学教习。蔡元培称:"小徐先生有数学天才;二十岁左右,即有关于数学的著作,为前辈所推许。"

光绪三十四年(1901),北京同文馆解散,并入京师大学堂。后蔡元培在京组织拒俄同志会,出版《俄事警闻》日报,聘请王季同任主编。从1902年起,王季同与叶瀚、吴稚晖、蒋维乔等,执教于蔡元培任总理的北京爱国女校。期间,王季同还在爱国女校参加炼制炸弹,向秘密小组授教制作炸弹之法。接着,他又北上任京都同文馆副教习(副教授)。宣统元年(1909),王季同被派赴英国,任清政府欧洲留学生监督署随员,两年后转入英吉利电器公司和德国西门子电机厂研究实习,期间曾发明转动式变压器。宣统三年(1911),王季同在英国爱尔兰皇家学会会刊上,发表了有关四元函数求微分法的论文,被后人称为"王氏代数"。是我国最早在国际刊物上发表数学论文的数学家。

近现代

1911年年底,王季同从英国归来后,蔡元培邀请王季同、周树人(鲁迅)等人为筹备员,从事教育部组织、学制改革等事宜。1912年王季同与章士钊开展有关行政系统与逻辑方面的论战,"往复辩论之文,共不下十通",最终章氏以"虽仍有可商之点,且俟异日发起新题,再行细论"而结束。

第一次世界大战期间,王季同集资约两万元,同友人先在上海闸北通天庵创办大效机器厂。时内燃机引擎已颇盛行,大效机器厂建厂之初,即以制造内燃机为目的。他首先向美国购得制造设备若干台。同时,他还设法向美国购得制造引擎的全套图纸,于是按图索骥,首先制成了二十五匹马力冲灯式双气缸柴油机引擎一台。由于季同不善于经营管理,且用人不当,经营日渐亏损,终至1924年倒闭。王季同与人对簿公堂,还差点惹上官司。尔后,王季同在镇江大照电器公司工作,继而至吴淞中国铁厂任主任及工程师。不久,范旭东和景韬白等拟在天津创设永利制碱公司,但担心新法制碱不能成功。当时此"苏尔维法系秘密专门技术,不但中国无此技师,即日本亦失败多次",范氏"虽化学专家,对于亚马尼亚法亦未敢尝试"。后来由于王季同试验制碱成功,对范氏等创办人树立信心、创办制碱公司起到了重要作用。

1927年蔡元培任中央研究院院长，王季同应蔡所聘，参加中央研究院筹备会，并被指定与宋梧生、周仁等为理化实业研究所常务委员。1929年，王季同还出席了世界动力协会东京会议，为中国代表。1930年后，他研究新的电网络计算方法，成果载入中央研究院的《科学记录》。他在中央研究院工作期间，主编"年鉴"，从1930—1934年五年中，中研院编制的"年鉴"上，大多是他的论文。1930年2月，王季同在《国立中央研究院院务月报》上发表了一篇题为《螺旋形弹簧之新公式及其与华尔、胡德二氏新公式并华尔实验之比较》的文章，引起了国内外同行的重视。在1931年出版的《万国工业会议会刊》上，收录了王季同的《螺旋形弹簧之新公式》一文。1934年4月《集刊》第二期上，又刊登了他的《关于分解电网络之新方法》的论文。

1948年，王季同在苏州病逝，享年七十三岁。他除早年出版的一些数学论著外，还出版有《独立变数之转模与级数之互求》《螺旋形弹簧之新公式及不规则图面积之图解新法》《变压器诸尺度求最经济比例方法》《电网络分析的一种新方法》等数学和机电书籍。晚年又注重于对佛教的研究，著有《佛法与科学之比较》《佛法省要》等。

妻管尚德，继室管尚孝，苏州人。这是一对亲姐妹，姐管尚德生第三个孩子明贞时难产而亡，妹管尚孝继之。她们共生有十二个孩子，兄妹中除守元等五人因病早逝外，七兄妹都成为我国著名的专家、学者、教授，而且四人是物理学家，两人是中科院院士。这与王季同在各方面给子女们起好的楷模作用和独特的教育方法是分不开的。

王季同、管尚孝伉俪

王俊臣

撰写《玉润堂家训》

王俊臣

王俊臣(1877—1944),名仁森,字俊臣,以字行。莫厘王氏二十二世,"仁"字辈,属王氏老四房(北宅)惟道公次子王璟支(谱称以润公支)。王熙鸿之子,宪臣之弟。上海美商花旗银行买办。

王熙鸿字云逵,号汉槎,服贾于沪上,曾以助灾赈济被朝廷嘉奖,分发河南为官,未赴任。有二子,长宪臣,次即俊臣。王俊臣子承父业,终生在上海服贾,曾任上海花旗银行买办多年,积蓄丰厚。其资产主要在沪投资房地产,晚年在泰兴路张家花园七十七号购置地块,建造了一幢当时称作"花园洋房"的豪华住宅,供祖孙三代人居住。他还在上海闸北区购置大片土地,建造出租房经营房地产业。王俊臣热心社会公益,对洞庭东山旅沪同乡会捐助尤多,被同乡戏称为"戆徒",实为对他无私资助同乡事业之赞赏。苏州是东山商贾至上海必经之城市,为便于同乡返山春秋祭祀,俊臣出资在苏州阊门内建玉润堂,并由名士潘常翰为之撰《苏州玉润堂家祠记》,曰:"王君俊臣,虑子弟之谋生沪地者惮具区风涛之阻,不获躬亲祀事,爰于苏城阊门内浒溪仓旧址建造家祠,奉高祖、曾祖与考之主,而春秋祭祀矣。"

玉润堂家训

王俊臣

祖辈创业不易,未知稼穑之艰难,人情之浓薄,祖宗创业极艰,子孙毁弃甚易,不惮谆谆告诫,冀汝曹承先人之志,启后人之智,厥有四端:曰力学、曰持身、曰承家、曰应世。

何谓力学?即尽我之力,以学一业,业成借以糊口、赡家。学而不力,则所业不精,即无以立身,无以顾家。在家为生食之废人,在国为无业之游民。

王俊臣(后排左六)合家照

故人必择业,业必由学,然求学宜重实用,不务虚名。须知读书为求明理,通经所以致用,尚埋头读死书,而不求事其理,满口发空论而不切于实用,则何益于事乎?在昔科举时代,慕虚荣者,皆使其子弟读书,若读书即足以为业者。然其唯一出路,只有做官,殊不知误尽苍生者,皆为求官而读书之人也。今科举废矣,人家子弟大率以大学毕业为荣,且以出洋游学为尚,以胜科举时代矣。然学校所习者,理论多而实践少,苟学校卒业,辄自以为满足,而不复虚心求进步,则能谈空理,而不能做实事,仍一废物而已。须知学无止境,有学校中所得之学问,有职业上所得之学问,有社会上所得之学问,而职业社会上所得之学问,实胜于学校中所得之学问。

何谓持身?即我身之操守保养是也。《孝经》云:"身体发肤,受之父母,不敢毁伤,孝之始也。"《论语》云:"父母惟其疾之忧。"综上两说,可知持身之道,较力学为尤重。近见富家子弟,青年学士,恣肆放纵以自毁其身,不孝不义莫大于是。世间力作农夫,贫寒子弟,大率身体坚强,疾病甚少,而膏粱富贵之家则相反,故俗有财多身弱之谚,非财之即能弱其身也。多财而自逸,则身体日惰,而少锻炼之功矣。多财而自纵,则嗜欲日盛,而多颓丧之事矣。农家日出而起，日入而息，尤与健身之道相合。今之富家则不然，仆婢成群，事事不愿躬亲，出必车马，一手一足之劳所不愿为，而纵情于声色，劳形于赌博，起居无节，欲保身体之长久，其可得乎？余之所谓持身者，愿尔辈力矫此等弊病，斯可矣。

何谓承家？凡祖宗之遗训，父兄之言行，皆应守之勿失，始得谓之承家。近人但知能守其资产，或能十倍百倍其资产，即为能承其家，此实为大误。不知资产者，第求足以养生送死，免于饥寒可矣。为富不仁，增殖无已，不惟不足以与家，且因此而毁家。吾东山王氏，世有忠厚王家之称，近世如兰水、兰坡诸公，不吝巨款，设立义庄以赡族人，而我汉槎公及叶太夫人，自奉甚刻苦，独善举公益敦宗睦族之事，皆不惜巨资以提倡之，故能荫子孙。《易》曰："积善之家，必有余庆。"《书》曰："作善降祥，理固不爽。"每见世之富家，攘人之财为己财，夺人之产为己产，此决不能久保。徒知居积，能聚而不能散，其子孙以财产为可持，即不事生理，甚或骄奢淫逸，陷于坠落，亦终必败家而后悔。予以承家望之尔辈者，盖谓资产之外，尚有大者、远者在也。

何谓应世？即待人接物是也。人不能离群而独处，则修身齐家之外，尤当知应世之道。《论语》云："言忠信，行笃敬，虽蛮夷之邦可行也。"尔曹生今之世，万勿以为今之人情，已大异于古，机械变诈，用以应世而有余，殊不知人情物理，古今中外所尽同，我以诚信待人，人亦以诚信待我；我以诈伪欺人，人亦以诈伪欺我。予少时体弱，且早入商肆，读书无多，闻道较晚，所时时在念者，惟母氏叶太夫人之教诲而已。四十年来，艰辛备历，情伪稍明，敢以告尔辈效法。尔辈须知以诚信待人，以正直取友，以谨慎处事，以谦让涉世。近时道德日丧，狡诈百出，尔辈须知酒食征逐之中，决无良友，搭肩谄笑之辈，决非正人，能以直言面规我之过者，方为至交，不轻然诺于人之言，方为可信。欲经营一业，须先虑其失败如何，而后投资，与人交易，务求公平，宁可稍吃小亏，则不致受大损。以上数端，皆应世之要道也。

吾家世营商业，至汝曹已五传矣，昔之由盛入衰者，今已由衰转盛，予深虑今后之盛极复衰，故谆谆告诫尔等，孟子所误用生于忧患，生于安乐，宴安鸩毒，不可怀也。皆尔辈所宜切念，务各守商人之本分，承祖父之资财，克勤克俭，非惟弗谖永矢，终身力行，抑且训其子孙，流传亦禩，予有厚望焉。

王季昭

献身振华女校的主任导师

王季昭(1877—?),女,莫厘王氏二十四世,"季"字辈,属王氏老四房(北宅)惟道公季子王琬支(谱称光化公支)。王鏊长房延喆裔孙女,王颂蔚长女。美国蒙特霍育克学院文学硕士,燕京大学教授,苏州振华女中的英语教师、主任导师、图书馆馆长。

王季昭(中)

王季昭早年有过一段不幸的婚姻,她年轻时遵从父母之命、媒妁之言嫁到了苏城的豪门费家。王颂蔚在京为官时,因与金石之好的同僚常州人费念慈交好,他便把长女王季昭许配给了费念慈的儿子费毓桂。费毓桂是光绪二十七年(1901)辛丑科的举人、员外郎,娶季昭为妻后,又纳妾戴氏,惹得王季昭弃夫而逃。另有一说是成亲拜堂那天,洞房花烛之夜,王季昭写了一首不满的小诗,贴在床帐门上。结果被丈夫发现,告诉了母亲。据说费母是当时苏州城里有名的"七只半雌老虎"之一,马上责令轿夫把刚过门的媳妇退回娘家去。季昭的母亲王谢长达当然不会同意,又生气地把轿子退回了费家。费家不许轿子进门,连大门也不开。那天正好是除夕之夜,苏城千家万户正团聚在一起吃年夜饭。一顶花轿在苏州城内来回奔波了好几次,轿内的新娘早已哭得死去活来。最后还是母亲心疼女儿,退让了一步,让轿子进了家门。从此,王季昭再也没有回婆家门,也没有再嫁。

早在振华女中创办初期,母亲王谢长达就感到自己缺乏文化知识和现代教育理念,要培养长女季昭和次女季茝读书,将来好接替自己的事业。当时季昭、季玉都已二十岁出头,仅有小学部的振华女校已容不下这两个大姑娘了,于是把姐妹俩送进了苏州景海女塾。这所女校是美国基督教会于光绪二十八年(1902)开办于苏州的女子学校,以培养具有一定文化修养的淑女而著名。正当季昭姐妹在景海女塾毕业之际,两江总督端方出洋考察政治,在美国参观各校时与校长关系融合,争取到了美国耶鲁大学等三所大学同意接收一批中国留美男女生名额。赴美留学条件是"中学堂以上毕业,能直接听讲,女生有中文通畅,西洋文亦有门径者"。1907年6月23日,宁、苏、皖、赣四省凡符合上述条件的男女青年,参加了由严复校董支持的两江官派赴美留学考试。决心彻底逃婚的王季昭、王季茞姐妹也参加了这次考试,结果妹妹王季茞与胡彬夏、宋庆林(即孙中山夫人宋庆龄),被录取为女生正选,王季昭和杨荫榆录取为女生备取。正当王季昭感到无望时,又传来两名备取女生改为官费派往日本留学的好消息。

1910年7月,王季昭和三妹王季玉从上海启程,来到了日本长崎,进入活水女校继续读书。她们的最后目标是到大洋彼岸的新大陆去,到美国去学习西方文化。长崎是日本的重要港口,幕府时期日本唯一对外开放的城市。而活水女校是一所办得相当不错的女子学校,除国文外,设有医学、天文、地理、数学、物理、化学等课程。季昭姐妹在这里埋头苦读了两年,设法补习在国内学到的少得可怜的英语。王季昭生于1877年,在日本求学时已三十多岁,其学习难度可想而知。她以顽强的毅力,花了两年时间,于1912年6月,同妹妹季玉一起从这所学校毕业了。是年9月,季昭姐妹乘船自太平洋经印度洋到达美国,进入美国东部的马萨诸塞州蒙特霍育克学院留学。这所学院创办于1837年,是美国最早的女子大学之一,以文科和艺术科学见长。姐妹俩在蒙特霍育克学院前后待了四年,于1916年9月毕业,获得文学学士学位,其时王季昭已年近四十岁,妹妹季玉也三十一岁了。离家的时候姐妹俩还是青春年华,现已是年过而立。

1917年,王季昭姐妹出国留学七年后乘远洋轮船回到上海,她们婉言谢绝了一些朋友的挽留,以及不少慕名而来的高等学府的邀请,回到母亲创办的振华女中教书。季玉介入校务,担任学校的教务主任,而季昭在校教授英语。在振华女校创办大学预科班和扩建中学部的过程中,王季昭全力协助已实际负责全校工作的妹妹王季玉工作。为招收中学班生源,姐妹俩学当年母亲王谢长达的办法,走家串户奔走劝学,再三宣传女子上中学的益处。1926年,校长王谢长达自己提出,因年老体弱,已不能胜任校长一职,建议由三女儿女季玉接任校长。经校董们商议,一致推举王季玉为校长,王佩诤为副校长,王季昭处理学校内部事务。王季昭除了教书外,是实际上的教务主任。1925年6月至1926年年底,王季玉赴美参加太平洋国际会议,结束后又留在美国,在哥伦比亚大学进修教育学,王季昭全力协助副校长王佩诤管理好学校。1937年11月,苏州即将沦陷前,振华女校搬迁至东山翠峰坞席家祠堂上课,时已年近六旬的王季昭不顾年老体弱,赶往东山给学生上课。

王季昭虽然是从美国留学归来的,但生活非常节俭,生活中不浪费一点点东西,吃饭结束时她经常舔碟子。据王义祥教授(王季烈之孙)回忆,当时他们一家与大太姑王季昭同住,每顿吃晚饭时,奶奶(王季烈妻子郑孝琊)总要端出一碟臭豆腐来,这是喝稀饭最好的小菜,而且又是奶奶自己做的,大家都很爱吃,每天碟子里的臭豆腐很快被吃空了,只剩下一些臭豆腐卤。这时大太姑王季昭就会端起盆子来问大家:"嗯笃啊要吃哉?嗯笃覅吃么我来吃脱伊。"当她听到大家说,都不要了,你打扫掉吧,于是她就把自己的稀饭倒进碟子里,搅和一下,端起碟来喝完,最后还要伸出舌头来把碟子舔干净。

王季昭是一位虔诚的基督徒,每天早晨,每顿饭前,她都要向基督祷告;每天晚上睡觉前,她都要向基督忏悔;每个星期日,她必去教堂做礼拜。也许,只有耶稣基督才是她最知心的朋友,她基本上做到了无怨无悔,与世无争。

王季昭是位不幸的女性,她成亲的当夜因作诗而被婆婆逐回娘家后,终身未再嫁。但王季昭又是位平凡而伟大的女性,她像她的母亲王谢长达和胞妹王季玉一样,把自己的毕生精力都献给了振华,献给了教育事业。

1936年,振华三十周年校庆时,上海《申报》有一段报道:

苏州振华女校,为清末王谢长达女士殚竭食物辛苦创成。今年为该校创立三十周年,学校创立之早、经理之久、成绩之善、栽培之众、发展之速、规模之伟,盖称首擘。此则王谢长达女士之识见规划为主因,而王谢长达女士之二公女王季玉、王季昭两女士之克继先人之志,经营奋斗,悬的以赴,卒有今日,其功尤为伟大。王季玉、王季昭两女士,早年均留学美国,得硕士学位。学成归国以后,一力献身教育,独身励志,谢各地高位厚薪之邀请,而专事办理振华女校,忍耐寒苦……而欣然泊然,以振华女校之福利为一身之福利。故江浙一带,知振华女校者,必知王氏二女之学问道德,莫不重加信任,携子女就学振华女校……今年十一月十四日,该校三十周年纪念,同时适大礼堂落成,乃举行盛大之纪念式。名人如蔡元培、竺可桢、陈礼江、汪典存均亲自到会演说。苏城知识界、文化界莫不欣然莅至,赞叹褒扬之。

王季点

京师大学堂提调

王季点(1879—1966),字巽之,号琴希。吴县东山陆巷人(王鏊第十四世孙),王颂蔚三子。教授、实业家、社会名流。光绪二十八年(1902)留学日本,毕业于日本东京高等工业学校。三十二年回国,任农工商部艺师。三十四年,廷试钦点内阁中书。后又赴日本求学。归国后,初任京师大学堂提调(教授),继任农工商部主事、度量衡局委员,北平工业实验所技正(工程师)兼代所长。曾先后在北京、丹东等地创办丹华火柴公司(后更名为北京火柴公司、天津火柴公司等),在北京创办玉泉酿酒公司,任董事长。1956年,任北京交通银行私方监察。晚年致力词学研究,《宋词上、去声的剧曲关系及四声体考证》在中华书局《文史》杂志上发表。著有《便蒙丛书》《小学理科(初集)》等。1966年病故于北京,享年八十七岁。

《吴中区志·人物》(上海社会科学院出版社2012年版)

王季点(1879—1966),字巽之,号希琴。莫厘王氏二十四世,"季"字辈,属王氏老四房(北宅)惟道公季子王琬支(谱称光化公支)。王鏊长房延喆裔孙,王颂蔚三子。京师大学堂提调(物理系教授),北平工业实验所技正(工程师)兼代所长,是组建中华化学工业会发起人之一。

与两位哥哥一样,王季点从小也聪明过人,1900年留学日本,毕业于东京高等工业学校应用化学科,1906年获游学毕业考试优等奖,奖给工科举人,授农工部主事。赴日留学前,季点曾在江南制造局翻译馆任翻译及教育工作,译有《制合法金》,又帮助长兄王季烈学习日语并校对《通物电光》《物理学》等书。王季点还著有《便蒙丛书(初集、二集)》《小学理科(初集)》等。日本留学归国后,初任京师大学堂格致科提调(相当于现理工学院院长),又担任过农工商部主事、度量衡局委员、北平实验所技正(工程师)兼代所长等职。为走实业救国道路,季点先后在北京、天津、丹东等地

王季点

创办丹华火柴公司（新中国成立后更名北京火柴公司、天津火柴公司）等企业，自任董事长，并参与技术指导。他还在北京创办玉泉酿酒公司，自任董事长兼技术指导。北京沦陷时，日伪欲拉拢工商业者与日商合作，王季点坚决拒绝。1956年公私合营时，他当选为北京交通银行私方监察。

从少年时起，王季点就酷爱化学及化学实验，曾因刮墙皮取硝而烧破衣服，被母亲埋怨。成年后又在北京上斜街旧居辟了一间工作室，自己吹制玻璃器皿供化学实验之用。以后，又在颐

王季点题吴湖帆《凤池精舍图》

和园北墙外青龙桥上造了一幢别墅，取名"陋园"，园内柏树小径，一大架藤萝，广植桃、杏、李、柿、葡萄等果木。北面有房屋四五间，后园有一片菜地，掘井汲水浇菜，上有葡萄架遮阴，闹中取静，有世外桃源之乐。青龙桥临近红山口，王季点曾想在和平时期建有一个自己的化学实验室，而买下了半个红山头，又广为绿化，雇人看管，因而几乎花尽了他的积蓄。新中国成立初期，看园子的雇员想从中渔利，把主人雇他看管的这大片山地租给别人，因而成了没有大地主的二地主。

王季点为人温和内敛，不事张扬。人在商海，却淡泊名利。他在学术上很有成就，20世纪50年代的《化学通报》上发表过他的著作《有关中国化学史的考证资料研究》。为配合扫盲运动，著有《常用汉字速成识字统计研究》的文章，并自费刊印后寄发有关单位应用。晚年致力于词学研究，曾著有《宋词上、去声的剧曲关系及四声体考证》，发表于中华书局的《文史》杂志上。所著《词学规范撷要》自己油印后分赠亲友和有关单位，获得语言学家丁声树的好评。他对古代桥梁也很有研究，还协助茅以升收集有关中国古

王季点(二排右二)同家族合影

代桥梁史资料。王季点一生酷爱摄影,除独自赴华山、泰山等名山拍摄作品外,还和严复等知已组织"光社",专门致力于研究摄影艺术。

1966年5月19日,王季点病故于北京,享年八十七岁。妻张氏,生于1876年6月7日,卒于1916年1月21日,年仅四十一岁。无出,嗣兄季烈子守泰。继妻孙瑞兰。子二:守甲、守一(早殇);女三:守亨、守窕、守辰。四名儿女都毕业于高等院校,其中守亨师从齐白石学画,很有成就。守甲与守辰分别为中央财政部公务员及北京大学儿童青少年卫生研究所研究员。

王季堃

东莱银行上海分行经理

王季堃(1881—1962),字子厚,生于清光绪七年(1881),东莱银行上海分行经理,上海银行公委委员。莫厘王氏二十四世,"季"字辈,属王氏老四房(北宅)惟道公季子王琬支(谱称光化公支)。祖父仁煦,殉难于太平军兵乱。父叔蕃颇具传奇色彩,十二岁时被太平军掳去,转战浙江、安徽诸省,十七岁方逃出太平军营,备尝艰辛,又五年后返回家中,才得知父母当年骂贼不屈而死。尔后叔蕃赴厦门创业,成就了一番事业,官至知府,加三品衔。

叔蕃公生有四子,季堃为其长,出嗣于兄叔棆为子。季堃生于书香门第,幼年受父母教育,深知以宽厚待人,诚信笃友为重,他从小立志读书,以希光大门第。十六岁时入上海钱庄,从练习生做起,一步一个脚印,踏实做事,认真负责,不断提升任要职。曾在大清银行工作多年,1920年自己创业建办东莱银行上海分行,任经理。东莱银行是20世纪20年代开设在天津的一家私人银行,由当时青岛臭名昭著的"烟土大王"刘子山、成兰圃、吕月塘三人合资两百万元,1918年在青岛建办。1919年至天津设分行,1920年在上海、济南、北京等地设分行。

王季堃在上海金融界享有极高的威望,因而受到同业同人的信任,被推举为上海银行公会委员。在担任东莱银行经理期间,他还积极参与投资民族工业,以抗衡洋货侵占国内市场。历任南通大生纱厂董事、安乐毛纺厂和上海申大织布厂董事长以及纬成纺织厂、天香味精厂和大元纺织公司等董事。他把自己积累及金融界雄厚的资金充实到民族工业发展中,以提高国家的经济实力。新中国成立后,政府实行金融业改造,各行业都进行公私合营,成立董事会,王季堃又被推荐为监董。对于族中的公益之事,季堃也极为

王季堃夫妇与曾孙王民则在上海王家花园

王守勤伉俪

热心。1937年王氏家族《莫厘王氏家谱》修谱期间,他腾出场地提供修谱之用,每天早餐后,他和季林一起去办公室参与修谱中的许多实际工作,是《莫厘王氏家谱》民国谱的修谱倡议人和重要参与者。

1972年,王季堃卒于上海,享年九十一岁。妻吴遵瑞,生一子守勤,曾创办上海大元纺织公司和中原保险公司,分别任经理和总经理。女宜麟,适东山席叔文。继室徐惠东,生一子守炤,娶妻上海陈文妹。女四:佩林适苏州周铮临,曼林适广东郑玮民,悟林适邬锡荣,庆林适居正。

王季钦

"德生堂"中药店创始人

王季钦(1881—1953),生于清光绪七年(1881),常熟敬安镇"德生堂"中药店创始人。莫厘王氏二十四世,"季"字辈,属王氏老大房(东宅)惟善公长房王琮支(谱称孟方公支)。父叔琦,字步韩。生季衔、季锴、季钿、季钦、季钤五子。

王季钦

早在清乾隆年间,王琮有一支裔孙赴徐州经商,遂迁居沛县。季钦少年时家境困难,全靠祖母和母亲给人家裱糊靴子换钱度日。他在家中排行老四,与老五季钤是孪生兄弟。家中人多,生活拮据,季钦十多岁时母亲就将他送到一家中药店当学徒。少年时季钦就勤奋好学,店内师傅炮制中药时,他留心了解各种药材的药理及功效;在店铺照方抓药时,细心了解各种药方治疗的病症,空闲时就看医书并抄录,留意先生怎样给病人搭脉、问诊和开方子。功夫不负有心人,通过他多年的刻苦学习,年轻的季钦就掌握了各种中药材的药理和疗效,并学会了诊断、开方。有时店里先生不在,他为求医病人问诊和开方,从无有过差错。药店对他很器重,常让他随先生一起出诊和外出采购药材,这使季钦在中医药方面得到了进一步的实践和提高。学徒满期出师后,他自行创业,和胞弟季钤到敬安镇上开了第一家中药店——德生堂药店。

药店初创时困难重重,店里人手少,季钦既当老板,又要坐堂行医、出诊看病,还要外出采购药材,但这些困难兄弟俩都一一克服了。德生堂以德经营,所售中药货真价廉,业务开始有了起色。季钦以医德为上,医术精湛,药店在敬安镇很快赢得了声誉。德生堂行医,对家境贫寒抓药的乡亲季钦总是免费送药,对老爹老娘有病不便行走子女上门来请医出诊,他总是随叫就行,即使深夜来请他立即出诊。德生堂得到发展后,王家在敬安镇又开设了分店。后来老店由长子守成掌管,分店让三子守夷经营,季钦的这两房儿子都在敬安镇落了户。

王季钦在敬安镇行医数十年,不知医治好了多少人的疑难杂症,遗憾的是他没有把医术药方传给后人,1953年季钦去世,他一生中看病积累的一些秘方也随之失传。据他的长孙守德之子义文回忆,1955年夏日的一个早晨,有位老者蹲在王家住屋门前,看上去非常疲倦,见到屋内有人出来,有气无力地问:"王四老先生住在这里吗?"义文问:"哪里的王四先生?"来人告知说,他是从敬安来的,他的儿子小时候患有羊角病,王四先生给开的药,吃了几帖就好了,这几十年没犯病,现在不知为啥老毛病又复发了,到处求医抓药也没治好,想请老先生再给开个药方。当得知王季钦老先生已过世两年后,他问道:"有没有把治病的一些方子传给后人?"当听到义文说:"没有。"老者失望地叹了口气说:"可惜,可惜。王老先生是位善人啊,现在找不到这样好的先生了。"

　　妻周氏,子三:守德、守廉、守夷;一女:守素。王季钦少时勤奋好学,以德立业,虽然没有把"德生堂"的一些医方留给后人,却把为人做事的德行传给了裔孙。现在他的子孙中三分之一的人学历达到大专水平,在各自的岗位上为社会做出了贡献。长子守德,曾担任徐州市副市长。

王季绪

北洋工学院院长

王季绪,字纫庐,吴县东山人。早年赴日本留学,入东京帝国大学,获工学士学位后,又赴英国留学,入剑桥大学工科,获博士学位。归国后,历任国立北平大学机械科主任、代理校长,北洋大学代理校长,北京大学工业院教授,私立中国学院教授,私立中国学院教授,北洋工学院院长等职。民国三十五年(1946),应聘出任东山莫厘中学首任校长。1949年7月北上。后病逝于北京。

《吴县志·人物》(上海古籍出版社1994年版)

王季绪(1882—1966),字纫庐,莫厘王氏二十四世,"季"字辈,属王氏老四房(北宅)惟道公季子王琬支(谱称光化公支)。王鏊长房延喆裔孙,王颂蔚四子。北平工学院长,天津北洋大学校长。

清光绪八年(1882),王季绪生于北京,年仅十三岁时父亲病故,只得随母亲和兄弟姐妹一起回到苏州故乡。父亲忧国忧民,因甲午海战失败,悲愤而亡;母亲致力于争取女权,为创建苏州振华女中而四处奔走,加上哥姐们的发奋读书,对少年王季绪影响很大。季绪早年就读于北京同文馆,后留学日本东京高等工业专科学校,毕业后前往英国剑桥大学求学,获硕士学位。归国后先执教于北平工业学院,任教授。一度还在清华大学任过教。任过天津北洋大学工学院教授、系主任、教务长、代院长等职。期间还兼任原黄河委员会委员、中国工程师学会理事。在大学生涯中,王季绪为国家培养了许多人才,他在投影几何和机械制图的形象化教学等方面有突出贡献。

"九一八"事变后,为抗议国民党当局逮捕北洋大学进步学生,王季绪同进步师生一起进行绝食斗争,并通电蒋介石要求"停止内战,一致对外,进行抗日"。1931年10月,日本已占领我国东三省一个多月,全国人民要

留英时期的王季绪

求抗日的呼声一日高过一日。而此时南京国民政府宁粤两派却在上海召开"党争"会议,对于抗日只有议论,无一点实质性的进展。"和平会议"即将又一次陷于破裂,国家面临倭寇侵略之灾时,王季绪救国心切,他决定以绝食促使当局觉悟,尽快共赴国难。11月1日,王季绪开始绝食,同时致电南京国民政府几位要人:南京中央党部陈立夫先生转蒋主席,及上海胡汉民、汪精卫、蔡元培暨"和会"诸公鉴:国难当前,纠纷未已,举国青年,莫知适从。季绪才薄,不足匡辅,惟有誓死呼吁。愿与诸公约:和议一日未成,季绪一日不食;十日未成,即十日不食⋯⋯王季绪绝食的消息传开后,北洋工学院全体学生决议:王老师"如不获救,誓与同殉"。在王季绪院

关于王季绪绝食的报道

长爱国精神的影响下,11月7日,北洋工学院三百五十余名学生,联合平津教育界学生代表还前往南京、上海请愿,开启了全国学生请愿的序幕。其间,北洋工学院还有学生冒死卧轨,抗议当局的不抵抗主义。

天津沦陷时,王季绪因正在北平处理家事,至天津的交通突然中断,未能随学校西迁兰州(即后来的西北联大)。王季绪任过北平、天津两座高等学府校长,在教育界极有名望,敌伪当局妄想利用他的威望,威胁引诱施尽阴谋,要王季绪与之合作,被严词拒绝。接着,王季绪回到了苏州老家隐居,在母亲王谢长达创办的苏州振华女子中学任教。

抗战胜利后,王季绪受洞庭东山旅沪同乡会的邀请,在故乡东山创办莫厘中学,教授物理,并兼任校长。学址设在叶巷万家祠堂内的莫厘中学,由叶振民为校董(原严家淦大舅,时任上海大同橡胶厂厂长),所聘教师均为执教多年教育经验丰富的老教师,所选教材亦为当时的名版教材,其教育质量

在苏州可属一流。王季绪之子王守棣曾回忆说,他在莫厘中学初中毕业后,至华东野战军炮兵部队入伍当兵,从部队复员回地方后,突击复习三个月,直接考入清华大学水利系,这与当年莫厘中学教育质量高,基础知识扎实有很大关系。1946年,王季绪返京接家属回东山途经天津,时任北洋大学校长的李书田宴请老校长,曾邀请王季绪回北洋大学任职,被王以时局不稳为由婉言谢绝。新中国成立后,北洋大学再次致函请王季绪回北洋任教。1951年他携眷北上回京,再次受聘于北洋大学,任机械系教授。

王季绪

　　1966年"文革"开始,王季绪因年迈有病,医院疏于治疗,是年病逝于天津,享年八十四岁。妻顾悟明,生于1884年,三十六岁而卒。继妻夏纬玫,江阴人。子六:守中,毕业于清华大学,中国科学院研究员,长春市政协常委。守和,毕业于清华大学,高级工程师。守洽,未成年早亡。守睦,毕业于华北大学,北京工艺美术协会副秘书长。守棣,毕业于清华大学水利系,留校任教,任副教授,1993年离休。守坦,毕业于北京地质学院,教授级高级工程师,国土资源部航遥感中心研究所所长。女四:守京,毕业于清华大学,随夫台湾"中央研究员"院士董同苏一起工作。守荣,毕业于北京辅仁大学,年仅二十三岁而卒。守朴,毕业于北京辅仁大学,中学一级教师。守实,毕业于北京工业学院,北京理工大学副教授。

王仁德

民国时上海实业家

王仁德(1886—1959),字佐才,生于清光绪十二年(1886)。莫厘王氏二十二世,"仁"字辈,属王氏老五房(南宅)惟能公长房王琛支(谱称友泽公支)。王氏老五房这一支人口不甚旺,王琛虽生有四子,但两个早亡,一个出继陆巷叶姓,仅长子王镛有传。王仁德为友泽公十三世,从小家境清贫,他早年赴沪,奋斗一生,成为沪地有影响的实业家,且乐于社会公益,不管是在沪地还是东山均留有贤名。

王氏友泽公支原居于后山石桥村,从王仁德的曾祖父起搬至陆巷夏家井居住,祖上世代以务农为业。父亲希泰少年时好读书,农业知识较为丰富,为增加东山果树种类,曾雇舟前往福建购买良种,造福乡里。希泰生基、荣、德三子,仁德为其幼子。王仁德三岁丧母,自幼由父亲带大。八岁时父亲病故,生活全靠兄嫂照顾。仁德从小很想读书,将来能考取功名,但因生活困苦,只得弃儒经商,到上海当学徒。1901年,刚满十五岁的王仁德身背一只布包,孤身一人前往上海,由舅父介绍到周荣生开设的照相房当学徒。照相房设在楼顶阁楼里,屋顶是玻璃棚,利用日光照明湿片冲印。夏天烈日当头,冬日在冰水中操作,还有废水中的化学气味使人难以忍受,条件非常艰苦。仁德刻苦学艺,又聪明诚实,深受老板器重。1916年湖南长沙官保局建办印刷厂,至上海招聘印刷职工,王仁德与制板、印刷、装订等技工应聘前往长沙。在长沙同丁氏结婚,数年后回上海,仍在周荣生照相房做事,还兼任上海新民印刷局经理和新声棉织厂董事。

20世纪初,正值列强侵略瓜分中国,尤其是日寇侵占东北三省,疯狂掠夺我国资源,东洋货充斥中国市场,有关国计民生之商品,均被外商

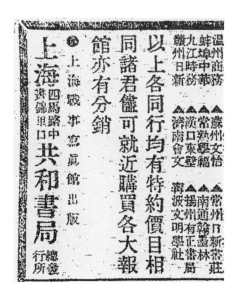

《申报》上关于共和书局的广告

垄断。这时社会有识之士发起建办企业，抗衡洋货，走"实业救国"的道路。王仁德在沪奋斗一生，稍有积蓄，他将所有积蓄连同妻子的首饰，均拿去与人合伙开厂设店。仁德参加建办的企业有无锡乳腐厂、松江面包厂、上海共和书局、新声棉织厂、新大布厂、新民印刷厂等。当时沪地较有名的求古斋、千顷堂、扫叶山房所需印的书刊字帖，南洋烟草公司的烟草盒子都是上述印刷厂生产的。抗战前，上海市长吴铁城准备在江湾建设新上海，号召沪地工商界迁往新址，王仁德积极响应，带领各厂负责人前往选址，后因战事爆发而停办。

上海沦陷后，市场上日本油墨很便宜，但王仁德从来不买日本货。抗战期间，因战事上海印刷业不景气，王仁德的共和书局关门，新民厂也艰难度日，有人劝他将空闲下来的笨重石印机器卖给日本商人，价钱较高，但他考虑到机器的钢铁会给日本拿去造枪炮，再来屠杀同胞，坚持不卖给日本商人。日寇轰炸上海后，大批难民涌进租界，而法租界铁门紧闭，见大批难民在门外挨饿，王仁德就率工友前往分发大饼救急。师弟阿二老家被炸，全家逃到上海，仁德腾出家中住房供阿二全家居住，还接济伙食，其两年后才搬走。平时，仁德家中常备有雷允上六神丸、避瘟丹、十滴水等药品，邻里家有病人时常来王家讨取。抗战胜利后，政府发行救国公债，王仁德自己积极响应，还动员大家一起购买。新中国成立后，王仁德又响应国家号召，把新民印刷厂并入虹口印刷厂，七旬老人还担任照相车间主任。

王仁德奋斗一生，操劳一生，履行自己年轻时的诺言："中国素以礼仪之邦著称于世。礼义廉耻，民之四维，四维不振，何以为继？"卒于1959年，享年七十三岁。妻丁氏，继杨氏，续谈氏，一子叔鹤。

王季山

助夫培养精英子女

王季山

王季山(1887—1950),女,莫厘王氏二十四世,"季"字辈,属王氏老四房(北宅)惟道公三子王琬支(谱称光化公支)。王鏊长房延喆裔孙女,王颂蔚四女。

王季山1887年生于北京,年仅七岁时父亲王颂蔚就去世了,1894年她随母亲王谢长达及哥姐们回到苏州生活。1908年毕业于振华女校,后赴上海中西女校就读。毕业后王季山没有像三位姐姐那样出国留学,但她在教育和培养子女方面有杰出的贡献。季山和丈夫何澄共生育了八个子女,大多在科研和教育领域有出色的成就。同四位姐妹相比,王季山的婚姻最圆满和幸福。王颂蔚、王谢长达夫妇共生有五个女儿,长女季昭出嫁的当晚因作了首小诗,就被婆婆用轿子抬回娘家,一气之下出国留学,从此没有再嫁。次女季茝曾嫁于浙江桐庐籍工部候补主事袁梁肃,婚姻之变,使季茝逃婚出国留学,获博士学位后选择了不再回国。或许是大姐、二姐婚嫁后不尽人意的教训,三女季玉干脆终身未嫁。而小女季常嫁至苏城富户程家后,不久丈夫程钟绅就暴病身亡,季常也没有再嫁。五姐妹中,只有季山的婚姻是美满幸福的。

丈夫何澄,字亚农,山西灵石县人。何氏家族原是声名显赫的晋商,何澄早年留学日本陆军士官学校,加入孙中山领导的同盟会,投身辛亥革命,曾参加过讨袁战争,据说还当过蒋介石的老师。讨袁失败以后,何澄同一位友人结伴来到苏州,一下就被苏州秀丽的自然风光和千姿百态的园林、苏州姑娘苗条纤细,以及俏丽柔软的吴音吸引。酷爱收藏的何澄定居苏州后,首先想到了发展民族工业,在苏州创办了一家织布厂,以解决生活和购置藏品的资金来源。

何澄同王季山的婚姻还有一段曲折的经过,可以说是好事多磨。季山的母亲王谢长达是一位兴趣广泛的知识女性,平时也喜欢收藏,尤其是酷爱收藏图书。她在苏城创建成了一座藏书楼，也是苏州第一个图书馆。何澄经常到图书馆查阅资料，有时一蹲就是半天，王谢长达对这位热衷收藏的青年人有了好感。一次，王季山在图书馆中帮助母亲整理书架上的古籍，同前来借书的何澄相遇。何澄一下就被眼前这位大家闺秀的美貌与气质所倾倒，当得知季山尚未婚配时，立即请友人前往王家求婚。母亲王谢长达早有此意，便答应下来。不久两人在苏州完婚。宣统元年（1909）十二月十三日，何澄和王季山的婚礼在苏州王家老宅举行，因举办的是新式婚礼，还遭到了一些旧式文人的非议。

作为一名爱国的知识分子，何澄开办企业有了资金后，他不置田产，而尽其积蓄在苏城购置了一处园林。1940年他将苏州长年久失修，濒临坍塌的网师园买了下来，倾其所有进行修缮。婚后王季山在母亲创办的振华女校执教，并培育儿女们读书。她支持丈夫并亲自动手整修网师园，使园内假山、屋宇与花木面貌一新。何澄还将自己多年收藏的文物，陈设于园内，供游人鉴赏。何澄经营的织布厂非常古老，往往雇用纺纱姑娘手工纺棉线。作为母亲的王季山，空了常带着女儿们去看女工们纺纱，让她们从小热爱劳动，接触社会。为此，长女怡贞、次女泽慧爱上了纺棉线，从读小学开始，主动利用节假日加入到那支纺棉纱姑娘队伍中去。

王季山和丈夫何澄共生有五子三女。长女何怡贞中科院研究员，固体物理学家，美国密歇根大学物理系哲学博士，也是中国留美女学生中第一个获博士学位的留学生。她与丈夫葛燧庭院士一起参加了中科院金属所的创建工作，开创了中国的金属玻璃研究领域。2005年度被授予为我国科学事业做出杰出贡献的科学家的"李薰成就奖"。次女何泽慧为著名物理学家，中科院院士，她同院士丈夫钱三强被赞誉为"中国的居里夫妇"。1946年年底，她在法国居里夫人的实验室里，同丈夫钱三强及另外两名法国研究生发现了核裂变的三分裂、四分裂现象而轰动世界。回国后参加创建中科院近代物理研究所，并任原子能研究所主任，为我国的核工业的发展做出了不可磨灭的贡献。三女泽瑛也是著名的物理学家。五兄弟泽明、泽涌、泽源、泽诚、泽庆，分别为校长、教授、工程师，也都在教育和科技领域做出很大的贡献。

1946年何澄病故。1950年王季山在苏州家中被害，享年六十三岁。何澄、王季山夫妇身后留下的园林网师园，由其子女们捐献给政府，如今成为苏州的一座著名古典园林，一处对公众开放的"世界文化遗产"。1955年，在

灌木楼前的假山

王季山居住的"两渡书屋"浴室上方阁楼内、"灌木楼"前面假山上,发现了当年何澄、王季山夫妇生前收藏并埋藏于此的大批文物,共一千三百七十四件,何家子女决定将这批文物全部捐献给国家。2013年5月下旬,苏州博物馆举行捐赠展览仪式,何家子女也被邀请前来参加仪式。

王叔枋

王氏民国谱的采访人

王叔枋(1891—?),原名叔芳,字安孙,号庵荪。莫厘王氏二十三世,"叔"字辈,属王氏老四房(北宅)惟道公次子王琪支(谱称以润公支)。祖希枚,父仁芳。因叔公希进房无后,叔枋兼祧仁钟房。

民国年间,二十四世王季烈发起重修《莫厘王氏家谱》,工程浩大。王氏历代修谱,主笔等大多聘请族外之人担任,而民国谱则由季烈任编纂,玉林、子厚、选青任会计、文牍、收发等,叔枋独任访录,前后历时半年,足迹遍及苏沪浙各地,奔波达半年之久,出力尤多,值得一载。

1937年2月,季烈汇总各地所邮来的世系表,发现王氏流寓异地者,因世故迭更,人事变迁,发信后有不少没有回音,委叔枋亲赴各地采访,以免遗漏。

是年2月底,叔枋开始了他的采访之旅,28日起遍查家住东山各支王氏,其中发现陆巷蒋湾希庆支,光绪丁未年修谱遗漏,叔枋往返数次,查明为北宅以润公支裔孙,对照老谱无误,遂抄录增入。上湾张巷村青桥头王鑫泉,年轻时务农,不谙谱事,家中藏有王氏道光谱,光绪谱失载,查对亦系以润公支,也按世系入新谱。含山村杏树内王季钰,数世侨居外埠,说亦为莫厘王氏后裔,时有眷属在山扫墓,叔枋前往采访数次,又考查含山陆巷山王氏墓碣,按世数排行,均不相符,只得舍弃。

东山查访族亲就绪,3月25日叔枋赴上海寻找族亲,历程更为艰辛。首访王子坚于申城交通路宅,与之详谈修谱之事。子坚幼失怙恃,自己不知究出何支,只记得老宅在含山村满洲城。叔枋回山至含山复查,此王宅数十年前已售之邱姓,于是同邱姓相商,翻查家堂内子坚历代神主,乃系王氏十八代世宗之裔。叔枋在沪查访过程中,闻前山王君瑶支叔铁已故,庶出二子,皆居湖州,再三探访,因住址不明,无从探考,只能以待后来。4月6日,从申城至常熟,访子厚、清孙二房,皆属东宅惟善公裔孙。并由清孙相导,遍访虞地族亲,录为一册。7日雇船往常熟藕渠镇,访仁贤族叔。仁贤为南宅友泽公支后裔,迁虞地已数十年,在该镇开设有王源发南货铺,生意兴隆,甚为发达。又得知北宅德乾公支仁煜、仁钰居西乡田庄镇,而仁方还常居上海虹口新记浜路荣华里。8日赴田庄镇,得悉仁钰、仁煜夫妇皆故,裔孙星散,访查

1937年编修的《莫厘王氏家谱》

无故。9日乘车至直塘,达常熟之六湖镇,根据线索访查东宅惟善公支希银、希泉后裔,结果问遍该镇,无洞庭王姓。傍晚雇舟折回太仓璜泾镇,族亲仁连在镇上开设有王源泰号,这一支为东宅支辅宏一房,迁璜泾多年,人丁兴旺,已先造一册,交之族人带回入谱。

10日坐轮船又到太仓双凤镇,这里所聚王氏族亲很多,开设有王源茂南货号、王源顺杂货号等商铺,王姓成为双凤望族。13日达浦东东沟镇,北宅德和公之叔乾迎候,他在该镇开设有南货店,家居离镇三里的凌家宅。叔乾以助,又访得其弟叔坤居朱家角,开有大团营鲜肉铺,亦录入世数名册。15日至国信银行访德和,获叔彝、叔孝住址,又往小东门学院路访启瑶公支叔文,皆有所获。16日赶往虹口区汇丰银行,采访尚宝公支季夏。18日再赴朱家角,第二天至何家港王家园,晤友泽公支叔虞。叔虞言王氏宣统老谱未领到,故已失联,但确系莫厘王氏后裔,只能查历代神主。又获悉东市上塘街有季文支,西市恒隆酒坊会住季如支,均属东宅惟善公支裔孙,考证后按代数入世系。19日达松江,至西门外祭江亭访叔钧、季鹏,两人先后故世。只有叔钧妻钱氏,孤苦无依,住普济堂。20日至佛学桥访少泉公支,亦闻无后。又悉晋芬公一支住西门外塔桥,有几房散居城内外,前往采访,告以修谱之事,受到热情接待,交之有《孝简公墓志铭》《云间王氏诗抄》一册刊入谱中。

21日往东门外华阳庄，访北宅尔明公支，遍查亦无洞庭王姓线索。途遇老妪告有计姓，上代系招王姓为婿，业南货，可往访之。查到计姓家，屋内只一老妇人，不知所云，叔枋再三善言导问，始知其夫名静甫，同弟住张家堰。22日赶到张家堰，遇王静甫，得知其子叔勤住松江东门外花阳庄，承计姓香火。次子叔彝名志诚，仍姓王，在该镇同昌南货号任经理。23日根据线索至东市小人堂，访思南公支叔敏昆仲。叔敏已故，叔慎等均在上海营业。当日又达奉贤邬家桥，访北宅安隐公支守忠，王氏这一支自仲纶公迁至该地经商，曾祖仁智公时最为兴盛，建巨宅嘉乐堂于中市，堂内有"急公好义"匾额及朝廷诰命三代匾额，但至季字辈渐衰，巨宅大半割于镇长王道明，虽仍为王姓，然已不属同宗。27日往宝山大场镇江家桥，访查安隐公支季辉、季贤，皆无后嗣。悉叔云三子出继石姓，住该镇俞家弄，生守渊、守源、守清三子，以长房守渊为石姓，余二子仍承王姓。

6月1日赴新场，有东宅支季椿三兄弟居该镇虹桥东街，皆在外埠营业，季椿执业于上海八仙桥恒丰昌货号，前往访谈。9日从上海至芦墟，转赴莘塔镇，访北宅两峰公支叔鎏、季周，二人皆故。一子季隆十余年前，已迁往黎里穿心港行医，悬牌"郑天斐"。速达黎里晤季隆，得知他年轻时多病，未克成房，胞兄亦早故无后。11日至北坼，访两峰公支叔礼，悉已出赘离镇三里之钱家湾计姓。12日回苏州，悉杨湾支叔奎住桐桥，往访未晤。14日回到东山，整理访查笔录。

细查各支世系，东山、上海及近地各地皆已完善，唯北宅德闻之仁炽、仁烁，在各地遍查无着。安隐公支仁忠、仁积与惟善公支仁谦、仁桂皆无考。此外，盱眙县蒋家坝之仁贵、仁玉、叔炎、叔祥；南京之奕明支及安隐公支炳生等无考。

妻莫氏，吴兴莫世卿之女。一子：季彭。族兄叔方无子，这一房季彭兼祧。

王立鼎

荆山有幸埋忠骨

"一心革命不怕杀,血洒金壤为大家。荆山有幸埋忠骨,漳水无处不红花。"这是南漳人民为歌颂革命烈士王立鼎的一首诗歌。

王立鼎(约1901—1927),湖北襄阳南漳革命烈士。莫厘王氏二十五世,"守"字辈,属王氏老四房(北宅)惟道公长房王璋支(谱称公荣公支),应是王炼、王铎的后裔。王炼、王铎族兄弟生活在明代末年,原在湖北襄阳城为官,明崇祯十五年(1642),李自成大顺军攻破湖北襄阳城,王氏兄弟避战乱携家择居襄阳金镶坪,重创基,被尊为王氏金镶上湾和下湾始祖。

1928年春天,湖南湖北两省的农民运动迅速发展,农村武装风起云涌。巡检镇爆发了轰轰烈烈的农民武装斗争,成立了巡检苏维埃政府,一时间革命烈火燃遍了巡检大地,不少王氏裔孙参加了革命。是年3月,共产党员庹明昭在湖北荆山巡检镇发动群众,组织农民武装两百多人,建立了荆山赤卫队。4月,薛坪苏维埃政府委员刘辉亭率农民武装一部来到金镶坪,与荆山农民赤卫队会合,发动群众公审了大土豪王立勋夫妇,其子王本槐扮成长工从后门逃走。农民武装在巡检镇召开群众大会,成立了巡检苏维埃政府,庹明昭任主席,王本海任武装委员,王立鼎任土地委员。

4月中旬,刘辉亭的农民武装主力撤离金镶坪。王本槐勾结东巩豪绅邓春台,带"民团""红枪会"进犯金镶坪,农民赤卫军在土木垭阻击敌人失利。王本槐还乡,反攻倒算,王立鼎、王立宥只得躲藏在王立安家中。一天上午,王本槐带着地主武装"大刀会"从野猫子寨杀气腾腾来到王家,一进门就怒吼道:"王立安,快把王立鼎交出来。"王立安镇定地说:"本槐,你和立鼎同住金镶坪,我们相隔二十多里,你不知道他们在哪里,我怎么会知道?"王本槐狂吼:"王立宥是瞧病的,你是教书的,你们都是农会的人,再不交出来就搜。"在这千钧一发之际,西隔壁的王树端急中生智道:"本槐你发什么火,立鼎他们是来过的,你坐下来再说么!"王立安转身进门,把王立鼎、王立宥从后门放走了,然后若无其事地走出大门,但在路上两人不幸落入了王本槐埋伏的匪兵手中。

王立鼎被"大刀会"抓捕后,关进了王本槐的私牢,受尽酷刑,要他讲出农会的其他人员都藏在哪里,但王立鼎坚决不吐一字。最后王本槐冷笑说:

湖北南漳烈士陵园

"喊我三声老爷,给你个全尸。"王立鼎骂不绝口,并怒斥道:"将来是共产党的天下,你们今天杀了我,共产党来了,你们也活不成!"王本槐恼羞成怒,把王立鼎残忍地杀害了,这位革命志士为人民的解放事业献出了年轻的生命,年仅二十八岁。

王守梧

民国少年诗人

王守梧(1911—1928),字孙琴。莫厘王氏二十五世,"守"字辈,属王氏老四房(北宅)惟道公次子王瑔支(谱称以润公支)。民国时少年诗人,著有以描写和赞誉故乡东山,集诗、文、词、日记、手札于一体的《柳波舫集》,惜天不假年,年仅十七岁便因病去世。

王守梧出身于官宦世家,曾祖王仁宝(号谷卿)官至直隶河间兵备道,升浙江按察使,祖父王叔荣(号益生)为直隶河北永定河县丞,叔叔王己千是著名画家、鉴定家和收藏家。王守梧兄弟两人,其为长。他在东山树德小学毕业后,考入苏州中学,可惜只读了两年,因身体多病而只得肄业。

《柳波舫集》是王守梧1939年去世后,他的家人与友人整理刻印的,内容有他的遗诗、遗文、词作等,文体有文言文与白话文两种,卷首附印有他手写的遗墨一帧,字迹极为清秀。王守梧是一个聪明绝顶的少年,对文学很有天赋,尤其是他创作的诗歌,朴实而清丽,极有特色。在其诗的字里行间,流露出他的抱负与梦想。守梧学习勤奋,在病入膏肓、卧床不起时,仍手不释卷或披衣磨墨,写完最后的诗作。年未弱冠生命就画上句号的王守梧,对家乡东山充满了爱,他在遗作《柳波舫集》中为后人留下的上百首诗歌,读来使人倍感亲切。

王守梧

《柳波舫集》

王守梧故里

诗歌《登莫厘峰》是王守梧的代表作,诗曰:"迷离烟水寺门前,到此真疑身欲仙。七十数峰高下列,万千馀顷远连天。山容似黛青松满,波色如金白日悬。石磬一声人籁寂,惟馀天籁响流泉。"其诗作于守梧病故前一年,因生长在东山,登莫厘峰的感受与众不同。使作者常身历"白云迷住山中路""山云山雾湿我衣"的迷离烟水之境。其诗倾吐了他对家乡山水的热爱。《游古雪居枕流阁》是王守梧所作的又一首好诗,诗云:"树影沉沉堪小眠,四周一碧草痕鲜。绿波万顷松林里,翠黛千层竹榻前。古雪居中听响涧,枕流阁上俯鸣泉。暮春夜雨如能闻,漴漴声同滴沥连。"枕流阁跨涧而筑,湍急的紫泉水从阁下奔流而下,其屋如枕头般横卧涧上,故得其名。诗写作者初夏至禅院游览,在枕流阁上小憩,四周树影沉沉,山草茵茵,松涛阵阵,翠竹摇曳,如同听到了春夜催万物复苏的夜雨。而《登六角亭》诗曰:"竹路幽深甚,山行曲折迷。方疑到岫北,却在岭云西。六南感堪憩,林峦一望齐。山鹃归去意,故作送春啼。"他从修竹深深,山路曲折,六面来风,云气漫漫,至松柏森森,林峦齐峰,山鹃啼鸣,山雀归巢。诗情画意,跃然纸上。

王守鼎

不忘孝道,英年早逝

王守鼎(1913—1933),莫厘王氏二十五世,"守"字辈,属王氏老四房(北宅)惟道公季子王琬支(谱称光化公支)。王鏊长子延喆裔孙。守鼎生于1913年7月7日,是王季烈第五个孩子,年仅二十岁就去世了,未婚,嗣三哥守炽次子义祥为子。

守鼎是季烈最小的儿子,俗语云"天下父母向小儿",王季烈夫妇极爱这个幼子,而守鼎对父母也极为孝顺,留给后世一个孝子形象。守鼎自幼敏慧而孝顺,民国初年父亲季烈因不满袁世凯的复辟逆行,弃职卜居天津。季烈遭变故而容易发怒,常责备家人。独守鼎侍侧,倒茶端饭,日夜陪伴,使父忘却了逆境之忧。1929年,十六岁的王守鼎随父母居大连,时季烈为一家生计日夜忙碌,懂事的守鼎能帮助父亲做些事情,抄录了不少书籍上的史料。越年,守鼎肄业于旅顺第二中学三年级,学业优秀,师友称赞。王季烈曾在大连租借了一座新屋,为全家暂住之所,守鼎放学之后助父洒扫,备置家中用具,终日奔走。时学校将进行毕业考试,他挑灯夜读,常至黎明。守鼎有病,家中恐他过度劳累,嘱其暂住学校,勿问家中诸事,待毕业后再料理诸事。

旅顺第二中学

结果考试进行了一半,守鼎旧病复发,他拖着病体欲坚持考试结束,老师和同学都劝他回家养病,这才不得不离开学校。

1933年正月,父亲季烈离开大连到外地工作,一年之中仅回大连三四次,看望幼儿守鼎,每次只待三天。守鼎病情已很沉重,可他每次见父亲回家中,必强装笑脸同父说笑,装出已恢复健康的样子,好让父安心外出做事。到了这年9月,家中发电报给远在北地的父亲,说守鼎病危速归。季烈立即赶回家中,见守鼎躺在病床上,神志尚清楚,伤心地流下泪来。见父归来,守鼎仍说自己身体无妨,过些日子即可起床,反而嘱咐两老起居宜珍重,不要为儿操心。还对母亲说:"劝父早行,勿念儿,工作要紧。"季烈在家不能久留,仅再待了一日而离家,谁知只过了两天,第三日就接到了幼儿守鼎去世的噩耗。

守鼎临终告诉诸兄,我寿短无法尽孝了,你们要宽慰父母,切勿悲伤,诸嫂宜和睦,诸侄子要读书明理,再振王氏家声。又对母亲说,我死后宜葬东山祖茔,以陪伴列祖列宗。现父亲不愿为倭寇做事而远避辽东,此为暂时之事,中原终有澄清之日,父母寿长,终可见之。其遗嘱叮咛周至,条理清晰,使亲人泪下。季烈的老友许鲁山闻之,挽之联曰:"伏枕遗言,不忘忠孝;肯堂有志,无间死生。"

嗣子义祥,生于1931年6月,毕业于北京理工大学。南京理工大学教授。

当 代

王季茝

"皮蛋博士"的海外生涯

在美国芝加哥宝琳娜大街,有一座面积约一点七二英亩的社区公园。这里原是一片工业废墟,后来辟建成公园。人们希望以名人的名字来命名公园,因西北大学医学中心副教授王季茝在这里工作过,2004年,新公园被命名为王季茝公园。

王季茝(约1880—1979),女,莫厘王氏二十四世,"季"字辈,属王氏老四房(北宅)惟道公季子王琬支(谱称光化公支)。王鏊长房延喆裔孙女,王颂蔚次女。她是我国最早的留学女博士之一,在美国以研究制作皮蛋与燕窝著名,并且成就卓著,故被称为"皮蛋博士"。王季茝早年就读于苏州景海女师,该校是美国传教士海淑德1902年创办的,学校分高中、初中部,课程除国文课外,全用英文课本和美国的教学方法上课,这为后来王季茝赴美留学打下了基础。

同大姐王季昭一样,王季茝的婚事也不尽如人意。父亲王颂蔚与光绪二年(1876)进士,后因义和团事件被矫诏处死的袁昶交好,遂又把二女儿许

王季茝早年就读的景海女师

配给了袁昶的二儿子、工部水利主事袁梁肃。加上季茞的三哥季点留学日本,回国后朝廷奖给工科举人,任工部农工商部主事,同袁昶是同事,又多了一层关系。她们的婚姻本应是门当户对,可季茞婚后并不幸福,或许正是婚姻之变,促使她决心逃婚出国留学,获博士学位后选择了永不回国。

王季茞

清朝末年,朝廷对出国留学实行鼓励政策,其中包括女子出国留学。光绪三十二年(1906),两江总督端方赴欧美各国考察,受到美国各高校的热烈欢迎,赠送给中国三个女生留学生名额。得到这一消息,王季茞与大姐王季昭一起报名参加考试。经过严格挑选,王季茞、宋庆林(即宋庆龄)、胡彬夏三名女生被录取,于1907年7月赴美留学,开启了我国女子官费留学的先河。

王季茞的留学生涯开始并不顺利,她所留学的威尔士利大学对中国选送的留学生要进行重新考试,考试及格后再行入学。王季茞先被安排在美国胡桃山学校预备班学习,她很快融入了美国社会,与学校的白人女孩成为好朋友,还经常去朋友家做客。在该校就读三年后,1910年王季茞才考入威尔士利大学,学习数学与艺术,1914年获得学士学位。在校读书期间,她还加入了两个协会,即中国学生基督教协会,1912年起成为该协会的副主席;1913年王季茞又参加了威尔士利大学的陶泽塔埃普西隆协会,宋美龄也是该协会的成员,目的是为学生提供课余学习艺术的机会,促进同学之间的交流。

1914年,王季茞进入芝加哥大学学习食品化学,在布兰特副教授指导下完成了研究食品化学的硕士与博士论文,1917年获得芝加哥大学的博士学位并留校任教。王季茞博士论文的题目是"皮蛋",制作皮蛋是我国用来保存鸭蛋的一种方法,她在文中详细介绍了皮蛋的制作方法和物理性质,利用化学分析的方法确定皮蛋的成分,对比皮蛋和鲜蛋水分、蛋白质、脂肪的含量。最后总结出:新鲜蛋制成皮蛋是由碱、细菌和酶的作用引起的,共发生了五种变化。她的《皮蛋》一文，1916年刊登在美国的《生物化学杂志》上，因而被称为"皮蛋博士"。

1921年，王季茝还在美国《生物化学杂志》上发表了《中国食用燕窝的组成成分及其蛋白质性质》《中国燕窝中氨基糖的分离及性质》两篇论文。在她之前，美国对燕窝的研究很有限。王季茝实验中所用的样品是直接从中国进口的最高级燕窝，她研究了燕窝的一般性质和化学组成，人工模拟燕窝消化过程，弄清了氨的作用，以及燕窝中蛋白质的生物价值，使人们对燕窝中氨基糖的性质有了更清晰的认识。她善于总结前人的工作，而且在此基础上找到新的研究视角并做出了成果，表现了一个成熟的研究者的敏锐眼光和良好素养。

获得博士学位后，王季茝在美国多所大学和科研单位从事教学和研究工作。1918—1920年在芝加哥大学担任食品化学专业的助教和讲师，作为访问学者多次给学生上课。1920—1930年进入芝加哥迈克尔·瑞斯医院，担任化学室临床研究的主要负责人。1929年王季茝与动物学家讨论过角鲨的问题。1922年当选美国科学促进会会员。1931—1940年，成为辛辛那提大学的教师，同时在辛辛那提儿童医院从事研究工作。此后，王季茝还先后在芝加哥的西北酵母公司、西北大学医学院、梅约医学中心、伊里诺依州的汉斯荣民医院等单位从事研究。

王季茝的研究涉及化学、生物、营养学、医学等广泛领域，她是中国近代女性留美学习科学的先行者，同晚清时期出国留学的其他女子一样，克服了知识程度浅、国情不熟等重重困难，在美国找到了自己合适的位置，成为我国最早的美籍华裔女学者之一，为祖国赢得了声誉。

王季茝自1907年赴美后，从此再也没有回过国。小妹王季山的女儿何怡贞留学美国时，在生活和学业上曾得到过二姨王季茝的诸多帮助。20世纪30年代，王季山多次写信给留学美国的女儿何怡贞，让她劝说二姨回一次国，哪怕回苏州来看一看母亲和兄弟姐妹再走也好。无论小妹和外甥女怎么劝说，王季茝都没有动心。尽管按照现代文明的法律程序，她与袁梁肃已分离近三十年，婚姻关系早已解除了，但一想起中国的旧式婚姻既怕又恨，铁了心永不回家。

1979年王季茝在美国去世，享年九十九岁。王季茝入美国籍，一生再未嫁人，也没有子女。

王季玉

她把一生嫁给了"振华"

王季玉(1885—1967),女,吴县东山人。王鏊第十四世孙(女)。苏州振华女校(现苏州第十中学)校长。中国科学院植物研究所研究员。早年毕业于苏州景海女中,后考入美国麻省蒙特霍育克女子大学深造,获文学学士学位。1917年学成归国后,继承母志,成为振华女校的第二任校长。抗战时期,她坚决不与敌伪当局合作,改姓换名,避居故乡东山的医院,当了一名化验员,以微薄的薪水维持生活。抗战胜利后,重任振华校长,立志献身于教育事业的王季玉终身未婚。

《吴县志·人物》(上海古籍出版社1994年版)

王季玉(1885—1967),莫厘王氏二十四世,"季"字辈,属王氏老四房(北宅)惟道公季子王琬支(谱称光化公支)。王鏊长房延喆裔孙女,王颂蔚三女。苏州振华女中校长,著名教育家。

清光绪十一年(1885)王季玉生于北京,早年毕业于苏州景海女中。1910年7月,王季玉随被官费录取赴日本留学的大姐王季昭从上海启程,来到了日本长崎,进入活水女校继续读书。姐妹俩在这里学习两年,设法补习了英语。1912年6月,她们在这所学校毕业后,季玉与大姐乘船经太平洋、印度洋、大西洋到达美国,进入美东部的马萨诸塞州蒙特霍育克女子大学留学。这所大学创办于1837年,是美国最早的女子大学之一。姐妹俩在那里前后待了四年,于1916年9月毕业,获得文学学士学位。次年回国,这时王季玉已三十一岁。

回到阔别多年的苏州,王季玉一切都感到新鲜,尤其是母亲当年创办的振华女校已具一定的规模。这时校长王谢长达已七十高龄,自感心力日渐不支,女儿季玉从国外学成归来,

王季玉

遂想把"振华"托付给三女儿。得知母亲的心愿后,王季玉婉谢了不少大学的高薪聘请,继承母志,接办了振华女校,担任了该校第二任校长。王季玉办学的理念与母亲有所不同,她认为光办小学还不够,要让女子也能受到高等教育,真正做到男女平等,还必须重视女子中等教育。遂与友人筹集经费,计划在振华女校增设中学部。1920年成立学校董事会,她出面聘请著名学者专家为校董,有民国元老李根源、教育家蔡元培、学者竺可桢、贝时璋、实业家严欣淇、吴江名人费朴庵(费孝通之父)等,在社会名流及实业家的支持下,王季玉着手扩大学校规模,在校内增设了中学部。尽管初时只有五名学生,坚持读完四年的只有三人,但这几名女生都考取了大学本科。女校中学部一炮打响,苏州、上海及浙江等城市的家长,纷纷送女儿到振华来深造。学生骤增,王季玉又扩展校舍,还增置了图书馆、科学馆、大礼堂,以及不少校内的纪念性建筑,有己巳亭、凝怀亭、来雨斋、纪念塔、健身房等,其中图书馆由蔡元培题额,名"长达图书馆"。

振华教师大多为著名大学毕业的硕士、本科生,有史学家顾廷龙、专家沈骊英等,其中还有一位美籍女教师。王季玉自己则担任英语、化学等课,有几次她身体不适,还坚持给同学们上课。她教学非常认真,学生经她教学英语一两年,就能写出简单的英文信;化学实验报告,曾有学生装订成册,被送去南京展览。王校长的教学方法多种多样,除了主课外,还有雕刻、书画、国乐、文艺、家政等,周末举行全校性的活动,如作文竞赛、辩论会、演讲会、时事讲座、英语表演等,目的是有意识地培养将来为社会服务、振兴中华的英才。此外,学校还十分重视培养学生"群居守礼、重团体、爱国家、爱学校"的道德素养。抗战初期,学校请来东北大学讲师,揭露日寇在东三省的暴行,激起师生愤怒,上街游行,声援义勇军抗日。

1937年抗战爆发后,为使学校不落入敌伪之手,苏州沦陷前夕,王季玉把学校一分为二,分别迁往东山与同里。1937年10月初,她先将学校八十多箱图书和贵重的教育仪器运至东山,藏在农家的复壁中,继而又把大部分师生迁往了东山席家祠堂临时学校。是年11月15日,王季玉在翠峰坞席家祠堂亲自主持了开学仪式,尽管连课桌椅都是从村中农家借来的,当天任课老师仍然用毛笔以端正的小楷记下了这天的教学活动。17日昆山沦陷,苏州危在旦夕。考虑到学生的安全,王季玉只得将两处学校停办,她在席家祠堂临时校舍中,给振华女中悲壮地上了"最后一课",然后将住宿生安排在可靠的人家暂住,自己隐姓埋名,在东山保安医院当了一名化验员,以微薄的薪水维持生活,还资助三位与家庭失去联系的学生。苏州沦陷后,日伪当局将学校改名为"苏州女中",准备聘请王季玉任校长。他们先用重金收买,见不能动其心,又威胁迫害,妄想逼王季玉回苏复校,她以民族气节为重,坚决拒绝。

抗战胜利后,王季玉又重新出山,担任振华女中校长。此时学校被敌伪破坏惨重,她奔走于苏沪之间,筹募经费,复校开课。不但全面修缮了校舍,还在校内增设了科学馆。1948年,季玉赴美国参加母校蒙特霍育克女子大学校庆,获得名誉校友奖,她将奖金全部捐给了女校。对学生她要求一律剪短发,穿布制校服,做到朴素大方。新中国成立时,季玉正在美国哥伦比亚大学旁听教育学,她排除多方劝阻,毅然回国,主持振华女校校务。她积极贯彻党的方针政策,鼓励青年学生参军参干,参加抗美援朝,还为经济困难、无力继续就读的女青年举办高级技术工读实验班。1953年女校由政府接办,后改为苏州女子中学及江苏师范学院附属女子中学、附属中学等,王季玉仍先后担任校长、名誉校长。

王季玉把自己的一生都献给了"振华",生活非常俭朴。她有个外号叫"花校长"。这是因为她室内的用品都是旧的,有些甚至是破的;所穿衣着朴素,没有一件"出客"的服装;平时粗茶淡饭,过着清教徒般的生活。为了学校生存和发展,她四处奔波,向国内外到处求援、募捐。她每月的工资,只取生活费,其余全存在学校账上,充作办学费用,或补助困难师生。费孝通教授是振华毕业的唯一男生,他在《爱的教育》一文中说:

苏州的冬天是冷冽的,在艰苦中撑住的学校,当然更不会有温室的设备。孩子们穿得像泥菩萨般供在课桌旁,有太阳的晒太阳,没有太阳的捧着手炉私语。"拜拜天,今天不要上黑板罢。"孩子们在私语。果然三先生(王季玉是谢长达的三女,大家称三先生)没有叫我们上黑板,她自己在黑板上抄字给我们读。可是这天的字写得特别大,而且没有往日那么整齐了。再看时,三先生的手肿得像一只新鲜的佛手。

"三姨每天早上自己洗衣服,弄得这一手冻疮。"她的外甥女偷偷地和我说。……

振华校园里有不少花果树木,每到夏秋日,枇杷、桂花、银杏、黄莲头等有经济价值的花果成熟。王校长严格规定,任何人不可采摘,由总务处统一采摘,卖钱以充学校之用,聚沙成塔,集腋成裘嘛。学生也养成了爱校的良好风尚。

当时振华的学生一律剪短发,穿布制校服;淡蓝短袄、黑裙、白袜、搭襻头鞋,朴素大方,无人可特殊。个人生活全部自理。新中国成立初,不少学生家庭经济比较困难。为了让这些贫寒女生能升入高中学习,王校长提出了办工读实验班的建议,全班四十人,每天抽两小时劳动,边读边工。劳动项目有磨制豆浆、制代乳粉、制化学酱油、摇袜、编织毛衣,各尽所能。她们制作的食品、佐料质高味美,市场供不应求。这些苦读的学生,大多考取了大学,成为新中国的栋梁之材。振华的毕业生们在王校长和教职工的言传身教、默化熏陶之下大部分人也都保持着艰苦朴素的作风。学子们给校长写信,充满自信地说:我们的姐妹没有一个去当交际花、做姨太太的,全靠自力立足社会。

近一个世纪来,苏州振华女校为国家培养了大批人才。有医学家王淑贞(王季玉侄女)、沈骥英、顾乃勤、彭大思,自然科学家何泽慧(中科院院士,季玉外甥女)、何怡贞、胡淑琴,农业专家沈丽英,作家杨绛(钱钟书夫人),还有学校唯一的男生,社会学家费孝通。

立志献身教育事业的王季玉终身未婚,据她的老同学讲,王季玉在美求学时,胡适之博士曾追求过她,但未果。1958年,王季玉先后调至中国科学院南京植物研究所及杭州药物试验场做研究工作。1967年病逝于杭州,享年八十二岁。

王季常

收藏家、苏州平江实验学校创始人

王季常(1890—1974),又名律素,女。莫厘王氏二十四世,"季"字辈,属王氏老四房(北宅)惟道公季子王琬支(谱称光化公支)。王鏊长房延喆裔孙女,王颂蔚幼(五)女。善书画、喜收藏,苏州私立安定商科职业学校(现平江实验学校)创始人。

王季常

王季常六岁丧父,家道受到严重影响,她从小聪慧,但没有像大姐季昭、二姐季茝、三姐季玉那样出国留学,只是受家庭影响,少时在家读了不少古书,对古文化有较深的修养,通书法,擅画松竹梅兰,遇喜必藏。1907年,季常十八岁嫁至苏州程家,同程钟绅完婚。1913年丈夫暴病去世,她遂献身于教育事业,终身未再嫁。程家为苏城富户,程钟绅又是长子,按旧时习俗,长房不能无后,公公程增瑞指定长孙程泽恒作季常养子,并由她抚养成人。程泽恒毕业于东吴大学法律系,成家后定居上海,由儿子程毅中留在苏州,同祖母一起生活,直至1950年赴北京上大学才离开苏州。程家财资雄厚,程增瑞生前曾有出资办学的意愿。1923年去世后,按传统的家族习俗,家族内部有关财产等事务应由长孙为主,当时程泽恒尚未成年,王季常遂挺身而出,委托律师,代嗣子处理了家族内部的一些财产纠葛,并得到了程家属于长房长孙的资财。

受母亲王谢长达和三姐王季玉办校的影响,王季常从程氏家资中提出一笔基金,创办了一所学校。该校面向社会招生,程氏子弟及家境清寒的学生免收学费上学。经过多年筹备,约1933年建成,学校初名"私立安定商科职校",校址选在新学前(即现干将路)学宫东面,于1934年正式招生开学。为创办这所学校,王季常费尽周折,包括向教育厅申请备案,聘请知名人士杨谱笙、李根源、汤国梨等组成校董会。养子程泽恒也是校董之一。金陵女子大学校长吴贻芳得知后,给予了很大支持,还到苏州新校亲自指导。学校初创时,聘任校长和部分教师等事宜,全由王季常亲自主持。学校开办不久,抗战爆发,日军占领苏州,学校只得暂时停课。如果学校长期停办,校舍面临被日军侵占的危险,王季常又竭力维持,设法复课复校。她在校舍西南角建了一幢小楼,自己迁居楼中,以便于学校管理工作。日伪统治时期的苏州,物价飞涨,货币贬值,学校经费严重短缺,她经常设法向亲友筹款,自己又节衣缩食,还用家中存款购置房地产,把一部分租金作为学校办学经费。学校师资缺乏,王季常又亲自上国文和美术课,既是校董,又是教师。为提高办学质量,抗战胜利后,她还聘请曾当过天津北洋大学校长和北平工学院院长的四哥王季绪出任校长,想像三姐季玉那样重振学校雄风。为了拓宽招生和学习范围,她又把商科职业学校更改成了普通中学。新中国成立后,其校由苏州教育局接管,一度改为"苏州工业专科学校",后来又改名为"苏州第十一中学",现为苏州平江实验中学。学校对老校长很尊重和优待,仍让她居住在校内自建的小楼里,日常生活丝毫没受影响。

王季常所捐犀牛角杯

王季常一生除办校外还富于收藏,家中收藏有南宋孤本《王状元集百家注编年杜陵诗史》(现为苏州图书馆镇馆之宝)、伽楠银丝嵌珠佛珠、伽楠手镯及一枝大型犀牛角杯等藏品。"文革"中王季常受到严重冲击,个人财产和所藏的珍贵书画等文物被全部抄没,后绝大部分下落不明。这时王季常已是一位七十多岁的古稀老人,贫病交迫,在苏无处安身,1967年由嗣子程泽恒接到上海生活。1973年在苏州第十一中学革委会、工宣队的积极工作下,对王季常落实了党的政策,退还了一部分生活用品和当年被抄走的东西,并承诺给她安排住房。王季常被党的政策所感化,把退归的珍贵文物伽楠银丝嵌珠佛珠一串、伽楠手镯四件及一枝大型犀牛角杯等文物捐给了苏州博物馆,其中一只大型犀牛角杯为棕褐色,表面光洁如漆,经脉纹理清晰,根部大且中空,略加雕饰成杯形,长一尺半,重十二点六千克,极为罕见,为博物馆镇馆之宝。她还表示愿意把校内自己居住的六间楼房无偿给第十一中学使用。

王季常坎坷一生,1974年1月病逝于上海,享年八十四岁。病榻前为她送终的是孙程毅中和他的母亲。

《杜陵诗史》百年传奇的后一页

程毅中

柳和城等先生撰写的《藏书世家》是一部很好的藏书纪事书,学术性和可读性都有很强。其中宋路霞先生执笔的《周学熙一部宋版书引出的百年传奇》一节,对宋版《杜陵诗史》(全名《王状元集百家注编年杜陵诗史》)一书的递藏过程,谈得很详细,不过关于此书最后的流转归宿,则与实际情况颇有出入。早在1992年《书讯报》514期曾发表宋路霞先生的《绝世孤本〈杜陵诗史〉百年沉浮记》一文,内容与本书基本相似。同年9月,《书讯报》518期又发表了江澄波先生的质疑方章和我的读者来信,对宋文中的某些情节作了纠正和补充。现《藏书世家》书中的叙述,仍有一些不确切的地方。我作为在世的唯一当事人,愿意作一番补正,为此书的流传保存一点信史。

《杜陵诗史》是杜甫诗集的一个汇注本,汇集了宋代七十多人的注释和

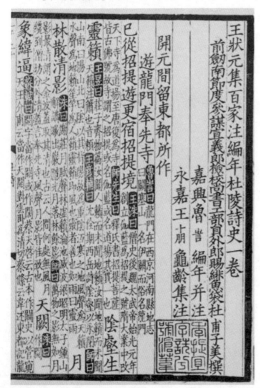

《王狀元集百家注編年杜陵詩史》

评语,号称《百家注编年杜陵诗史》,署名王十朋,可能是托名。现存的是宋刻宋印的一个孤本,历经无锡华氏、华亭朱氏、商丘宋氏、昆山徐氏诸家收藏,详见缪荃孙《杜陵诗史跋》(《艺风堂文存》卷四)。后来归周学熙,又送给了刘公鲁的父亲刘世珩,最后的收藏者是我祖母王季常。我自幼随她一起在苏州居住,家里也只有我看过这部书。据我回忆《杜陵诗史》是(20世纪)30年代抗战之前刘公鲁就典押给王季常的,代价是两千五百块银圆。当时写有一张文书,就放在装书的楠木匣里,后大概被盗卖者抽掉了,因此关于此书的重

要史料也就失踪埋没了。王季常的四姐夫何亚农，只是一个中介人，并非从他手里转买的。七七事变后不久，日军占领苏州之前，祖母带着我避难辗转逃到了洞庭东山，和她三姐王季玉住在一起。而刘公鲁不久就死了，据说还是被日军杀害的。抗战期间在兵荒马乱之际，显然不可能再有押书赎书的行为。王季常于1938年春回到城里，家里财物遭受不少损失，而此书则保全无恙。这时王季常与何亚农之间发生了一些隔阂，从此不再来往，刘氏遗族也没有力量赎取，就按典押文书约定的逾期不赎而作绝了。此书藏在我家，有一时期就放在我书架的顶上。楠木匣外包上一层旧报纸，我曾打开看过，但祖母不让我拿来阅读。

新中国成立后，我去北京上学、工作，祖母一人独居在苏州，有一次她离苏去上海小住，家中曾被盗窃。我给她写信时问起此书，劝她把书捐献归公，她没有同意。到了"文化大革命"中，听说家中已被抄掠一空，我很关心此书的下落。1967年2月，窃居"文革小组"的成员戚本禹在一次群众集会上讲到文物还是要保护云云，我听说后就写了一封信给当时的"文革小组"，请求调查，保护此书。后来才知道，当时刚成立的上海市革委会曾派人到苏州调查，苏州古旧书店的干部李某参加了会议，并向书店领导做了汇报……1974年11月，为王季常看守苏州沈衙弄六号房屋的姚某的女婿马某，把《杜陵诗史》盗卖给苏州书店，经手人就是曾参加调查的李某。苏州书店仅以二千五百元的价值收购了，随后以四千元卖给了苏州市图书馆。事后我们进行了追查，苏州书店为马某保密，并向外界封锁消息。直到1987年才弄清了真相，我父亲委托律师和我为代理人，向法院上诉，要求返回原物。经过三审，1992年4月30日，苏州中级人民法院判决，由马某归还书款两千五百元，外加利息两千六百二十一元七角。我方不服判决，上诉江苏省高级法院，1995年8月23日，江苏省高级法院在苏州进行调解，马某和苏州书店均未出庭，只有第三人苏州图书馆一方以图书馆经费有限为由，只同意补偿我方两万五千元。当时我父亲已经病逝，我作为全权代理人，表示不能接受。审判员声称如不接受对方的条件，只能驳回上诉。随后，1995年9月，江苏省高级法院果然以苏州市图书馆善意取得为由驳回了我们的上诉，就这样了结此案。判决是否公证，当然要由后人来评说。我只是记录一段经历的事实，为此书的传藏史加一个句号……

《莫厘王氏家谱》续集卷六

王学文

马克思主义经济学家、教育家

王学文(1895—1985),原名守椿,又名首春,笔名王昂、王秋心、念先、思锦、思云等。莫厘王氏二十五世,"守"字辈,属王氏老大房(东宅)惟善公子王琮支(谱称孟方公支)。清康熙年间,王琮有一位名伯熙的裔孙到徐州经商,遂在沛地娶妻生子,繁衍成族,被尊为徐州王氏始祖,即王学文的一世祖。祖父叔琦,父季衍。

王学文

光绪二十一年(1895),王学文生于徐州市。1910年赴日本留学,入东京同文书院。1913年转入东京第一高等学校预科。1921年考入京都帝国大学经济学部,受教于著名的马克思主义经济学家河上肇。1925年毕业,入大学部当研究生。1927年夏回国至武汉,在国民党中央海外部任《海外周刊》编辑,不久加入中国共产主义青年团,6月转为中国共产党党员。

第一次大革命失败后,王学文转去日本、中国台湾等地,进行秘密的革命宣传活动。1928年回到上海,加入"创造社"。他先后在政法学院、上海艺术大学、群治大学、暨南大学等高校任教,主讲政治经济学。参与发起成立中国自由运动大同盟,任执行委员,负责组织工作。1930年王学文加入左翼作家联盟,参与发起组织中国社会科学家联盟,为中共党团成员。不久他又发起成立社会科学研究会,任中共党团书记。王学文与冯雪峰主持创办"上海文艺暑期补习班"和现代学术研究所,培养了一批进步的文艺青年。期间王学文撰写文章,批判"托派"对中国社会性质的错误观点,宣传马克思主义理论,积极团结左翼社会科学工作者坚守阵地,同国民党反动派的文化"围剿"做斗争。

1932年,王学文主管江苏省委机关报《红旗》,并开办干部培训班,培养了一批优秀的党员干部。1933年后调到中共上海中央执行局工作。1937年春,他奉调赴延安,任中共中央党校班主任、管理委员会主任,参与领导教育工作兼讲课。抗日战争初期,又担任中共中央马列学院副院长兼教务处长,实际主持院务和日常工作,亲自授课政治经济学。1940年调任中央军委总政治部敌工部部长,兼任敌军工作干部学校校长,在延安日本工农学校任课,为培养改造日本进步青年走上光明道路做出了贡献。王学文还任过陕甘宁边区顾问,是中共七大代表。解放战争时期,王学文历任东北财经

王学文著作

学院院长、中央财政经济部政策研究室主任、中央马列学院教授等职。新中国成立后,他长期在中央宣传部任职,在中央党校讲授政治经济学,致力于研究《资本论》和国家财政经济问题,撰写学习论著,他的学术观点曾遭到批判,受到不公正的待遇。

王学文是著名的马克思主义经济学家、教育家,曾被选为第五届全国政协常务委员、全国人大代表。1982年5月,首都北京举行隆重会议,表彰王学文从事理论教育与研究工作五十五年。著有《社会问题概论》《中国经济学概论》《政治经济学研究大纲》《王学文研究文集》等。

1985年2月22日,王学文在北京病逝,享年九十岁。妻刘静淑。一子三女:子义路,女义举、义世、义侠。长女王义举在父亲革命思想影响下,少年时就投身革命,在上海担任地下秘密交通员,负责中共特科与宋庆龄之间的联系,曾冒着生命危险将一箱军事地图从上海带到延安。1937年至新华社工作,先后任过中文译电员,新华社办公室秘书、主任等职。离休时享受局级待遇。

王季彦

革命家庭中的大姐与慈母

王季彦

王季彦(1898—1995),女。莫厘王氏二十五世,"季"字辈,王氏老大房(东宅)惟善公长子王琮支(谱称孟方公支)。仁元孙女,叔榛长女。是位革命的母亲,同时又是位革命大家庭中的"大姐"。

王叔榛,字怡堂,号有山,祖辈经商,家庭殷实,居于后山石桥村。叔榛早年在东山镇上开店经商,上海辟为商埠后,他赴沪习金融,很有成就,任过上海庆大、庆成、顺康钱庄的经理。生有季彦、季凤、韫之三个女儿与季清一个儿子,长女季彦与同乡叶松麟结婚,生有公毅、公琦、公炜、公强、公展及岭华五子一女。叶松麟任过大陆银行副理,虽人在商界,对儿女们参加的革命工作也很支持。在父母的教诲及家庭的熏陶下,叶家五姐弟都正直刚毅,有三人新中国成立前参加了革命工作,新中国成立后担任了重要领导职务。

长子叶公毅,后改名薛杰,1943年在上海沪新中学加入共产党,曾担任过上海交通大学地下党支委、复旦大学党支部书记、东吴大学支部书记等职,新中国成立前夕,参与领导了上海与苏州几所国立大学"反饥饿、反内战"的罢课斗争。新中国成立后曾任苏州市团委副书记、电气公司经理、江苏省工业厅副局长等职。次子叶公琦,1944年在沪加入中共地下党,从事学生运动及上海至苏北解放区的地下交通工作。新中国成立后,担任过上海市轻工业局副局长、副市长、人大常委会主任等职,是全国七届人大代表。四子叶公强是西安交通大学的教授。五子叶公展新中国成立初参军,任过上海卢湾区人大常委会主任。

新中国成立前,儿女们大多冒着生命危险参加革命工作,家中成了地下党的秘密联络站,凡儿女们秘密回家,或家里来了陌生客人,王季彦总悄悄到大门口为大家放哨,有时会议在晚上进行,她就在弄堂口坐到后半夜。一

左起：王韫之、王季凤、王季彦三姐妹

次，因叛徒出卖，中共地下党在叶家的秘密联络点被暴露，国民党特务在叶家守候了一周，要逮捕长子叶公毅和次子叶公琦等革命青年。王季彦面对危险，沉着应付，巧妙地骗过在家中守候的特务，通知儿女安全转移。敌人在叶家多日赖着不走，这对其他可能前来联络的同志是个威胁，王季彦又拿出多年的积蓄打点一下，把特务打发走了。

在大姐的影响下，王季彦的两个胞妹王季凤和王韫之也都参加了革命工作。大妹季凤三个子女朱可常、王光华、朱承中，也分别于1938年、1940年、1944年参加中共地下党。小妹王韫之也是位革命母亲，为上海市卢湾区五届人民代表。她年轻时参加过二姐夫朱穰丞创办的"辛酉剧社"，思想进步，很有才华及表演天赋。同丈夫庄祖苓共有六个子女，长子庄德之，1944年参加新四军；次子庄省之，1942年加入抗日部队，1947年在解放战争中牺牲；四子庄就之，1951年参加解放军，1990年转业回地方工作。王韫之的其余三子女，都完成了大学学业，毕业后在国防科研和教学工作岗位上做出了贡献。

1995年，王季彦病逝于上海，享年九十七岁。

王淑贞

妇科专家"北林南王"中的"南王"

1918年初夏的一天,一群二十来岁的年轻女学生,在上海黄浦江码头,跨上了开往美国的一艘外洋轮船。外轮鸣响了开航的汽笛,前来送行的亲友们不得不挥手告别,双方眼里都含着泪水。这是清华大学考取庚子赔款奖学金第三批派往美国留学的中国女学生。其中有一位面目清秀、身材苗条的姑娘深情地望了一眼外滩矗立的钟楼,怀揣着母亲的遗像进了船舱。她叫王淑贞,后来成为我国一名卓越的妇产科专家。

王淑贞(1899—1991),女,莫厘王氏二十五世,"守"字辈,属王氏老四房(北宅)惟道公季子王琬支(谱称光化公支)。王颂蔚孙女,王季同的长女。上海医科大学妇产科医院院长、妇产科研究所所长、一级教授,我国著名妇科专家。她与北京协和医院的林巧稚教授同为我国卓越的妇产科专家,曾以"北林南王"享誉中国医学界。

光绪二十五年(1899)农历五月,王淑贞生于北京,一个月后即随父母回到了苏州怀厚堂老宅居住。1908年她九岁那年,母亲管尚德生下妹妹明贞后不久,因患产褥热而去世,为王家留下了淑贞、守竞、明贞两女一子。这使王淑贞悲痛不已,在她幼小的心灵上留下了深深的创伤,也是她后来立志从医的原因之一。

后来小姨妈管尚孝同父亲结婚,成了继母,又生了守黎、守融、守武、守元、守觉等弟妹。王淑贞是家中众兄妹中的大姐,因她之前出生的两个哥姐先后夭折了,亲戚中都叫她"三姐",而她的三姑妈王季玉大家却都呼她"三姑娘"或"三妹"。淑贞十岁时进了祖母创办的振华女校读书,十三岁那年她生了一场大病,病后身体十分虚弱,休学两年。由于自己长期生病感到苦恼,同时又看到生母因产褥病而亡,继母第一次生孩子也险些丧命,这使她少年时就立下长大后学医的志愿。十六岁时,淑贞进入苏州景海女子师范

王淑贞

学校,选修英文与拉丁文,为后来学医打下了基础。十八岁时,淑贞转入苏州省立医学专门学校读书。两年后,她以同等学力考取清华大学中美庚子赔款奖学金而赴美国留学。

公费赴美后,王淑贞先就读于波尔的摩高等女子大学,一年后转入芝加哥大学继续读书。她天资聪明,刻苦好学,仅用三年时间就完成了四年的课程,获理学士学位。1921年她又考取美国第一流的医学院——霍普金斯大学医学院,学习期间成绩优秀,1925年毕业,获博士学位。王淑贞原本可以申请在美继续深造,但因她是中国女学生而不能被录取,于是只能在该院任妇产科医生。一年后,她遇到了传教士内科医生劳合理,劳合理是上海西门妇孺医院和前上海女子医院的主要美籍负责人。经他介绍,王淑贞怀着报效国家的愿望,于1926年8月离开美国回到祖国,就聘于上海南市区方斜路上的上海西门妇孺医院工作。

这是一所由美国教会最早在中国设立的综合性妇孺医院,规定凡进入该院工作者都必须加入基督教,王淑贞不信教,但为了工作不得已入了教,成了一名基督教职工徒。当时西门妇孺医院还没有妇科,王淑贞进院后首先创办了妇科,并任妇产科主任,同时还兼上海女子医学院教授。由于她工作认真,医术高明,很快得到了患者的信任,医院业务不断发展。1928年,王淑贞同著名整形外科专家倪葆春结婚。1932年,国民政府教育部下令私立学校必须立案,并规定只有由中国人负责领导的学校才能申请立案。上海女子医学院董事会一致推选她担任院长之职,于是王淑贞成为该校历史上第一位中国籍的院长。

王淑贞有着强烈的民族自尊心。1937年抗战爆发后,她积极参加医疗救护队,并支持丈夫倪葆春教授开展工作,发动在沪医护人员赴内地为抗日军民服务。当日寇占领上海时,王淑贞利用上海觉民小学设立"难民医院",收治从敌占区逃难来沪的孕产妇和新生儿。接着,她

王淑贞纪念碑

在经济极端困难的条件下,在近郊租得徐家汇路850号骨科医院创建了临时医院,为那些贫困的病人提供免费治疗。1941年太平洋战争爆发后,医院美籍医生护士均被送入集中营,医院具体工作即由王淑贞等数人负责。当时物价飞涨,医院收支难以平衡,她除了医疗业务外,还兼负责财务,同全体职工一起设法坚持工作。1942年,日寇强令上海各大学向日伪政权注册登记,王淑贞毅然解散了上海女子医学院。抗战胜利后,为恢复遭受战争创伤的医院,1946年她再渡重洋,赴美募款,终于完成了西门妇孺医院的重建工作。因该医院屋顶为红色,被民众亲切地称为"红房子医院"。

1951年,上海西门妇孺医院由华东军区卫生部接管。同年底,该院与上海红十字会医院及中山医院的妇产科合并,改组成上海第一医学院附属妇产科医院,王淑贞毅然放弃私人诊所,出任妇产科医院院长兼教职工研室主任。在抗美援朝运动中,她积极鼓励丈夫参加抗美援朝医疗队。1953年又动员胞妹王明贞教授一家从美国返回祖国,后妹妹就职于清华大学,成为该校第一名女教授。1958年全国范围内开展所谓"拔白旗"运动,王淑贞遭到不应有的批判,事后院党委找她道歉,她态度诚恳,能正确对待,仍积极投身医学事业。"文革"期间,王淑贞遭到残酷迫害,"造反派"勒令她打扫厕所,还将臭马桶挂在她的脖子上,长期靠边劳动,身心受到严重损伤,但她始终未动摇过对党对社会主义的信赖。1978年平反时,她心胸坦荡地说:"全国这样大的运动,连国家主席都被打倒了,我个人得失算得了什么!只可惜我的大好时光被浪费掉了。"

王淑贞是我国妇产科学的奠基人之一,她的一生为我国妇产科学做出了卓越贡献。早在20世纪40年代妇科内分泌学处于萌芽状态时,她就组织医生展开研究,开设内分泌门诊,建立实验室,开展临床应用。20世纪50年代初期,王淑贞即对产后流血的防治进行研究,写出了《产后流血研究》一文,为防治产后流血提出了具体措施和方法。以后她又从事腹膜外剖腹产的研究,在国内首先开展了腹膜外剖腹产的操作。1954年,她又开始产道异常研究,在院内开设产道异常门诊,进行骨盆外测量研究,取得了我国妇女骨盆外测量的正常数据,填补了国内空白。同时,王淑贞进行的妇科恶性肿瘤的普查普治和根治,疗效达到国际领先地位。1958年,她代表中国妇产科学界出席了苏联第十次全苏妇产科医师代表大会。1964年在周恩来总理的关怀下,王淑贞担任了全国计划生育临床组负责人,探索有效的避孕方法,为我国计划生育研究和发展做出了积极的贡献。1978年、1982年两次被评为上海市"三八"红旗手,1985年荣获首届中国福利基金会妇幼儿童"樟树"奖。

王淑贞著作颇丰,1960年,她主编了第一部全国高等医药院校统一教材《妇产科学》,深受妇产科医生的欢迎。其书1977年获全国科学大会奖。1979年,她主编的《现代妇产科理论与实践》,获1982年全国优秀科技图书奖,并向国庆三十周年献礼。1987年,她主编出版的大型参考书《实用妇产科学》,荣获1990年全国优秀科技图书一等奖。此外,王淑贞还先后主编了《中国医学百科全书——妇产科学分册》,参加了《辞海》妇产科学部分和《医学英语辞典》等书的编写和修订,给后人留下了一笔宝贵的知识财富。

1991年11月2日上午9时,王淑贞因病在上海逝世,享年九十二岁。18日下午,五百多名医学专家、教授和医务工作者在上海龙华殡仪馆向这位杰出的医学教育家最后告别,卫生部部长陈敏章、上海市副市长谢丽娟等向王淑贞教授敬献花圈并发唁电致哀。

丈夫倪葆春,生于1899年,圣约翰大学教授,上海第二医科大学副院长,上海市第一、三届人大代表,1997年病故于上海,享年九十八岁。子一:倪宣文。

王叔和

敢同日本浪人较量

1938年的一天,一个日本浪人在汉奸的纵容下,闯进了上海泰兴路张家花园,进门就打女主人一记耳光。这时一位身体壮实的汉子愤而出手,几下就把所谓的日本武士打逼到了墙角里,不敢还手。他就是上海精武体育馆的骨干王叔和。

王叔和(1900—1991),莫厘王氏二十三世,"叔"字辈,属王氏老四房(北宅)惟道公次子王琛支(谱称以润公支)。熙鸿之孙,俊臣次子。叔和的祖父汉槎公熙鸿早年到上海经商获得成功,遂举家迁居沪上。叔和父亲仁森,字俊臣,任过上海美商花旗银行的买办,积蓄丰厚。他后来把资产主要投资房地产,在上海泰兴路张家花园77号购置地块,并建造了一幢当时称作"花园洋房"的住宅,供家人居住。

早年王叔和随父在美商花旗银行做事,父亲退休后,他又就职于大英银行。抗战时期,叔和离开大英银行另谋职业,赋闲在家。王叔和幼时体弱,但从小坚持体育锻炼,尤以游泳、武术、拳击见长,练就了一身强壮的体魄,他是上海精武体育馆的骨干。日寇侵华,上海沦陷时期,日本浪人狂行街头敲诈打人,上海市民恨之入骨,却敢怒而不敢言。所谓日本浪人,是指日本的流浪武士,常以"爱国者"自居,参与对亚洲国家的侵略活动。在日寇侵华战争中,充当谍报队、先锋队的角色,常组织各种商家协会,打着不同的幌子干侵略的勾当。一天下午,一个日本浪人在一个汉奸的纵容下,闯进了王叔和家,于是发生了开头的一幕。这个汉奸叫张小林,是巡抚房包打听的头子,陪日本浪人进王叔和家后,就直朝楼上奔去。叔和妻子邵采祯见状上前去阻挡,那个日本浪人伸手就打了她两个耳光。王叔和闻声赶到,几下就把日本浪人打败在墙角里。事情闹大后,巡抚房来人把王叔和夫妻和弟弟叔年带到了捕房审问,后在熟人周旋下,事情不了了之,三人当晚就放

王叔和

回了家。中国人敢打日本浪人,此事在上海滩传开后,中国人都感到扬眉吐气。

叔和夫妻最大的成功是把儿女们都培养成人,成为国家的栋梁之材。父亲俊臣去世后,叔彝、叔和、叔年、叔祥四兄弟分家。叔和夫妻生有九个子女,加上时局动荡,货币贬值,家庭经济每况愈下,生活很是拮据,但他和妻子邵采祯咬紧牙关,不管日子过得多么艰苦,也要供儿女们读书明理,能考上好的大学,长大后为国为家做出一番事业来。在最艰难的日子里,他们除了加强家教外,还采用以长带幼的方法来完成子女们的学业。长女瑞英1949年大学毕业后,就职于上海仁济医院,薪金较高,因弟妹们还都在上学,她每月将部分工资交给父母,为兄弟姐妹们起了表率作用。从此,家中凡参加工作的人一个接一个都会将部分工资交给父母,使九个子女全部完成了学业。

长子季厚毕业于上海圣约翰大学,次子季裕毕业于华东纺织工学院。长女瑞英、次女慧英、三女玉英均毕业于上海震旦女子文理学院,四女佩英毕业于上海沪江大学,五女琇英与六女珏英毕业于南京药学院,七女芝英毕业于天津医科大学。一家九兄妹,个个大学毕业。其中季裕是武汉纺织工业局总工程师,钰英是上海第一医学院教授,芝英是主任医师。儿女们都成为国家的有用之材,王叔和夫妻功不可没。

1991年,王叔和病卒于上海家中,享年九十一岁。

王守竞

中国机械工业的拓荒者

王守竞(1904—1984),祖籍东山陆巷人。王鏊第十五世孙。北京大学教授,清华大学教授,美国麻省工学院教授。我国机械工业的创始人。著名物理学家、企业家和外交家。1922年考入清华学校留美预科班,始入美国康奈尔大学,仅一年就获该校物理学硕士学位。继又入哈佛大学和哥伦比亚大学攻读文学与哲学,获文学硕士和物理学博士学位。1929年学成归国后,先后在浙江大学、北京大学任物理教授。1933年被国民政府军政部兵工署受聘创办机械工业,1936年研究制造出了我国第一批航空发动机。1939年成立中央机械厂,任总经理。1948年携家定居美国。

《吴中区志·人物》(上海社会科学院出版社2012年版)

王守竞(1904—1984),莫厘王氏二十五世,"守"字辈,属王氏老四房(北宅)惟道公季子王琬支(谱称光化公支)。颂蔚孙,季同长子。浙江大学教授、北京大学教授、清华大学教授与公费留学生招生委员会会员、美国麻省理工学院教授。我国机械工业的创始人。著名的物理学家、企业家和外交家。

1904年4月王守竞生于苏州,幼年受启蒙教育于苏州私立彭氏小学,1920年苏州中学毕业,考入苏州工业专科学校读书。1922年毕业后考取清华学校(留美预备学校,是1925年成立的清华大学前身),1924年赴美留学,1926年获美哈佛大学理科博士学位,1928年获哥伦比亚大学哲学博士学位,旋即获得美国全国研究委员会研究资助。王守竞赴美留学期间,在物理学的研究中取得了重要成果,成为国际上有影响的物理学家。学成归国后,他先在高等院校任物理系主任,为我国高等教育做出过很大贡献。后王守竞投身工业,临危受命,在抗日烽火中历尽艰辛,创建了旧中国唯一的机械工业基地,国营工业最早的工厂——

王守竞

中央机器厂。继而又奉派赴美,担任重要外交职务,奔走呼号,争取到了国际上大量技术和物资援助,为抗日战争的胜利做出了特殊贡献。新中国成立不久,他即脱离国民党政权,在美国从事教育和科学研究,成绩卓著,为旅美华裔科学家中的佼佼者之一。

王守竞幼时聪明过人,他在清华学校甲子(1924)级中被教师与全班同学一致公认为成绩最优秀的学生。当时清华学校派往美国学理工科的毕业生一般只能进入大学二年级,由于王守竞在清华学校学习时的优良成绩,他到美国东部著名大学之一的康乃尔大学物理系学习时,就被学校接受为研究生。他是清华大学从1909年至1929年,保送赴美学生中唯一的直接进入研究院学习的毕业生。王守竞在美留学期间,曾在1927年11月25日—26日在芝加哥大学赖埃尔森实验室举行的美国物理学年会上,宣读了题为"论普通氢分子的问题"的论文,把新诞生的量子力学成功地应用于分子现象,在当时是一个重要贡献。这些研究工作论文后来被总结到美国物理界《分子光谱和分子结构》一书的第一卷和第三卷之中。

1929年王守竞回国后,先任浙江大学物理系主任。1931年又任过北京大学物理系主任。从1928年丁西林离开北大物理系就任中央研究院物理研究所所长后,北京大学物理系一直无系主任,教授也相当缺乏。1931年王守竞到北大前后,聘请了吴有训、周培源等一批教授来校兼课,很快加强了教师阵容,把北大物理系从奉系军阀摧残造成的困难局面中恢复过来,走上了正常发展的道路。1931年"九一八"事变发生后,忧国之士研究救国之路,不少物理学家开展了物理应用研究。王守竞亦致力于物理科学与应用的结合。他指导助教赵元磨制光学平面玻璃,使赵元掌握的技术在中央研究院发挥了作用。当时北京大学一位理学教授请他修理进口仪器,王守竞检查后发现其中的铂丝断了,他指导赵元将较粗的铂丝用熔化的银铸进铜管套的中心,为避免气泡,又在铜套管上打了许多细孔,随后送到北京前门拉丝坊拉丝,终于制成了直径仅几微米的铂丝,修好了仪器。1932年,王守竞在中国物理会成立大会上,宣读了《试验玻璃平面之绝对方法》的论文。1933年,在第二次中国物理学年会上,他又和张仲桂宣读了《晶体切面上形状分布》的论文。

1933年夏,王守竞离开北京大学物理系,受聘于资源委员会,任军政部兵工署技术司光学组主任,投身国防工业。当时资源委员会已与美国两家大公司商定在技术上负责协助中国创办飞机发动机厂,派王守竞为代表,赴美签订协议。他抵美后,由于当时国民党航空委员会从中作梗,签字未能实现。抗战开始后,王守竞又担任资源委员会昆明中央机器厂的筹建工作,任该厂总经理。首项任务是与宋美龄任秘书长的航空委员会合作,研制航空发动机。由王守竞任主任委员的筹委会,从选择厂址、磋商技术合作、选购设备、雇聘技师等工作,忙得不可开交,但因国民党内部派系斗争而告吹。在困难重重的情况下,王守竞当机立断,改进生产普通精密机床设备,于1939年建办中央机械厂,并自任厂长。1941年在日军的封锁、轰炸下,坚持筹建汽车厂,不仅生产出了抗战急需的汽车,还培养出了不少年轻工程师,为抗战胜利做出了重要贡献。抗战后期,王守竞又任资源委员会驻美代表。

转入工业界后,他对物理事业仍然十分关心。1933年,北京大学文学院召开"科学概论"课,其中物理学方法部分由萨本栋、王守竞担任。在1934年召开的中国物理学会第三次年会上,王守竞被选派出席当年10月召开的国际纯粹与应用物理学联合会伦敦会议。1942年他当选为中国物理学会副会长,并连续三年担任中国物理学会理事。

新中国成立前夕,父亲王季同去世,王守竞自美国回苏州奔丧。1951年起离开国民党政权,移居美国麻省波士顿近郊水城,转入美国防部与麻省理工学院工作,从事太空军事系统的研究。1969年自林肯实验室退休后,王守竞以临摹苏体书法、收集资料、编注姑苏故老及王氏先祖遗墨文集为自娱。1980年春,其二弟王守武赴美国出席国际科学会议,阔别三十多年的兄弟相聚,两人彻夜长谈。20世纪80年代初,周培源先生曾以老同学、北大校长、全国政协副主席等名义多次致函邀请,切盼王守竞回国相叙,并准备在中国物理界召开盛大欢迎会,而王守竞本人也想在有生之年重返故土一行,可因一些意外原因,终未如愿。1984年6月19日,王守竞因脑疾在美辞世,享年八十岁。王守竞一生为世界科学事业,尤其是为国家民族做出了巨大的贡献,被后人誉为"中国机械工业的拓荒者"。

妻子费令宜,1926年在美国哥伦比亚大学攻读博士学位时与王相识相爱。1928年在苏州老家结婚。1987年在美病故,享年八十一岁。生有二子一女,长子王义炤(又名燕生),生于1932年,美国国际纸业集团副总裁。次子王义翘(又名宁生),生于1934年,美国麻省理工学院教授,国际著名生物化学家。女儿王珠渊(又名明生),生于1938年,同美籍意大利人丈夫在美经商。

王守图

王氏家族中的"老黄牛"

王守图

王守图（1904—1996），字咏怀。莫厘王氏二十五世，属王氏老四房（北宅）惟道公季子王琬支（谱称光化公支）。父季尚，字文周，曾被举为王氏怀厚堂一支族长。因小叔季更无子，守图又兼祧小房，为季更嗣子。

怀厚堂坐落在苏州十全街原265号，建于清中晚期，规模很大，有东、西、南三路建筑，其中东部与南部，各有三进三开间楼房，房屋数十间。民国初，怀厚堂一半属公房，一半仍为私产，其私房产权为王氏季字辈所有，分别是季烈、季同、季点、季绪、季尚、季更……但这些人大多生活在外地，族中经过商议推选季字辈中最年轻的季尚为族长，负责怀厚堂公私房屋的管理，而季尚又交给儿子守图看管，守图尽心尽职，被誉为王氏家族中的老黄牛。

王守图生于1904年7月，早年毕业于美国一所名牌大学的上海分校，后在美商一家电器公司上海分公司总部任会计，后升迁为该公司苏州分公司经理。20世纪40年代日寇占领上海后，公司总部被日军接管，守图愤而辞职，宁愿失业在家也不愿替日本人做事，他还替女儿起了个"王还"的名字，意思是还我民族大好河山。后来他在苏州当地谋到一家私企银行工作，任会计和司库，以维持生活。新中国成立后，守图在上海进出口公司任过会计，但1953年就离职回到了苏州老家。

对怀厚堂祖居的看管守图做到一丝不苟，一年四季，不管寒冬盛夏，他每日总是黎明起身，把大宅内的通道门户一一开启，晚上又定时端着煤油灯一处处查看，然后关门落闩，即使身体不适，也坚持要把这些事做完才回房睡觉。一天夜里，守图查看火烛时，发现花厅堆放木柴的小天井有火情，他立即唤起住户，一起将火苗扑灭，避免了一场火灾。日伪时期，常有伤兵欲占领其宅，均被他设法拒绝。新中国成立前夕，国民党军队也多次来找怀厚堂房主，想在宅中安置伤兵，也由守图出面周旋及处理解决。

小叔季更自年轻时就去北方谋生，家中一切房地产均托兄季尚和侄儿守图代管，包括房屋出租、修缮、纳税等事项。守图一丝不苟，每年按时详细向叔叔汇报收入与支出。季更的三个子女都不幸在外地夭折，守图帮助叔叔将灵柩从北方运到苏州，又设法躲过日军飞机轰炸，连夜转运到灵岩山公墓安葬。季更夫妻年老退休后，准备回苏州安度晚年。守图得知后，立即为两老安排住处，动员季更所出租房屋的住户搬迁，当个别租户一时无法搬迁时，他就把自己的住房让给租户，使季更一家能顺利进住老宅。王氏族中有一季字辈遗孀，晚年失去依靠，生活极为艰难。守图得知后，把她安排在自己家中吃住，还为她做些护理工作。后来老太觉得在族人家吃住不妥，搬到了寺庙佛堂中定居，守图经常嘱咐妻子和子女前去探望。老人病故后，他又设法凑钱将老人安葬在灵岩山公墓。

抗战开始后，经常有日机飞临苏州城上空轰炸，怀厚堂附近的居民十分惊慌，没有防空藏身之处。经季尚、季绪和守图等人商议后，他们动员老宅内族人和邻居营造厂的工人，将屋中堆放家具的旧房改造成拱形屋顶，下挖约三米深的防空洞，遇到空袭警报，守图立即打开大门，让屋内人员和邻居进洞中避难，大家感动地说："怀厚堂做了件大好事。"洞内防水设备差，比较潮湿，守图又组织家人阿五和营造厂职工每天清理积水，使洞内保持较好的环境。

王守图为怀厚堂族人做了许多好事，但他没有从族人那里得到任何报酬，自己常年过着清贫的日子。仅留的一些书籍，在"文革"中被一抄而空，他戏称自己的居室为"一卷不留斋"。

王季凤

中共上海地下党"学委"的"干妈"

王季凤

王季凤(1905—1977),女,莫厘王氏二十五世,"季"字辈,王氏老大房(东宅)惟善公子王琮支(谱称孟方公支)。仁元孙女,叔榛次女。我国话剧先驱早期共产党员朱穰丞之妻,"辛酉剧社"演员,中共上海地下党"学委"的"干妈"。

1905年王季凤生于上海,父亲王叔榛在上海金融界很有名望,是沪地多家钱庄的当首(经理)。叔榛生有季彦、季凤、韫之三女,季凤为次女。叔榛同上海山人朱献淮、朱监塘、陆书臣等既有业务往来,又是同乡好友,经人介绍,王季凤从小就与朱穰丞定了亲。辛亥革命后,季凤进爱国女校读书,后入中西女校肄业。1919年同朱穰丞完婚。

丈夫朱穰丞精通外语,擅长诗词,婆婆叶氏也是才女,能吟诗作词。王季凤嫁入夫家后,在闺房中看了不少新文艺书籍,还时常翻阅朱穰丞所订阅的《新青年》杂志,思想进步很快。她把《新青年》上刘半农用旧体诗词翻译的外国名诗,如《咏玫瑰》《咏紫罗兰》《缝衣曲》等,用毛笔在朵云轩和九华堂精印的笺纸上,楷书抄录并装订成一册,婆婆叶氏还为此书题了书名,曰:域外名诗。同乡女友朱润生之妻席裕贞看了这本《域外名诗》,爱不释手,也喜爱上了诗词。

1921年,朱穰丞邀了一批志同道合的青年,组织辛酉学社,一面自己学习,一面从事社会教育,以改造社会为己任,进行青少年宣传活动。王季凤夫唱妻随,在征得婆婆叶氏同意后,也成为辛酉学社的社员。她还回娘家说服了父母,把胞妹王韫之也动员出来参加了辛酉学社。丈夫朱穰丞领导剧团排演节目,王季凤做好后勤工作,被大家称为剧团里的"大嫂"。1927年,辛酉学社内部发生分歧,一部分人退了出去。朱穰丞带领大家,不顾白色恐怖,坚决向左转。王季凤在丈夫最困难的时候给予积极支持,使学社各项工作照常开展,后来,辛酉学社改名为辛酉爱美的剧社,简称辛酉剧社。在剧社困难的时候，潘汉年、马彦祥、应云卫、王遐文等人加入了进来，一时阵容大振。王季凤还支持丈夫参加了中国左翼戏剧家联盟，还在其中做了不少工作。

1942年，党中央设在上海的秘密电台被日寇破坏，电台负责人李白同志被捕（他英勇不屈，后由党组织设法保出，其事迹见《永不消逝的电波》），因形势严峻，上海地下党和江苏省委等负责同志，连同各部委负责同志两百余人，奉党中央之命撤离上海，由潘汉年带路，安全转移到了华中根据地。后来，上海地下党组织决定将中央华中局直接领导的党的"学委"秘密机关，设在了王季凤家原朱献淮公馆中。这时丈夫朱穰丞已赴法国勤工俭学，并在法国参加共产党，后转为中国共产党，是旅欧支部负责人。中共地下党组织极为信任王季凤，让她为秘密机关放哨。中共中央华中局直接"单线领导"的学委负责人吴学谦就住在朱家。为了便于掩护，吴学谦经党组织同意，与王季凤认了"过房母子"的关系，王季凤每天给吴学谦做饭，照料他的日常生活。

后来朱穰丞在莫斯科共产国际工作。1938年4月18日，朱穰丞和许之桢等一批就读于列宁学校的师生，离开苏联回国参加抗日战争。至中苏边境时，突然被苏方派车追回。原来朱穰丞遭人诬陷，以"莫须有"的间谍罪被逮捕。蒙冤服刑八年，四年后病死于苏联西伯利亚劳改营，年仅四十二岁。1989年1月16日，苏联最高苏维埃发布命令，为朱穰丞恢复其名誉。内称："朱穰丞，法国共产党员（1931年起）、中国共产党员、戏曲导演和记者。1933年到苏联，在瓦赫坦戈夫剧院和外国工人出版社工作。1935年在民族殖民地问题科研短训班学习。1938年4月25日被哈萨克斯坦内务人民委员会拘捕。1939年6月，根据苏联内务人民委员会特别会议决议，以间谍罪被判处在劳改营监禁八年。1943年1月17日服刑期间，死于西伯利亚劳改营地。"

王季凤和朱穰丞婚后共同生活十二年，生育了五个孩子，两个孩子未成年因病夭折，其中三个孩子丈夫离家出国后，由王季凤独自一人抚养，含辛茹苦，使儿女们都有走上了革命道路。长女朱可尚，1938年参加中共地下党，搞学生运动，上海虹口区区委书记，市儿童世界基金会会长。长子王光华（又名朱承坚），1940年加入地下党，为新中国第一批留苏大学生，著名铁道运输专家。次子朱承中，1944参加革命，新中国成立后为水电部水利水电建设总局副局长。

1977年，革命妈妈王季凤在上海病逝，享年七十二岁。

王明贞

清华大学第一名女教授的坎坷生涯

王明贞

2010年8月29日,《苏州日报》用整版篇幅刊登了"中国居里夫人——王明贞"去世的长篇报道。王明贞教授的表姐何泽慧与丈夫钱三强,曾是法国居里夫妇的学生,并在居里夫妇实验室工作过,把王明贞教授称为"中国的居里夫人"虽有些欠妥,但也从另一个方面说明了王明贞在中国科学界的地位。

王明贞(1906—2010),又名荣贞,女。莫厘王氏二十五世,"守"字辈,属王氏老四房(北宅)惟道公季子王琬支(谱称光化公支)。王颂蔚孙女,王季同次女。我国早期女物理学家,著名统计物理随机过程专家,清华大学历史上第一位女教授。

1906年王明贞生于苏州十全街怀厚堂,她的一生充满了坎坷,无论是她早年求学,还是在国外工作及晚年归国后的生活都极为艰辛,体现了这位女科学家同命运的抗争与高尚的人格。明贞生下不久,母亲管尚德就患产褥热去世了,留下了姐姐王淑贞、哥哥王守竞和她三个儿女。后来父亲又娶六姨管尚孝为续妻,继母待她虽也不错,但后来毕竟又有了弟弟守融、守武、守觉、守元和妹妹守璎,缺少了些母爱,这也早早养成了她宁静而富有涵养的个性。明贞十岁时还待在家中,帮助继母看管弟妹。一次,祖母来到她们家中,见她正在替弟弟穿衣服,生气地对明贞的继母说:"明贞这年龄应当去学校念书,你怎么把她留在家里当婢女使唤?"就这样明贞进了振华女校读书。祖母很严厉,全家都很惧怕她,有一次,明贞帮祖母系紧一根绳子,因打结的方法不正确,祖母甚至把明贞的继母也骂上了,责怪她没有教女儿如何打结。

明贞在苏州读完初二,父亲王季同把全家搬到了上海。她进了附近一所教会办的学校——晏摩氏女中读书,直到高中毕业。进教会读书的学生家庭都比较富裕,又都是十七八岁的年轻人,当然更喜欢打扮,相比之下王明贞的穿着比较寒酸,开始同学中对她有点歧视。第一学期大考结束,明贞的每门功课都是"A",成绩全班第一,同班学生都很敬重她。在学校的校长室里放着一只银杯,凡高中三年里学习成绩始终是"A"、不缺席一次宗教活动、上课没有请过假,符合这三个条件的同学,可以享受把名字刻在这只银杯上的荣誉。王明贞毕业时符合这三个条件,名字被刻上了银杯。

王守武　王明贞　王守觉

中学毕业后王明贞想进大学继续读书。父亲是既不赞成也不干涉,因为他自己是自学成才,希望儿女们也自学。继母持反对态度,想把女儿嫁出去。她对明贞说:"你父亲有个好朋友,想为他已在同济大学毕业的儿子托媒向你提亲。他的家庭很富裕,我们也觉得这也算是门当户对,就不知道你愿意不愿意?"王明贞听了思前想后,感到上不了大学,在这种尴尬的情况下,只得勉强说了声"愿意"。幸运的是男方没有提出立即结婚,也打算去德国留学几年再回来成亲。订婚后不久,正好大姐王淑贞学成回国,得知妹妹想上大学的事情后,安慰她说:"我会全力帮助你实现你的愿望。"1926年秋,王明贞以优异的成绩考入了南京金陵女子大学。在读大三时她选修了一门物理课,班上有个同学常向她请教解释物理课上的一些难题。谁知在物理课期末考试成绩单上,那个同学得了一个"A",而王明贞却得了个"B"。后来她经过多方了解,原来是阅卷老师粗心大意凭印象批卷造成的。一气之下她于1928年转入了北平燕京大学,插入了物理系的三年级。1929年夏,哥哥王守竞从美国学成归国,负担了明贞读大学第四年的费用。

王明贞大学毕业后的第一个计划是想出国留学,但四年前所约的婚约成了拦路虎。她写了封信给父亲,提出了这个要求。父亲火冒三丈,回信说要登报声明,同她脱离父女关系。在进退两难之时,姐姐王淑贞帮了她的忙。她对父亲说:"明贞想出国留学,这是她一贯的主愿。你若勉强她结婚,搞不好也许会成悲剧。"后来父亲被姐姐说服了,替女儿解除了婚约。王明贞顿时感到一身轻松,立即给美国密歇根大学写信,争取到了一个全额奖学金,包括学费和生活费,享受四年。但没有赴美的路费,伸手向父母要,继母肯定不会给。向哥哥姐姐要，又实在开不了口。她决定工作几年待自己积够路费后再去申请，于是给密歇根大学回信撒谎说，母亲生病不能远行，回绝了美国这所大学奖学金。此后，她在燕大一面做助教，一面读研究生，两年后得到了燕大的硕士学位。

一晃六年过去了，王明贞手头有了足够的赴美路费，她再一次写信向密歇根大学申请奖学金。原以为比上次申请多了一个硕士学位，还加上几年教书经验，申请一定不成问题，谁知因她第一次回绝了学校的奖学金，校方发了怒，得到的回音是不批准。无奈之下，王明贞想到了"英庚款"与"美庚款"，即通过考试，成绩优异者可公费去英国或美国留学。此后几年里，她参加过两次英庚款和一次美庚款的考试。第三次是考英庚款，在报上发榜前夕，友人从内部得到消息，她考试成绩第一名，向她表示祝贺。哪知第二天报上公布的录取生名单上，没有王明贞的名字。后来才得知原来是命题小组主任吴有训搞的鬼。他在小组会上说："派个女学生出国去学物理，不是浪费钱么！不如派第二名男学生去好。"小组其他成员也都同意。就这样，王明贞的留学愿望又成了泡影。

1937年夏天，"七七事变"爆发，在战火即将烧到南京的前夕，王明贞在金陵女大校长吴贻芳的帮助下，终于又争取到了美国密歇根大学四年全额奖学金，圆了她多年的出国留学梦。1938年8月初，她乘坐美国总统号大邮轮，在大洋上行驶了四周，抵达美国西海岸的西雅图，然后再乘火车到密歇根大学所在地安阿伯。王明贞在密大学习四年，开始两年读的主要是理论物理课，还选修了一门实验课光谱分析，两门高等数学。她成绩优异，引人注目。一次，担任理论力学课的格斯密脱教授在课上出了一个难题，说有位科学家发表过一篇论文，提到一个有关钟表游丝问题，这个问题无法得到一个解。这位教授还风趣地说："你们中间谁能找出这个问题的解，我就给两块钱。"王明贞经过无数次演算，终于回答出了这个解。格教授也履行诺言，真的拿出支票簿给了她两块钱。当时正好中国同学举行一场演出，门票是一元一张，王明贞买了两张送给格教授夫妻。这件事在学校里影响很大，深受物理系师生的赞扬。为了发表这个解，后来她还和格教授合作写了一篇文章发表在1940年8月的《应用物理》杂志上。王明贞在密大修读期间，得过三个"金钥匙"荣誉奖，其中一个是当时美国学生金钥匙荣誉奖中最著名的。

四年奖学金学习结束，按理王明贞可以回国了，但此时爆发了珍珠港事件,美日两国处于敌对状态,太平洋大轮船停航。明贞经格教授推荐介绍,在美国麻省理工学院雷达实验室找到一份工作。1944年夏季,她与导师乌伦贝克教授合作,根据王明贞的博士论文,写了一篇关于布朗运动理论的文章,刊登在1945年美国《近代物理评论》上,这篇论文发表以来的四五十年时间内,一直作为了解布朗运动的最主要的文章之一。其主要部分已译成中文收入《20世纪上半叶中国物理学论文集粹》一书。另外,王明贞在麻省理工学院雷达实验室的全部工作,已载入该实验室在战后出版的一部丛书的第24卷。1946年年底,王明贞学成回国,经妹夫陆学善介绍,至云南大学物理系当教授。期间,经昆明师范学院院长查良钊牵线,同该校教研室主任俞启忠结婚。此时,王明贞已过不惑之年。

1949年8月,王明贞和丈夫俞启忠再次赴美,这一次去美可遇到了麻烦,还差点回不了国。到达美国西海岸大港——旧金山后,王明贞在诺屈丹姆大学物理系做研究工作,俞启忠去南方一个学校参观访问。1952年年底,她们的工作合同到期,打算回国。此时朝鲜战争打响了,中美成了敌对国家。因王明贞曾在美国保密的雷达实验室工作过,知道国防机密,美移民局在给她的信中说:"我们不能让你回去帮共产党工作。"还吓唬她说:"你若偷偷出境而被我们抓到,就得坐几年牢并罚四千美元。"回国一时无望,手头留着的钱花光了,丈夫俞启忠只得到一家中国人开的小旅馆当管理员兼财务,以解决两人的生活开支。1955年春夏之交的一天,她们寓所突然来了两个移民局的工作人员,怒气冲冲地把一个通知扔给她们,并且说了声:"你们滚吧。"王明贞夫妇终于盼来了这一天,同十多个学理科的中国学生第一批启程回国。事后她们才得知,是在周恩来总理过问下她们才归国的。

王明贞归国后,被安排到清华大学理论物理组任教。她到校不久,教研组长徐亦庄要把位置让给她,说王教授年龄比他大,学历也比他高,被她坚决拒绝。后来,全国妇联在北京开大会,市里要王明贞填表参加大会,她推了几次,没推掉,只得勉强去参加会议,但在小组会上从不发言。到校不久,学校通知她已被评定为二级教授。当得知与她同船归国的徐本璋评定为三级教授,表示也只要三级,她还说:"倘若学校一定要给我二级,我就去别处工作。"王明贞与徐本璋是同船从美归国的物理学家,关系不错,可后来徐本璋因政治事件而被捕,还差点累及王明贞夫妇。有一次,她们请徐本璋吃饭,想劝劝他在政治上别乱来,还特意找了李恒德一起陪同。他们四个人一起吃饭,李恒德有事先提前走了,只剩下三个人。徐本璋半开玩笑说,他那个"劳动党"要任命组织部长、文化部长。开始明贞夫妻也跟他开玩笑,后来劝他别搞这些名堂了,这是在中国,而不是在国外。徐本璋不听,还让大家举手,看赞成不赞成,一举手两个不赞成,他也只得作罢。1957年12月25日,徐本璋在清华大学被捕,被判15年有期徒刑。1975年被国家作为特赦人员释放,之后又重新开始学术研究,因积劳成疾病逝于1988年。

尽管王明贞为人处事极为低调,生平言行又十分谨慎,但"文革"中还是难逃一劫,她被投入北京秦城监狱,过了近六年的铁窗生活。1968年3月14日夜半,她和丈夫俞启忠先后被公安人员带走,经过多次审讯,也不知自己和丈夫被捕的原因究竟是什么。直到1973年11月9日,她才被释放回到清华校园,而丈夫俞启忠到了1975年4月5日才出狱,被关了七年多。1979年1月22日,中央组织部才正式通知他们说,她和俞启忠被捕是遭江青陷害。此后,在中央组织部为黄敬平反的大会上,还着重申明俞家的一切冤案都是江青陷害的。

王明贞在清华任教十一年,清华大学对她做出了这样的评价:王明贞教授为我校的统计物理学科的建设开了先河。王先生担任统计物理热力学的教学工作,为培养我国自己的物理学家、工程物理学家做出了重要贡献。

2005年王明贞已年届百岁,是年清华大学校长、她的学生王大中还至王老师家中祝她百岁生日快乐。2010年8月28日,王明贞教授在京去世,享年一百零四岁。丈夫俞启忠,湖南人。生于1913年,卒于2000年,享年八十七岁,无后。

王本海

参加两万五千里长征的老红军

王本海(1906—1982),又名王子楠。莫厘王氏二十六世,"义"字辈,属王氏老四房(北宅)惟道公长子王璋支(谱称公荣公支)。湖北省南漳县巡检镇金壤坪人。早期参加革命,是位经过两万五千里长征的老红军,也是莫厘王氏家族中唯一参加过红军长征的裔孙。王璋年轻时在亳州一带经商,后他的裔孙大多以商贾为务,王本海为王璋十七世孙。

1928年4月,王本海在湖北省南漳县参加巡检镇农民暴动,任巡检镇苏维埃政府武装委员。1932年参加红三军独立师,接着随红军长征。1934年加入中国共产党,先后任排长、连长、侦察参谋、军部管理科长等职。

王本海五岁时父亲就因病去世了,母子俩相依为命,靠磨豆腐、熬麻糖、做小生意为生。他七岁时上学,只读了五年私塾,因家庭生活困难,停学替地主刘秉章放牛。十五岁到远安县洋坪镇义兴合布店当学徒,起早晚睡吃了不少苦。一次他给老板娘提马桶,不小心把粪泼了一点到地上,遭到老板的毒打,他不堪受辱逃回了家中。房东王德善心地好,还会武术,常给王本海讲《水浒传》里的故事,梁山好汉的英雄壮举给他留下了深刻印象。少年王本海常想,要是自己会点武术,能像《水浒传》中的人物那样劫富济贫多好啊。1932年,刚满十七岁的王本海与吴明珍、吴明珠、杨在培等十几人一起参军,在炮兵五团二营五连三排七班当正兵(该部队隶属北洋军阀吴佩孚),一年后提副班长。

1927年春,湖北襄阳暴发了农民运动,王本海与南漳周兴鼎利用部队调防的机会,从太平店开小差跑回了家,加入了农民赤卫队。第二年春天,赤卫队在巡检镇暴动取得成功,三天后在巡检城隍庙里召开群众大会,成立了巡检苏维埃政府,选举产生了苏维埃主席、副主席和武装、组织、宣传、土地、民政委员,王本海任武装委员。苏维埃政府领导农民打土豪,分田地,开展了轰轰烈烈的农民运动。

一个月后,薛坪、东巩和巡检的地主武装合在一起,向新生的巡检苏维埃发动进攻,王本海率领部分农民武装在南岭阻击敌人,可因敌我兵力悬殊,战斗失利,农民赤卫队被迫撤退到了北岭。保安团攻入巡检镇,杀害了庹明竹、黄永卓、郝延俊等苏维埃干部。王本海与赤卫队战士们商量后,决定避敌锋芒,将部队化整为零,分散在小溪沟、紫岩山、黄白垭一带活动,寻找机会打击敌人,坚持武装斗争。

1931年,贺龙军长率红军第三军打过来,就住在巡检镇保安团部卢宗泽家里,王本海同庹明高等三人回到巡检镇,找到贺龙说明了他们赤卫队的处境。贺龙说:"你们就在当地持游击战争吧,我们在离这儿不远的当阳县驻有独立团,有事可以找他们联系。"过了七八天,红三军离开巡检镇,经过通城河、重阳坪、马良坪开拔到保康去了。红军一走,地主武装又反扑过来,王本海他们又十分危险,迫于形势,他们只得再去找红三军,可历尽艰辛也没有找到红军大部队。

1931年9月16日,王本海正在家中给母亲过六十岁的生日,突然听说民团卢洪藻带兵要来巡检抓人,他得讯后正要离家,卢带领的大刀队已包围了王家住屋。王本海只得跳窗上了后山,藏在柏家湾、小溪沟等地。不久,红三军独立师又经过巡检镇,政治部就设在王家,王本海找到部队领导,要求加入了红军侦察队。从此,他跟随红军转战湘、鄂、云、贵、川等地,参加了举世闻名的两万五千里长征。

新中国成立后,王本海从军队转业到了地方,在汉口中南土产公司工作,任外贸食品公司储运科长。1962年离休回南漳,1982年病逝。王本海(子楠)的生平事迹载入"南漳县历史人物录"。

王己千

大手笔画家、鉴赏家、收藏家

王己千

王己千（1907—2003），字衡才，号选青。原名纪铨，后用名季迁、纪千、己千。莫厘王氏二十三世，"季"字辈，属王氏老四房（北宅）惟道公次子王琪支（谱称以润公支）。仁宝孙，叔荣长子。美籍华人收藏家、鉴赏家和画家。任过苏州美校教师、上海美术学院教授、香港新亚书院艺术系主任、美国纽约大都会博物馆终生会员。

1907年王己千生于苏州，他五岁就开始跟随表舅顾麟士学画。顾是清代著名收藏家顾文彬的后代，亦是苏州怡园的主人，家中极富收藏。在顾麟士的指点下，王己千很快展示出其书画方面的出众才华。一度曾在苏州美校当过教师。当时上海最有名的画师是吴湖帆，为向名师学画，1932年王己千只身来到上海，一方面遵父母之命赴东吴大学学习法律，一方面利用课余时间跟吴湖帆学画。吴师非常喜欢这位聪明好学的学生。吴湖帆常在夜半之时，一杆烟枪在手，抽几口大烟之后，才开始作画，王己千亦奉陪至深夜，潜心揣摩。吴与当时上海著名的私人收藏家过从甚密，常常互相展示藏品和交流心得，王己千有机会从实物鉴定中学到许多宝贵的经验，为他日后成为一名收藏、鉴定大师打下了基础。1935年，二十八岁的王己千就受聘为伦敦一家中国书画展的艺术顾问，因而浏览了馆中所有藏品。1940年，他与上海德国领事文得斐的夫人孔德女士合作，出版了《明清画家印鉴》，至今仍为研究中国书画提供重要参考价值。

东吴大学毕业后，王己千放弃仕途发展的机会，在上海美术学院教授中国绘画，他的住所离国画大师刘海粟家不远，王己千常到刘家走动。刘海粟对他说，要提高自己的艺术水平，必须到国外去开阔眼界，西方油画有许多值得中国画家学习借鉴的地方。听了刘海粟的介绍，1947年，年已四十岁的王己千同夫人远渡重洋来到美国，这是他艺术生涯的一个重要转折点。王己千到美国后，决定利用美国丰富的人文资源，特别是大大小小的艺术博物馆,将中国书画艺术介绍给世界。

王己千在国内书画界有崇高的艺术大师地位,在海外更是有无人匹敌的权威性,经过他过目、观赏鉴定过的书画,任何破绽都难逃其法眼。美国主要博物馆和拍卖公司,都争相请他当顾问把关。而王己千自己收藏的书画数量和质量,在私人收藏家中也首屈一指。他几乎无法亲自在拍卖会上公开露面投标,只要他举牌,马上引起"王己千效应",竞投者马上出价抢标。王己千丰富的绘画藏品,将中国书画推入美国艺术主流,使中国艺术品得以保存、维护、研究、欣赏和继承。美国柏克莱加州大学艺术系前主任、中国美术史权威高居翰,在《王己千的山水艺术》一文中指出,任何一位评价20世纪下半叶中国绘画艺术发展史,都不能不提到王己千这位举世公认的翘楚。

王己千画作

在美国纽约,有一座中国民族艺术陈列馆,藏有唐、宋、元、明、清各个时期著名书画家的佳作与珍品,并成为美国大学生研习东方艺术的"标外课堂",这就是王己千的寓所。在其寓所中,有两件最珍贵的"皇牌藏品",那就是北宋武宗元的白描绢本《朝元仙杖图》和五代董源的《溪岸图》。董源的

《溪岸图》得自张大千转让，曾刊于《大风堂名迹》。这是王己千一生最得意的两幅藏品之一，故他的堂号叫"溪岸草堂"。1997年5月，王己千将包括《溪岸图》在内的十二件藏品慷慨出让给了美国大都会博物馆，丰富了该馆中国书画馆的藏品。

跳脱古今，独树一帜。王己千是位大收藏家，但更是一个书画家。他在绘画领域有极高的成就，画作独树一帜。他擅将油画中浓紫、艳蓝、嫣红和明褐各色点缀山林，以深灰、暗黑诸色表现水天，苍劲雄浑。他的画作，跳出古人，又不同于时人，给人奇崛清新的风貌。在书法方面，王己千也创出个人独具特色的笔墨风格，他的书法不单是写字，而是深具画意的"字画"，将画作的艺术以书法表现，两者兼容并蓄，发挥得淋漓尽致。1980年，王己千应中央文化部邀请，还随美国友好艺术家代表团来华访问。曾两度至苏州东山陆巷祭扫先祖王鏊墓。他先后出版有《胸中丘壑》《王己千画集》等画集。

2004年7月3日，王己千病逝于美国纽约，享年九十六岁。同年11月，中国驻纽约总领事张宏喜夫妇、著名华裔建筑师贝聿铭夫妇、普林斯顿大东亚研究会的中国艺术历史教授尔伯盖尔德等一百五十位亲朋好友，冒着蒙蒙细雨出席了在曼哈顿为王己千举行的追悼会。

妻郑元素。子一：守昆（嗣季铭，合嗣季镛），女三：娴真、娴明、娴歌。

王谷初

重光松江王氏祚椿支

王谷初

王谷初（1907—1965），名开第。莫厘王氏二十五世，"守"字辈。属王氏松江祚椿支。祚椿为莫厘王氏十四世，约明代末期外出经商，后定居上海松江，繁衍成一族，称松江祚椿支。可能是因年久失联，这一支究竟出自莫厘王氏老五房（惟善、惟德、惟贞、惟道、惟谨）中的哪一支已无考，故1937年王季烈重修王氏家谱时称存疑支。

王谷初四岁丧父，全靠母亲替人家做针线活把他抚养成人，并供他读完小学。因家境贫寒，1921年，王谷初十五岁时就被迫辍学，考入上海中华书局当练习生。两年后又至福州中华书局分店当店员。时母亲在松江生活，母子俩相隔有诸多不便，他二十岁时辞职回到松江，经人介绍进入松江救济院当会计。

尽管王谷初只有初中文化，但他聪明、勤奋与好学，其学识和成就超过了他的学历，尤其在书法、诗词、珠算乃至绘画诸方面，都有一定的造诣。新中国成立前，松江中山西路秀野桥东路建有一座"岳王庙"，此庙匾额为王谷初所书。此外，松江著名的余天成药店招牌也是他书写的。

王谷初与宋女士结婚后生有九个孩子，其中除两个幼殇外，夫妻俩在家庭较为拮据的困境中，把七个孩子抚养成人，供他们上大学，孩子们参加工作后，大多做出了一定的业绩。松江在新中国成立后，救济院由政府接管，改名为松江救济教养院，开始原有人员被留用，但三年后该院解散，王谷初失业回家，一家人的生活只能靠妻子当代课教师和长女教书的收入勉强维持。虽然家庭日子艰难，但王谷初夫妻还是省吃俭用，千方百计供七个孩子读书。1956年，失业近四年的王谷初重新找到了工作，在松江师范学校任刻印兼出纳，由于他掌握的书法和珠算功底较好，故把工作做得极为出色。他刻印的蜡纸印出的讲义，不仅字体娟秀，字迹清楚，而且所印的数量多，深受学校老师的好评，曾被评为"松江文教战线社会主义建设积极分子"。

尽管家中上有老、下有少，人口多而收入少，不管生活多么艰苦，王谷初总教育孩子们要认真读书，他指着书架上的家谱说，我们老祖宗王鏊是个才子，官至宰相，作为莫厘王氏的子孙应该把书读好，将来好成就一番事业。好在当时国家大力发展教育事业，大学全部公立，上学免交学费，并可申请助学金，王谷初的几个孩子靠新中国优越的社会制度都完成了大学学业。长子义端考上清华大学，曾任中国科学技术大学副校长和北京轻工业学院院长等职。次子义在考取上海交通大学，是副教授级高级工程师，多次获国家科技进步奖。三子义行也考上了北方交通大学，是吉林工业大学教授、链传动研究所副所长。长女松涛毕业于江苏师范学院，在教书育人的岗位上做出了很大贡献，曾获上海市三八红旗手称号。次女松渊华东师范大学毕业，高级工程师。三女松源毕业于市机电工业学校。

春华秋实，如今莫厘王氏松江柞椿支第二十六、二十七世裔孙连同配偶已有三十多人，大多受过高等教育，且均有建树，有大学校长、教授、博士生导师、高级工程师等。后裔中还有公司总经理、外企主任工程师、部门主管等。

王守泰

昆曲曲谱理论家

王守泰(1908—1992),吴县东山人。业余昆曲理论家。自幼受家学熏陶,学过老生、中生、官生、净等行当。民国三十五年(1946)助其父王季烈整理《正俗曲谱》,并开始研究昆曲曲学。20世纪50年代完成第一部昆曲声律方面的专著《昆曲格律》。1982年由他发起并组织苏州、上海、扬州、南京等地的曲学家联合编著《昆曲曲牌及套数范例集》,任主编。提出了昆曲艺术结构的"三体""三式"以及"依腔定套""以套为纲"的理论,并把昆曲曲牌南曲总结为二十三种套式、北曲十种套式。近人王季思认为该书"提出了对谱曲、曲律学带有普遍意义的独得之见"。

《吴中区志·人物》(上海社会科学院出版社2012年版)

王守泰

王守泰(1908—1992),字瞻岩。莫厘王氏二十五世,"守"字辈,属王氏老四房(北宅)惟道公季子王琬支(谱称光化公支)。颂蔚孙,季点子。南京工学院(现东南大学)动力系教授,热力设备教研组主任,水电部科学技术委员会委员。昆曲曲谱理论家。江苏省政协委员,民建江苏省委委员。

王季烈生有五子,因二弟季点开始无子,遂把第四子守泰过继给季点为嗣子。守泰1930年毕业于北平大学电机系,1933年至美国EEC公司和德国AEG公司进修,任工程师。1936年回国后历任北洋大学、苏南工专、江南大学、南京工学院、东南大学等高校教授。抗战期间,他在堂哥王守竞任厂长的昆明中央机器厂工作过,任发电机分厂厂长,设计制造出了我国第一批水轮机木炭汽车,还亲率车队为抗战前方运送战时急需的物资。抗战胜利后,王守泰转至教育部门,1947任江南大学教授兼苏南工业专科学校教务长,1952年起任南京工学院动力系教授。他精通英、德语言,能用英语讲课,用德文发表论文,新中国成立初期,他的德文著作在德国出版。

王守泰在汽轮机理论方面有很深的造诣，他先后编写出版了《汽轮机原理》《电厂设备》《汽轮机损伤原因的分析》《转达动体找平衡》等七部机电专著。其中《汽轮机原理》一书是我国第一部高质量的大学自编教材；而《回热循环最佳预热温度的分析》是用德文撰写的，在德国出版。新中国成立后，他除教育工作外，还从事能源方面的研究，一直关心着我国的核电事业，对发展核电业有独特的见解。守泰在江苏省政协委员任期内，通过政协会议、视察、调研以及民建组织等渠道，提出了许多关于发展我国核电事业富有真知的提案，得到了党政领导及有关部门的高度重视。王守泰还利用自己在德国工作时建立起来的关系，开始争取德国 HRB 公司投资中国建设核能发电厂，这项工作虽因他的去世而中断，但他为我国核电事业做出的贡献是不可磨灭的。

为更多学习国外电机设备方面的经验，王守泰在精通英、德语言的基础上，又学会了俄语，并自学了日语、法语和捷克语。他翻译出版的著作有《汽轮机语燃气轮》(原德文)、《火电发电厂的形成》(原德文)、《凝结水设备》(原俄文)、《凝气设备》(原俄文)等。至于他发表的论文和为大型企业进口设备翻译的资料，多达上百篇。在翻译资料时，无论是外译本或内部资料，他都要求自己做到"信、雅、达"，即既忠实于原文而又要文笔流畅，易读易懂，便于理解。王守泰的中外文学知识极为渊博，"文革"后期，他为东南大学的青年教师用英语开课，一些外单位的工程师闻讯后也赶去旁听。

受父亲王季烈的影响，王守泰九岁起就学昆曲，工老生和净角，戏路宽，行腔苍劲刚健。同时，又是一位昆剧声律理论家，1947年起他研究昆曲曲学，著有《昆曲学理论》《昆曲格律》等著作。在阐述其父王季烈的昆曲著作时，提出了"昆曲主腔"等自己新的概念。1982年开始，他组织苏、沪、扬、宁、京等地十六位曲学家，历时十年，克服许多困难，完成出版了由他主编的《昆曲曲牌及套数范例集》。这是一部阐述昆剧曲词和声腔规律的综合性理论巨著，又是一本具有指导实践意义的科学理论书，亦可称作"行家用书"。其书共分五章，计有《字音》《工尺谱》《曲牌》《套数》《昆曲格律运用与发展》等章，共计三百多万字。其书还有十四篇附录，有对南北曲的分析和对传统曲牌、套数的分析。此外，还附有一篇他的力作《宫调原理及其与昆曲关系的考证》，可称皇皇大观，此论对我国曲论工作的深入研究起到了推动作用。1982年江苏省昆剧研究会在南京成立，王守泰任副会长。

1992年王守泰病逝，享年八十四岁。妻贺慧中，丹阳贺俞三之女，卒于2006年，享年九十七岁。子：王还。女：长香球，高级药剂师；次王蓓，南京大学毕业。

王守敬

王氏忠厚本色不变

王守敬(1910—1986),字聚德,号翼心。莫厘王氏二十五世,"守"字辈,属王氏老四房(北宅)惟道公季子王琬支(谱称光化公支)。王鏊长子延喆裔孙。延喆八传至希铭,这一支人口不旺,三代单传至季球,守敬亦为季球公独子。守敬从小聪颖敏捷,善于言辞,尤胜于雄辩。及长,就读于杭州之江大学。其时,日寇侵华,侵占东北三省,又进逼华北,中华危急。国难当头之时,学校师生出于爱国激情,爆发了抗日救亡学潮,呼吁国民政府和全国人民一致抗日。守敬在校积极参与及领导学生运动,组织北上请愿的学生在沪宁线上卧轨、总统府静坐,并向蒋介石呈交请愿书。为此,守敬被之江大学除名,后转学至上海复旦大学政治法律系继续读书。他大学毕业时,适日寇占领上海,一个青年人想在上海找份工作得看日商的眼色。守敬不愿到日伪控制的单位就职,宁愿挨饿在家赋闲。抗战胜利后,他供职于美国合义洋行,处理法律事务。

新中国成立后,合义洋行撤至香港,撤离时有友人劝守敬同行,但他爱国爱家,见长期陷于战乱的祖国,已出现统一和平发展的曙光,便毅然留在上海,想把自己学之所长,报效国家,寻找发展的机会。新中国成立之初,为维持生计,他转向办实业,曾与友人合资创办新光X光工艺社,生产医用X光透视仪,此项目开我国核子医疗器材工业之先河。

守敬承莫厘王氏为人处世以忠厚为本之血脉,为人直正,遇事敢言。在1957年的政治运动中,他虽身无一官半职,仍爱国不渝,提出我国政治经济诸模式不必全盘照搬苏联等建议。言者出于忠诚,但在那个年代被却斥为反党反社会主义的言论,守敬被扣上了"右派分子"的帽子。遭到沉重打击,从此他性情大变,默默无语生活达二十多年。他曾自叹曰:"吾心已死,尚有何为?"临终谓子义胜、义川曰:"汝等因吾之缘故,皆未能上大学,终未能发达,莫恨吾,吾亦是尽本分尔。"两子回答说:"我等皆以父为傲,若我等遇父相同之景况,应以父为楷模,当与父行一致也。"守敬听后微微一笑,宽慰而逝。

王鏊曾说:"忠厚一脉,绵绵延延,则王氏相传之心法也,要不可泯焉。吾子孙其尚世守之。"守敬生不逢时,虽有一腔热血,但因言惹祸,累及子女,一生虽未发达,但他尽王氏忠厚之家传,清清白白做人,堂堂正正做事,平凡之中见王氏本色,亦可称莫厘王氏好儿女。

妻许静涵。三子一女:长义秋,上海交通大学毕业,高级工程师;次义胜;次义川。女义箴,青海医学院毕业。

王守敬伉俪

王守璆

英国《曼彻斯特导报》助理编辑

王守璆(1912—1997),原名荣贞,女。莫厘王氏二十五世,"守"字辈,属王氏老四房(北宅)惟道公季子王琬支(谱称光化公支)。王鏊长子延喆裔孙女。颂蔚孙女,季同的三女。英国《曼彻斯特导报》助理编辑。

守璆与大姐淑贞、二姐明贞及哥弟守竞、守融、守武、守觉相比,没有像他们那样成为教育或科技领域的佼佼者,但她同样在文化科技方面取得了一定成绩,尤其是协助丈夫陆学善在我国科技领域做出了杰出贡献,1955年陆学善被选为中国科学院院士。说来有趣,王守璆虽是女子,而她的名字却与莫厘王氏家族中的"守"字辈相连。守璆从小性格倔强,少年时颇有男孩子气,父亲开始给她取名荣贞,但她自己对这个名字不满意,不愿同姐姐们的"贞"字相连,而是坚持要与哥弟们的"守"字相承,上学时她自己改名守璆,"尊重自我发展"的父亲也就默许了。1932年王守璆在上海高中毕业,考入清华大学。1935年毕业后赴英国留学,曾在《曼彻斯特导报》报社当助理编辑,从事翻译工作,期间与曼彻斯特大学理学博士陆学善结婚。1937年"七七事变"爆发前,夫妻两人一起回国,王守璆先在高中教书,后在上海家

王明贞　王淑贞　王守璆(右一)

王守璨译作

中翻译英文书籍为业。1942年"珍珠港事件"爆发后，日寇进入上海租界，她和丈夫陆学善一起回到苏州，在老家种地三年为生。因当时三姑王季玉居于东山，在保安医院任化验员，王守璨夫妇也曾到东山生活过一段时间。

抗战胜利后，王守璨到苏州振华女中帮助三姑王季玉做复校工作。1945年8月，日本投降。在获得消息的当天，王季玉立即从东山乡下奔赴苏州，筹划复校事宜，这一年王季玉已六十岁，体力与精力都不如从前，年轻的王守璨协助三姑挑起了这副担子，她和大姑王季昭等一起把"振华"战前转移在东山的八十多箱图书，以及贵重教学仪器悉数运回苏州。10月23日，振华女中因战乱停办多年之后，重新开学，王守璨在学校教授英语。1950年后，王守璨随丈夫陆学善定居北京，主要从事物理著作翻译，译有《实验晶体物理学》《征服了的电子》《物理实验室应用技术》（与陆学善合著）等著作。

陆学善1905年生于浙江湖州，1928年毕业于东南大学，1933年清华大学研究生院毕业。1936年获英国曼彻斯特大学理学博士。回国后任北平研究院镭学研究所研究员及晶体学研究室主任。其间王守璨小弟王守觉至中科院计算机研究所工作，还与陆学善有关。王守觉原在上海镭学研究所工作，1956年调中科院计算机研究所，到所里报到时事出偶然，筹备处的人全去了苏联，他只得到三姐王守璨家去，姐夫陆学善时任中科院晶体管研究所所长，所里缺科研人员，王守觉就这样阴差阳错地进了晶体管研究所工作，后来担任中科院半导体研究所所长，1980年当选中科院院士。

子一：陆毅，女一：陆颖。

王守恒

中国民族染料工业先驱者

王守恒(1912—1988),吴县东山人(王鏊第十五世孙)。教授,民国二十一年(1932)毕业于上海光华大学化学系,留校任教,后被聘为教授。继而出国深造,民国二十五年(1936)获美国密歇根大学硕士学位和最高荣誉奖——金钥匙奖。回国后,在当时还较荒僻的上海闵行区创办中孚染料厂,曾任中孚兴业化学制造公司总经理、总工程师及上海化学化工学会副理事长等职,为当时上海唯一的教授资本家。

《吴中区志·人物》(上海社会科学院出版社2012年版)

王守恒

王守恒(1912—1988),生于1912年11月。莫厘王氏二十五世,"守"字辈,属王氏老四房(北宅)惟道公季子王琬支(谱称光化公支)。王鏊长子延喆裔孙。叔蕃之孙,季钧三子。上海光华大学教授、科技大学教授,南通纺织工学院教授,我国民族染料工业先驱者。

王季钧共生有十一个孩子,其中男子八人,均在上海和香港等地创办过实业。季钧曾任上海南星洋行买办,并独资创办裕康颜料行,因辛劳得疾,英年早逝,年仅四十五岁就去世了。长子守箴曾创办协和颜料行、大元纺织厂,并任过南星洋行买办和香港协和洋行经理。次子守澄也任过协和洋行的总经理,20世纪60年代初去香港创办企业,后移居美国。守恒排行第三,四子守余毕业于上海光华大学,留学日本,1993年移居加拿大。五子守绪毕业于之江大学,赴香港创办实业,1957年移居美国。六子守宪毕业于东吴大学。幼子守俭大学毕业后也移居美国。

王守恒自幼就极为聪明,且勤奋好学,上进性很强。1932年守恒毕业于上海光华大学化学系,继而出国深造。1936年获美国密歇根大学硕士学位,毕业时获该校最高奖——金钥匙奖。回国后,他怀着实业救国的爱国热情,创办民族工业。在一次工商界人士的招待会上,守恒经过考察看到上海闵行地处黄浦江畔,沪闵公路直通上海、浙江,是建办化工厂的好地方,遂在当时还较荒僻的上海闵行区投资创办中孚染料厂,又自任中孚兴业化学制造公司总经理兼总工程师,还兼任上海化学化工学会副理事长等职。抗战期间,他为阻挠日寇侵占染料厂,还被日军放逐的狼狗追咬,而一脚踩入硝镪水盆内,留下终身不褪的伤痕。

新中国成立后,王守恒长期在化工行业和高校任职。1959年任上海化学化工研究院设计师,长期从事化学分子方面的研究。1960年应上海高教局之聘,任上海科技大学化工系教授,他是当时上海唯一的资深教授兼资本家。他在"精馏理论研究"领域颇有建树,1985年获中国科学技术大学科技成果二等奖。中国化工学会曾于1987年授予王守恒"从事化工工作五十年,为化学工业和化工科学技术的发展做出积极贡献"的荣誉证书。王守恒还先后任过上海光华大学和南通纺织大学等高校教授。他是上海市工商联合会与海外归侨联合会委员。著有《化工中间试验与比拟放大》等著作。

1988年王守恒在沪病逝,享年七十六岁。妻张剑芬,生于1914年,卒于1999年,享年八十六岁。子二:长义锳,毕业于华东师范大学;次义强。女三:长在龙,次犹龙,三奕龙。

王守承

参加香港起义

王守承

王守承(1913—1998),莫厘王氏二十五世,"守"字辈,属王氏老四房(北宅)惟道公季子王琬支(谱称光化公支)。王鏊长房延喆裔孙。叔标孙,季绶长子,因长房季镇英年早逝而无子,故嗣于季镇为子。

光化公这一支后裔原世居东山西街王衙门前,清咸丰年间,太平军攻占东山,守承的曾祖父王鸿漠携全家四处逃难,后定居苏州城内。祖父叔标曾考中秀才,终生以教书为业。父亲季绶,字印若,是叔标幼子,清末跟随表兄去内蒙古训练新军,辛亥革命后回苏州,在救济院任感化习艺所主任。嗣父(伯父)季镇,字佩秋,生于光绪七年(1881),年仅二十九岁就去世了,只生有一女守彬,适于莫振亚。按王氏族规,若长房无子,二房长子须嗣于长房之约,守承从小过继伯父家。

守承早年就读于苏州安定高级中学商科,这所学校是苏州族中王季常创办的,他毕业后考入重庆东吴沪江联合法商学院,在该校会计系肄业。1937年抗战全面爆发,王守承一腔热血,告别父母离家北上,奔赴南京参军抗日,分配在国民政府军政部兵工署军械司当技术兵,先后任上尉军械统计员、资源委员会专员、金属矿业管理处副管理师和资源委员会香港贸易处副管理师、财务主办会计等职。1949年11月,在全国革命形势的召唤下,资源委员会驻香港机构员工,发表起义宣言,同国民党政权脱离,宣布起义,得到毛泽东和周恩来的嘉许,并接管了旧政府财产。毛主席、周总理曾电贺起义成功,并充分肯定了资源委员会起义的功绩,当时这一宣言在全国产生了巨大的影响。1951年王守承调回上海,在中国工业器材公司上海交通电器分公司工作,1958年调往青海财经学院贸易会计教研组任教员。

"文革"中,王守承因历史问题受到冲击,他原已回到了上海工作,又被调至青海师范大学附属中学,在学校后勤负责财务工作。莫厘王氏以忠厚传家,守承的祖父常告诫儿孙:"教人以善心谓之忠,待人以厚道称之厚。"在逆境下,守承以忠信之长、慈惠之师以自勉;恭敬辞让以养安,礼义文理以养情,"两耳不闻窗外事,一心只读圣贤书",他坚守岗位,闭门读书,终于避开了这场灾难。1976年王守承离休后回到苏州安度晚年,回忆自己的坎坷一生,晚年他作自挽联一首:"重庆抗战,香港起义,青海支边,莫笑行扶杖,为革命艰辛备尝,志愿忠诚,大节无亏;晚逢盛世,光荣离休,儿女当家,昂昂争上游,勖儿

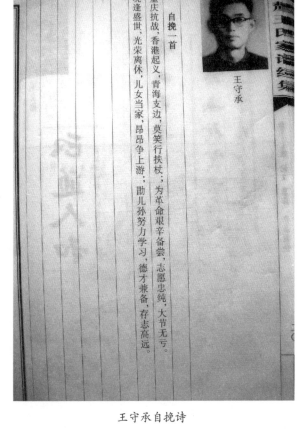

王守承自挽诗

孙努力学习,德才兼备,存志高远。"1988年,时年届七十六岁的王守承,老骥伏枥,志在千里,写了近万字的《东山王氏简史》,内既有莫厘王氏家族世系情况,又不乏他收集的传闻轶事,为传承王氏家风做出了很大贡献。

1998年1月31日,王守承卒于家,享年八十五岁。妻周秀文。二子一女:长义炽,苏州育达电器公司董事长;次义炘,苏州惠和电通公司董事长。女儿义平。

王守中

中科院副研究员

王守中(1915—1983),生于1915年11月。莫厘王氏二十五世,"守"字辈,属王氏老四房(北宅)惟道公季子王琬支(谱称光化公支)。王鏊长子延喆裔孙。颂蔚孙,季绪长子。中国科学院仪器馆(长春光机所前身)副研究员,研究室主任、副总工程师。

1938年8月,王守中毕业于清华大学机械系,毕业后在民国政府兵工署22兵工厂、53兵工厂任技术员、技校教务长、办事处主任等职。1945年在美国西丁兵工学校学习观测器材修理。1946年任过物资局冲绳岛储备处器材库库长。1948年在输出入管理委员会任技正。

新中国成立后先在上海对外贸易管理局任科长,1951年9月进入华东人民革命大学学习,1952年6月调入中国科学院仪器馆工作,任副研究员。在该所先后担任过技工学校教导主任、研究室主任、副总工程师、实验工厂副厂长和长春市政协常委等职。多年来,王守中长期从事精密机械工艺与设计工作,曾先后参加过"读数显微镜"的研究领导工作。亲自主持了压铸工艺、非球面研磨机和万能工具显微镜的研制,对该所建设与发展做出了很大贡献。

"文革"中,王守中遭到残酷迫害,1968年"清队"时被打成特务,长期被无辜非法关押,遭到非人的体罚,身心遭到严重摧残,造成身体致病致残的后果。1977年11月王守中的冤案得到平反昭雪,并重新恢复工作,从事研究所技术和资料翻译工作,1979年被任命为副厂长。

1983年7月去世,享年六十八岁。骨灰安放在长春革命公墓。妻郭日贞,江西人,生于1916年3月。子二:海格;申格,申格毕业于长春光机学院,美国罗切斯特大学钢琴博士。女一:王茵,毕业于四平师范学院,美国亚利桑那大学博士。

王 立

兵器工业部副部长

王立（1917—1997），又名王叔皓。吴县东山人。教授级高级工程师，副部长。民国二十一年（1932），入上海同济大学附中，与同学自发组织"业余无线电研究会"，取得成果（后更名为"同济无线电研究会"）。民国二十四年，上南京请愿被当局遣送回校。民国二十七年，加入中国共产党地下党，赴延安从事军工生产技术工作。1949年，随军至哈尔滨、沈阳等级地，接收兵器工厂。1953年，任第五工业机械部（即兵器工业部）教授级高级工程师、技术处长、副部长等职。

《吴中区志·人物》（上海社会科学院出版社2012年版）

王立（1917—1997），又名王叔皓，生于1917年2月。莫厘王氏二十三世，"叔"字辈，属王氏老大房（东宅）惟善公之子王琮支（谱称孟方公支）。希钧孙，仁镕第三子。兵器工业部教授级高级工程师，副部长。

王立

父亲王仁镕早年从苏城迁居常熟，对发展常熟的民族工业和城市发展做出过贡献，在20世纪20年代，他曾率先从上海购买柴油机，建办常熟发电厂，开办电灯公司，并自任经理，结束了常熟居民用油灯照明的历史。尔后又在常熟建办"开文社"印刷所，自任主编，印刷出版了常熟第一张报纸——《虞阳日报》。

王立的青少年时代正值日本帝国主义侵占东北三省，不断扩大侵略战争，引起全国人民奋起抗日，也激起了他立志科学救国之梦。1932年夏，胸怀"科学救国"梦想的王立考入上海同济大学附中，1936年从上海同济大学预科转入学院本科。进入大学不久，他就与几位志向相投的同学，自发组织了"业余无线电研究会"，业余研究无线电技术，取得了一定的科研成果，当时同济大学只有医科和工科两个系，还没有机电系，更没有无线电系。王立等一批进步学生自筹经费，办实验室、订阅杂志、购买材料，从自装矿石收音机开始,发展成自装三灯、四灯收音机,并把业余研究会改名为"同济无线电研究会",在一位物理老师的帮助下,他们的研究工作从理论到实践都有很大的提高,顺利完成了装超短波收发话机,还成立了业余无线电台,同菲律宾、马来西亚等海外业余无线电爱好者互通信息。不久,他们又准备了一台更大功率的电台,计划与世界各地无线电爱好者联系,却被日寇在卢沟桥的枪声打破了。"七七事变"后,抗日战争全面爆发,上海大学向内地搬迁,研究会也被迫解散,人员各奔东西。

王立等爱国学生的"科学救国"梦破灭了,1935年12月9日,北平爆发了轰轰烈烈的学生抗日救亡运动,立即得到全国学生的积极响应,同济大学师生和研究会的同学一起冲出校门,走上街头,宣传抗日救国。他们在上海各界救国会的领导下,乘火车赴南京请愿,结果被当局欺骗,把他们拉回了吴淞镇。1936年抗战全面爆发后,王立毅然参加了革命,并于1938年2月秘密加入中国共产党,同年10月被派往延安,从事军工生产技术工作。1946年随军到达哈尔滨、沈阳等地,从投降的日军手里接管兵工厂,他领导生产大炮、火药,支援抗美援朝战争。1952年王立调至北京工作,前后任第二机械工业部技术司司长,第一、三机械工业部副局长,第五工业机械部(即兵器工业部)教授级高级工程师、总工程师、副部长等职。王立还兼任兵器工业部科技委主任,中国兵工学会第一届理事、第二届名誉理事等职。1993年,王立主编出版了大型历史文献《当代中国的兵器工业》一书,为我国的兵器工业发展做出了重大贡献。

1997年2月病故,享年八十岁。妻冷涛,卒于2005年,享年八十四岁。二子:长小宁,毕业于华东工程学院;次小洲,毕业于南京理工大学,高级经济师。一女:小明,毕业于北京理工学院。

王守融

精密机械及仪器仪表专家

王守融(1917—1966),东山人。民国二十六年(1937)毕业于清华大学机械系,后任清华航空研究所研究员,昆明国立中央机器厂任设计工程师、分厂厂长等职。三十四年赴美国考察,三十四年赴美国参观考察,后去加拿大帝国机器厂任设计工程师。三十七年回家,先后任上海资源委员会所属工厂总工程师、天津南开大学机械系教授。新中国成立后,历任天津大学教授、精密仪器系主任,中国民主促进会天津市委会常委,中国科学院长春光学精密机械研究所学术委员会委员,国家一机部仪器仪表教材编审委员会主任委员等职。曾当选为第三届全国人民代表大会代表。对精密机械仪器有广泛研究,所制01型刻线机获1964年国家创造发明奖。著有《不等分半自动刻线机》《多环尺过链的选装配法》等。1966年8月28日受迫害去世。

《苏州市志·人物》(江苏人民出版社1995年版)

王守融(1917—1966),莫厘王氏二十五世,"守"字辈,属王氏老四房(北宅)惟道公季子王琬支(谱称光化公支)。王鏊长子延喆裔孙。颂蔚孙,季同次子。天津南开大学教授、天津大学教授,著名的精密机械及仪器仪表工程教育家。我国仪器仪表工程教育和计量测试技术的开拓者。第三届全国人民代表,中国民主促进会天津市委员会常委。

1917年4月20日,王守融生于苏州。天资聪颖,自幼受家庭熏陶,特别是父辈的影响,酷爱数理化,且动手能力很强。1927年进上海私立昌进中学附小读书。1933年毕业于上海大同大学附中理科,同年以优异的成绩考入清华大学,在机械工程系攻读航空工程,年仅十六岁。1937年清华大学毕业,获工程科学学士学位,因勤奋好学,才华出众,被留校任教。是年7月,抗战爆发后,王守融随校南迁昆明,1938年任清华航空研究所庚款补助研究员,从事飞机性能及结构方面的研究工作,

王守融

并发表了四篇有关飞机性能及结构方面颇有价值的学术论文。1940年受聘于大哥王守竞任厂长的昆明中央机器厂,担任总厂工程师和七分厂厂长。1945年赴美国考察;1947年赴加拿大等地考察,后在加拿大帝国机器厂任机械设计工程师;1948年回国后,出任上海资源委员会下属的上海机器厂厂长兼总工程师。

1949年8月,王守融应南开大学工学院院长孟广喆邀请,在南开大学机械工程系任教授,年仅三十二岁。在南开任职期间,他为机械系学生开设并讲授了工具机械、工具机设计、汽车工程、金相及热理等多门课程,还编写教义和教材。同年,应北洋大学机械工程系主任潘承孝教授之邀,赴该校任兼职教授,期间出版了《精密仪器制造工艺》《仪器制造工艺学》等大学教材。1952年,南开大学工学院并入天津大学,王守融又任天津大学机械工程教授、教研室主任、系副主任等职,负责创建了我国第一个精密机械仪器专业和后来的精密仪器工程系;1956年受聘为二级教授;1958年任天津大学第二机械系副主任兼精密仪器教研室主任;1959—1966年任天津大学精密仪器系主任。

王守融在精密仪器仪表工程领域中有很深的造诣,是中国仪器仪表工程教育和计量测试技术的开拓者。早在20世纪40年代,他在中央机器厂任工程师时,就在精密加工机床和工具显微镜等仪器设备的设计研制方面积累了丰富的实践经验。1949年在南开大学机械系和北洋大学机械工程系讲授工具机械、汽车工程、金相及热处理和机械学等课程。1952年中央人民政府教育部委托天津大学筹建"精密机械仪器专业",以培养仪器设计制造与科研的专门人才,这是新中国在国内高等学校中最先设立的精密机械仪器专业,王守融任该专业筹备组组长。1953年,他主持了"不等分半自动刻线机"的研制工作,于1955年研制成功了"津仪01半自动刻线机"。该刻线机的刻线精度达到了国际水平,成为我国自行设计、制造的第一台计算尺刻线机,1955年,该项成果获国家科委重大科技成果奖。1956年第一机械工业部与天津大学商定在天津大学创办天津仪表

王守融伉俪

研究室，这是我国在高等学府创首的仪器仪表科研机构，王守融任主任。

王守融知识渊博，学术造诣精深，特别是在近代机械加工工艺方面具有丰富的实践经验，加之备课认真，治学严谨，深受师生敬仰。1956年他被选任为国家首批研究生导师，这是新中国专家教授自己培养研究生的开始。1957年招收副博士研究生一名，至1966年，他带出的六名研究生，大多成为专家、学者、教授、博士生导师。至1966年，天津大学精密仪器工程系为国家培养了两千两百余名大学本科生和三十余名研究生。王守融曾先后任国家科委仪器学科组成员、中国仪器馆学术委员会委员、全国高等工业学校仪器仪表类专业教材编审委员会主任委员，中央教育部高等学校自然科学学报编委。1962年3月，他应邀参加了中央在广州召开的"科技工作会议"。

1966年8月28日，王守融在"文革"中遭迫害身亡，年仅四十九岁。妻子管义秀，女二：长王忆，毕业于北京大学，清华大学教授；次王愉，毕业于天津医科大学，副主任医师。

王义润

北京体育大学博士生导师

王义润(1917—2015),女,莫厘王氏二十六世,"义"字辈,属王氏老四房(北宅)惟道公季子王琬支(谱称光化公支)。王鏊长子延喆后裔。季烈孙女,守兑长女。北京体育大学运动人体科学学院教授、博士生导师,享受国务院特殊津贴的体育专家。北京体育学院学术委员会委员、学位评定委员会副主任委员、高级职称评审委员会委员。

1939年王义润毕业于西北联合大学生物系,毕业后曾先后任西北师范学院及四川江津体专助教与讲师。1948年赴美留学,1951年获美国旧金山州立大学硕士学位。1953年起至中央体育学院(即北京体育大学前身)任教,曾创建了中央体育学院运动生理学教研室。历任教研室主任、讲师、副教授、教授等职。在四十多年的体育教学工作中,王义润培养出了大批本科

王义润所在大学的校友登记表

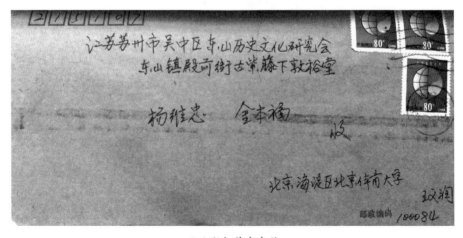

王义润与作者来信

生,以及多名硕士研究生。20世纪80年代,她被任命为我国第一批体育运动生理学博士生导师,她培养出了新中国第一批体育(运动生理学)博士。

王义润曾主编我国多届体育院校、通用《人体生理学》及《运动生理学》教材,还负责编写了《中国大百科全书·体育卷》基础学科全部词条与《体育科学程序和方法》等有关章节。发表论文多篇,其中《运动过程中呼吸循环机能与激素的关系》一文,曾获国家体育科技进步奖。1965年王义润曾出国援助越南民主共和国体育学院创建运动解剖学、生理学、保健学教研室,荣获越南民主共和国政府颁发的友谊奖章。1985年获国家体委颁发的"新中国体育开拓者荣誉奖章",1988年获国家体委颁发的"中华人民共和国体育运动荣誉奖章"。

王义润

在我国体育界,王义润教授还担任了许多职务,她是中华全国体育总会委员、中国体育科学学会名誉理事、中国运动医学学会副主任委员、中国生理学会委员、北京市生理学会理事、全国体育总会文史编审委员会委员、中国运动医学杂志副主编、中国老教授协会体育科学专业委员会副主任。

王义润的家庭是个体育之家,丈夫李鹤鼎,北京师范大学、北京体育学院教授,全国足球协会副主席、新中国第一代足球研究生导师。长女李琳,清华大学体育系副教授;次女李珏,北京体育大学教务处干部;三女李珉,北京体育大学人体运动科学学院办公室主任。

王守武

中国半导体科学之父

1933年暑期的一天,苏州古城怀厚堂王家旧宅旁,两位十多岁的小孩正在为争夺一把木工家具而吵架,严厉的父亲不问青红皂白,在每人的屁股上打了五十下。谁也没有想到,半个世纪后,这两位淘气的男孩都成为我国著名的科学家。哥哥王守武是中国半导体科学的创始人,弟弟王守觉成为半导体与信息科学专家,兄弟俩都是中科院院士。

王守武(1919—2014),莫厘王氏二十五世,"守"字辈,属王氏老四房(北宅)惟道公季子王琬支(谱称光化公)。半导体器件物理学家。中国科学院院士,半导体科学奠基人之一。我国第一个半导体研究室、半导体器件工厂、半导体研究所和全国半导体测试中心的创建者。清华大学、北京大学、复旦大学、中国科技大学兼职教授。第三、四届全国人大代表,第五、六届全国政协委员。

1919年3月15日,王守武生于苏州,幼时身体状况不好,经常生病,曾一度影响学业,后来经自己不断锻炼,终于增强了体质。从小持续不断的自学磨炼,使王守武养成了寡言、内向的性格和善于独立思考的习惯。还在他四岁时,父亲赴沪与他人合股开办了一家机械厂,但因不会管理,不到两年就关了门。工厂倒闭后,家里分得不少机械加工工具,这使少年王守武在家有条件学会了钳工和配制钥匙、修理家庭用具、绕制变压器等技艺,为他日后在科研工作中动手实践打下了基础。

父亲王季同退休后举家迁回苏州居住,王守武随之转入省立苏州中学学习。高中三年级时,经过对"三角""高等代数"的学习,启迪了他的思维,他从反三角函数的级数展开中,得到了一种计算方法,并写成文章发表在苏州中学校刊上,初显了他在领悟数学理论方面的过人才华。可就在他高中毕业前夕,未根治的疟疾再次重犯,耽误了学校的年终考试和苏州全区的毕业会考。在苏高中肄业后,王守武听从曾留学德国的大哥的建议,来到上海同济大

王守武

学德文补习班学习。一年后,他重回苏州中学参加会考,高中毕业后才考入同济大学机电系。

"七七事变"后,日本侵略者将侵华战火烧到上海,同济大学不得不离沪内迁。1941年春天,王守武在云南昆明郊外的同济大学临时校舍里毕业后,因全家已迁居昆明,他就近进入大哥王守竞任总经理的昆明中央机器厂当了名工人。一年后又转入翻砂实验工厂任工务主任。后来,王守武自感不适应工厂工作,又转到了同济大学任教。

1945年8月,抗战胜利后,王守武出于爱国热忱,憧憬"科学救国"的道路,便于当年10月,渡洋进入美国印第安纳州普渡大学研究生院攻读工程力学。翌年6月,获硕士学位。他的各门功课均极为优异,尤以数学成绩超群。校方为鼓励他继续深造,资助他攻读博士学位。这时,正在兴起的量子力学引起了王守武的兴趣,便从工程力学转向对微观粒子运动规律的研究。两年后,王守武完成了题为"一种计算金属钠的结合能和压缩率的新方法"的论文,获得了博士学位。继而,他应普渡大学工程力学系主任斯蒂姆敦聘,留校任教,并与同在该大学留学的葛修怀女士结婚。

新中国成立后,许多与国民党军政要员无多大关系的留美同学,常聚会在王守武的家里,传看报道中华人民共和国成立的报纸。王守武下决心回国,以报效祖国养育之恩。1950年6月,爆发了朝鲜战争。他出自对时局的敏感,认为应尽快行动,立即回国。王守武借思念年迈的母亲为由,向美国当局递交了回国申请,获得批准后,即毫不迟疑地偕同夫人和不满周岁的女儿,启程回到了祖国。

王守武刚踏上祖国大地,上级就交给他一项紧急任务:为在抗美援朝前线运输队设计一种特殊的车灯和路标,让志愿军车队既可夜里行车,又不被敌机发现。王守武立即组织科研人员攻关,他依据光线在锥体表面定向反射的原理,设计制作出了一种奇特的车灯,其光线能定向反射到司机眼中,可敌机却无法看到。1951年5月,西藏和平解放后,当地政府发现藏民生活用料奇缺,能源不足,但高原阳光充

葛修怀、王守武伉俪

足,便向中科院提出了为之设计制造太阳能灶的请求。王守武负责设计完成了这项任务,他设计制造的高原太阳灶,十五分钟内就能把一壶水烧开。

1956年,王守武应邀参加了由党中央和国务院领导主持的"全国十二年科学技术发展远景规划"的讨论和制订工作。在所确定的五十七项重大科技项目中,半导体科学技术的发展,被列为五大紧急任务。中央有关部门决定由黄昆、谢希德和王守武等知名学者,从事培养人才和开拓性研究工作。王守武立即全身心地投入这项工作中,组成了我国第一个半导体研究室。在他与同事吴锡九研究员的组织领导下,集中了四十余名科学工作者,开始了对半导体锗材料的研究。他亲自领导设计制造了我国第一台拉制半导体锗材料的单晶炉,并于1957年年底,拉制成功了我国第一根锗晶管,同年11月又研制成功了我国第一批锗合金结晶体管。

在王守武主任和林兰英教授等科学家的共同努力下,1958年7月,我国第一根硅单晶问世了,为促进第二代(晶体管型)电子计算机的研究,在王守武等有关科学家的组织领导下,于1958年创建了我国最早的一个生产晶体管的工厂——中科院109工厂,专门从事锗高频晶体管的批量生产。在各种条件均较困难的情况下,至1959年年底,为研制109乙型计算机提供了十二个品种,十四万五千多只锗晶体管,为中科院计算技术研究所研制新型计算机创造了必要的条件。

1960年4月,王守武受命筹建中科院半导体研究所,任筹委会副主任。1960年9月,半导体研究所正式成立,王守武为首任副所长。20世纪50年代末,自从锗、硅半导体单晶材料和晶体管在半导体研究领域相继问世后,半导体材料雨后春笋般地发展起来,但材料与器件质量的检测手段,远不能适应客观需要。1962年,王守武依据国家科委的决定,在半导体研究所筹建全国半导体测试中心,经过近两年的努力,于1964元旦前夕,研制成功了我国第一只半导体激光器。此后,这些科研成果迅速推广到实际应用中去。事隔不久,我国第一台激光通讯机诞生了,它可以在无连线的情况下,保密通话达三公里以上。为了提高激光测距仪的可测距离,王守武提出并设计了从噪声中提取信号的电路,使测距能力提高了一倍以上。这些研究成果,填补了国内空白。

"文革"中,王守武被停职审查,虽处被监督劳动的境地,但他对科学事业仍一往情深。他白天上班,夜里帮助研究室改革工具,修理仪器。为了弥补激光器件研究室缺少分析激光特性手段的缺陷,他主动提出,经监管人员批准,设计研制成功了激光发散角分析测试仪。1968年春,当时的国防科委领导点名要王守武完成一项紧急任务,把从越南战场上运回的武器进行解剖,他毫不犹豫地登上了飞往西安的飞机,完成了这项政治任务。"文革"后期,周总理提出"要重视基础理论研究",王守武积极响应周总理的号召,开展了对新发现的耿氏器件中畴的雪崩弛豫振荡的深入研究,把这项工作写成论文,1975年在美国物理学会年会上宣读后,得到国内外同行的好评,发表在当年的《中国科学》杂志上。

王守武在中科院半导体所作报告

粉碎"四人帮"后,我国的科学事业枯木逢春。1977年10月,全国自然科学会议在北京召开,中科院半导体所开展了摘取"金字塔明珠"的重大科技攻关项目。王守武全面负责四千位的MOS随机存储器这一大规模集成电路的研究工作。在当时,这项研究难度极高,他接受任务后,一头扎进实验室,与科技人员朝夕相处进行攻关。他先从稳定工艺入手,跟着片子的流程,对工艺线的每道工序进行认真细致的检查,又从研制难度不大的集成电路入手,以验证工艺流程的稳定性和可靠性。当其成品率达47%以上时,才投片研制四千位动态随机存储器。1979年9月28日,这一高科技产品终于问世,其科研成果,获中科院1980年科研成果一等奖。

1980年,王守武兼任了中科院109厂厂长职务,负责开展四千位大规模集成电路的推广工作。他把提高成品率、降低成本为目标,先抓净化环境工作,再抓对工艺设备的稳定可靠性,继抓对原材的质量检查标准和控制措施。在完成了厂房、设备、原材料等基本条件的质量保证之后,又指导科技人员一丝不苟地解决工艺生产中的每一个难题。在确定工艺方案时,他不但引导大家大胆采用等离子化学汽相泻积这一新工艺,还积极采用半导体研究发明的一种成本低、光刻线边界整齐、针孔少、适合大生产的无显影光刻技术。一次性取得了芯片成品率达50%以上的可喜成果,比国内其他研制单位的成品率高出三四倍。中科院109厂这条年产上百万块中、大规模集成电路的生产线,就这样在王守武的精心操持下宣告建成,其产品大量进入市场。1988年,王守武领导并参与建设的另一条引进现代化集成电路的生产线,通过国家计委、科委、电子工业部、北京市、中科院等相关部门和国内著名专家的验收，获1990年中科院科技进步二等奖。1986年1月，半导体研究所全套人马合并至109厂，组成中科院"微电子中心"。王守武被任命为该中心的名誉主任。从此，年事已高的王守武离开现职，专事他向往的学术研究工作。先后发表了有关负阻激光器的性能、单腔双接触激光器的稳定性问题，以及对激光器内部光波模式和载流子分布的计算机模拟分析等十余篇学术论文。

夫人葛修怀，1950年6月随丈夫归国后，曾受聘于华北大学任教，主讲"电工学"。王守武为报答该校为他家属提供工作机会和住房，在华大承担了一年多的"理论物理"教学工作。后来，夫人在去参加土改和分娩期间，"电工学"课一直由他承担。王守武还担任过当时由郭沫若任校长的中国科技大学物理系副主任和半导体专业主任。

王守甲

随傅作义华北起义

王守甲

王守甲(1924—2009),莫厘王氏二十五世,"守"字辈,属王氏老四房(北宅)惟道公季子王琬支(谱称光化公支)。王鏊长子延喆裔孙。颂蔚孙,季点长子。中央财政部经建司处长,高级经济师,离休干部。

守甲生于1924年3月20日,父亲王季点是位化学家,组建中华化学工业会发起人之一。任过京师大学堂提调(物理系教授),北平工业实验所技正(工程师)兼代所长。曾在北京、天津、丹东等地创办火柴公司,后又在北京办过玉泉酿酒厂。季点原配张氏无子,早年过继兄季烈第四子守泰为嗣子。继配孙氏生守甲、守一两子,守一早殇,生他时父亲季点已年近五旬。

1948年,王守甲毕业于原北平中国大学商学系,毕业后在北平市有关部门工作。1949年1月15日,天津国民党守军被中国人民解放军歼灭,北平的守军陷于绝境。1月16日,华北国军总司令傅作义派代表同解放军林彪、罗荣桓、聂荣臻会面商谈和平解决北平,并于21日达成《关于和平解决北平问题的协议》,22日傅作义在协议上签字,所属部队二十五万守军按协议陆续撤出市区,北平宣告和平解放。接着,起义部队和军政机关人员接受改编,王守甲被分配在华北人民政府财政部物资清理处工作。同年年底,因工作需要他又调至中央财政部经济建设司,主要负责交通处的水运财务预算及管理工作。王守甲热爱新中国,把自己所学的专业知识用于实践,为适应新中国水运建设的需要,他通过调查研究,理论联系实际撰写大量专业文章,发表在财政部的内部刊物上,有《交通部水运企业存在问题及改进方法》《企业管理与财务资金使用》《如何缩短资金周转期》等论文,对指导全国水运企业财务管理起到了很大的作用。

新中国成立初期,全国一些大中城市的港口都不同程度存在港道堵塞、管理混乱、港口码头运输船只滞压急需解决等问题。王守甲配合交通部财务局的工作人员,组成联合调查组,深入地处长江上游重庆及中下游的上海、南方等城市,了解沿江、海港口存在的问题。通过调查发现在客观条件基本相同的情况下,货运装卸能力却相差十倍以上。寻找到问题的根源后,他们通过内部通报的形式,促进了港口货改,使船舶在港口滞留时间大大缩短,加快了船运周转期,为国家财政增收起了很大作用。因守甲在港口船运工作中成绩显著,其工作范围也从水运延伸到铁路、邮电、民航等领域。在历次重大政治运动中,财政部经建司处理临时业务,搭建业务班子都安排王守甲参加,有时遇到运动高潮处理业务人员不足,往往只剩下他独当一面。在"文革"中,王守甲受到政治冲击,离开财政部经建司入从五七干校劳动。1972年回京调入财政部留守处,这时他患上高血压,经常出现眼底视网膜出血。医院开证明要他长期病休,可王守甲带病坚持上班,直到1983年4月离休。

王守甲一生清廉,敬业爱岗,在财政部经建司工作多年,集财务预算、物资调拨等权物于一身,但他从不动容,对公家财物从不动非分之想,上级领导和同事对他评价很高。守甲离休时职务升至处长,被评为高级经济师。2009年11月3日,王守甲在北京病逝,享年八十五岁。

妻陈树礼,绍兴人。四女:长义燕,高级雕刻师;次义英,财务主管;三义和,财务主管;四义藏,会计师。

王益生

上海漫画家

王益生(1929—2008),名季荣,字益生。莫厘王氏二十四世,"季"字辈,属王氏老四房(北宅)惟道公次子王瑛支(谱称以润公支)。仁堉之孙,叔杲长子。上海市《劳动报》美术编辑,漫画学会会长,中国美术家协会会员。

王益生

1929年10月王益生生于上海,父亲叔杲曾先后在上海、西安谋生,后病逝于西安,全家生活无着,刚读到高一的王益生只得辍学,经人介绍到上海一家绒线店当学徒。他少年时就对漫画特别感兴趣,在钱庄一有空闲时间就不停地学画并进行创作。他靠着对漫画独特的悟性,以及自己的不懈努力,在"苦与乐"之间奋斗,终于在漫画上取得成就。1951年,王益生的第一幅漫画在沪地报纸上发表,报社寄来三元稿费,他买了一大盒糖炒栗子,请工人文化宫业余美术组的画友们品尝。新中国成立初期,上海劳动报社设在体育俱乐部里,王益生是该报美术创作小组的积极分子,当时他在绒线店工作,店里打烊要到晚上八点多钟,但创作组每次活动他都准时赶到参加。会议结束时,往往已是后半夜。

20世纪60年代,王益生还是一名工人,后来靠创作的漫画作品不断获奖,被调入新闻部门任美术编辑,继而又转至美协上海分会从事创作与组织工作。他善于想象,尤其是善于借助形象、谐音发展联想,以及进行假借等,日常思维的方式与漫画创作的构思方式相当一致。他创作的第一幅漫画《踢球》,发表在《工人日报》上并获奖。漫画创作与杂文一样,以幽默与讽刺为特色而受到广大群众的喜爱,在一切以"阶级斗争为纲"的年代里,创作漫画风险也很大。1957年画坛上风云突变,青年漫画家赵文渭是三轮车工人出身,新中国成立前又是中共地下党员,可一夜之间变成了"右派"。当时有颇具才华的施明德、王白水等漫画家,也因发表漫画而先后被戴上了"右派"的帽子。王益生创作的《多头领导》《十鸟画》等漫画,是讽刺一些领导干部的，也捅了大娄子，挨了不少大字报。"四人帮"粉碎时，王益生还在五七干校劳动，他利用自己的专长，在干校墙壁上画了一大片漫画，采用假借、谐音、形象嫁接、正反论证等"十八般兵器"，讽刺批判"四人帮"的丑行，受到群众极大的好评。

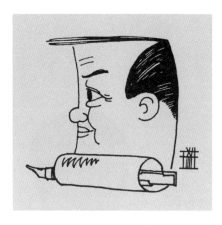

王益生自画像

无论是在创作上，还是生活中，王益生均给人一种充满活力、自信而乐观的印象。他喜出新招，有时还突发奇想。同大多数画家一样，他没有受过专门的美术教育，完全靠勤奋与努力，独创了自己的漫画风格，对于刻画讽喻那些不学无术、胸襟狭窄、心术不正的人物，亦往往另有一功。他爱看书读报，国内外漫画期刊、时事要闻、社会新闻、人物风情都很关心，随身携带的小本本上，记满了各种创作素材。在1982年的全国漫画展上，王益生一幅获奖作品，用十分简约的几个外文字母，完成了一艘航空母舰的造型，巧妙地点出了所要表现的主题，效果极为理想。在1984年全国第六届美术作品展览会上，他创作的漫画《缺档》，构思巧妙，借用一架缺档的竹梯，讽喻落实知识分子政策中，具体工作与党的政策脱节现象，代表了大多数渴望为社会重新工作的知识分子的心愿，具有一定的深度。

作为一个漫画家，首先需有正义感，总有点好打抱不平，好论长道短，但也容易得罪人，如今在现实生活中，报喜不报忧，说好不说坏，以及虚伪地相互吹捧现象十分普遍，但漫画作品的生命就在于讽喻，要想不得罪人是不行的。不过，王益生的漫画作品，批评中力求宽容些、含蓄些、幽默些，因而有很大的读者群。在长达三十多年的漫画创作生涯中，王益生更重视培养新人，他热衷于做组织与联络工作，对提携新人，尽心尽力，乐此不疲。他曾自喻为一只笨鸟，在整个漫画队伍中全力奋飞。

2008年3月8日，王益生病故于上海，享年七十九岁。妻葛金娣，浙江余姚人。子一：溶江，毕业于上海美术专科学校，《上海日报》（英文版）摄影部主任，中国摄影家协会会员。女二：长稚芹；次英姿，毕业于上海轻工专科学校，工程师。

王义豪

社会学研究所副所长

王义豪（1946—2015），莫厘王氏二十六世，"义"字辈，属王氏老四房（北宅）惟道公次子王璨支（谱称以润公支）。河北省社会科学院研究员、社会学研究所副所长、中国社会学学会理事。

王义豪的祖父王季钧早年至外地经商，后携家定居苏州。义豪生于苏州，并在苏州读完了高中课程，1963年考入天津师范大学中文系，1967年毕业后留校任教。1985年调入河北省社会科学院，一直重视应用社会学研究。1993年任社会学副研究员，在任副研究员的八年间，社科院的科研工作始终突出两个重点：即站在科研前沿，捕捉国家与省内改革开放中的难点、热点问题，以社会医生为己任，用社会科学理论方法来进行描述与提出对策，以此来实践精品战略；另一个重点是关注经济社会生活中各种现象和问题，深入剖析，提出建议，使应用社会学研究具有更强的针对性和参与性。期间他在省级以上刊物发表和被省委省政府主要领导批示的成果六十余项。

王义豪

1993年，王义豪主持的由省社科院和省委宣传部合作攻关课题成果：《农村专业市场结构与发育的基本条件》，获1992年度中宣部精神文明产品"五个一"工程奖，是河北省首篇入选的好文章。1993年秋，他与省委宣传部人员一起再赴保定调查研究，写成了《怎样办好农村专业市场——从保定地区农村专业市场谈起》的论文，刊登在《求是》杂志1993年第18期上。1994年，他主持河北社科院开展的重点课题"环京津环渤海经济战略研究"，取得四项成果，其中《唐山你为什么不去争一争》一文，省长叶连松批示"此文有新意"，并转给唐山市领导做决策参考。1996年，省委宣传部韩丰聚部长交给社科院一项任务，研究河北省文化市场的建设问题。王义豪组织社科所根据省打黄扫非办公室提供的材料，深入基层调研，对娱乐行业色情问题的危害进行研究，并分析现状，采取对策。该研究论文入选1996年中国社会学年会，评为优秀论文二等奖。1998年他与省技术监督局合作研究的"名牌战略与河北经济发展"项目,1999年与省委研究室合个研究的"农村合个基金现状及问题",2000年与省农工部研究农业产业化问题,2001年研究"十五"开局之年省内经济运行中的社会问题等论文。

王义豪曾任社会学所副所长,主要从事社会学研究,对该学科的主要领域均有研究与涉及。曾参加中国社会科学院学所主持的"八五"全国重点课题:即全国首次农村婚姻家庭状况调查、全国首次阶级阶层结构调查、全国首次大中型国有企业职工积极性调查等社科研项目。1990年以后,河北省社科院以经济社会学与社会问题为研究方向,王义豪先后主持或参与了许多社会学科研项目,其中有:农村专业市场发育条件、住房制度改革、企业文化建设中的社会问题、农村初级卫生保健制度、退役士兵安置、伤病残士兵安置、军地矛盾、"双拥制度"、社会福利、老年问题与星光计划、殡葬改革、农业产业化与农业名牌、中药业产业化、公安队伍管理与"网管机制"、社会治安综合治理与香河经验、中小企业信用担保体系与再担保体系建设、反恐怖与社会控制模式创新等。1992年他主持研究的"保定地区农村专业市场问题"成果,入选当年中宣部精神文明建设"五个一工程"文集。自社科院实施精品战略以来,王义豪主持的社会学科项目每年均有获奖成果。

从1994年起王义豪参与发起成立了河北省周易研究会,并任理事。

妻:王硕荃。子二:明前、明中。

王义根

哈尔滨船厂教授级高级工程师

王义根，1922年生，莫厘王氏二十六世，"义"字辈，属王氏老四房（北宅）惟道公季子王琬支（谱称光化公支），王鏊长子延喆后裔。季烈孙，守则长子。中央交通部工厂管理局技工，镇江船用柴油机厂教授级高级工程师。

父亲王守则早年毕业于北洋工学院冶金系，曾在沈阳兵工厂、青岛矿务局、昆明中央机器厂、交通部重庆造船厂、国家物资供应局等单位任过职。新中国成立后王守则开始被聘为苏州工专土木系主任，曾当选为苏州市人大代表。1954年国家调整大专院校，王守则奉命筹建西安建筑冶金学院，学院建成后他先后任该院教授、工艺系主任。守则生有义根、义强、义吉、义济、义慧二子三女，王义根为其长子。

王义根

王义根从小体质较弱，1938年未念完初中，就被祖父王季烈托人送至日本读书，要他攻读政治经济专科，而他却一心想学机械工程。刚到日本时，义根数理化的成绩达不到入学水平，他遂刻苦自学，每天早中晚三班，专门补习这几门功课，一年后终于考入日本东京高等工业学校（芝浦工业大学前身）机械科。1941年日本发动太平洋战争后，日本国内各大专学校征兵，都取消了暑假期，在校学生都提前毕业。王义根在日本东京高等工业学校毕业后，原想继续攻读本科，因美国飞机不断轰炸日本本土，就回到上海，在无锡找了一份工作谋生。出于抗日爱国激情，1944年4月，王义根辗转到了重庆，并赶赴昆明参加缅甸公路的抗日工作。日本投降后的1946年，王义根来到台湾高雄，在国民政府资源委员会台湾机械造船公司工作，任工程师。半年后回到大陆，至天津塘沽新港工程局任工程师。解放战争开始后，因关外局势紧张，1948年年初王义根回到了上海。

新中国成立后，王义根积极参加祖国的社会主义建设，因他曾在塘沽新港工作过，组织上安排他到塘沽新港，参加新港建设。当时总工程师交给他一项设计任务，该项设计在国内尚无先例，国外资料也只有一帧照片，难度极大。王义根克服了许多难以想象的困难,按工程要求在一个二十米长的水槽中,设计出了波长波高和一定频率的推动板,达到了使用要求,为新港建设防波堤做出了贡献。1950年王义根被调至天津港务局修船厂,任生产科长。为了解决生产中铸铁的砂眼问题,他研究了铸铁焊条,提高了成品率,受到上级的表扬。在1957年的"反右"运动中,王义根受到冲击,被下放到哈尔滨船厂劳动,在逆境中他仍用自己的知识贡献给社会。当时全国掀起"大炼钢铁"的热潮,他为哈尔滨市炼铁厂所建的高炉,设计了冷却水系统,大大提高了工效,因而第二年就被"摘帽"。

义根在哈尔滨船厂工作二十年,为该厂的建设与发展做出了很大的贡献,将原来破旧不堪的港区厂房规划设计成了花园式的工厂;还把厂内旧式皮带机床改造成了现代化机床,将原来用蒸气采暖的锅炉改造成自动化热水锅炉,大大节约了燃料;他经过不断试验,还设计出了五十立方米的制氧站;把原来的船厂人力绞盘改成了电动船台绞车和液压式船台小车;将旧厂房全部建成了安装有起重机设备的新厂房。1978年王义根调至镇江船用柴油机厂担任基建主管,1980年交通部发给他高级工程师职称证书,1989年又获中国船舶工业总公司教授级高级工程师职称。

作为一名旧知识分子,王义根一生坎坷,新中国成立时他已过而立之年,在历次政治运动中历尽磨难,但他忍辱负重,任劳任怨,用自己的知识服务于社会,为国家的建设事业做出了很大的贡献。晚年生活安定,在挚友的鼓励下,写下了二十多万字的回忆录《我的一生》。妻萧光迟,福建人,生于1924年,卒于1999年,享年七十五岁。三子:长民元、次民伟、次民杰;一女:民芳。

王义强

上海水产大学硕士生导师

王义强

王义强，1924年生，莫厘王氏二十六世，"义"字辈，属王氏老四房（北宅）惟道公季子王琬支（谱称光化公支）。王鋆长子延喆后裔。季烈孙，守则次子。上海水产大学教授，硕士生导师，享受国务院特殊津贴的水产专家。

1949年王义强毕业于苏州东吴大学，毕业后先在故乡东山莫厘中学任教，还任过安徽皖南血吸虫病防治所技术员。1952年起，王义强至上海水产大学教学，先后任讲师、副教授、教授，养殖系副主任、鱼类生理学教研室主任、硕士生导师，上海水产学会副理事长等职。担任过水产动物学、组织胚胎学、生物技术学、鱼类生理学等课程的教学工作，以及水生动物、植物教学的养殖生产实习。多年来，王义强率领高校同事在鱼类生理学科建设方面从无到有，收集资料，编写教材，建立实验室，充实研究内容，承担研究项目，做出了杰出贡献。他负责主持的水产养殖研究项目，1992年被农业部指定为重点学科。1993年荣获上海市普通高校优秀教育成果二等奖，被表彰为"对我国农业教育事业做出突出贡献"的专家。

从1959年起王义强创办《鱼类学译丛》杂志，1961年主编出版了我国第一本《鱼类生理学》大专院校教科书，其书不但在国内高校普遍推广，还受到国外大学重视，被翻译成多国文字在海外发行。20世纪80年代初，王义强主编的《鱼类生理学》被编入全国统编教科书中，供全国高等院校采用和科研单位参考。1983年，他以访问学者的身份赴美国考察及合作科研项目，利用免疫细胞化学技术测定鱼类生理活动。同年，他招收了第一届鱼类生理学硕士。1984年他带领科研组邀请了美国、瑞典、挪威、日本等国的水生动物生理专家，在上海举办全国性的"水生生物化学感受器培训班"，全国许多水产科研教育人员参加了培训。

在王义强负责主持的科研项目中，"河鳗人工繁殖"达到世界先进水平，获福建省优秀科研成果奖。他主领的国家"七五"攻关项目"水生动物饲料标准及检测技术"、"特种饲料加工技术",1991年分别获得部级科技进步二等奖与四等奖。发表有《青、草、鲢、鳙性腺及其相关器官组织生理学的研究》《河鳗人工繁殖的研究》《河鳗早期发育》《中国对虾对胆固醇、磷脂的营养需求量》等十多篇论文。

中国民主同盟上海水产大学支部主任委员,中国粮油学会理事。其事迹录入《上海市高级专家信息科》一书。妻张德芳,南京人,生于1925年。一子:民泓,二女:长民安、次民澄。

王义强著作

王晴华

杭州市科协副主席

王晴华,1924年生,女。莫厘王氏二十三世,"叔"字辈,属王氏老大房(东宅)惟善公之子王琮支(谱称孟方公支)。希钧孙女,仁镕次女。杭州化工研究所教授级高级工程师,杭州市科协副主席。

王晴华

王晴华生于书香门第,祖父希钧,字高卿,五品封典翰林院待诏。父仁镕,字铁珊,早年由苏州迁居常熟,系常熟民族工业的创始人之一。他在常熟率先创办电灯公司,使该地百姓结束了用煤油灯照明的历史。以后他又在常熟开办印刷厂,发行了常熟第一张报纸《虞阳日报》。王仁镕先后担任过常熟农会会长、教育局董事、商会会董、公断处评议与电气厂经理等职。王仁镕生四子二女,晴华排行第六,她的四哥叔皓(王立)曾任第五机械工业部副部长。王晴华从小受到良好的家庭教育,在读初中时就接受了进步思想,1940年她在上海松江女子中学加入上海抗日学生协会(简称学协),属中共地下党的外围组织。参加学协后,晴华在沪积极参加抗日救亡活动,多次冒着生命危险在市区散发抗日传单。抗战胜利前夕,晴华在上海大同大学加入中共地下党,组织青年学生开展"反饥饿、反内战"等进步活动。后因她的地下党员身份暴露,经党组织安排一度前往台湾,新中国成立前夕返回上海。

1946年王晴华毕业于上海同济大学化工系,早期曾至台湾台北工业试验所任技术员,回国后开始在沪江大学附属周浦中学任教。1950年她受命赴东北重工业基地,参加恢复东北工业生产和社会主义建设。在东北重工业部化工局工作期间,王晴华参加并完成了我国重工业基地许多企业迁建和恢复生产任务。当时国防工业急需新型涂料、染料等化工产品,她至东北工业基地后,着手研究开发,生产出了塑料、树脂等高分子化工材料,有力地支持了内地工业生产。她在沈阳化工研究院工作期间,成功研制出了我国当时尚属空白的塑料用树脂等高分子合成材料,填补了国家该类树脂及有关原料的空白。接着,王晴华又深入基层,对塑料用树脂工业进行全面调查研究,参加编写了一部实用性较强的塑料用树脂手册,推动了我国塑料工业的发展。

王晴华先后被选为沈阳市和辽宁省首届人民代表,省、市两级劳动模范,全国"三八红旗手",参加了多届辽宁省政协参政会议,1959年10月她应邀到北京参加了新中国成立十周年庆典。1980年后,王晴华调至杭州化工研究所工作,任教授级高级工程师,并兼任浙江省化工学会理事及杭州市科协副主席。

丈夫杨焕兴,无锡人,生于1925年,卒于2005年,享年八十岁。王晴华大学毕业后,一直和丈夫杨焕兴生活与工作在一起,两人工作中共同支持,政治上互相鼓励,生活中相濡以沫,是一对革命伴侣和忠诚伉俪。生有一子一女:子杨颖,女杨建。

王守成

上海电影制片厂资料室主任

王守成，1925年生，莫厘王氏二十五世，"守"字辈，属王氏老四房（北宅）惟道公季子王琬支（谱称光化公支）。王鏊第十五世孙。上海电影制片厂资料室主任，电影译制剧作家。

守成的祖父王叔蕃的人生颇具传奇色彩，据说清咸丰年间，太平军攻破苏州城时，年仅十二岁的王叔蕃与家人失散，坐在街头阶沿上哭泣。太平军中有一王爷骑马经过，就俯身把他拉上马背，带回军营，视为己子。从此王叔蕃随王爷生活在军中，习文练武，成为小王爷。六年之后的1866年，太平军溃退，王叔蕃逃回苏州城，同长兄相见。经红顶商人胡雪岩推荐，至左宗棠军中任军需官，代为统筹军械粮饷。后又助盛宣怀驻厦门整理招商事务，遂携家定居厦门。王叔蕃生四子，三子季衡留学日本，回国后先是接替父职，在厦门招商局任职，20世纪30年代迁回上海。

季衡长子守成早年就读于上海圣约翰大学，毕业后至上海电影制片厂工作，先后在电影技术领导与外事部门任职。始为制片厂副翻译，兼任上海医科大学英语教师，教授大学英语。他在任电影资料室主任其间，曾翻译了电影剧本《教父》《简·爱》《唐人街》《中途岛之战》等在全国有较大影响的电影，同时，他翻译的《奥列佛的故事》等多部长篇小说，载于著名刊物《译林》。

20世纪80年代，王守成移居美国，专门从事法律、医学、劳资关系等方面的翻译工作，利用语言专长，为侨胞服务。生一子三女：民元、义敏、义彬、义为，均定居国外。

影片"地震"的美工设计

（美）赫布·拉埃曼作，王守成译

为一部故事片设计96堂布景，已经是够麻烦了——而其中大多数布景要搞两次，这实在是太伤脑筋了。然而，"地震"这部影片的美工设计非这样干不可。首先，布景要真实，而更重要的是在经受地震和洪水的侵袭后，要"现实"地倒坍和毁坏。

好莱坞的两位最有才能和最富有经验的美术设计师被选为本片的美工。

环球公司的亚力山大·戈力臣出生于莫斯科，青年时为画家，1923年来美国，毕业于华盛顿大学建筑系。初入电影制片业时，在米高梅公司充当解说员，后来在山缪尔·高德温制片厂当上了美术设计师，设计了下列影片：约翰·福特的《驿车》，《飓风》，《驻外记者》，《马可·孛罗》，《呼啸山庄》……

戈力臣共13次被提名为金象奖候选人，得过三次金象奖。

同戈力臣合作的是普顿斯顿·艾墨斯，他也设计了好多部有名的巨片，诸如：《布列加东》《生命的欲望》……

"普顿斯顿同我合作过几次，《机场》是其中的一部，"戈力臣说，"在《地震》中，我们进行了分工。我负责全部的设计草图。然后他接过去进行布景设计，而我则专注于特殊效果，模型以及所有的遭灾场面。当然，我们也有重选的地方。"

主要问题之一是寻找一些能制作一堆就烂的布景和模型布景的行家，因为在现代的电影界中几乎已经失传了。

"地震"中的大规模破坏场面都要依靠模型布景来完成。很多模型都是根据实物的尺寸而予以比例缩制的。在美工师完成设计后，都交由格兰·鲁滨逊制作。

— 170 —

王守成译作

王守觉

自学成才的中科院院士

王守觉(1925—2016),中科院院士,中科院半导体研究所所长,中国电子学会副会长。莫厘王氏二十五世,"守"字辈,属王氏老四房(北宅)惟道公季子王琬支(谱称光化公支),王鏊长子延喆后裔。颂蔚孙,王季同幼子。

逃难与自学

1925年春,在上海的一扇石库门里,五十一岁的王季同老人家中,妻子管氏生下一个瘦弱的男婴。这已是他第十二个孩子了,先前生下的十一个儿女因病夭折了四个。小儿子的降生又给他增添了一份喜悦,于是给幼子取名守平,也许含有希望孩子们平安之意。这个男婴就是自学成材的中科院院士王守觉。

王守觉原名守平,后因用四哥王守觉的高中毕业成绩单报考上海同济大学,而随之更名为守觉,一直沿用至今。守觉幼年身体很差,老是生病。这是因父母均信奉佛教长期吃素,母亲管尚孝怀上他时也吃素得不到营养保证,身体底子不好。1934年王守觉随家迁往苏州老家居住。十一岁时就读于东吴大学附中。当时父亲王季同已六十多岁,因家中子女多,不大管教这位最小的儿子,只是偶尔把王守觉找去谈话。一次父亲告诉他,钱财、官职都是身外之物,人死了就没有了,唯有学问是真理,可以永远存在下去。还有一次,王守觉的数学考了99分,进门正撞着父亲,老人把试卷拿去看了许久,然后指着99分的成绩单说:"你数学怎么会不是100分呢?这么严谨的东西。"父亲问得很奇怪,好像数学不得满分是件不可思议的事情。

1937年抗战爆发,日军登陆攻打上海,年已六十三岁的王季同预感苏城也会不保,就带着全家提前踏上了外逃的路程。十二岁的王守觉随着家人先雇坐一艘小船,乘着夜色从苏州的河道划出,逃到了镇江。还在日军轰炸苏州时,眼看着

王守觉

一架架日机呼啸着俯冲下来,在苏州城内狂轰滥炸,城中到处是熊熊大火,王守觉曾天真地问哥哥:"我们的飞机和高射炮呢?"哥哥回答说:"因为太少,这里没有。"苏州没有飞机和高射炮反抗,整日被敌机炸得逃来逃去,这使少年王守觉感到很窝囊,也开始理解了课堂上国文老师讲的那些话"落后就要挨打,要发展科技才能强国"。

从苏州到镇江,又渡江到武汉,再逃到长沙,接着从长沙、湘潭到广州,再到香港,又从香港逃到安南(现越南),一家人一路颠簸,历尽苦难,最后总算在云南昆明定居下来。逃难路上,年老的父亲双手不离一根拐杖,就是睡觉也紧紧抱着。离开苏州时,王守觉亲眼看见父亲把多年的积蓄换成两根金条,然后砍来一根树枝做成拐棍,把里面的木质掏空,再把金条藏了进去。离家时,父亲看了看住了多年的老房子,又看看拐棍,叹口气说:"以后全家就靠这根棍子生活了。"

1939年,王守觉离开学校两年之后,插班进入昆明一所学校的初三班读书。扎实的底子使他顺利升入高中,但进高中后不久,因身体底子差,加上近两年的颠沛流离,他病倒了。这一病就是好几个月,病愈后再去学校,校方执意要让他留一级,他争辩了半天也没用,王守觉一气之下辍学回了家。母亲很担心,去找王守觉的大哥,时任民国中央机器厂厂长的王守竞说:"你看你弟弟没书读怎么办呢?以后能干点啥?"大哥却说:"在轮船上,火车上当一个服务员,不一定要读书,干什么都好。"母亲听了很生气。辍学回家后,王守觉在家也闲不住,当然一方面更是为了生活,他先在家里修理旧钟表去卖钱,还制作了很漂亮的门锁,一时销路不错。还去修建飞机场的工地做过测量员,在家中的茅屋里养过猪。坎坷的经历对王守觉是一个很好的锻炼,培养了他吃苦耐劳的精神和多方面的创新思维及动手能力。

大学生涯

1942年,王守觉在云南幸运地考取了战时内迁的上海同济大学。他决定报考大学,是个偶然的事件引起的。那年初春的一天,王守觉在昆明街头遇见了一个高中班的同学,那位同学说他过半年后准备报考大学,正在抓紧时间复习功课。回到家里,王守觉想到曾经同在一只教室里上课的同学都要上大学了,心中很不甘,也得去碰碰运气报考大学。王守觉感到自己基础不错,虽然在读完初一后的五年中,他只进校念过半年书,但自己的数学没问题,国文也尚可,只是英语差点。于是在最后的半年时间里,他到旧书

王守觉、王守武

摊上买了本外文杂志，查着英文词典一路看过去，背出来。不久，西南联大到昆明来招生，王守觉前去报考，被该校电讯系录取为专科生。可高兴了一阵子，他又有了新的想法，不甘心就此读专科，他一心想要读本科。两个月后，上海同济大学也到昆明来招生，规定报考本科一定要有高中毕业的同等学力。这时他的名字还叫王守平，于是灵机一动，拿了刚病故不久的四哥王守觉在上海震旦大学附属高中毕业的成绩单，到昆明沦陷区学区报名处报考同济大学本科，竟被学校录取了，而他的名字也阴差阳错地改成了王守觉。

当时同济大学已迁往四川李庄，昆明到四川不通铁路，前往读书只得坐汽车。当时大哥王守竞在昆明中央机器厂任厂长，他给小弟找了一个运送机器去四川的车队，让他跟着去上学。车队在路上走了七天七夜，总算到了学校。后来大哥对母亲说："铮弟（王守觉小名）真不错！"同济大学的校舍设在李庄的两所寺庙里，设施非常简陋，上课时，每个学生自己带一只小板凳，上完课就带着走，晚上只有油灯照明，小油灯是用竹筒子做的，上面按一个提手，一个小铁勺里面是菜油，油里放几根灯草，在家就靠着灯草微弱的光亮念书……在四川"同济"读书时，王守觉还应召入伍，当了两年通信兵后再回校复读。

在大学读书时期，王守觉最大的收获不是学好了功课，而是锻炼好了身体。刚进校门时他经常生病，每三天中只有一天去上课，一天扶着墙壁挪动，还有一天是躺在床上嚷嚷，因而被同学们戏称为"东亚病夫"。青年王守觉感到，要想读好书，将来做出一番事业来，没有健康的身体是不行的。王守觉开始了刻苦的体育锻炼，抗战时内迁的高校一切因陋就简，根本没有体育设置。他只能天天练举石担，所谓练举重的石担，实际上是用石头凿成两个圆饼，中间串一根竹子，用它来锻炼身体。王守觉练举的石担分量越来越重，身体也越来越好。不到两年，彻底改变了多病的体质，成了一个健壮的青年人。

王守觉天资聪明，进入同济读书后，只要有教材，他就能自学，还经常辅导别的同学。他学的是电气工程专业，有一个德国教授，按德国方法教书，难学而难考。有次考试，全班十九个学生中只有三人考及格，王守觉得了96分，名列第一。这一年，同济大学几千个学生中只有两个得了奖学金，他是其中的一个。当时的本科学习要五年，加上学德语一年，学校又四处流动停学，王守觉的大学一共读了七年。毕业时日本已经投降，同济大学也迁回了上海。

初露锋芒

1949年，王守觉大学毕业后，先是在上海镭学研究所从事氧化亚铜固态整流的研究工作，所长是大名鼎鼎的严济慈，是同王守觉大哥王守竞一起出国留洋的"清华"高才生。一年后，镭学研究所迁往北京并入中科院。王守觉因要照顾孩子而留在了上海，进入上海新成电器厂任工程师，把固态整流器产品化，并在我国第一个铁路自动化火车站——衡阳火车站应用成功。1953年我国第一个五年计划实施，王守觉被调入机械工业部第二设计院任设计组组长。1954年我国第一个铁路自动化装置，就是他们组研制成功的。1955年他因工作出色而被评为上海市劳动模范，1956年又被评为全国劳动模范，受到了毛主席的接见。

1956年，周恩来总理向全国发出了"向科学进军"的号令。王守觉是第一批调往中科院工作的科技工作者。他原定是调入计算机技术研究所筹备组的，可后来竟阴差阳错地进了中科院半导体研究所工作。第二年秋，所里准备派王守觉去苏联学习两年，可他只同意去半年，原因很简单，他不能因出国深造而误了所里的研究工作。还有一点是王守觉有点担心，因为他从未接触过俄语。1957年10月至1958年上半年，王守觉在苏联学习期间，他只自学了两个月的俄语，就能同苏方人员交流了。期间，他跑了列宁格勒和莫斯科等地的四所研究所，查找科技资料，为回国后大干一场作准备。

我国当时的半导体科学在国内尚属空白，中科院集中了一批优秀而年轻的科技人员，很快研制出了我国第一支晶体管——锗合金晶体管。王守觉回国正赶上大跃进，口号是"一天等于二十年"，他立刻全身心地投入到了新的科研工作中去。1958年他研究成功我国第一支百兆赫兹以上的高频晶体管，把晶体管频率提高了两百倍，解决了研究氢弹计算所需的晶体管高速计算机(109乙机)的器件问题，接着又筹建了我国第一个晶体管工厂。

1960年美国研制成功硅平面晶体管,震惊了世界各国。1963年,王守觉也研制成功了我国第一批硅平成晶体管和国防部门急需的五种硅平面晶体管。1964年通过验收,被国家五部委(科委、计委、经委、国防科委、国防工办)评为创造发明一等奖,获得国家颁发的新产品一等奖。从而为我国成功发射"两弹一星"提供了重要设备的全套器件。

东山再起

1966年"文革"开始了,王守觉被以"反动学术权威"和"牛鬼蛇神"双料分子打倒。其祸事出有因,1965年的一天,实验室因化学原料外溢而着火,王守觉第一个发现火情后,脱下衣服奋力救火,终于扑灭了大火。但他的脸和双手均被烧伤,眼睛痛得三天三夜没睁开。这使一向喜欢这位年轻小伙子的党组书记刘再生认为是个表扬王守觉的好机会,于是在中科院大力宣传这个救火英雄。谁知"文革"中刘书记被打倒后,接下来就是他的大红人王守觉也一起靠边站。被造反派列入反动学术权威打倒后的王守觉,每天拿着扫帚、畚箕和拖把,打扫研究所一楼到六楼的厕所,后来又指派他去烧锅炉。别人被打倒后没精打采,感到抬不起头来,可王守觉却感到很高兴,他在锅炉房里烧火,反而有了时间和条件,有一时间就拿张纸写写画画,竟然根据基本知识第一次设计出了一部计算机。

1969年,王守觉平反了,开始恢复他研究了多年而停下的图形发生器。1976年"四人帮"被粉碎,科学的春天来到了,王守觉分析了当时各种双极型集成逻辑电路的性能优缺点以后,提出了一种新的逻辑电路结构,使其实现了模糊逻辑功能,获得了1980年中科院一等奖。20世纪80年代末,当人工神经网络研究在国际上处于高峰时,从探讨微电子新应用工艺方向出发,王守觉也进入了这一领域,做了大量研究、创新工作,取得了很大成就。他在研究中发现,建筑在执行一条条指令基础上的现行计算机系统,在解决逻辑

王守觉给作者的来信

思维问题方面,有极高的本领,但在解决形象思维问题方面能力却很差,往往不如一个小孩,甚至不及一只小动物。因而人工神经网络的研究有着广阔的前景和重大的实用意义。1980年至1982年期间,王守觉在桂林市电子工业公司的合作下,研制成功了我国第一台大型电子智能游艺机,对我国大型电子智能游艺机工业的起步,起到了关键性的作用,被誉为我国大型电子智能游艺机事业的奠基人。他的这一科研成果,两次获得科学院二等奖,一次获科学院三等奖。

夕阳似火

1985年,王守觉从半导体研究所所长的岗位上退下来后,不断研究提高DYL电路的运算速度,以及把连续逻辑直接应用于模拟信号处理的各种电路。发表了《连续逻辑为电子线路与系统提供的新手段》的论文,受到专家们的高度评价。同时,王守觉指导他的研究生完成了《多值与准仿真信息动态内存线路》,获得国家发明专利。20世纪90年代以来,王守觉的计算机神经网络研究成果已提供给了多所高校在教学和实验中使用。中国华晶电子集团公司某芯片使用王守觉的科研成果后,使平均成品率提高了11.2%,在方法上属国际首创。

近年来,王守觉院士在科技领域的研究中又取得了一系列喜人成就。他的"非划分的仿生模式识别方法""多权值通用神经计算机""人脸识别专用神经计算机"等已被广泛开发应用。特别是王守觉院士根据高维空间点分布分析方法应用于模式识别取得的开创性成果,研究出"人面仿生模式识别"等六项发明成果,居世界仿生模式领域领先地位。2005年王守觉院士同深圳科技院华之巨公司合作生产的"认人取款机"问世。这种仿生银行卡与各类普通银行卡大小基本相同,只需四十多个字符即可将人脸等信息压缩进去,且与目前各银行卡类业务操作系统完全兼容,银行应用后只需十秒钟即可成功,被誉为"用卡取款"领域中的一次革命。

王守觉院士作为中国半导体器件和微电子学、神经网络模式识别的开拓者与奠基人,五十余年中成果迭出,建树非凡,先后获得早年国家发明奖一项(1964),国家新产品一等奖一项(1964),中科院一等奖一项(1980),二等奖三项(1983、1992、1996),三等奖一项(1996),北京市科技进步一等奖一项(2001)和台湾渊文渊文教基金杰出科研奖一项(2001)。历任中科院半导体研究所研究员、室主任、副所长,神经网络与形象思维实验室负责人。

王季卿

上海同济大学博士生导师

王季卿

王季卿1929年生,莫厘王氏二十四世,"季"字辈,属王氏老四房(北宅)惟道公次子王琛支(谱称以润公支),鏊舟公王鎜的后裔。宪臣之孙,叔椿长子。上海同济大学声学系教授,博士生导师,获国务院特殊津贴的声学专家。中国建筑学会建筑物理技术委员会主任,上海市建委科技委员会委员,《声学学报》《环境科学报》《应用声学》等学术刊物编委以及《声学技术》杂志主编。同济大学声学研究所副所长。上海市第七、八届政协委员,九三学社第八、九届中央委员。

季卿的曾祖父王汉槎1870年至沪,始在上海道台衙门谋事,后经营钱业与商业,曾同亲家沙逊洋行买办沈吉成合资开设天成绸局。季卿祖父王宪臣是沪地大商人,曾任英商麦加利银行买办达三十年之久,晚年在后山石桥村建承志堂,该堂由原上海道台袁海观长子袁思亮撰堂记。

王宪臣共生六子,第三子叔椿又生季卿、季良、季才三子。到清末,王宪臣这一支祖孙三代共有二十多人,居住在上海牛庄路一幢三层楼的花园洋房里。父亲王叔椿上海圣约翰大学肄业,母亲袁宇清出身名门。王季卿从小在优越的环境中长大,也受到了良好的家庭教育。1951年季卿毕业于上海之江大学建筑系,获学士学位,毕业后留校任教。1952年夏,全国院校调整,他从震旦大学工学院调至同济大学建筑系任教,是年冬,该校新成立同济大学建筑设计处,他和有关教师带领毕业班六十余名学生参加这项工作,承担了华东地区文教系统的大量基建设计任务。他自1953年起致力于建筑声学半个多世纪,在厅堂音质和房屋隔声科学研究方面建树颇多,是我国该学科的早期开拓者之一。多年来他主持工程设计的国内重要项目达三十余项,如上海文化广场、天津电视台演播楼、黄浦体育馆、安徽剧院、河南三千座位的大会堂、济南"八一"礼堂及上海体育馆等的声学设计。王季卿设计的项目,因富于创新,设计新颖,音质优异,技术先进而获盛誉。

20世纪60年代初,王季卿在创办建筑物理专业和声学实验室的建设方面,成绩卓著。1956年设计建筑了我国第一个混响室和隔声试验室,填补了国内空白。以后又设计建造了标准混响室和大型消声室,迄今仍为国内设备完善,技术先进的测试基地。他备课充分,讲课生动活泼,理论联系实际,以良好的教学效果深得学生好评,为我国高校建筑技术科学首届博士生导师,已培养硕士生十余名,博士生七名。1980年以来,王季卿还担任全国声学标准化技术委员会委员兼建声分会副主任。他积极投入声学标准和规范工作,主持起草国家规范五项,参加制定四项,其中"建筑隔声测量规范"获建设部科技成果二等奖。近年来他还承担了多项国家自然科学基金和上海市建委的科研项目,经专家鉴定为国际水平或国内先进水平。

王季卿对学术交流活动和学会工作也十分关心,20世纪60年代初,上海市物理学会成立下属声学工作委员会,即上海市声学学会的前身,开展学术活动和组织编辑出版声学译丛,他主持出版了建筑声学分册五册。在声学工作委员会工作时期,他对开展地区性声学学术活动不遗余力。同时王季卿还活跃于国际声学界,1980年以来参加国际声学学术会议二十余次,并两次作大会特邀报告,担任分组主席。他还多次赴美、德、日、澳以及我国港、台地区讲课。1992年起被列入历年美国马奎斯世界科技名人录。

多年来,王季卿发表出版建造声学专著三部,译著五部,论文六十多篇,其中二十六部为英文。《江南八座传统庭院式戏场的音质测量与分析》《用人工神经网络预计轻板隔墙的隔声性能》《微穿孔空间吸声体吸声性能的研究》《析古戏台下设瓮助声之谜》等,均由中国建筑工业出版社于2004年出版。此外还

王季卿(中)夫妇在故居承志堂前同作者合影

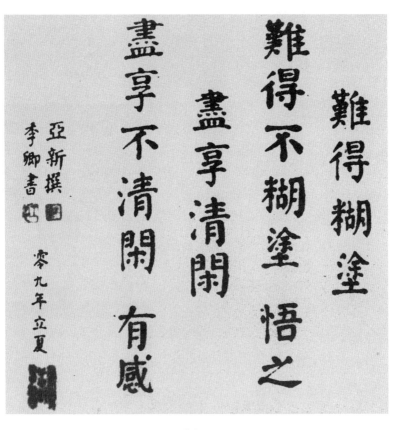

王季卿书法

著有《山西传统戏场建筑》《我的建筑声学历程》《室内声学研究进展》。

2009年12月9日,是王季卿教授八十华诞,上海市声学学会和同济大学声学研究所,举办了一次学术报告会,以示庆贺,并在《声学技术》杂志上发表了《著名建筑声学家王季卿教授八十寿诞》一文,文中说:"王季卿先生是同济大学教授、博士生导师,国内外著名建筑声学家,获国务院特殊津贴。他治学严谨,踏实求真,锐意创新,高屋建瓴。半个多世纪以来,一直奋斗在教学和科研第一线……我们要学习他以发展祖国声学事业为己任,百折不挠,奋斗终生的崇高品质;几十年如一日,勇于创新的奋斗精神;理论联系实际,务实求真的工作作风;严于律己,诲人不倦的师长风范,为我国的科技创新和繁荣,共同做出更大的贡献!"

妻子朱亚新,子守纲,美国内布拉斯加州立大学硕士,在旧金山艺术大学建筑系任教。

王义芳

上海外事协会秘书长

王义芳,1929年生,女。副编译。上海外事翻译工作者协会秘书长,副会长,名誉会长和上海旅游管理处业务处副处长。莫厘王氏第二十六世,"义"字辈,属王氏老四房(北宅)惟道公季子王琬支(谱称光化公支)。王鏊胞兄安隐公王铭的后裔。祖父王季堃曾创办上海东莱银行、申大布厂、南通大生纺织公司和天香味精厂等实业,为沪地金融界翘首。父亲王守勤与族兄王守箴合办过上海大元纺织公司,还在沪创办中原保险公司,自任总经理。守勤生本、义立二子和一女义芳。

王义芳

义芳的曾祖父叔蕃公早年到上海经商,历经三代创业,到第四代王义芳时,王家已相当富有,成为沪上书香门第。义芳从小在温馨和睦的家庭中成长,五岁随兄在家接受私塾老师的启蒙教育,七岁进申城名校觉民小学读书,在上海中西女校毕业后,她因成绩名列前茅被保送到上海圣约翰大学深造,1951年在该校英文系毕业。

参加工作后,王义芳任过英语教师,出任过外事翻译。她在纺织局工作期间,为编写行业会计制度,自学俄文,将苏联的整套会计制度,翻译出来在行业中推广应用。为学好和教好制药专业英语,她又主动到上海化工学院进修制药和有机化学课程。王义芳"学一行,钻一行;干一行,精一行",很快掌握了新的知识。后来,王义芳调到上海外事系统工作,她把外事办、外经贸和旅游局等单位的翻译专业人员组织起来,成立了"上海市外事翻译工作协会",在全国属于首创。改革开放初期,义芳在上海华亭宾馆工作,她引进美国"喜来登"公司管理经验,使上海宾馆管理在全国树立了改革开放之先河,引起北京、西安等地同行的好评,纷纷来上海"取经"。王义芳还任过上海旅游管理处业务处副处长等职。

早在1983年,义芳和兄义立从香港赴沪,商议寻找王氏家谱。十多年来她们四处搜集资料,广泛联系国内外族亲,花了很大的精力整理叔蕃公家族

王义芳在家族会上

谱系,于2006年和2008年编辑付印《叔蕃公家谱》《叔蕃公家族的发展和变迁》(中英文版)两本家族史,分发国内外族亲。实现了"使如今大部分散居国外的王氏裔孙都知血脉祖根在东山"的愿望。义芳还积极参与续修《莫厘王氏家谱》,不仅多方联系海外族亲,用英语同他们沟通,还捐出重金,支持付印《莫厘王氏家谱》,为重光家声,启迪后裔做出了贡献。

丈夫沈被章,浙江人。毕业于上海交通大学,曾任上海市外经贸委主任、上海国际集团公司(美洲)董事长兼总经理,中国(驻美)商会会长。子家豪,女家英、家蓉。

王义镛

北京轻工业设计院教授级高级工程师

王义镛，1928年生，北京轻工业设计院教授级高级工程师，享受国务院特殊津贴的化工专家。莫厘王氏二十六世，"义"字辈，属王氏老四房（北宅）惟道公季子王琬支（谱称光化公支），王鏊长房延喆的后裔。王季烈之孙，王守炽长子。

1952年王义镛毕业于北京燕京大学化学系，他长期从事能源研究和对燃料的综合利用，消除化工废液污染，提高经济效益和保护环境的研究。1953年至1969年先后在北京轻工业设计院、湖南长沙设计院和轻工部环境保护所工作。1982年任高级工程师，1985年被评为教授级高级工程师，1995年起享受国务院特殊津贴。

早在20世纪60年代，王义镛在轻工部设计院工作时，他就率先在国内主持开发了用粮食与植物纤维原料生产酒精汽油的科技项目，即乙醇酒精。乙醇可以用玉米、小麦、薯类、树皮、木屑等为原料，经发醇和蒸馏而制成。乙醇进一步加工后，可变成车用乙醇汽油，前途十分广阔。2004年2月，国家发改委等八部委联合发布了《车用乙醇汽油扩大试点方案》，其中有九个省试点，在五个省中推广，车用乙醇汽油的推广在我国已呈燎原之势。王义镛第一个试验生产乙醇酒精的是在黑龙江南岔木材厂，该厂于1966年6月建成投产，使用木材加工车间的木屑为原料，年产酒精四千吨，连续生产二十五年，取得了很大的经济效益。还有两个试验生产单位是：吉林石岘造纸厂副产品车间酒精工段，1957年7月试产，日产酒精七吨；吉林开山屯造纸厂酒精车间，1963年1月试产，日产酒精十一吨。

王义镛四十多年前研制成功用"植物纤维"可造"酒精汽油"的科研成果，随着社会发展的需求及能源日趋紧张，引起了国家有关部门的

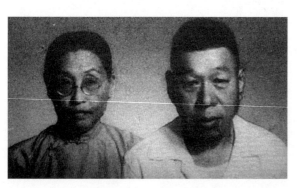

王义镛父母

王义镛

高度重视。2005年《中国新闻》杂志716期刊登了《水解酒精：石油的最佳代用品》。2006年第11期《中国新闻》杂志刊登了记者专访《植物纤维原料水解生产乙醇——一项被遗忘的替代能源技术》。而《光明日报》2007年1月29日发表了《"植物纤维"可造"酒精汽油"——一项闲置多年的科研成果亟待利用》的文章。当他接受记者采访时，已七十八岁的王义镛教授表示，他希望把这项科研成果无偿献给国家，造福人类。

"文革"中，王义镛被下放到湖南岳阳造纸厂劳动，他仍不忘科研，边劳动，边搞设计，研究出了碱回收简化的苛化流程，为企业节省了大量投资。1977年王义镛被湖南省轻工局评为科技先进工作者。1987年获轻工部两项科技进步奖。先后被国家派往日本、瑞典、德国、瑞士、比利时、英国、越南等国，进行技术考察和学术交流，曾两次应联合国环境规划署邀请，参加国际环境保护研讨会。

在国内外专业刊物上发展论文三十多篇。在工作中王义镛获荣誉多项，1977年曾获湖南省轻工局"科技先进工作者"称号，1987年获国家轻工部两项"科技进步奖"。妻王慈荫，浙江人。二女：民华，衡阳医学院毕业；民仪，高级工程师。

王守辰

北京大学儿童青少年卫生研究所研究员

王守辰

王守辰，1929 年生，女，北京大学儿童青少年卫生研究所研究员。莫厘王氏二十五世，"守"字辈，属王氏老四房（北宅）惟道公季子王琬支（谱称光化公支），王鏊长房延喆裔孙。祖颂蔚，父季点。

王季点生有三个女儿，长女守亨毕业于国立北平艺术专科学校，后师从齐白石、溥心畬、庞薰琹等著名画家学画，颇具成就；次女守窕北平中国大学肄业；三女守辰 1955 年毕业于北京医学院医疗系，毕业后分配在北京医学院第一附属医院工作，后调至北京医学院第三附属医院，主要从事儿科临床医疗研究。她为儿童与青少年临床看病二十四年，有极为丰富的临订床医疗经验。同时她还负责儿科医疗教育和科研工作，也取得了一定的成绩。1979 年王守辰因健康等原因，调至北京少年研究所任教，任北京大学儿童青少年卫生研究所副主任，主要研究方向是微量元素锌对儿童生长发育的影响，取得可喜的成绩。期间，她曾参与了《中国学生体质健康研究》课题的研究。1985 年王守辰赴美国加州大学伯克利校任访问学者，在该校公共卫生学院妇幼卫生系深造，并参与了博士生指导小组的工作，培养了多名硕士研究生。还为少儿所课题研究提供了大量咨询与指导，为预防医学与临床医学相结合做出了成绩。出版有《出生缺陷诊断方法及评选标准》《中国学生体质与健康的研究》《应用身高标准体重对中国学生的营养现状的研究》等专著。1988 年获国家教委科学技术进步一等奖，1993 年获中华预防医学会少儿卫生分会授予的荣誉奖。

丈夫陆卓元，江苏南京人。1952 年毕业于北京大学，新华通讯社资料室资料员。1960 年调入中国社会科学院语言研究所词典室，参加《现代汉语词典》的编辑工作，副编审。子陆直，1985 年毕业于北京药学院，获硕士学位，毕业后留校任教，2012 年至医药研究所任副研究员，北京协和医院药物学副教授。

王叔馨

上海市物价研究所所长

王叔馨,1930年生,字郁宝,高级经济师,上海市物价研究所所长。莫厘王氏十三世,"叔"字辈,属王氏老四房(北宅)惟道公次子王琋支(谱称以润公)。祖熙曾,父仁堪,共生有六子,叔馨为第四子。

上海中法学堂

叔馨生于上海,1942年进上海中法学堂(现光明中学)读书,1953年毕业于上海财经学院(现财经大学)。毕业后始在银行及企业中从事经济管理工作。1978年起调入上海物价局,先后任物价局农产品价格处长、物价局研究所所长等职。长期从事上海市场农产品价格的研究与管理工作。尤其是改革开放后,中国经济由计划经济转向市场经济的改革年代,叔馨深入上海郊区、农村及周边毗邻地区,对农副产品的生产、收购、供应等各个环节,深入调查研究,对价格的协调、衔接、平衡做了大量分析研究,发表了不少论文,指导上海物价市场的健康发展。

发表的论文有《上海蔬菜价格改革情况和总结》《三中全会以来上海市农产品价格改革情况》《对农产品价格的若干设想》《1978年上海农产品价格的展望》《物价业务知识(上、中、下)》三册,为上海市的经济改革与涉及人民日常生活的菜篮子工程做出了很大贡献。他还在上海财经学院和立信会计专科学校兼职上课,为上海培养了不少物价专业管理人才。

妻周涵芬,浙江慈溪人。女一:韵华,毕业于上海第二教育学院。

王义端

北京轻工业学院院长

王义端，1931年生，莫厘王氏二十六世，"义"字辈，属王氏老大房（东宅）惟善公长子王琮支（谱称孟方公支）。山东烟台大学副校长，北京轻业学院院长、党委书记，高级工程师。

清代初期，莫厘王氏第十四世祚椿公至上海松江经商，遂定居松江，称松江祚椿公支。王义端的父亲名开第，字谷初，生义端、义在、义行、义道、义尊五子及四女。五子除第四子义道早殇，其余四子皆有建树，义在为高级工程师，义行为吉林大学教授，义尊为工程师。

王义端

1953年王义端毕业于清华大学石油系石油炼制专业（本科），毕业后长期在北京石油学院（现中国石油大学）工作，先后任学院团委书记、党委宣传部副部长、政治部宣传部长等职，并长期兼任教学工作。1969年年底，学院迁校至山东胜利油田所在地，他随之到山东任教。1957年义端调至山东省教育部门工作，"文革"后任山东省教育厅高等教育处处长、副厅长。1981年王义端起草的《关于加强高等学校实验教育的意见》，受到教育部重视，被转发给各省、市、自治区教育厅（局）、国务院各部委教育部门，以及全国的高等学校，为山东省高等教育的拨乱反正和发展做了许多工作。

王义端还在高等教育战线上担任主要领导职务多年，先后担任过北京大学与清华大学援建的烟台大学副校长、党委副书记。在创建烟台大学时他成绩显著，受到上级和同行好评。在1987年的基层选举中，王义端被选为区人大代表。他在从事高等教育管理工作的同时，还很注重高等教育和高校管理的研究，曾为北京大学、清华大学举办过研究生班讲授"高等教育管理"；参加国家教委组织的中国地方院校代表团，赴美国考察高等教育。王义端还在科技、教育领域中做了许多翻译工作，曾翻译了英国高等教育研究的专著《高等教育的结构和管理》一书，该书由华东师范大学出版社出版。多年来，王义端潜心研究中央重要文献中有关当代政治经济新词语的英译

王义端著作   王义端译作

问题,也取得了一定成绩,对中央文献英译工作提出了若干建议,受到中央有关部门重视。他1999年编著的《汉英新时代政经用语精编》一书,已由外文出版社出版。

1987年王义端调至中国科学技术大学任副校长、党委副书记。1988年9月,经中央组织部同意调至北京轻工业学院,任院长兼党委书记,后又任专职党委书记,1993年在北京轻工业学院退休。

妻叶诗美,安徽人,副教授。子二:钢、远。王远,北京大学教授,博士生导师,日本大学客座研究员,曾获国家自然科学二等奖。

王守青

十年修谱，功在千秋

2014年10月，《莫厘王氏家谱续集》经过十年艰苦努力，终于修纂成功。来自全国各地的莫厘王氏裔孙两百多人聚集陆巷，共庆这一盛事。王氏家谱历经七十多年磨难后得以重光，王守青先生为此立了大功。

王守青，1932年生，高级工程师。莫厘王氏二十五世，"守"字辈，属王氏老四房惟道公季子王琬支（谱称光化公支），王鋆嫡传裔孙。父季璋，号祥之，生守栋、守青二子及守珠、守玉二女，守栋幼殇。守青20世纪50

王守青

年代初，在苏南总工会和江苏省总工会秘书科工作。1958年作为调干生考入西安交通大学无线电系深造，1963年毕业后分配在卫生部上海手术器械医院设备研究室（上海医疗器械研究所前身），从事医用电子仪器和设备的研究与开发。1965年完成一项填补国内空白的项目，当年被评为上海市五好职工。以后被派往北京，参加第三个五年计划医用电子仪器仪表规划的编制。1968年调往第五机械工业部某雷达研究所从事雷达二线产品的开发研究。完成有"四臂平面螺旋天线的原理和实验""微波固体振荡源的研究和应用"等多项微波课题的研究和论文。以后又进行微波新工艺的探索，创建了微波新工艺研究室，建立了一支微波新工艺的专业队伍，王守青任第六研究室负责人。

1982年出于对父母年迈和为培养子女成才考虑，守青夫妇两人多次要求离开山区调回苏州，后得到许可。在苏州良好的教育资源条件下，三个子女经过勤奋学习先后都考入大学。守青回苏州后在电视机组件厂新品开发室工作，开发了两项新颖实用且有市场前景的新品。退休后受聘于江浙两地多家民营企业开发电子新产品。

2004年王守青参观东山陆巷惠和堂，发现陆巷古村是老祖宗的出生地，兴奋不已。又闻至今无人在续修东山陆巷王氏家谱，遂立志续修家谱历十年之久，编撰《莫厘王氏家谱续集》共八册。《莫厘王氏家谱》首撰于明弘治

王氏家族年会中的王守青(前排左一)

十年(1497),光化公王琬建谱时取名《王氏家谱》;清康熙、乾隆年间,由奕组、世钧父子二次增修,称《震泽王氏家谱》;第三次修于清嘉庆七年(1802),先由世钧公编撰,再有熊伯公完成,取名《太原王氏续修家谱》;道光五年(1825)亮生公第四次修订时,仍名《太原王氏续修家谱》;宣统末年完成第五次修谱,由王熙桂增修,取名《洞庭王氏家谱》;1937年王季烈第六次修谱,取名《莫厘王氏家谱》;王守青第七次发起续谱,原拟取名《苏州东山王氏家谱》以示王氏之根从苏州东山开始,后经听取族人意见和考虑不重编《莫厘王氏家谱》后,取名《莫厘王氏家谱续集》。

老骥伏枥,志在千里。王守青开始第七次续修莫厘王氏家谱时,已七十三岁高龄,而且离王季烈1937年第六次修谱,时隔七十年,经20世纪三四十年代国内外战争动乱,莫厘王氏裔孙分居天南地北,乃至世界各地,要把这些众多的族人信息收集成谱,谈何容易。有志者事竟成,王守青修谱成功得益于他几十年的科研生涯练就的锲而不舍、坚忍不拔的工作精神。新编修的《莫厘王氏家谱续谱》分上、下两篇,共八册,内容丰富,资料翔实,在继承和保持《莫厘王氏家谱》各卷世系图、世系表的原有格式基础上,有不少创新和突破。旧时女子不入谱,现一视同仁均载入谱中。还增加了烈士、烈属、学历、职务、荣誉、论文、著作与缅怀堂等内容,使之与时俱进,适应时代发展新形势。守青在《本届修谱历程》一文中,极为详细地记载了"十年求一愿,莫厘续家谱"的过程。该文从《瞻仰王鏊故居，萌发修谱之念》开始；到《贵在坚持，成功在望》《关键的最后一年，筹款与校对并举》，共四十六篇短文，充满着励志、寻亲、聚族、编写、收获的艰辛和喜悦，也记载了亲朋好友的关心、鼓励和帮助，读来令人肃然起敬。

  2014年金秋在东山陆巷召开了两百多人的修谱告成庆典大会，中央电视台《记住乡愁》摄制组闻讯前来现场采访拍摄。会议期间，守青夫妇在与前来参加会议的不发达地区农村族亲交谈后，了解到目前这些地区农村青年相当多的人，读完九年义务教育后急于去南方经济较为发达的城市"打工"（出卖体力劳动为主的工作）。留守农村的都是老人和儿童，遂产生今后把修谱剩余经费用于资助这些地区农村王氏学子的想法，得到大家的赞同后，组织十六位热心族亲发起成立"莫厘王氏·王义炤兴族兴学基金会"的倡议，把王义炤捐款修谱的剩余经费，以及守青夫妇率先捐出的五万元，还有在倡议书发出前后收到的捐款，并征得义炤同意后，成立了以王义炤冠名的王氏基金会。在徐州王氏族亲的支持下，2015年10月前后，对徐州地区的张楼村、王新庄、敬安镇，安徽泗县王场村，湖北南漳县金镶坪等农村发放了首批奖励升入高中、大学的王家学子的奖学金，还有发放给在校小学生书包文具等用品，鼓励他们学习成才，振兴家族。年逾八旬，已是人生晚年的王守青，仍在为莫厘王氏默默耕耘奉献。

  妻子蔡月敏，大专学历，中级职称，长期从事科技管理工作。退休后，参与丈夫开发新品的同时经商办企业，以后又协同丈夫修谱办基金会。守青夫妇生有二子一女，长子王东来，医学博士，苏州市立医院（本部）副院长。次子王东军，大学硕士，苏州市政协文史办副主任、苏州市政协委员。关心家族工作，对王鏊墓的整修起了推动和督促作用。女儿王敏红，医学硕士，苏州市立医院副主任医师，是老年病和心血管病专家。孙辈王羽，留学英国曼彻斯特大学，获硕士学位后回国，在苏州工业园区工作；王逸飞和奚悦心，分别在新加坡和加拿大接受国外教育。

王义彬

王氏家族中的著名书法家

　　王义彬,1932年生,字时青,晚号钱里老人,生于徐州市。莫厘王氏二十六世,"义"字辈,属王氏老大房(东宅)惟善公子王琮支(谱称孟方公支)。约清康熙年间,王琮十世孙王伯熙到徐州经商,遂定居沛地,娶妻生子,繁衍成族,被尊为徐州王氏始祖,是王义彬的一世祖。义彬祖季钧,字冰清。父守槐,字植三,均卒葬于徐州。

　　新中国成立初,王义彬就读于华东大学,1955年赴北京,先后从事文学及书法教学工作,直至退休,达五十余年。义彬书法自幼秉承家教,临摹得益于丰富的家藏碑帖。对商周铭文、先秦两汉碑版、魏晋书法精品,无不心摹手追,笃学不辍。学书重碑帖兼收,以碑强其骨,以帖彰其韵。他又博收慎取,舍其短,取其长,以各家法帖之妙,资一人所精。书法重法度,尚意趣,积数十年之学养功力,人书俱老,遂形成了不类例程、不随众同、不步流俗、"遒劲温雅,舒展流美"的书法风格。书写诸体皆精,尤擅行书;大小字形俱佳。

　　20世纪60年代,王义彬年轻时期书法作品在北京就有一定影响,曾多次参加在京的社会书法艺术活动。如在北京"和平画店金石书法部"与郭沫若、陈半丁等老一辈书画名流,还有前国家领导人朱德、董必武等一起展出自己的书法作品。这些展出活动使王义彬备受鼓舞,进而加深了他对书法艺术的执着追求和钟爱。"文革"中,书法艺术被当作"封、资、修"的毒草摧残,王义彬不得不就此搁笔。嗣后,他虽然也曾参加过诸如北京荣宝斋之类的书画展出活动,只不过是偶然寄兴而已。曲折的艺术经历,使王义彬杜门染翰,聊以自娱,与社会少有融合。

　　2009年,时值新中国六十年华诞,王义彬受到极大鼓

王义彬

舞,他"老骥伏枥,志在千里",激情之火重新燃起,他的书法作品参加了多项全国书法大赛,展出中获金奖四项,一等奖一项,他的名字和事迹被载入《中国艺术家大典》,并获"新中国成立六十年最具影响力书画家"称号。义彬耄耋之年重获艺术新生,岂不快哉!所著书法理论书籍有《楷书系列教程》《行书系列教程》等,书法作品有《楹联书法集》《扇面书法集》《兰亭序赋》等。获中国书画创作院高级书法师,中国书法艺术家创作中心书画师等称号。王义彬还兼任东方艺术家协会理事,画圣吴道子艺术研究馆顾问及东坡书画艺术研究院荣誉院长等。

妻寿吉平,北京人。一子:民乐,毕业于北京商业学院。

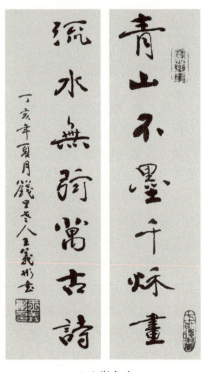

王义彬书法

王义炤

美国国际纸业集团副总裁

王义炤，1932 年生，又名燕生，生于北京，故名燕生。莫厘王氏二十六世，"义"字辈，属王氏老四房（北宅）惟道公季子王琬支（谱称光化公支）。王鏊长子延喆裔孙。季同孙，守竞长子。

祖父王季同和父亲王守竞都是清末民初的物理学家，王守竞任过浙江大学、北京大学教授，又为我国机械工业的拓荒者，是抗战初期建办的"中央机器厂"第一任厂长。母亲费令宜出身于苏州名门，曾留学美国，与丈夫王守竞同毕业于美国哥伦比亚大学。1946 年，王义炤十五岁时随父母移居美国，毕业于美国华盛顿大学，曾获华盛顿大学理学士学位与乔治亚理工学院硕士学位。他先后在美国联合碳化物公司中担任董事、经理、副总裁等职。1978 年起任美国国际纸业集团副总裁，负责国际纸业集团的工程、技术、物流、信息、融资和产品业务，该集团年销售额达六十亿美元。1991 年王义炤在国际纸业集团董事和常务副总裁的职位上退下来后，长期参加慈善机构的董事会。同时，王义炤还是美国阿托拉斯持股公司合伙人，该私有投资企业拥有钢铁加工、纸板及包装、工程构件等多种产业，他持有这些公司众多股票。他还担任华盛顿大学和南方贫穷人法律援助中心顾问，为外来移民和当地农民谋取更高更公正的待遇和福利。王义炤还是美国艾森豪威尔基金和奈普尔斯爱乐中心的理事，担任过威尔顿钢铁公司、UCI 公司、美国煤气公司、娱乐技术公司以及 BEGK 公司的董事。2009 年起，他又担任美国印第安大学公共环境学院委员会主席，为该学院培养服务形领导人才。

王义炤

王义炤虽然长期生活在国外，但非常关心故乡的教育文化事业，在同王氏族亲的通信中，曾表示要来大陆探亲，尤其是要赴东山陆巷拜谒先祖王鏊墓。2011 年 3 月，他出资十万美元，其中七万五千美元在苏州第十中学设立"王守竞、王明贞奖学基金会"，可用每年利息奖励十八位优秀学子，另外两万五千美元和 2013 年他又捐出的一万美元，资助《莫厘王氏家谱续集》的编纂及刊印。

王瑾玉

金狮自行车集团副董事长

王瑾玉,1933年生,女。高级经济师,常州市轻工局副局长,金狮自行车集团副董事长。莫厘王氏二十六世,"义"字辈,属王氏老大房(东宅)惟善公之子王琮支(谱称孟方公支)。祖父季寅,字介文。父守本,号思源,生四女,瑾玉为其长女。

东宅孟方公王琮是王昇的长子,王彦祥的长房长孙。王琮这一支在明清时就有裔孙离开陆巷、蒋湾、石桥头等祖居之地,迁往前山翁巷、庙渎等村,以及远离东山到外地经商,可因无法查到文字记载,有些裔孙成为莫厘王氏存疑支。王瑾玉祖辈这一支虽早离陆巷,但世系清楚,她的曾祖父名叔荣,年轻时曾在上海钱庄谋事。祖父名季寅,可能是身体较弱的原因,一生没有做事,生活前半世靠老子,后半世靠儿子。王瑾玉的父亲王守本,字思源,少年时就到上海谋生,在花纱号当学徒。为人忠厚,勤奋好学,曾先后在上海、天津、汉口等地花纱行当过高级职员。守本生有瑾玉、瑾芬、瑾贤、瑾珮四个女儿,但没有儿子,所以王瑾玉从小就帮父母挑起了家庭生活的重担。

王瑾玉从小就有自强自立的精神,只要是她认准的理,家里任何人都劝不住。1948年年底,年仅十五岁的王瑾玉在东山莫厘中学读初中时,接触了革命进步思想,1949年年初经中共地下党员马祖毅介绍,加入了新民主主义青年团。苏州在新中国成立后,瑾玉被吸收到东山区委工作,任吴县东山区委宣传干事,随工作队下乡征收夏粮。1950年调入县委工作队,参加苏南农村土改试点。1952年任团区工委副书记,分工独立负责区里一个片里的工作。1953年,二十岁的王瑾玉调到常州工作,从此她在这个城市奋斗了一生。

在常州,王瑾玉先后任过手工业团委副书记、联社学校校长、市轻工局秘书科副科长、总工会生产部副部长等职。"文革"中,她

王瑾玉

被下放至五七干校劳动。1969年回到常州工厂任职,1973年重返轻工战线领导岗位,担任市轻工局革委会副主任。王瑾玉是"文化大革命"快结束时,常州市第一批提拔的女局长,她的精彩人生也从这里开始。瑾玉常说:"路是人走出来的,事业是人闯出来的。要干事业,首先要有知难而进,不畏艰苦的精神。我们这代人虽然未经受过枪林弹雨的战斗洗礼,却赶上了改革开放的年代,时不可失,机不再来。"为了尽快改变常州轻工的落后面貌,她与局领导一起总结经验,提出了发展常州轻工业走"填缺门,补短线,创特色,上水平"的路子,并按照局里分工,她挑起了负责技术改造的重担。1977年初春,对外开放刚起步,瑾玉听到北京有外商电子手表来件装配的信息,尽管她既没搞过钟表又没干过外经贸,可她却主动请战,把这个来件装配全国第一例设在常州落户。一切从头学起,她组织资金,同外商谈判,引进设备,样样多干。经过一年多的拼搏,终于打响了第一炮,把面临停产的常州钟表厂救活了,成了国内第一个成功的装配企业。

常州"金狮"在全国自行车行业中,曾位居第三。无论是车型、色彩、功能等都实现了单一到多样的转变。既有成人车,又有童车;既有普通车,又有山地车;既有自行车,又有摩托车。"金狮"誉满国内外,"金狮"的成功,王瑾玉功不可没。1976年"金狮"刚起步时,由于国家没有投资,建办新厂困难重重,根本无法与形成气候的国内自行车行业相比。当王瑾玉在北京听到外贸部要搞一个装备先进、能适应国际市场需求的出口自行车企业时,她立即向常州市领导作了汇报,得到上级支持后,她没日没夜地开始筹建自行车厂。仅用了一年多时间,全国第一个工贸合营的出口自行车专厂在常州投产,抢占了行业新技术的制高点,为"金狮"的腾飞创造了条件。

1992年新华出版社出版的《中国女企业家》,在《常州轻工业的开拓者》一文中载:"王瑾玉善于运用理论文化知识,指导工作,她头脑敏锐,一

常州金狮车标

旦捕捉住信息，便锲而不舍，克服重重困难，使之变为现实。她先后在多个轻工工业项目中，顽强竞争，争取条件，使之在常州上马并成为拳头产品，使常州轻工业走在全国轻工业的前列。如著名的常州金狮自行车、常州扣电池以及荧光灯、钟表、啤酒、味精、电子衡器、压缩机等项目，都是在王瑾玉的努力和奋斗之下，顺利投产，并逐步成为国优、部优产品，成为常州轻工业的支柱。"这是对王瑾玉工作最好的总结，证明她是一个不可多得的工业领导人才，为常州的兴旺发达做出了巨大的贡献。

王瑾玉伉俪

王瑾玉先后担任过常州注射器厂革委会主任、书记，电池厂书记，金狮自行车集团副董事长，常州市轻工局副局长等职。她是常州市政协第四、第五届政协委员，中共常州市第七届候补委员。轻工部企业管理协会理事，江苏省女企业家协会会员等。1991年离休，现定居常州市。

丈夫杨荣乐，河南人，离休干部。二子：杨立、杨峰；一女：杨建行。

王义翘

生物化学工程专家

王义翘,1936年生,小名宁生,生于南京。莫厘王氏二十六世,"义"字辈,属王氏老四房(北宅)惟道公季子王琬支(谱称光化公支),王鏊长子延喆裔孙。季同孙,守竞次子。20世纪30年代,父亲王守竞被国民政府任命为中央机器厂厂长。义翘生于抗战前夕,当时父亲王守竞为创建中央机器厂而日夜忙碌,在南京工作时生下次子义翘,故名宁生。

1946年,王守竞是以翁文灏为董事长的中国石油有限公司七名董事之一,赴国外开展工作。这时妻子费令宜携义炤、义翘和女儿珠渊移居美国,全家团圆。1951年,王守竞离开国民党政权,入美国麻省理工学院林肯实验室工作,全家在美国定居。义翘随父母移居美国时还只有十岁,他的学生时代是在国外度过的,所接受的西方文化较多。义翘在物理学研究方面取得了巨大的成就,担任了世界各多个国家大学的教授,五十多个专业顾问和科技咨询委员,还担任过美国及国际生物技术等多种科学刊物的编辑、顾问。

1959年,王义翘获美国麻省理工学院化学工程学学士,1961年获该院生物化学工程学硕士,1963年获美宾西尼亚大学化学工程学博士。从1996年起任美国麻省理工学院生化系助教、副教授、教授等职。为美国著名生物化学工程专家。他还兼任浙江大学名誉教授。2000年分别被聘为国立新加坡大学教授、香港科技大学工程学名誉博士、智利瓦尔普拉索普通大学名誉博士等职。2004年王义翘又受聘北京协和医科大学名誉教授。曾三次获美国理工学院杰出教育奖、美国化学学会约翰逊奖、美国化学工程学院维廉沃克奖和亚太生化工程奖等奖项。

王义翘被选为美国文学和自然科学院院士、美国国家工程科学院院士、美国医学和生物学工程研究院院士、中国台湾科学院院士和国际生物技术研究院院士。多次被邀请在国际学术讨论会和座谈会上做学术报告。出版专著五本,发表文章二百三十多篇,获得专利

王义翘

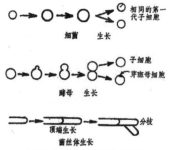

王义翘发表的论文

十五项,是国际生物化学工程技术领域中著名的美籍华裔科学家。

从20世纪60年代中期起,王义翘获国内外科学奖十五项,1965年获"美国陆军表扬奖章",1972年与1976年,分别获美国麻省理工学院"营养和食品科学奖",1979年获中国台湾"科学评价奖",1981年获美国"食品、药物和生物工程奖",1985获美国麻省理工学院"缔造指导者奖",1989年获美国马里兰大学"杰出工程奖及著名学者奖",1991年获美国化学学会"纪念师奖",1994年获"亚太杰出生物化学工程奖"等。王义翘是世界上获科学奖最多的科学家之一。

王义行

吉林工业大学教授

王义行,1937年生,吉林工业大学教授,享受国务院特殊津贴的机械专家。莫厘王氏二十六世,"义"字辈。莫厘王氏这一支老谱称松江柞椿公支,"柞"字辈属王氏十四世,清初有王柞椿赴松江经商,遂携家定居该地。柞椿属王氏究竟属老五房(伯英公五子)哪一房,《莫厘王氏家谱》世系所载不清。父开第,又名谷初,早年考入上海中华书局,后入松江救济院当会计。新中国成立后,在松江师范学校任缮刻兼财务,一直至退休。

1960年王义行毕业于北京铁道学院机械系,毕业后留校任教,先后任助教、讲师、副教授、教授等职。从1963年开始,义行在吉林工业大学从事链传动研究,三十五年来在这一工程领域里不断开拓、攻坚、创新与开展科技及教学活动,并在吉林工业大学筹备建立起链传动研究所。他所负责的"链传动跳齿机理研究室""钢二期工程链条配套国产化""链条CAD"等众多科技项目中有10项获得省、部级科技进步(成果)奖,其中"跳齿机理研究""延长农机链使用寿命"等四项,获省部级科技进步二等奖;"链条CAD""滚子传动啮合机理"等五项,获省部级科技进步三等奖;"石油链攻关"获石油部科技成果一等奖。多年来,王义行在国内外刊物与国际学术会议上发表论文六十余篇,其中《滚子链跳齿现象的研究》获中国机械工程学会优秀论文奖。

出版科技专著有《机械实验学》《链齿轮设计制造应用手册》《链条输送机》《链传动》等八本。他所出版的书籍中,《链传动》获全国第四届科技图书一等奖。三十多年来王义行为本科生和研究生开设过技术基础课和专业课六门,他从1980年以来已指导十多届研究生。他曾主持制定了我国第一个链条标准,还是国际链条标准起草工作组中的成员。

王义行在链传动研究上的特出贡献,使他获得了许多荣誉:1985年获吉林省有突出贡献的中青年专家称号,1990年获机械工业部有突出贡献的中青年专家称号,并享受国务院政府特殊津贴。全美工程协会联合会将

王义行

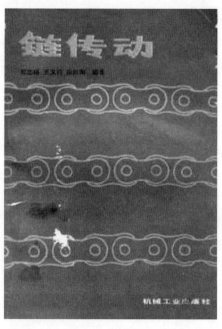

王义行著作

他列入1993年出版的第九版《工程名人录》（机械设计及机械学两个专业），其事迹列入1997年美国出版的第一版《世界名人录》。王义行还是中国机械工程学会高级会员、美国机械工程师学会会员，国际机器与机构学理论联合会中国委员会委员，全国链传动标准化技术委员会主任委员，吉林省机械传动分会副主任委员。

妻查美秋，上海人。国家首批一级注册建筑师。子二：长朝晖，毕业于吉林工业大学，工程师。次朝阳，毕业于中国科技大学，美国麻省州立大学博士，高级工程师。

王守华

浙江大学博士生导师

王守华,1938年生,莫厘王氏二十五世,"守"字辈,属王氏老大房惟善公之子王琮支(谱称孟方公支)。历任山东大学、杭州大学、浙江大学教授,博士生导师,享受国务院特殊津贴的专家。中华日本哲学会理事、常务理事、顾问、名誉会长,山东东方哲学研究会会长,《世界哲学年鉴》编委等社会兼职。

道光初,莫厘王氏第十九世伯原(念曾),为经商方便,寻找能上下通达的港口,从洞庭东山迁移至长江边的常熟徐六泾口。经第二十世仲彝(敬常)、第二十一世希铨(瑞芝)、希钰(二泉)、希锺(季纯)亦商亦农亦学的发展,家族散居于以徐六泾闸口里王栈房为中心的西周市、马渡桥一带。王栈房即是因"王家的货栈"而得名。王家在经商务农的同时,以读书传家。仲、希、仁、叔各辈中多秀才。守华的高祖季纯公(希锺)、曾祖亦纯公(式金)时,家道虽一度中落,但均认真读书,且多秀才。在农耕的同时,设私塾"课徒自赡"。守华的祖父四宇公(叔蕃)从小悟性高,髫年读书孜孜不倦,家人极为钟爱,并盼他能承王氏书香。后考取常熟乙种师范学校,肄业后服务桑梓,以教育为业。父亲承季(遵武)"承继王氏书香"的期望,就读于太仓师范。始任教于上海华龙小学,同时考入国立暨南大学教育系深造。抗战胜利后任上海市十一区国民中心小学校长。1949年后任上海大江初级中学校长,从事教育工作四十余年。

1937年8月13日,"八一三事变"爆发,日军九个师团二十二万人大举进攻上海,11月5日从杭州湾登陆,从侧翼合围上海。徐六泾口是日军的登陆点之一。日军登陆后,一路奸淫烧杀,王氏宗族与附近百姓扶老携幼南逃避难。这时守华还在娘肚子里,随母逃往曾祖母的娘家(陆家市)避难。待上海陷落,日军退去,王氏宗族回到徐六泾,当年颇具规模的王栈房,已被日寇洗劫一空,木制门窗及家具全被烧毁,只剩下一个砖瓦的空壳。

王守华

1938年守华出生于常熟徐六泾闸口里王栈房(今属常熟市新港镇)。为牢记民族恨家国仇,保卫中华,赶走日寇,家族为这个长房长孙起名"守华"。六岁入西周市一家私塾认字读书。1956年守华高中毕业,考入北京大学哲学系,1961年毕业。同年考入北大哲学系东方哲学史专业研究生。1965年毕业后分配到中科学院哲学社会科学学部(今中国社会科学院)世界宗教研究所工作,任见习助教。"文革"期间,守华在胜利油田顶岗劳动。其间,他曾在钻井队任过钻井工,在维修队当过油漆工、锅炉工及派工员。1974年起在胜利油田科委情报室工作,任《国外石油科技情报》《石油技术》《科技简讯》等杂志编辑。在油田劳动期间,守华被迫放弃了原有社会科学专业。在"革命加拼命,要油不要命"的氛围中,他刻苦自学钻井工程、石油地质等书籍。待到恢复职称评定时,居然考上了个"钻井工程师"。

1982年落实政策,专业归队,守华转入高等院校教书。任山东大学哲学系讲师、副教授、教授,先后任哲学系副主任、东方哲学研究室主任、山东大学日本研究中心副主任。1993年起任中国社会科学院研究生院哲学系东方哲学专业博士导师。1996年调往杭州工作,任杭州大学教授、博士生导师。1998年起,任浙江大学教授、博士生导师。

王守华教授主要从事日本哲学、日本宗教的研究和教学工作。先后承担(或参加)过:国家教委博士点专项科研基金项目"日本及东亚哲学",国家社科项目"日本近现代哲学",国家教委文科教材项目"东方哲学史",国家教委社科项目"日本新兴宗教与政治经济的关系研究",国家社科项目"当代东方哲学"研究,国家社科项目"当代亚太宗教"研究,教育部社科项目"日本神道教研究"等项目的研究工作。

王守华教授还参加了不少国际科研活动。1989年受日本学术振兴会资助,在日本山口大学任高级访问学者,进行以安藤昌益为中心的日本哲学研究;1994—1995年在日本亚洲太平洋中心,参加为期两年的"亚洲诸国的环境观"国际共同研究(福冈、京都);1995—1996年受日本国际交流基金资助,在日本和光大学任特别研究员,进行神道教研究(东京);1999—2000年受日本篠田学术基金资助,在日本皇学馆大学神道研究所,进行神道教研究(伊势)。他还组织并主持"中日共同安藤昌益学术讨论会"(1992年,济南);"东方传统环境思想的现代意义国际学术讨论会"(第一次1997、第二次1998,杭州)等国际学术讨论会。

出版著作(含合著、译著)多部,主要有《日本哲学史教程》(山东大学出版社,1989)、《世界十大宗教》(东方出版社,1989)、《战后的日本哲学家》(山东人民出版社,1996)、《现代东方哲学》(浙江人民出版社,1998)、《环境与东亚文明》(山西古籍出版社,1999)、《东方著名哲学家评传》(全五卷,山东人民出版社,2000)、《当代亚太地区宗教》(宗教文化出版社,2003)、《神道与中日文化交流》(河北人民出版社,2010)、《东方哲学史》(全五卷,人民出版社,2010)等共四十一部。在国内外杂志上发表论文八十多篇。

王守华教授在胜利油田工作期间连续十年(1972—1982)被评为"先进生产者""先进工作者",并荣立"三等功"一次。转入大学工作后被评为"山东大学优秀教师"(1987),获"山东省专业技术拔尖人才"(1992)称号,并获国务院政府特殊津贴(终身)。著作《日本哲学史教程》获山东省优秀社科成果"一等奖"及优秀图书"一等奖"(1991)、华东地区大学出版社优秀图书"二等奖"(1990)。论文《西周》《津田真道》获山东省教委哲社优秀成果"二等奖"(1992)。

妻戈亚生,1937年生。江苏南京人,南京大学地质系古生物专业毕业。曾任胜利油田地质科学研究院工程师及山东大学副教授、杭州大学及浙江大学副教授。专事微体古生物(介形虫)的研究工作。女一,王蓉,1971年生,山东大学外文系毕业。1995年起留学日本,获日本国立香川大学硕士,国立爱媛大学博士,2002年归国后任济南大学食品科学与营养系副教授。

王民新

西北地区地质专家

王民新,1943年生,生于河南省鄢陵县。兰州大学地质系讲师,兰州大学出版社编审,西北地区地质专家。莫厘王氏二十七世,"民"字辈,王氏老四房(北宅)惟道公次子王璟支(谱以润公支),是鏊舟公王鏊的后裔。

王民新

王氏河南开封支始祖王仲浩,字怀川,莫厘王氏二十世。清道光初,王仲浩授开封府兰仪同知,因治水有功,道光五年(1852)十二月二十三日朝廷加一级奖励,封朝议大夫。仲浩一子熙文,字际华,历任河南开封府中河通判、下南河及下北河同知,也因治水有功,卒后诰赠中议大夫。熙文生三子,其长子仁福河南祥河同知,同治六年(1867)八月,王仁福在黄河抢险中落水身亡,被朝廷封为"陈桥河神",建庙祭祀。王民新为王仁福六世孙。

1966年王民新毕业于兰州大学地质系,后留校任教。先后任助教、讲师,兰州大学出版社理科编辑室负责人、工会主席等职。他在兰大地质地理系任教时,曾增设了水工地质专业课,培养了不少地质方面的专业人才。民新还兼任西北综合开发所研究人员,期间参加了海原县万亩农田供水普查、天祝县引水工程、龙羊峡水电站建设、李家峡水电站开发,以及甘肃省定西地区八年建设规划等项目的实地勘察与研究工作,被聘为漳县与秦祁河流域综合治理经济建设顾问。先后在专业杂志上发表了《酒勒山滑坡综合考察报告》《试论黄土高原种草种树的生态价值》《漳县大理石矿产的初步研究》《丝绸之路与甘肃古代道路交通》《区域稳定性问题在坝址选择中的应用》《壮丽的三峡工程》等六十余篇科研论文。他曾参加了甘肃干旱区自然资源开发和利用国际学术研讨会,以及水利水电工程中的断裂构造研究实地勘察工作,其成果获国家教委科技进步二等奖。

改革开放初,王民新调至高校出版系统工作,曾参加了兰州大学出版社的筹建等事宜。出版社建办初期,社里人少事繁,他经常加班加点至深夜,节假日也大多不休息。他负责编导的《前进中的兰州大学出版社》的影像资料,在参加首届北京国际图书博览会时,赢得了国家教委领导的赞誉。在兰州大学出版社工作期间,王民新担任了近两百部图书的责任编辑工作,使之顺利出版。他主持编辑出版的书籍,多次获国家与省部级奖励。图书《冻土工程》获第五届全国科技优秀图书二等奖;《瀚海探秘》获第三届新星杯优秀图书奖;《世界工具书指南》获中国图书馆文献优秀成果奖;《甘肃公路交通史》丛书,获1997年甘肃社科院"兴陇杯"一等奖;《交通史志年鉴》丛书,获甘肃省交通系统科技进步一等奖。同时,王民新还发表了《前进中的兰州大学出版社》《繁荣出版事业,为两个文明服务》《大学出版社红红火火20年》《培养和造就一大批跨世纪的编辑人才》《抓住西部大开发机遇,促进大学出版社大发展》等学术研究论文。

2001年,王民新被国家文化部中华社会文化发展基金会,邀请参加了社会各界知名人士新年座谈会。2003年9月,参加了"与时俱进,共创辉煌成就——海内外百杰人才国庆座谈会"。他的个人传略被编入《中国专家大辞典(第六卷)》《世界优秀专家人才辞典(中英版)》《当代杰出共产党人》《中国当代艺术界名人录》等三十多部志书中。

妻李建琴,山东曹县人。子大庆,女苑嫒,均大专毕业。

王云龙

香港儿童基金会执行董事

王云龙,1944年生,女。香港儿童基金会执行董事,慈善家。莫厘王氏二十六世,"义"字辈,属王氏老四房(北宅)惟道公季子王琬支(谱称光化公支),王鏊长房延喆裔孙(女)。祖父王季钧,上海南星洋行买办,并独资创办裕康颜料行,但英年早逝,四十五岁就去世了。父守绪,毕业于之江大学,1949年赴香港,1957年移居美国。

王云龙生于上海,是守绪与杨宝玉夫妇的独生女,十四岁时随父母定居美国。1965年毕业于美国哥伦比亚大学,同年,与丈夫马宝钊结婚,后定居香港,创办实业。1996年王云龙任职于美国一基金会,任亚洲总裁。1997年,她筹资五百多万美元,在香港创立儿童基金会,自任执行董事,致力于为发展中国家培训抢救新生儿重症患者的医护人员。同时,还在上海筹建儿童医学中心。1998年,上海儿童医学中心落成,美国前来中国访问的克林顿夫人在落成典礼上剪彩。同时,儿童基金会还将这项工作延伸到西部贫困地区,资助那里的贫困患儿在上海儿童医学中心得到医治。短短几年中,上海儿童医学中心在上海和全国十五个省市中,资助培训了大批儿科医护人员,使之在专业岗位上能熟练地为患者服务。2002年,中国第一个新生儿重症监护室,在浙江省龙游建立,帮助培训医生、护士各两名,还为医院提供监护和呼吸机,使该市新生儿死亡率显著下降。接着,儿童医学中心又在浙江其他四个市和宁夏银川市、四川雅安市,以及内蒙古、贵州、广西等地,相继推广成立新生儿重症监护室。王云龙投身于慈善基金会事业,经常往返来美国、中国香

王云龙(右二)在东山方志馆

港、上海等地。慈善基金会在她任期内，先后为一百五十多位被遗弃在中国福利院等处，患有先天性心脏病的孤儿进行了手术治疗，有七名儿童恢复健康后，被外国人领养。内蒙古妇幼保健院的发展是一典型，2005年，经香港慈善基金会执行董事王云龙女士和黄咏仪小姐的热心联络，向该院新生儿科捐赠了一台飞利浦监护仪，用于新生儿急救中心重症监护室，还帮助培训了多名医生护士。2005年至2007年该医院连续被自治区授予"内蒙古百姓口碑最佳单位"称号，2005年还被中华医院管理学会正式推荐为全国百姓放心医院，

2009年，王云龙退休后，自立基金会，继续为社会慈善事业做贡献。据有关杂志统计，当今拥有社会财富百分之八十以上的富豪，对慈善事业捐赠不到百分之十五，参与捐赠的企业也仅百分之一（数字来自中华慈善总会公布的统计）。因为这些富豪绝大多数是改革开放三十年内暴发起来的，一些人的道德观、社会责任心均极度匮乏，甚至为富不仁，麻木冷酷。王云龙投身慈善事业，关心社会弱势群体，不仅继承了忠厚王家优良传统，而对当前社会风气的改变具有深远的影响。

此外，她还担任国际妇女讲坛理事、香港七姐妹校友会会长以及香港交响乐团女子委员会前任副主席等职。丈夫马宝钊，上海人。子家康，女家敏，均加入美国籍。

王义胜

《王鏊诗集详注》作者

王义胜，1945年生，莫厘王氏二十六世，"义"字辈，属王氏老四房（北宅）惟道公季子王琬支（谱称光化公支）。王鏊长房延喆裔孙。自学成才的诗人，王鏊《震泽编》标点及《王鏊诗集详注》作者。

王义胜

祖父季球，字伊图，为人遇事正直忠厚。父守敬，字聚德，早年就读于杭州之江大学，抗战时在校积极参与及领导学生运动，后转学至上海复旦大学政治法律系。毕业时值日寇占领上海，他不愿到日伪控制的单位就职，宁愿挨饿也在家赋闲。后在沪与人合资创办过新光X光工艺社，生产医用X光透视仪，此为我国电子医疗器材工业之先河。守敬继承忠厚王家之血脉，在政治运动中因直言蒙难，从而累及家庭。义胜没有读过大学，他在《前言》中说："求学时，因阶级成分原因被拒之门外（高等学府）；稍长，又受到政治整肃……"他的命运亦多坎坷。

义胜幼时就与老祖宗王鏊有血脉之联，恍有五百年之契，大有天将降大任于斯人之感。据他在《王鏊诗集详注》前言中说，义胜还在襁褓时，每至哭闹，祖父季球吟唱先祖文恪公诗，他马上安静而有如聆听状，家人皆奇之。至少年时，父亲守敬对他讲先祖之诗益频。一次，听父亲讲诗集中《癸酉春雪》一首，诗中有"小奚当户拥貔貅"之句，父问义胜"貔貅"何意。他答曰，火炉也。父亲领首赞许。从那时起，义胜就有长大后注释先祖王鏊诗集之志。父亲临终时，虽已无法言语，却凝望义胜，眼神凄恻而迫切，似对儿有所嘱盼，待儿义胜承诺日后将尽力完成先祖注释，父方眼闭而逝。

《震泽集》是一部囊括王鏊所有时期作品的诗文集，在清代被辑入《四库全书》集部。这部书不仅在王氏家族中具有巨大意义，而在我国文学史上也有重要地位。义胜在阅读《震泽集》时发现，先祖王鏊的著作，从问世至今，没有被标点过，也没有被注释过，这不得不使人感到遗憾。从客观上来说，我们的上一辈，读不加标点的文言文，或理解古体诗词，自无多大困难，故无须标点、注释。但从废除文言文后,情况就发生了重大变化,当今的年轻人,阅读不加标点的文言文十分困难,理解也有异,甚至有曲解原意者,所以义胜感到对优秀的古诗文集标点、注释就很有必要了。

王义胜虽未读过大学,但多年来他刻苦自学,知识面很广,尤其是在古诗词研究方面,有一定的造诣,是位自学成才的诗人。

2007年秋,时王义胜已年过花甲,退休在家,开始了对王鏊《震泽集》的标点与诗赋注解。他作诗自勉曰:"掸去寒斋细细尘,焚香净手见先人。一家学问谁传嗣,半榻诗文我寄身。帘下绿窗风已静,手披黄卷夜堪亲。时辰不觉三更近,书味醰醰月色醇。"此诗可以说,这是他对《震泽集》标点与诗赋注解的真实写照。王义胜没有进过高等学府的大门,对古诗文的功底并不深厚,完全是怀着弘扬先祖之德泽,靠顽强的自学精神完成的。他说,七年中我闭门谢客,足不出户,忽喜忽忧,不衫不履;七年我似与文恪公同处一堂,聆听教诲,登山涉水,伺候左右。族叔王守青先生在义胜标点的《震泽集》序中曰:"族亲义胜,文恪公之十六世孙,有感于古文之衰落,家学之淹没,故有将《震泽集》尤其诗集部分荐举于当世,为今人研究王鏊之文章道德、理解其思想性提供佐证……义胜以其不折不挠之精神,历七年之久,方始克成。又值先祖王鏊逝世四百九十周年纪念之时,实为可庆可贺。"

王鏊《震泽集》共三十六卷,内容极为丰富,反映了明代中期吏治、科举、边关、经济、民生、医学、文学、艺术等诸多方面的内容,是明史研究的重要资料。义胜标点的《震泽集》分上下二册,原文章二十七卷,五百二十四篇,他标点后阅读起来十分方便,亦使今日之读者便于理解文中深邃博大的精神;而其所著《王鏊诗集详注》分上、中、下三册,原诗九卷,九百七十二首,义胜注释的诗歌内容极为详尽,对每首诗逐句逐字进行解释,并

王义胜(右二)在王鏊故居

有题解及时代背景介绍,读后感到有一个有血有肉的古贤就在我们面前。

  先祖的著作是需要后代呵护的,自古至今,每一个书香门第的家族,均不愿看到先祖著作被淹没。王义胜在注释王鏊诗集时,在寻求当时与王鏊唱和的同僚或友人的诗文集,以考证与其有关的资料时,发现许多名贤的作品已经湮没,如韩文、徐源、陈璚、施凤等名臣或名士,难道他们已没有后代?幸喜的是先祖王鏊第十六世裔孙中有位王义胜,他做了一件看来平凡却对家族与社会做出了巨大贡献的事情。

  妻钱亚玲,常州人。子一:民松(石松)。孙一:彦铮。

掸去寒斋细::尘焚香净手见先人一家学问谁传嗣半榻诗文我寄身帘下绿窗风已静手披黄卷夜堪亲时辰不觉三更过书味醇醺月色醇

王义胜诗作

王季钢

苏州大学副教授

王季钢,1946年生,号松铭。莫厘王氏二十四世,"季"字辈,属王氏老四房(北宅)惟道公次子王瑑支(谱称以润公支)。壑舟公王鏊的后裔。苏州大学化学系副教授,书法家。

祖父王仁熊,前清举人,民国十八年(1929)曾在祖居槎湾淮泽堂接待过民国前总理李根源。父亲王叔宴,字子嘉,号乐宾,十五岁时就到上海可大棉布行当学徒。抗战爆发后回苏州居住,1940年入苏州裕享钱庄任汇划,后又至上海永大染织厂做跑街。1953年转为上海永大染织厂正式职工,任车间统计,1980年退休。

1968年,王季钢毕业于清华大学工程化学系,毕业后分配到四川长寿化工厂任技术员,曾出席"重庆市学习毛主席著作积极分子代表大会"并在会上发言。其间,他撰写的论文"氯丁橡胶阻聚剂的筛选",获"重庆市第一届科技发明集体奖"。1978年,王季钢调至苏州丝绸工学院化学教研室工作(该校1997年并入苏州大学材料化学部),多次获"最受欢迎的教师"称号。1987年至1991年,季钢主持的"混合稀土在丝绸染色中的作用和机理研究"科研项目,获国家自然科学基金资助的"SMR-1稀土染色助剂的研制和应用"项目,1991年结题,获1990年苏州科学技术进步三等奖,江苏省科学技术进步四等奖。"酸性媒介黄R与三价稀土离子的络合行为"项目,获1991年苏州市科技论文二等奖。

1994年,王季钢在苏州丝绸工学院停薪留职后,先后任过上海光阳制鞋有限公司(日资)副总经理、昆山好孩子童装厂长、AUTO-THECH中国公司(南京)副总经理、总经理等职。2000年任上海科德轧辊电镀有限公司(宝钢与加拿大科德公司合资)外方总经理,2005年至2012年,任昆山登云科技职业学院教务处长、产学研合作办公室主任。2012年,他主要负责的"昆山登云科技职业学院工学

王季钢

坚舟记

仲兄深之既倦游筑室洞庭之野穹窿如舟因曰是宜名坚舟属予鉴记之坚舟之义盖取诸庄周周之言子不能悉也而舟之为用则知之易曰舟车以济不通书曰若济巨川用汝作舟楫舟固为水设也而寓之堂舟也岂之坚则车也吾将烹之水鼎也以柱车梁丽其室穴曰以炊釜以春奠以奠冬奠其亦可乎夫不可违者理也不可废者用也若之何其无已则物各复其分车也复于陆舟也复于水弧矢之秦之楚之吴之越无不祈于奠也不祈于安者其祈于水则之秦之楚之吴之越无不祈于用也不祈于用者祈于水则不固不忻于安昔者吾尝泛舟涉江湖傲然枕席之上一日千里固自为适也不幸怪云欻起飓风陡作鱼龙出没波涛如山而吾方寄一叶以为命茫然不知所归宰而覆济犹心悸神悚而不能已故曰水以载舟亦以覆舟今老矣尚安能以不贤之躯试不测之险乎有取于坚也不见武夷之山手其坚有舟焉虽世屡迁舟自若也吾舟盖庶几似之兄之见远矣远为记于舟上

乙未蒲月于吴郡翠松轩
英鉴王氏廿四世季钢书

明 王鉴

王季刚书法

结合——产教合作教育模式"科研项目,获江苏省教育厅先进教学模式一等奖和教育部先进教学模式优秀奖。

王叔宴、王季钢父子都爱好书法,王叔宴的书法作品,王鏊诗《吕纯阳渡海像》与《沈周赠王鏊诗》等作品被收入新撰《莫厘王氏家谱》中。王季钢的书法作品,用小楷所书写的先祖王鏊的《洞庭两山赋》《吴子城赋》《槃谷赋》等书法作品均非常出色。

妻毛其英,1946年生于扬州,1968年毕业于东南大学,苏州第一光学仪器厂高级工程师,她参与的"环形激光陀螺"研究项目,1979年获国家科技进步二等奖。一女,寒玉。

王守和

他让"蓝领"闪光

王守和

王守和,1949年生,苏州技术师范学院机械工程师。莫厘王氏二十五世,"守"字辈,属王氏老四房(北宅)惟道公季子王琬支(谱称光化公支),王鳌长房延喆裔孙。祖父肇荣,原名叔镐,字联午,县监生,湖北候补巡检。无出,嗣族兄颂彬子季炯为子。季炯三岁殇,又嗣颂彬次子季琛为后。季琛生守和、守平、守方三子,守和为长子。

从1974年起,王守和就开始从事机械设计、加工制造等技术工作,曾经是江苏省农垦第一纺织厂的技术骨干、革新能手,同时还被厂教学科聘为兼职教师,担任该厂与纺织系统青年工人的培训工作。1984年国家落实政策,当年上山下乡的知识青年返城,王守和回到苏州后,安排在苏州市高级技术学校(现苏州技术学院)任技术员。在新的工作岗位上,他虚心学习、刻苦钻研,很快适应教育岗位的工作,并理论联系实际,在实践中撰写了《弹簧弯曲模的设计》一文,在全国性杂志《模具工业》上发表。在对学生施教时,王守和千方百计调动每个学生的学习热情,对悟性高、动手能力强的学员,他高标准、严要求,加大训练的难度,尽量发挥他们的潜能。对悟性差、能力弱些的学员,他总是精心呵护,重点辅导,增加基本功的训练,帮助他们克服学习中的难点,树立自信心。针对如今学员中独生子女多、办事缺乏主动性等情况,他把实习教育时每天接触到的工具检点、借用、发放和回收工作,交给学生轮流值日,人人参与,提高了学生的责任性和综合处事能力。多年来,王守和所执教的学生,全部通过中级工技术考试,获得数控中级证书,没有一人掉队。

"他待我们像父亲一样",这是王守和在任苏州技术师范学院机械加工教研组组长时,他的学生蒋伟春发表的一篇文章,刊登在当地一家市报上。1996年学校刚开展数控教学,王老师不惧困难,敢挑重担出任数控教师,悉心教好每位学员。多年来,随着学校规模不断发展壮大,数控设备从车床、铣床到加工中心逐年添置，数控系统的品种也从南京大方增加到中华、法那克和西门子。王守和为了尽快掌握使用这些新设备，他总是要花上双倍的学习时间，克服自己年纪大、记忆差的弱点，一个个去攻克难关。经过他的不断努力，他很快全部掌握了对技校各系统数控机械的操作，在此基础上担任了中、高级工与技师的技能教学。在学院里，王守和还多次担任学院数控竞赛集训"教练"，其间他既要完成正常的教学工作，又要安排组织学生训练选拔，经常日工作量在十二小时以上。他的训教方式很有特色，每次训练开始时他只简单布置内容，先由学生自定工艺完成课件，然后围绕加工中的优缺点同学生们一起讨论研究，找出最佳加工工艺。每天训练结束时，他总要认真分析情况，找出差距，制订出第二天新的训练方案。

王守和办事一贯高标准、严要求，凡是要求学生做好的他自己总是先做到，2005年六七月间，一个下雨天的早晨，他在一个十字路口避让摩托车不慎滑倒，为不影响当天给学生上课，他打出租车到了学校数控实训车间，坐在椅子上按时讲课。待把学生全部安排在操作岗位上后，他才向机械科长汇报，请其他老师代班，去医院就诊。经医生检查，王守和左膝关节胫骨骨折、交叉韧带损伤。在卧床休息期间，他仍念念不忘工作，认真编写了数控系统操作部分的校本教案。

他让"蓝领"闪光，也许正是王守和老师对学生的这份责任感，他和学生关系很融洽，经过他精心辅导的学生，技术过硬连创佳绩。2004年在苏州市中等职业学校第四届数控车床竞赛中，获得高级工组团体第一名，参赛的四名选手全部进入前六名（一、二、三、五名）。2006年代表苏州市参加江苏省第二届数控大赛，02级学生闻晓宇、李玲分别获得学生数控车高技组第二名与第五名，均获得技师资格证书。

妻吴锦华，苏州人。子王欣，毕业于南京理工大学，美国明尼苏达州圣托玛斯大学硕士。

王东来

苏州市立医院副院长

王东来

王东来,1964年生,苏州市立医院骨科主任医师,医学博士,副院长。莫厘王氏二十六世,"义"字辈,属王氏老四房惟道公季子王琬支(谱称光化公支),王鏊长房延喆裔孙。其"东来"之名,据说因先祖王鏊故居在太湖洞庭东山,含其血脉来自东山之意。

东来的父亲王守青是名高级工程师。他自幼随父母在陕西偏僻山区(当时的国防三线)长大,那里生活条件艰苦,学习环境相对较差。但东来读书非常认真,给弟妹做出了很好的榜样。东来从小动手能力就很强,小学四年级时就能自己制作雪橇和各种难度较大的玩具。1981年,王东来考入苏州医学院医疗系,1986年本科毕业,2000年获苏州大学骨外科医学博士学位。在苏州市第二人民医院(现改名苏州市立医院本部)实习时,因工作出色,被留在该院工作。先后任主治医师、副主任医师和主任医师等职。在工作中王东来刻苦钻研业务,在颈椎损伤手术治疗中有突出成就,曾获江苏省有突出贡献的中青年专家、江苏省优秀科技工作者、苏州市优秀专业技术拔尖人才等称号与荣誉。

人体颈椎损伤手术治疗是当代国内外医学界研究的重大课题,1996年王东来负责主持《下颈椎经椎弓根内固定应用解剖观测、生物力学研究及临床应用》的科研课题,成功完成了国内首例颈椎弓根内固定手术。其科研成果达到了国际先进水平,填补了国内空白。该项目1998年获江苏省科技进步三等奖、省卫生厅医学新技术引进二等奖和苏州市科技进步三等奖。2005年他参与《脊柱后路经椎弓根内固定基础与临床研究》科研项目,获国家科技进步二等奖,江苏省科技进步一等奖。

王东来擅长脊柱外科手术、颈椎损伤和病变的诊疗,多年来用他的医术为许多患者解除了病痛,被誉为医术和医德一流的医生。有一位经他治愈的病人在写给医院的感谢信中说:"王医生是我一生都要感谢的人。我得病

王东来(后排右一)家庭与王守觉夫妻合影

时其他医院的专家医生说我的病目前没有好的办法可以治疗,因为瘤太大了。王医生态度和蔼亲切,常为病人着想。为了治好我的病,他多次与同事讨论,研究最佳治疗方案,然后进行手术。现在我开刀已五年多了,恢复非常好,一点也不影响功能,也没有复发的迹象。"

妻张英,在苏州市立医院工作。子王羽,获英国约克大学经济学学士及曼彻斯特大学项目管理硕士学位。回国后在苏州工业园区工作。

王 幢

中国民航快递公司副总经理

王幢,1968年生,莫厘王氏二十七世,"民"字辈,属松江祚椿公支。祖父开第,生义端、义在、义行、义尊四子及松涛、松渊、松源三女,均毕业于高等院校。王幢的父亲义在排行老三,1935年毕业于上海交通大学,高级工程师(副教授级),多次获得国家科技进步奖和先进生产工作者称号。王幢毕业于华东师范大学,获管理系硕士学位。

王幢是上海中国民航快递公司副总经理,工作中取得不凡的业绩。2004年3月,民航快递上海分公司因历史遗漏问题进行重组,原班子五名领导成员走了包括总经理在内的四人,一些主要部门经理一锅端,财务部走得一个人不剩,公司的业务和客户大量流失,企业陷入了前所未有的困境。这一年,王幢接下了这个烂摊子,为了摆脱困境,他果断决策,以人为本,大胆改革。一方面大胆起用有突出表现的员工,提拔他们到领导岗位上;另一方面向社会广招贤才,仅短短一个月,公司重要岗位人员到位。为稳定人心,他担负巨额亏损,千方百计筹集资金,决不拖欠员工一分钱工资奖金,奠定了企业重振雄风的坚实基础。

公司改制后,一切得从头开始,为了尽快打开局面,王幢先从抓好国内业务入手,制定了"留住老客户,扩大老客户,发展新客户"的三步策略。即积极与原客户沟通,真情挽留住了一些动摇观望的客户;通过提高服务质量,使一些老客户增加了业务量;加快对新市场的开发,争取到了一批新客户。王幢对公司内部管理进行仔细分析后,也制定了一系列科学管理制度。他带领公司全体成员直面市场竞争,适应市场需求,大胆探索,勇于实践,有效改善了企业运行质量。为提高公司管理水平,他不仅自己带头学习管理专业知识,还鼓励公司全体领导干部"充电",从而提高了各级管理人员的综合素质。

在公司分配,员工报酬上大胆创新,打破了多年来根据用工性质制定的薪金标准和同

王幢

工不同酬的不合理分配方式,调整了公司薪资分配体系,还通过开展"十佳"员工评选等活动,激发了广大干部职工的积极性。王朣坚持以人为本,着力营造"员工当家做主,大家争做贡献"的民主氛围。十分注重干部与群从的交流,广泛征求员工意见,让大家参与企业的各项决策,为公司献计献策。他任职仅两年,改制时留下的员工多数已成长为公司骨干,有的还担任了部门经理,他们都以身作则,工作敬业,在广大员工中带到了模范带头作用。民航快递上海分公司在王朣带领下,通过一系列的举措,迅速摆脱了困境,开创了新的局面。公司2004年下半年就开始转亏为盈,2005年上半年,连续在国内快递业务上创造了新业绩,实现了上海分公司自1996年成立以来的历史新高。至年底,超额完成了总公司下达的各项生产指标,累计实现利润三百多百万元,比原计划翻了一番。

  王朣从事过多种工作,他干一行,爱一行,钻一行。每次工作变动,他都认为是对自己的一次考验,为社会奉献的机会。多年来,他出色完成了各项工作任务,特别是他担任领导职务后,一心扑在工作上,节假日几乎没有正常休息过。有人曾经问王朣:"什么是最让你感到高兴的事情?"他毫不犹豫地回答:"看到我们的企业在发展壮大,职工过上好日子,这就是我最高兴的事。"这就是王朣不求索取、但求奉献的精神。

莫厘王氏世系表

表一 一—十世

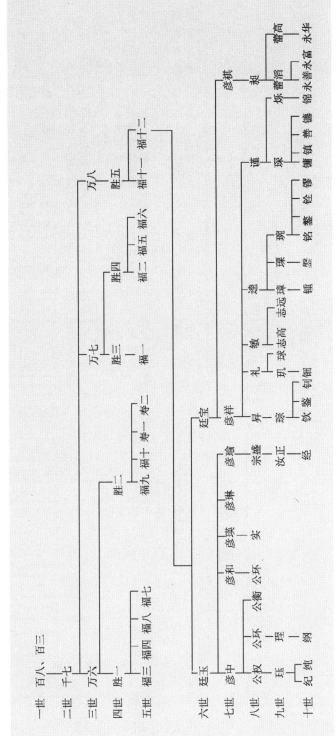

附录一

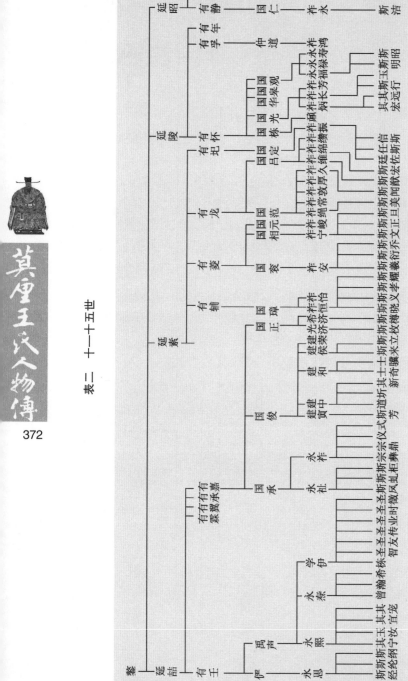

表二 十一—十五世

表三 二十三—二十九世

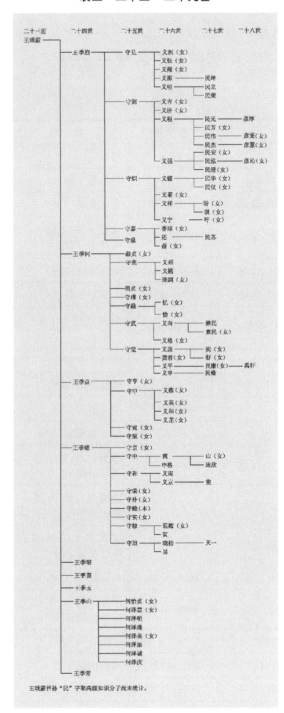

王顶藩曾孙"民"字辈高级知识分子尚未统计。

附录二

莫厘王氏名彦一览表

宦 绩

姓 名	字、号	生卒年	宦 绩	所归支系
	千七	南宋	将军	莫厘王氏
王 昇	惟善	1373—1429	长乐县主簿	莫厘王氏
王 琬	朝用、静乐	1419—1503	光化知县	光化公支
王 鏊	济之、守溪	1449—1524	成化十一年探花、户部尚书、阁臣	光化公支
王延素	子仪、云屋	1492—1562	贵州思南知府	光化公支
王有壬	克夫、文峰	1518—1583	太常寺少卿	光化公支
王禹声	倬、遵考	1524—1601	明万历进士、湖广承天知府	光化公支
王有周	叔明、十洲	1531—？	江西广信府经历	光化公支
王斯纲	君立	1622—？	浙江盐运通判	光化公支
王 炼		生卒年不详	湖北襄阳官员	公荣公支
王 铎		生卒年不详	湖北襄阳官员	公荣公支
王 铨	东发、耳溪	1649—1707	康熙二十九年举人、礼部给事中	光化公支
王奕仁	鲁公、志山	？—1728	康熙五十二年进士、贵州督学	光化公支
王元位	升揆、苍严	1666—？	康熙四十二年进士、浙江平阳县令	光化公支
王世绳	兹来、双桥	1669—1747	户部郎中、江西道台	光化公支
王世琛	宝传、艮甫	1680—1729	康熙五十一年状元、翰林院侍读学士	光化公支
王志深	用修	生卒年不详	陕西宜川知县	光化公支
王志汲	长孺	1681—1755	陕西山阳知县	光化公支
王 頵	成季、滨芬	1693—1758	山东布政使经历	光化公支

续表

姓　名	字、号	生卒年	宦　绩	所归支系
王恺伯	叙揆、镜溪	1708—1764	雍正七年举人，四川宁远知府	光化公支
王世球	馨传	1711—？	山东青州州判	光化公支
王关伯	震西、守知	1718—1790	乾隆十九年进士、湖南直隶州知州	光化公支
王世锦	再陆、芸艺	1735—1794	甘肃嘉峪关巡检	以润公支
王伯益	心恒、谦谷	1743—1798	浙江温州府经历	以润公支
王世镒	琢成、蓝水	1745—1800	陕西商南县典史	以润公支
王　庚	帮直、西纬	1757—1808	嘉庆九年举人，广西归顺知州	光化公支
王申伯	树藩、虹亭	1763—1799	安徽滁州知府	以润公支
王仲溽	润千、怀川	1768—1828	河南兰仪同知	以润公支
王仲湘	兰芳、吉岩	1768—1819	山西吉州知州	以润公支
王仲澍	香霖、滋堂	1773—1860	安徽建平县知县	以润公支
王仲淇	应裴、菉园	1775—1857	山东长山县县丞	以润公支
王仲滢	桂芳、云岩	1776—1822	安徽池州知府	以润公支
王仲涞	广源、秋涛	1781—1856	盐运使司知事	以润公支
王仲清	少梁、远帆	1783—1834	嘉庆十五年举人，山东清平知县	以润公支
王涌芬	兰舟、千里	1784—？	乾隆二十四年举人、云南昆明知县	光化公支
王熙文	际华、雍章	1790—1856	河南下北河同知	以润公支
王希贤	景行、荫轩	1791—1860	长芦场盐课大使	以润公支
王仁福	岱梁、竹林	？—1867	兰仪县同知，治水以身殉职	光化公支
王仁照	寿徵、镜严	1792—1831	道光三年进士，吏部主事	光化公支
王仲澜	庭芳、香国	1796—1863	直隶永定河南岸同知	以润公支
王仲汶	济源	1807—1873	福建长乐县知县	以润公支
王泳春	绍曾、菊生	1815—1881	咸丰九年进士，广西融县知县	以润公支
王希鹏	振飞、澄轩	1816—1868	武清固安县丞	以润公支

续表

姓　名	字、号	生卒年	宦　绩	所归支系
王仁寿	蕙荪	1820—1889	景宁县尉	光化公支
王叔瑛	昌玉、蓝岑	1838—1882	河南睢州知州	以润公支
王仁宝	晋良、谷卿	1841—1917	天津河间兵备道	以润公支
王仁钟	慰萱、听彝	1843—1911	广西桂平县知县	光化公支
王颂蔚	芾卿、蒿隐	1847—1895	户部湖广司郎中	光化公支
王淑岱	觐东	1847—1908	光绪二年武科进士，和州城守备	孟方公支
王叔鼎	调甫、问梅	1849—1891	浙江候补知县	以润公支
王拱裳	叔曾、泳宽	1850—？	光绪十年举人，河南正阳县知县	以润公支
王叔銮	宝銮、采南	1852—1913	河南密县知县	以润公支
王季抡	润祁、子学	1870—1906	河南祥符县丞	以润公支
王颂贤	叔辰、拱之	1886—1933	宣统元年工科举人，邮传部主事	光化公支
王季振		1888—1957	河南省高级法院推事	以润公支
王守廉	揖石	1899—1960	河南开封市政协委员	以润公支
王本海	子楠	1906—1982	参加两万五千里长征的老红军	公荣公支
王守德		1913—1980	徐州市副市长	孟方公支
王叔皓	立	1917—1997	中国兵器工业部副部长	孟方公支
王守甲		1924—2009	参加香港起义，财政部干部	光化公支

商　贾

姓　名	字、号	生卒年	商　贾	所归支系
王彦祥	伯英	？—1415	元季商人	莫厘王氏
王敏	惟贞	1374—1376	明代商人	莫厘王氏
王胜	景德、避庵	1386—1452	明代商人	莫厘王氏
王璋	公荣	1411—1479	明代商人	公荣公支
王铭	警之、安隐	1443—1510	明代商人	光化公支

续表

姓　名	字、号	生卒年	商贾	所归支系
王延喆	子贞、林屋	1482—1541	明代商人、官员	光化公支
王　镇	定之	1499—1506	明代商人	友泽公支
王斯孝	德甫	明崇祯年间	明末商人(迁江宁)	光化公支
王斯鹏	二佳	1575—1639	明末商人	以润公支
王奕基	肇千、念庭	1720—1777	清代商人	孟方公支
王奕经	九锡、忍庵	1700—1771	清代商人	以润公支
王世冕	近南、碧山	1721—1790	清代商人	以润公支
王伯熙	永明	1722—1780	商人(迁徐州)	孟方公支
王宪臣	仁荣、梦梅	1810—1875	商人，赈灾奖花翎同知	以润公支
王鸿谟	士英、潜卿	1831—1902	商人，办军饷有功，受朝廷褒奖	光化公支
王仲持	绍成、少岑	1835—1893	沪地早期商人	以润公支
王叔蕃	晓峰、念劭	1849—1909	沪地早期商人	以润公支
王季衡		1885—1957	福州市招商局局长	光化公支
王俊臣	仁森、俊臣	1877—1944	民国沪地金融家	以润公支
王仁治	久安、震清	1868—1930	民国常熟实业家	孟方公支
王叔越	椒生	1881—1919	江苏银行行长	孟方公支
王季塈	子厚	1881—1972	上海东莱银行经理	光化公支
王仁德	佐才	1886—1959	民国上海实业家	友泽公支
王季良	善臣	1901—1958	中国人民银行公库主任	孟方公支
王叔年		1910—1979	上海瓷业银行经理	以润公支
王守敬	聚德、翼心	1910—1968	上海早期企业家	光化公支
王季炜	逸帆	1912—2000	上海光大银行襄理	孟方公支
王义本		1928—2010	上海大元纺织公司副经理	光化公支
王义芳		1929年生	女，上海外事协会秘书长	光化公支
王季鸿		1931—2012	中国人民银行沈阳银行副行长	以润公支

续表

姓　名	字、号	生卒年	商　贾	所归支系
王义炤		1932年生	美国国际纸业集团副总裁	光化公支
王义立		1932—2009	香港进出口制衣公司经理	光化公支
王瑾玉		1933年生	女,常州金狮集团副董事长	孟方公支
王守和		1949年生	苏州技术师范学院机械工程师	光化公支
王义向		1951年生	美国汉民微测公司副总裁	光化公支
王定一		1956年生	中国南方证券有限公司总经理	光化公支
王　艟		1968年生	中国民航快递公司副总经理	孟方公支

文　学

姓　名	字、号	生卒年	文　学	所归支系
王　铨	秉之、中隐	1459—1521	明代诗人、作家	光化公支
王延陵	子永、少溪	1506—1582	明代诗人、画家	光化公支
王延质	子高	1484—1511	明代诗人	光化公支
王有容	叔度	1509—1511	明代文士	光化公支
王国伦	允尊	1525—1585	明代诗人	光化公支
王　俨	若思、震汇	1536—1574	明代文士	光化公支
王祚远	可大、简庵	1558—1606	明代诗人、文士	光化公支
王祚新	君冑	1600—1664	明万历年举人,浙江庐州府教授	以润公支
王玉汝	子文、愚庵	1611—1690	文士	光化公支
王德修	用仪、丁溪	生卒年不详	康熙四十一年举人,文士	光化公支
王　瀚	其冲、斫山	生卒年不详	诗人、名士	光化公支
王学伊	公似、道树	1619—1665	诗人、名士	光化公支
王斯骥	德元	1623—1677	诗人	以润公支
王奕章	宪文	1664—1697	江宁县学教授	以润公支

续表

姓 名	字、号	生卒年	文 学	所归支系
王天锡	用敷	1673—1702	清代文士	光化公支
王珠渊	长源、涵涛	1692—?	康熙五十三举人,全椒县学教谕	光化公支
王永琪	延之、恒斋	1697—1784	清代诗人	光化公支
王世琪	说严、树堂	1710—1773	乾隆十二年举人,安徽宣城教谕	光化公支
王世歧	毅斋	1718—1748	清代诗人	以润公支
王世栋	启隆、守三	1736—1802	县监生	以润公支
王莹伯	玉山、朗斋	1740—1805	乾隆四十五年举人,凤阳县教谕	光化公支
王临伯	敦吉、爱闲	1744—1799	文士	以润公支
王嵩伯	峻山、少峰	1746—1799	甘泉县训导	光化公支
王瑚伯	越珊	1747—1778	吴县附生,授徒	光化公支
王仲纯	亦亭、思专	1752—1814	书画家	光化公支
王芑孙	念丰、号铁	1754—1817	乾隆五十三年举人,教谕	光化公支
王安伯	履康、艾轩	1763—1825	善文	光化公支
王仲涛	巨源、蓬园	1768—1824	附监生,文士	以润公支
王凤韶	廷采、南宅	1777—1824	嘉庆六年举人,常州靖江县教谕	光化公支
王荣伯	向南、耐寒	1777—?	安徽凤阳县教谕	以润公支
王鎏	子兼、亮生	1786—1843	文学家、诗人、名士	以润公支
王晋阶	时升、音山	1778—1825	松江府金山训导	光化公支
王熙源	汉槎、筠生	1796—1849	松江府娄县教谕	光化公支
王嘉禄	绥之、井叔	1797—1824	诗人,吴中词派重要成员	光化公支
王嘉福	谷之、二波	1797—?	文学家	光化公支
王希廉	希棣、雪香	1805—1877	诗人	以润公支
王仁俊	捍郑、籀许	1866—1913	光绪十八年进士文学家、藏书家	光化公支

续表

姓　名	字、号	生卒年	文　学	所归支系
王守梧	孙琴	1911—1928	少年诗人	以润公支
王　鼎	祖锡、条山	生卒年不详	乾隆年间举人、文学家	光化公支
王家楠	云参、兰庄	生卒年不详	华亭庠生、文学家	光化公支
王守青		1932年生	高级工程师、续修《莫厘王氏家谱》	光化公支
王民新		1943年生	兰州大学出版社编审	以润公支
王义胜		1945年生	诗人，《王鏊诗集详注》作者	光化公支

艺　林

姓　名	字、号	生卒年	艺　林	所归支系
王　鏊	涤之、鏊舟	1448—1525	创建园林(鏊舟)	以润公支
王延学	子经、林西	1475—?	创建园林(从适园)	光化公支
王国伦	允尊、丁麓	1533—1570	书画家	光化公支
王世佑	启正、小溪	1703—1758	书画家	光化公支
王　武	勤中、忘庵	1624—1691	诗画家	光化公支
王申荀	咸中、真山		创建园林(石坞山房)	光化公支
王世至	树声、非伊	1694—1754	精书法、金石碑版	以润公支
王祚谦	益之	1725—?	擅治伤寒	孟方公支
王仲纯	亦亭、思专	1752—1814	诗人、画家	光化公支
王朝忠	蕴香、梦霞	1800—1875	微字书法家	以润公支
王　桢		1883—?	宣统三年进士、医生	光化公支
王尊贤	汝德		懂岐黄书，起沉疴，著名郎中	光化公支
王季钦		1881—1953	常熟"德生堂"中药店创始人	孟方公支
王己千	纪铨	1907—2003	上海美术学院教授、香港新亚书院艺术系主任	以润公支
王义彬		1932年生	书法家	孟方公支

续表

姓　名	字、号	生卒年	艺　林	所归支系
王守睦	守木	1928 年生	工艺美术师	光化公支
王益生		1929—2010	上海漫画家	以润公支
王守成		1925—2014	上海电影制片厂资料室主任	光化公支
王溶江		1957 年生	中国摄影家协会会员	以润公支

义　行

姓　名	字、号	生卒年	义　行	所归支系
王廷宝		元季	忠厚王家先人	莫厘王氏
王　逵	惟道	1390—1453	义行，创办私塾	莫厘王氏
王　琭	以润	1417—1471	义行，乡饮宾	以润公支
王有容	叔度、海洲	1508—1567	义行，赈济	光化公支
王永祚	君昌	1534—？	义行，乡饮宾	光化公支
王永熙	景雍	1577—1648	义行，沧浪亭名贤	光化公支
王永思	孝则、百真	1572—？	义行，舍宅为寺	光化公支
王　希	公晋、知我	？—1645	忠义，以身殉国	光化公支
王祚长	易庵	1556—1610	孝义，《家谱》有传	光化公支
王斯来	德和	1644—1693	义行，《家谱》有传	以润公支
王世琦	韩徽、求古	1662—1713	义行，《家谱》有传	以润公支
王世镛	菱宣	1715—1795	孝义，《家谱》有传	以润公支
王世鋐	宇函、守瓶	1729—1800	孝义，《家谱》有传	以润公支
王伯需	用中、松岩	1747—1820	义行，嘉峪关巡捡	以润公支
王瑚伯	越珊	1747—1777	孝义，《补乘》有传	光化公支
王翼孙	以燕、听夫	1757—1796	忠义，《府志》有传	光化公支
王凤梧	鸣岗、床山	1762—1793	孝义，《家谱》有传	光化公支
王熊伯	瑞清、沅龄	1769—1836	义行，创王氏义庄	以润公支
王仲鉴	子芳、灏生	1800—1878	义行，《家谱》有传	以润公支
王世钧	禹载、晚墅	1805—1880	义行，《家谱》有传	以润公支
王希絮	晓山	1812—1890	孝义，《家谱》有传	以润公支

续表

姓 名	字、号	生卒年	义 行	所归支系
王叔钊	拙孙	1822—1860	孝义,舍身救母	光化公支
王叔锟	铁生	生卒年不详	孝义,舍身救母	光化公支
王式金	亦纯、思度	1857—1925	义行,《家谱》有传	光化公支
王熙桂	一枝、馨山	1866—1930	义行,江浙捐赈	以润公支
王宗熙	雍庭	生卒年不详	孝义,《府志》有传	光化公支
王熙恩	济美	生卒年不详	忠义,入《府志·昭忠录》	光化公支
王希祉		生卒年不详	忠义,入《府志·昭忠录》	光化公支
王仁熊	祖望、翼之	1860—1937	义行,创办义庄	以润公支
王季彦		1898—1995	女,忠义,革命母亲	孟方公支
王叔和		1900—1991	抗击日本浪人	以润公支
王立鼎		?—1928	忠义,革命烈士	公荣公支
王季凤		1905—1977	女,忠义,革命母亲	孟方公支
王守鼎		1913—1933	孝义	光化公支
王云龙		1944年生	女,香港儿童基金会执行董事	光化公支

闺 秀

姓 名	字、号、身份	生卒年	闺 秀	所归支系
陆素贞	王彦祥妻	1352—1436	贤内助,《家谱》有传	莫厘王氏
叶妙贤	王惟道妻	1391—1446	贤内助,《家谱》有传	莫厘王氏
严淑安	王琮妻	1403—1490	贤内助,《家谱》有传	孟方公支
叶妙静	王璋妻	1413—1495	贤内助,《家谱》有传	公荣公支
叶妙澄	王琬妻	1419—1478	义行,《家谱》有传	光化化支
王张氏	王鳌继室	1462—1487	义行,《家谱》有传	光化公支
王毛氏	王延喆妻	1484—1541	贤内助,《家谱》有传	光化公支
王贞女	王鏊长女,金上孕妻	1661—1677	贞烈女,《苏州府志》列传	以润公支
王宋氏	王天锡妻	1674—1733	抚孤,立节妇坊	光化公支

续表

姓　名	字、号、身份	生卒年	闺　秀	所归支系
王申氏	王世琛妻	1681—1760	勤苦持家,《家谱》有传	光化公支
王蕴贞	管芬	1788—1836	工诗文、绘画,《乡志类稿》有载	光化公支
王周氏	王汀亭妻	1766—1814	敬老抚孤,《家谱》有传	以润公支
王严氏	王观伯妻	1768—1829	早年丧夫,立志抚孤,《家谱》有传	以润公支
曹秀贞	王芑孙妻	1769—1839	工诗文,《乡志类稿》有载	光化公支
王曹氏	王嘉禄妻	1795—1824	早年丧夫,扶养老人,《府志》有传	光化公支
王徐氏	王稼清妻	1880—1921	工诗文,抚子成才	以润公支
王任氏	王仁寿妻	1807—1863	早年丧夫,勤俭持家,《家谱》有传	光化公支
赵淑英	王叔基妻	1814—1835	贞烈妇《苏州府志》列传	光化公支
周绿君	王希廉妻	1814—1861	诗画家,《乡志类稿》有载	光化公支
王赵氏	王耿光妻	1817—1893	俭苦持家,抚五子成才	以润公支
王金氏	王希槩妻	1832—1907	俭苦持家,抚子成才	光化公支
王杨氏	王仁涌妻	1850—1907	立志抚孤,立节妇坊	光化公支
王兰贞	楚玉、飞鸾		工诗文,民国《乡志类稿》有载	光化公支
王妙凤		明成化、弘治	贞烈妇,明《吴中人物志》有载	以润公支
王叶氏	王汉槎妻	1840—1923	立志抚孤,《家谱》有传	以润公支

教　育

姓　名	字、号	生卒年	教　育	所归支系
王谢长达	铭才	1848—1934	女,苏州振华女校创始人、校长	光化公支
王季烈	君九、晋余、螾庐	1873—1952	光绪年间进士,学部郎中	光化公支

续表

姓 名	字、号	生卒年	教 育	所归支系
王季同	孟晋、小徐	1875—1948	京师大学堂提调	光化公支
王季昭		1877—?	女,燕京大学教授,振华女中教师	光化公支
王季点	巽之、希琴	1879—1966	京师大学堂提调	光化公支
王季茞		1880—1979	美国西北大学医学中心副教授	光化公支
王季绪	缜庐	1882—1966	天津北洋大学教授、校长	光化公支
王季玉		1885—1967	女,苏州振华女中校长	光化公支
王季山		1888—1950	女,苏州振华女中教师	光化公支
王季常		1890—1974	女,苏州第十一中学创始人	光化公支
王学文	守椿、首春、王昂、念先、	1895—1985	中共早期党员、中央马列学院教授	孟方公支
王守则	矩之	1897—1960	西安建筑冶金学院工艺系主任	光化公支
王淑贞		1899—1991	女,上海医科大学妇产医院院长、教授	光化公支
王守竞		1904—1984	北京大学、清华大学教授,我国机械工业的创始人	光化公支
王明贞		1906—2010	女,清华大学第一名女教授	光化公支
王谷初	开第	1907—1965	师范教师,教育儿女成才	柞椿公支
王守泰	瞻岩	1908—1991	东南大学教授	光化公支
王守璆	荣贞	1912—1997	苏州振华女中教师	光化公支
王守恒		1912—1988	上海光华大学教授	光化公支
王守融		1917—1966	天津南开大学教授	光化公支
王义润		1917—2015	女,北京体育大学教授、博士生导师	光化公支
王义强		1924年生	上海水产大学教授,享受国务院特殊津贴	光化公支

续表

姓　名	字、号	生卒年	教　育	所归支系
王义源		1926年生	上海海运学院教授、硕士生导师	光化公支
王义镛		1928年生	北京轻工设计院教授、高级工程师	光化公支
王季卿		1929年生	上海同济大学教授、博士生导师	以润公支
王守辰		1929年生	女,北京大学青少年研究所研究员	光化公支
王义端		1931年生	北京轻工业学院院长、党委书记	孟方公支
王义祥		1931年生	南京理工大学教授	光化公支
王守实		1931年生	女,北京理工大学副教授	光化公支
王钰英		1931年生	女,上海第一医学院教授	以润公支
王义庆		1933—1995	中央党校教授	孟方公支
王守棣		1933年生	清华大学副教授	光化公支
王芝英		1934年生	天津医科大学主任医师	以润公支
王义翘		1936年生	美国生物化学工程院院士	光化公支
王义行		1937年生	吉林工业大学教授,享受国务院特殊津贴	光化公支
王守坦		1937年生	中国地质大学教授级高级工程师	光化公支
王　忆		1939年生	女,清华大学教授	光化公支
王瑾贤		1940年生	女,副主任医师	孟方公支
王　愉		1944年生	女,天津医科大学副主任医师	光化公支
王季震		1945年生	华北水利水电学院教授	世奇公支
王守庄		1945年生	扬州职业大学副教授	世奇公支
王季钢		1946年生	苏州大学副教授	以润公支

续表

姓　名	字、号	生卒年	教　育	所归支系
王东来		1956年生	苏州市立医院主任医师、副院长	光化公支
王　远		1962年生	北京大学教授、博士生导师	柞椿公支
王　昱		1975年生	美国北卡罗建州立大学副教授	光化公支

科　技

姓　名	字、号	生卒年	科　技	所归支系
王季钧		1882—1926	教授级高级工程师	光化公支
王守中		1916—1983	中国科学院仪器馆副研究员	光化公支
王守武		1919—2014	中国科学院院士	光化公支
王义根		1922年生	哈尔滨船厂教授级高级工程师	光化公支
王晴华		1924年生	女,杭州化工研究所教授级高级工程师	孟方公支
王守觉	守平	1925—2016	中国科学院院士	光化公支
王义在		1929年生	高级工程师	柞椿公支
王叔馨		1930年生	高级经济师	以润公支
王守道		1931年生	中科院化学研究所研究员	光化公支
王季鸿		1931—2012	高级经济师	以润公支
王义路		1932—2006	高级工程师	孟方公支
王季霆		1933年生	北京市首项地铁工程主要设计师	孟方公支
王季涵		1935年生	高级工程师	以润公支
王季裕		1936年生	武汉纺织工业局总工程师	以润公支
王季铭		1937年生	高级农艺师	以润公支
王守明		1938年生	高级工程师	孟方公支
王守君		1938年生	高级工程师	孟方公支
王香球		1938年生	女,高级药剂师	光化公支

续表

姓　名	字、号	生卒年	科　技	所归支系
王守余		1939年生	高级工程师	孟方公支
王义廷		1940年生	地质勘查院院长、高级经济师	以润公支
王守鑫		1940—2013	苏州市劳动模范	光化公支
王婉婉		1941年生	女,高级工程师	光化公支
王松渊		1943年生	女,高级工程师	柞椿公支
王琰琰		1945年生	女,高级工程师	光化公支
王义豪		1946—2015	河北省社科院研究员、副所长	光化公支
王小洲		1953年生	高级工程师	孟方公支
王晓云		1962年生	女,高级工程师	以润公支
王义秋		1963年生	女,高级工程师	光化公支
王民仪		1963年生	女,高级工程师	光化公支
王敏红		1971年生	女,副主任医师	光化公支
王　琳		1982年生	女,中国互联网新闻中心(韩文)主管	孟方公支

附录三

莫厘王氏近现代高级知识分子一览表

世	姓名	性别	毕业高校	职务、职称
廿三世	王叔皓	男	上海同济大学	中国兵器工业部副部长、学会理事长
廿三世	王晴华	女	上海大同大学	教授级高级工程师辽宁省人大代表
廿三世	王叔堤	男	上海交通大学	
廿三世	王叔椿	男	上海圣约翰大学	
廿三世	王叔馨	男	上海财经学院	高级经济师
廿四世	王奇敏	女	苏州东吴大学	
廿四世	王季恒	男	上海复旦大学	
廿四世	王季惠	女	中国人民大学	内蒙古一机集团工学院副院长
廿四世	王季鑫	男	西北工业大学	
廿四世	王瑞霞	女	上海金融学院	经济师
廿四世	王季霖	男	江苏师范学院	
廿四世	王季霆	男	江苏铁道师范学院	北京市首项地铁工程主要设计师
廿四世	王季蒨	女	华东师范大学	
廿四世	王季隆	男	南京大学	
廿四世	王小宁	男	华东工程学院	
廿四世	王小明	女	北京理工大学	
廿四世	王小洲	男	南京理工大学	高级经济师
廿四世	王蓉珍	女	上海圣约翰大学	
廿四世	王季岳	男	美国康内尔大学	
廿四世	王文娴	女	上海沪江大学	
廿四世	王季卿	男	上海之江大学	上海同济大学教授博士生导师
廿四世	王季良	男	上海大同大学	工程师

续表

世	姓名	性别	毕业高校	职务、职称
廿四世	王季才	男	上海同济大学	工程师
廿四世	王文娆	女	上海师范学院	
廿四世	王季钧	男	上海大同大学	教授级高级工程师
廿四世	王瑞英	女	上海震旦女子文理学院	
廿四世	王佩英	女	上海沪江大学	
廿四世	王琇英	女	上海中法大学	
廿四世	王季厚	男	上海圣约翰大学	
廿四世	王慧英	女	上海震旦女子文理学院	
廿四世	王玉英	女	上海震旦女子文理学院	
廿四世	王珏英	女	南京药学院	上海第一医学院教授
廿四世	王芝英	女	天津医科大学	主任医师
廿四世	王季裕	男	华东纺织工学院	武汉纺织工业局总工程师
廿四世	王季涵	男	山东工业大学	高级工程师
廿四世	王季振	男	河南法政大学堂	河南省高等法院推事
廿四世	王季华	女	上海市第二教育学院	
廿四世	王季铨	男	苏州东吴大学	上海美术专科学校教授,著名画家
廿四世	王季钢	男	清华大学	苏州大学副教授
廿四世	王季同	男	北京同文馆	北京同文馆教习(教授),研究员
廿四世	王季点	男	日本东京高等工业学校	京师大学堂提调(教授),农工部主事
廿四世	王季绪	男	英国剑桥大学	天津北洋大学教授、代院长
廿四世	王季昭	女	美国蒙特豪里尤克学院	苏州振华女校教师
廿四世	王季茝	女	美国芝加哥大学	美国西北大学医学中心副教授
廿四世	王季玉	女	美国麻省蒙特霍克女子大学	苏州振华女校校长
廿四世	王季衡	男	日本帝国大学	福州市招商局局长
廿四世	王季震	男	华东水利学院	华北水利水电学院教授
廿四世	王季圣	男	台湾"中央大学"	

续表

世	姓名	性别	毕业高校	职务、职称
廿五世	王 民	男	合肥工业大学	苏州大学副教授
廿五世	王守娴	女	上海音乐学院	中学高级教师
廿五世	王守平	女	北京邮电学院	北京邮电学院副教授
廿五世	王守明	男	上海同济大学	高级工程师
廿五世	王守元	男	上海工学院	工程师
廿五世	王守华	男	上海机电学院	经济师
廿五世	王守椿	男	日本京都帝国大学	中共中央马列学院副院长
廿五世	王耀敏	男	上海工业大学	
廿五世	王湘麟	女	苏州东吴大学	
廿五世	王健益	男	江苏教育学院	
廿五世	王健刚	男	南京师范大学	
廿五世	王 毅	男	美国密歇根大学	
廿五世	王守刚	男	美国内布拉斯加州大学	美国旧金山艺术大学执教
廿五世	王守章	男	新加坡淡马锡理工学院	
廿五世	王守镕	女	上海师范大学	
廿五世	王守毅	男	天津广播电视大学	
廿五世	王 祺	男	山西财经学院	
廿五世	王守德	男	上海交通大学	
廿五世	王守让	男	上海沪江大学	
廿五世	王 秦	女	上海大学国际商业学院	
廿五世	王 匡	男	上海交通大学	
廿五世	王守廉	男	抗日军政大学	
廿五世	王守则	男	西北农学院	西安建筑冶金学院系主任
廿五世	王娴歌	女	美国阿尔弗雷德大学	
廿五世	王晓云	女	上海机械学院	高级工程师
廿五世	王晓慧	女	华中科技大学	
廿五世	王诗春	男	辽宁大学国际经济学院	
廿五世	王诗成	男	国防科技大学	

续表

世	姓名	性别	毕业高校	职务、职称
廿五世	王　裕	女	南京大学	
廿五世	王守鹤	男	江苏理工大学	工程师
廿五世	王守愚	男	清华大学	浙江大学讲师
廿五世	王琬琬	女	北京大学	高级工程师
廿五世	王琰琰	女	北京化工大学	高级工程师
廿五世	王守一	男	中国人民大学	中国南方证券有限公司总经理
廿五世	王守青	男	西安交通大学	高级工程师
廿五世	王守承	男	沪江联合法商学院	国家资源委员会副管理师
廿五世	王守炽	男	北京通才大学商科	
廿五世	王守泰	男	北平大学	南京东南大学教授
廿五世	王淑贞	女	美国霍普金斯大学	上海第一医学院妇产科医院教授,院长
廿五世	王守竞	男	美国哈佛大学	浙江大学、北京大学、清华大学教授
廿五世	王明贞	女	北平燕京大学	清华大学第一位女教授
廿五世	王守融	男	清华大学	天津大学教授
廿五世	王守武	男	上海同济大学	中国科学院院士
廿五世	王守觉	男	上海同济大学	中国科学院院士
廿五世	王守亨	女	国立北平艺术专科学校	
廿五世	王守宛	女	北平中国大学	
廿五世	王守甲	男	北平中国大学	中央财政部公务员高级经济师
廿五世	王守辰	女	北京医学院	北京大学儿童青少年卫生研究所教授
廿五世	王守京	女	清华大学	台湾大学教务处
廿五世	王守中	男	清华大学	中科院光学研究所副研究员
廿五世	王守和	男	清华大学	高级工程师
廿五世	王守荣	女	北京辅仁大学	
廿五世	王守朴	女	北京辅仁大学	中学一级教师

续表

世	姓名	性别	毕业高校	职务、职称
廿五世	王守睦	男	上海同济大学	工艺美术师
廿五世	王守实	女	北京工学院	北京理工大学副教授
廿五世	王守棣	男	清华大学	清华大学副教授
廿五世	王守坦	男	北京地质学院	中国地质大学教授级高级工程师
廿五世	王守敬	男	上海复旦大学	
廿五世	王守娟	女	北京大学医学院	
廿五世	王守玲	女	上海第一医学院	
廿五世	王守道	男	山东大学	
廿五世	王守恒	男	上海光华大学	上海科技大学、光化大学教授
廿五世	王守基	男	上海大夏大学	会计师
廿五世	王守余	男	上海光华大学	
廿五世	王守绪	男	上海之江大学	
廿五世	王守宪	男	苏州东吴大学	
廿五世	王守成	男	上海圣约翰大学	上海第一医学院执教,上海电影厂译审
廿五世	王守正	男	上海光华大学	
廿五世	王梅麟	女	吉林财贸学院	会计师
廿五世	王 栋	男	苏州大学文正学院	
廿五世	王 茜	女	美国纽约州立大学	
廿五世	王 玺	女	瑞士格里昂商业管理大学	
廿五世	王 薇	女	江苏大学京江学院	
廿五世	王守刚	男	徐州师范大学	
廿五世	王 立	男	徐州师范大学	
廿五世	王晓东	男	上海交通大学	高级工程师
廿五世	王守庄	男	南京大学	扬州职业大学副教授
廿六世	王义勤	女	北京工业大学	
廿六世	王 伟	男	北京邮电大学	
廿六世	王义灵	男	上海第二医科大学	

续表

世	姓名	性别	毕业高校	职务、职称
廿六世	王毅魏	男	比利时鲁汶大学	
廿六世	王义钦	男	英国斯塔福德郡大学	
廿六世	王义升	男	天津财经学院	处长
廿六世	王义举	女	延安抗日军政大学	
廿六世	王义路	男	延安陕北公学	
廿六世	王义庆	男	北京大学	中央党校教授
廿六世	王义彬	男	华东军政大学	中国书画创作院高级书法师
廿六世	王义端	男	华东纺织工学院	
廿六世	王义秋	女	徐州医学院	高级工程师
廿六世	王 雁	女	大学硕士研究生	
廿六世	王 峰	女	大学硕士研究生	
廿六世	王 孚	男	澳大利亚拉筹伯大学	
廿六世	王晓宇	男	悉尼大学	
廿六世	王 琳	女	北京外语大学	
廿六世	王义杰	男	河海大学	
廿六世	王义倩	女	南京中医药大学	
廿六世	王 璇	女	上海外国语大学	
廿六世	王赵寅	男	镇江交通学院	
廿六世	王珩鉴	男	江苏师范学院	
廿六世	王舜霞	女	上海体育学院	
廿六世	王伟庆	男	南京理工大学泰州科技学院	
廿六世	王 雁	女	苏州大学	
廿六世	王 翎	女	南京理工大学	
廿六世	王雯晴	女	大学本科	
廿六世	王雯华	女	大学本科	
廿六世	王雯奇	男	大学本科	
廿六世	王淼蒨	女	上海师范大学	

续表

世	姓名	性别	毕业高校	职务、职称
廿六世	王乔阳	男	上海工程技术大学	
廿六世	王 琛	女	苏州大学法学院	
廿六世	王义鸿	女	美国华盛顿大学	
廿六世	王东来	男	苏州医学院	苏州市立医院主任医师、副院长
廿六世	王东军	男	苏州职业大学	苏州市副处长
廿六世	王敏红	女	苏州医学院	副主任医师
廿六世	王义田	男	南京师范学院	扬州市中学副校长
廿六世	王义豪	男	天津师范大学	河北省社科院研究员、副所长
廿六世	王义杰	男	天津科技进修学院	
廿六世	王义敏	女	天津广播电视大学	
廿六世	王义为	男	天津广播电视大学	
廿六世	王义芳	女	上海交通大学	高级工程师
廿六世	王义芝	女	上海第二医学院	
廿六世	王义芸	女	上海复旦大学	工程师
廿六世	王义润	女	美国旧金山州立大学	北京体育大学教授、博士生导师
廿六世	王义钰	女	北京大学	会计师
廿六世	王义源	男	北京燕京大学	上海海运学院教授、硕士生导师
廿六世	王义明	男	北京化纤学院	
廿六世	王义根	男	日本芝浦工业大学	教授级高级工程师
廿六世	王义强	男	苏州东吴大学	上海水产大学教授
廿六世	王义镛	男	北京燕京大学	教授级高级工程师
廿六世	王义宁	男	上海机械学院	工程师
廿六世	王义详	男	北京理工大学	南京理工大学教授
廿六世	王香球	女	南京药学院	高级药剂师
廿六世	王 还	男	上海交通大学	
廿六世	王 蓓	女	南京大学	
廿六世	王义炤	男	美国华盛顿大学	美国国际纸业集团副总裁

续表

世	姓名	性别	毕业高校	职务、职称
廿六世	王义翘	男	美国麻省理工学院	美国麻省理工学院教授,美国、中国台湾等五个科学院院士
廿六世	王珠渊	女	美国拉德克利夫学院	
廿六世	王 忆	女	北京大学	清华大学教授
廿六世	王 愉	女	天津医科大学	副主任医师
廿六世	王义英	女	中国人民大学	会计师
廿六世	王申格	男	长春光机学院	
廿六世	王 茵	女	美国亚利桑那大学	
廿六世	王 寅	男	北京工业大学	
廿六世	王晓松	男	长春光机学院	
廿六世	王 昱	男	清华大学	
廿六世	王 峥	男	中国电子科技大学	
廿六世	王 欣	男	南京理工大学	
廿六世	王 玥	女	意大利帕多瓦大学	
廿六世	王义秋	男	上海交通大学	高级工程师
廿六世	王义箴	女	青海医学院	
廿六世	王 婕	女	美国斯坦福大学	
廿六世	王义本	男	上海大同大学	上海大元纺织公司副经理
廿六世	王义芳	女	上海圣约翰大学	上海旅游局副局长
廿六世	王义立	男	上海圣约翰大学	香港进出口制衣公司经理
廿六世	王义方	男	美国印第安纳学院	
廿六世	王义和	男	上海复旦大学	
廿六世	王义瑛	男	华东师范大学	
廿六世	王云龙	女	美国伯纳德女子大学	国际妇女讲坛理事
廿六世	王义宁	男	上海音乐学院	
廿六世	王义盛	男	上海交通大学	
廿六世	王 刚	男	杭州振兴科技学院	
廿六世	王婷婷	女	上海师范大学	

续表

世	姓名	性别	毕业高校	职务、职称
廿六世	王昊	男	合肥工业大学	
廿六世	王欣	男	北京广播学院	
廿六世	王松涛	女	江苏师范学院	
廿六世	王义端	男	清华大学	中国科技大学副校长,高级工程师
廿六世	王义在	男	上海交通大学	高级工程师
廿六世	王义行	男	北方交通大学	吉林工业大学教授
廿六世	王松渊	女	华东师范大学	高级工程师
廿六世	王义尊	男	华东纺织工学院	工程师
廿七世	王琴润	女	北京商学院	
廿七世	王民骏	男	北京工业大学	
廿七世	王民乐	男	北京商学院	
廿七世	王学东	女	大学本科	中学高级教师、校长
廿七世	王新民	男	徐州医学院	徐州马场造纸厂厂长
廿七世	王强	男	大学本科	
廿七世	王维	女	南京航空航天大学	
廿七世	王川	男	徐州电子大学	
廿七世	王新	男	徐州师范学院	
廿七世	王超	男	南京医学院	
廿七世	王民报	男	南京审计学院	
廿七世	王谦	男	南京河海大学	
廿七世	王雯君	男	上海交通大学	
廿七世	王丽君	女	上海第二工业大学	
廿七世	王子皓	男	西南石油大学	
廿七世	王春晖	男	上海科技大学	
廿七世	王民华	男	南京师范大学	
廿七世	王茜	女	苏州大学法学院	
廿七世	王静	女	南京信息工程学院	

续表

世	姓名	性别	毕业高校	职务、职称
廿七世	王民新	男	兰州大学	兰州大学出版社编审
廿七世	王 羽	男	美国约克大学	
廿七世	王民立	男	上海复旦大学	
廿七世	王民佶	女	上海师范大学	中学一级教师
廿七世	王民熙	男	英国赫德福大学	
廿七世	王民燕	女	美国南新罕不什尔大学	
廿七世	王民晶	男	天津南开大学	
廿七世	王民牧	男	华东理工大学	工程师
廿七世	王民元	男	美国加州大学	
廿七世	王民华	女	衡阳医学院	
廿七世	王民仪	女	南京化工学院	高级工程师
廿七世	王 吁	女	苏州大学	
廿七世	王 玢	女	太原机械学院	
廿七世	王 琪	女	江苏省电视大学	
廿七世	王 奕	女	法国里昂大学	
廿七世	王民脩	男	法国里昂高等管理学院	
廿七世	王迪欣	男	吉林大学	
廿七世	王任远	男	美国密歇根州立大学	
廿七世	王民则	男	美国旧金山大学	
廿七世	王民琪	男	美国康奈尔大学	
廿七世	王民钰	女	美国斯坦福大学	
廿七世	王民玮	女	美国康奈尔大学	
廿七世	王民方	男	加拿大大学	
廿七世	王民蕊	女	美国哥伦比亚大学	
廿七世	王民元	男	美国加州大学	
廿七世	王民瑜	女	上海交通大学	
廿七世	王民尊	女	美国麻省理工学院	
廿七世	王 强	男	浙江工业大学	

续表

世	姓名	性别	毕业高校	职务、职称
廿七世	王　勇	女	上海科技大学	
廿七世	王　伟	男	连云港高等师范专科学校	
廿七世	王　远	男	山东大学	北京大学教授、博士生导师
廿七世	王　艟	男	上海师范大学	宁波民航快递公司总经理，高级经营师
廿七世	王朝晖	男	吉林工业大学	工程师
廿七世	王爽英	女	吉林工业大学	工程师
廿七世	王静羽	女	上海大学	工程师
廿七世	王朝阳	男	中国科技大学	高级工程师

附录四

莫厘王氏家族历代主要著述表

世系	作者	字、号	著述
十世	王鏊	济之	《孝宗实录》《史余》《奏议》《食货录》《震泽编》《震泽长语》《守溪笔记》《震泽纪闻》《本草单方》《懑母传》《震泽先生集》《王守溪稿》《春秋词命》《姑苏志》
十世	王铨	秉之、中隐	《梦草集》《王考功鹦适轩诗集·文集》
十一世	王延陵	子永、少溪	《王中舍集》《春社编》
十四世	王禹声	遵考、闻溪	《郢事纪略》《震泽纪闻续》《鹍音稿》《白社诗草》
十五世	王祚鼎	春玉	《懒生卮言》
十五世	王永祺	延之、补堂	《草香居诗文集》
十六世	王武	勤中、忘庵	《鹤谱》《王忘庵花卉册》《忘庵诗钞》《雪颠存稿》
十六世	王鼎	祖锡、条山	《兰绮堂诗文集》
十六世	王家楠	云参、兰庄	《泽古堂诗文集》
十七世	王申荀	咸中、真山	《东皋草堂诗》
十七世	王奕仁	鲁公、志山	《陈情疏略》《东山节烈祠碑》
十八世	王世琛	宝传、艮甫	《灵山峡》
十八世	王世锦	再陆、艺芸	《艺芸馆诗抄》
十八世	王世栋	启隆、守三	《五色蝴蝶诗集》
十八世	王世钧	燕山、晚壑	《太原家谱》《家塾须知》《晚壑纂训》
十九世	王鼎伯	瑞川、培荆	《培荆堂诗草》
十九世	王申伯	树蕃、虹亭	《碧螺书屋偶存草》《王申伯集》
十九世	王庚	瑞镜、春帆	《獭祭编》
十九世	王安伯	履康、艾轩	《艾轩诗稿》
十九世	王熊伯	瑞清、沅龄	《环翠楼诗钞》
十九世	王晋阶	时升、音山	《太原家谱》

续表

世系	作者	字、号	著述
二十世	王墢	仲墢、亮生	《毛诗多识编》《乡党正义》《四书地理考》《经解鲭》《钞币刍言》《太原家谱》《圣门入学书衍义》《国朝文述》
二十世	王芑孙	念丰、惕甫	《金石三例》《金石碑版文例》《论碑帖诗》《论书绝句》《王铁夫杂稿》《独学庐诗稿》《渊雅堂全集》《渊雅堂编年诗稿》《惕甫未定稿》《诗外集》《文外集》《文续稿》《编年诗续稿》《瑶想词》《读赋卮言》《波余遗稿》《王铁夫先生山游诗》《楞伽山人尺牍》《渊雅堂应奉稿》《楞伽山人近稿》《鸥波舫近稿》《渊雅堂编年诗稿》《李翰林别集》《芳草堂合课诗钞笺略》《泖东近课》《古赋识小录》
二十世	王翼孙	以燕、听夫	《波余遗稿》《渊雅堂全集》《心波轩词钞》
二十世	王仲淮	桂芳、芸岩	《天绘阁初稿》
二十世	王仲鉴	子芳、灏生	《太原家谱》
二十一世	王嘉福	谷之、二波	《仲雅堂诗稿》《二波轩诗选》《二波轩词选》《丽香馆词话》
二十一世	王嘉禄	绥之、井叔	《嗣雅堂诗存》《冬读书斋集》《卯须集》《桐月修箫谱》
二十一世	王朝忠	振声、蕴香	《焚馀诗钞》
二十一世	王希廉	旭升、雪芗	《李史》《石头记评赞》《红楼梦评赞》
二十二世	王叔钊	拙孙	《息影庐小稿》《秋棠花馆诗馀》
二十二世	王仁寿	蕙荪、墨髯	《十竹山房诗钞》
二十二世	王鸿谟	潜卿	《江阴图经》
二十二世	王仁俊	捍郑、感纯	《正学堂尚书说》《孝经古本考》《王氏读尔雅日记》《尔雅学》《尔雅草释木统笺》《白虎通义引书表》《梦花馆精选注解》《存古学堂丛刻经学》《说文解字考异三编》《说文要旨明例》《说文引汉律令考》《仓颉篇辑补斠证》《辽史艺文志补证》《郑垒阳辩诬录》《武庙祀典考》《盂鼎集释》《克鼎集释》《金石续编补跋》《金石簿录》《金石通考》《孔子集语补遗》《鹖冠子闲诂》《管子集注》《格致古微》《淮南万毕术辑政》《淮南子许注异同三诂》《籀许类稿》《正学堂集》《籀邠簃杂著》

续表

世系	作者	字、号	著述
二十三世	王叔馨		《上海蔬菜价格改革的若干设想》《1978年上海市农产品价格的展望》《物价业务知识》
二十三世	王颂蔚	叔炳、芾卿	《明史考证捃逸》《古书经眼录》《写礼庼读碑记》《杂文》《非石日记钞》《写礼庼文集》《写礼庼诗集》《写礼庼遗词》《写礼庼遗著》《王颂蔚遗稿》
十三世	王叔皓		《当代中国兵器工业》
二十四世	王季烈	君九、螾庐	《缘督庐日记抄》十六卷、《震泽先生别集》《明史考证捃逸·补遗·附录》《王颂蔚事略》《人兽鉴传奇谱》《邹福保传》《通物普光》《物理学》《最新化学》《初等小学格致教授法》《共和国教科书·化学》《中学物理》《集成曲谱》《螾庐未定稿》《孤本元明杂剧一百四十四种》
二十四世	王季同	季锴、小徐	《积较补解》《泛倍数衍》《佛法与科学》《佛法与科学之比较研究》《关于分解电网络之新方法》《马克思主义批判及附录》《因明入正理论摸象》《略论佛法要义》《佛法省要》《一桩轮回确证讨论集》《佛法之科学的说明》《唯识研究序》
二十四世	王季点	琴希	《制合金法》《便蒙丛书(初集、二集)》《小学理科初集》《有关中国化学史的考证资料研究》《国债论》《新式物理教科书》《中学矿物界教科书》《调查北京工厂报告》
二十四世	王季千	纪铨	《明清画家印鉴》《胸中丘壑》《王己千画集》
二十四世	王季卿		《建筑声学论文选集》《江南八座传统庭院式戏场的音质测量与分析》《发展绿色建筑刍议》《用人工神经网络预计轻板隔墙的隔声性能》《微穿孔空间吸声体吸声性能的研究》《析古戏台下设瓮助声之谜》《山西传统戏场建筑》《我的建筑声学历程》《室内声学研究进展》
二十四世	王季钧	桐生	《混凝土泵送技术在高层建筑施工中的应用》
二十四世	王季茝(女)		《中国皮蛋和可食用燕窝的化学研究》
二十四世	王季玉(女)		《二十五年校史报告》《女子教育的前途》《中国苏州振华学校》等
二十五世	王守梧	孙琴、香圃	《柳波舫集》《香圃诗稿》

续表

世系	作者	字、号	著 述
二十五世	王守椿		《中国社会问题概论》《中国经济学概论》《政治经济学概观》《政治经济学研究大纲》《资本论研究文集》
二十五世	王守泰		《汽轮机原理》《电厂设备》《汽轮机与燃气机》《火力发电厂的形成》《凝结水设备》《昆曲曲牌及套数范例集》
二十五世	王淑贞(女)		《辞海·医学中妇产科学》、《医学英语辞典》(参编)、《中国医学百科全书·妇产科学分册》(参编)、《实用妇产科学》(主编)1978年版、《现代妇产科理论与实践》(主编)1979年版、《妇产科学》(主编,全国第一部高等医药院校统一教材)、《产血后的研究》1954年版
二十五世	王守竞		《论普通氢分子的问题》《王氏代数定律》《氢原子的偶级矩和能量级》《王氏先祖遗墨文集》
二十五世	王守融		《精密仪器工程教材》《尺寸键的计算》《仪器制造工艺学》《精密仪器零件及机构》《精密仪器制造刀具与机床及技术测量》《机械制造量仪、精密机械仪器自动量仪》等
二十五世	王明贞(女)		《雷达系统工程》第24卷、《阀信号》《噪声与随机过程选集》《高分子统计理论》
二十五世	王守武		《半导体器件研究与进展(第一、二册)》《VD-MOS场效应晶体管应用手册》《双脉冲法测量锗、硅材料寿命》《离子注入抗蚀技术》《关于半导体激光器侧向调制相位均匀性的研究》等著作40部
二十五世	王守觉		《仿生模式识别》《基于仿生模式识别与传统模式识别的人脸识别效果比较研究》《人工神经网络的多维空间几何分析及理论》《单节拍浮点运算神经元的组合逻辑设计》等著作17部
二十五世	王守鑫		《链条制造工艺基础》
二十五世	王守和		《片弹簧弯曲模的设计》
二十五世	王守恒		《精馏理论研究》
二十五世	王守华		《世界十大宗教》《世界哲学家辞典》《中日文化交流事典》《简明日本百科全书》《战后日本的哲学家》《环境与东亚文明》《东亚近代的哲学意义》《明治哲学与文化》,《东方哲学史》(参著)

续表

世系	作者	字、号	著述
二十五世	王守青		《莫厘王氏家谱续集》
二十六世	王瑾玉(女)		《轻重人生——从事的是轻工,肩负的是重任》
二十六世	王义彬		《楷书系列教程》《行书系列教程》《楹联书法集》《扇面书法集》
二十六世	王义廷		《瘦金体技法概要》(与卓广春合著)
二十六世	王本锐		《老圃寒花》《夕阳随笔》
二十六世	王义豪		《全国首次农村婚姻家庭状况调查》《住房制度改革》《退役士兵安置》《农村初级卫生保健制度》等著作20部
二十六世	王义强		《鱼类生理学》《第三届世界华人鱼虾营养学术研讨会》《鱼类学译丛》《河鳗人工繁殖》《免疫细胞化学法对太平洋鲑胰岛的研究》《仔鱼的发育特点和开口饵》
二十六世	王义镛		《水解酒精是一种有前途的生物量能源》《关于利用亚硫酸盐制浆废液生产酒精、黏合剂及饲料酵母的项目介绍》《草浆黑液的性质》
二十六世	王义祥		《曹操大传》
二十六世	王义翘		《糖蛋白重组体的性质》《纤维素的生物量降解和利用》《生物技术》《生物技术和农业化学》《细胞培养工程》《战略回顾栏》等科学专著50部
二十六世	王义胜		《重桂堂集注》《王鏊诗集详注》《震泽集(标点本)》
二十六世	王义端		《高等教育的结构和管理》《英汉新时代政治经济用语精编》
二十六世	王义在		《对增压器双级离心压气机的探讨》《涡轮增压器性能快速试验法》《消除舰艇增压器涡轮喷嘴动叶上的积碳方法的尝试》等8篇
二十六世	王义行		《机械实验学》《链条输送机》《链传动》《链轮设计制造应用手册》等著作8部
二十七世	王民新		《甘肃中部定西地区地质环境与经济建设》《北峪河流域的地质特征与滑坡、泥石流灾害》《大学出版社的建设与发展》《中华王氏通鉴序言》等著作29部

后　记

"王鏊研究系列"第三部《莫厘王氏人物传》终于也出版了,加上2014年出版的《王鏊传》、2015年出版的《王鏊诗文选》,一套三部书,约一百五十万字,三百多张图片,厚厚的一套书,摆在案头,使人感到欣慰。

从2002年编写《太湖古村:陆巷》一书,开始接触莫厘王氏家族人物(包括王鏊)资料,就想创作一部《王鏊传》,随着资料的不断积累,所掌握的第一手材料越来越多,感到东山莫厘王氏的历史资料太丰富了,仅一部《王鏊传》无法装下如此大的内容,最好能分写三部曲,把被誉为"状元宰相故里,院士教授摇篮"的陆巷,这个太湖边的小山村在约五百年间爆发的能量,所出的人才较为完整地记录下来,写进历史。

当然要创作、编写与出版这样一套书,开始只是个梦想。且不说资料收集、人物采访、手稿打印等方面要耗的精力与费用都非常之大,仅出版的资金就不是一笔小数,况且我在机关只是个小小的文化干部,妻子又是农民,家中无厚蓄。2006年退居后,一切费用得从家中打点,夫妻俩蜷缩在农村一幢旧房中,省吃俭用,把家中有限的一点钱投入到这项"工程"中去,这些年来,此套书输入电脑的手稿达两百多万字,光家中电脑就换了三台。就像造房起屋一样,一砖一瓦砌起来,高楼造成了,感到辛苦,但很值得,这毕竟是做了一件有意义的事,周围的邻居大多翻建了新楼,我建造了一座文化大楼。

细想起来有许多事情是辩证的,也就是人们常说的有得必有失,而有失必有得。2014年完稿并出版的《王鏊传》九章,五十二节,约五十万字,用纪实文学的笔法,写了王鏊光辉与坎坷的一生。这部书出版后,获2015年苏州市宣传部颁发的"五个一"工程奖;而2015年出版的《王鏊诗文选》题解、浅释一书,也是约五十万字,选释了王鏊《震泽集》中诗四百多首、文八十多篇,获江苏省方志办著作评比三等奖。这两部作品的获奖,对我的创作也是一种激励。

这部《莫厘王氏人物传》,记载了这个家族南宋迁居东山,明代读书兴族,清代科举从政,近现代走出家门与国门,从教、从文、从医、从商,在各个领域取得重大成就的一百五十八位人物。书中所介绍的莫厘王氏二十三世（王鏊十三世后裔）王颂蔚家庭，在近现代出了三名中科院院士和六十八名正副教授，在中国科教界创了七个第一，无疑是莫厘王氏家族的代表，读后多少能给人一些启迪。

"王鏊研究系列"能顺利出版，首先要感谢苏州大学出版社的倪浩文先生，他是这套书的责编，三年来在责编过程中花了大量心血，也给了我很大帮助。还要感谢陆巷王鏊历史文化研究会的叶庆荣先生、苏州大学的张修龄教授、莫厘王氏家族的王守青先生，要是没有他们的支持，这套书是不可能在三年中顺利出版的，在此一一深表谢意。

杨维忠
记于东园书屋
2016年7月